全国高职高专公共基础课规划教材

公关礼仪与口才
(第 2 版)

斯静亚　主　编

马小敏　沈　炜　副主编

清华大学出版社

北　京

内容简介

本教材根据人际交往中"说行合一"的原则,将传统的礼仪类教材与演讲类教材进行整合,在编写中贯彻"以知识的掌握为基本目标,以技能的提升为根本指向"原则,结合实际的生活需求,将内容归纳为三个主体模块,分别是日常人际交往、演讲与辩论、商务实践。日常人际交往模块包括人际交往礼仪、日常人际沟通两章;演讲与辩论模块包括演讲基础技能、演讲中的语音修饰、命题演讲、即兴演讲和辩论五章;商务实践模块包括商务交往礼仪、服务接待礼仪、营销口才与营销接待礼仪、酒店口才与酒店接待礼仪、谈判口才与谈判礼仪、求职口才与求职礼仪六章。

本教材更加突出实用性,每个模块前设计相应的知识、技能目标,根据这些目标,每个章节又设计相应的实训题,以备教师考查、学生自查知识、技能的掌握情况。每个模块结束后设有模块综合实训题库。因此,本教材不仅适合作为高职高专院校礼仪与演讲类课程的教材,也适合其他院校学生及有志于提高社交修养与能力的社会人员阅读、使用。

本书封面贴有清华大学出版社防伪标签,无标签者不得销售。
版权所有,侵权必究。 举报:010-62782989,beiqinquan@tup.tsinghua.edu.cn。

图书在版编目(CIP)数据

公关礼仪与口才/斯静亚主编. --2 版. --北京:清华大学出版社,2016(2025.6重印)
(全国高职高专公共基础课规划教材)
ISBN 978-7-302-42759-9

Ⅰ.①公… Ⅱ.①斯… Ⅲ.①公共关系学—礼仪—高等职业教育—教材 ②口才学—高等职业教育—教材 Ⅳ.①C912.3 ②H019

中国版本图书馆 CIP 数据核字(2016)第 021238 号

责任编辑:桑任松
装帧设计:刘孝琼
责任校对:周剑云
责任印制:刘海龙

出版发行:清华大学出版社
   网 址:https://www.tup.com.cn,https://www.wqxuetang.com
   地 址:北京清华大学学研大厦 A 座 邮 编:100084
   社 总 机:010-83470000 邮 购:010-62786544
   投稿与读者服务:010-62776969,c-service@tup.tsinghua.edu.cn
   质量反馈:010-62772015,zhiliang@tup.tsinghua.edu.cn
   课件下载:https://www.tup.com.cn,010-83470236
印 装 者:涿州市般润文化传播有限公司
经 销:全国新华书店
开 本:185mm×260mm 印 张:18.75 字 数:451 千字
版 次:2010 年 2 月第 1 版 2016 年 5 月第 2 版 印 次:2025 年 6 月第 8 次印刷
定 价:49.00 元

产品编号:064365-02

Preface 前言

人际交往能力是一个人素质的基本组成部分。在社会主义市场经济不断发展的今天，人际交往越来越频繁，具有较强的人际交往能力，是一个社会人取得交际成功的基本要求，也是现代人立足于社会并求得发展的重要条件。

浙江经济职业技术学院历来重视学生人文素养的形成与培养，重视学生职业道德、职业态度的构成与发展。《中共中央关于构建社会主义和谐社会若干重大问题的决定》明确指出：构建和谐社会"必须坚持以人为本"，"注重促进人的心理和谐"，"促进人的全面发展"。因此，新时期"和谐职业人"应该是具有健康体魄和良好心理素质的"健康人"，关爱人生、服务社会、个性自由发展的"社会人"，自强不息、开拓创新、积极进取的"职业人"，具有良好的人文素养和学习、发展能力的"发展人"。《公关礼仪与口才》作为一门讲授人际交往技能的职业基础课，担负着提升学生人文素养、培养和谐职业人的重任。故本书主要是向学生讲授如何在人际交往中遵守基本的职场规范，得体地应对、礼貌地交往，使学生走上社会后，能自信、自如、得体地进行人际沟通与交流。

本书在编写体例及内容的选择上，一改以往同类教材以灌输理论知识为主的特点，突出高职教学的特点，一方面注重基础性知识、技能的铺垫，另一方面也注重教学内容的实用性。按照知识与能力之间的连贯性和一致性，共设置了三个主体模块，分别为日常人际交往篇、演讲与辩论篇、商务实践篇。每个模块之间既相互联系又自成一体。在每个模块前均设置了相应的知识、能力目标，并在每个章节、每个模块后均设置了鉴定题库，一方面便于教师考查学生知识、技能的掌握程度，另一方面也方便学生自查。

本书第 1 版出版后得到了很多院校的采用，作者也在近几年的教学中发现了一些文字及知识上的错误，借本次再版的机会予以进行一一订正。

本书由斯静亚主编，主要负责大纲的拟定与编写及统稿，由马小敏、沈炜任副主编，负责教材的统稿与校对。参与编写人员的具体分工如下：王冬梅(第一章)、斯静亚(第二、十三章)、沈炜(第三、五、六章)、方瑾(第四章)、马小敏(第七、十一章)、樊旭敏(第八、九章)、王芳芳(第十、十二章)。

在本书编写过程中，参阅了一些文献资料及网络资源，有些在书中有所标记，有些因积累的时间较久而未能标明出处，在此向原作者致歉并表示感谢。由于作者水平有限，书中难免存在错误与不足之处，敬请广大读者斧正。

编 者

Contents 目录

目　　录

第一篇　日常人际交往

第一章　人际交往礼仪 3
第一节　礼仪概述 3
　一、什么是礼仪 3
　二、礼仪的基本原则 4
　三、礼仪的作用 5
　四、学习礼仪的要求 6
第二节　个人礼仪 7
　一、仪容仪表礼仪 7
　二、日常姿态规范 17
第三节　社交礼仪 27
　一、握手 27
　二、介绍礼仪 30
　三、名片礼仪 33
第四节　拜访与待客礼仪 36
　一、拜访礼仪 36
　二、待客礼仪 37
本章知识技能目标鉴定题库 38

第二章　日常人际沟通 43
第一节　沟通与交谈 43
　一、沟通 45
　二、建设性沟通 45
　三、交谈 50
第二节　赞美与道歉 54
　一、赞美 54
　二、道歉 56
第三节　劝导与拒绝 58
　一、劝导 58
　二、拒绝 64
本章知识技能目标鉴定题库 67

本篇知识技能目标综合鉴定题库 74

第二篇　演讲与辩论

第三章　演讲基础技能 77
第一节　演讲概述 77
　一、演讲的特点 78
　二、演讲的分类 79
　三、演讲的作用 80
第二节　演讲中的思维训练 80
　一、思维的基本品质 81
　二、演讲中的思维训练 82
第三节　演讲中的心理素质训练 84
　一、演讲中的心理技巧 85
　二、演讲中心理素质的训练 86
本章知识技能目标鉴定题库 90

第四章　演讲中的语音修饰 93
　一、普通话概述 93
　二、纯洁语音 95
　三、美化嗓音 96
　四、语调传情 100
本章知识技能目标鉴定题库 102

第五章　命题演讲 116
　一、演讲稿的写作 116
　二、演讲技巧 121
　三、演讲中的体态语训练 123
本章知识技能目标鉴定题库 124

第六章　即兴演讲 131
第一节　即兴演讲概述 131
　一、即兴演讲的概念 131
　二、即兴演讲的特点 131

三、即兴演讲的技巧.................132
第二节　几种常见的即兴演讲.........137
　　一、竞聘演讲.........................138
　　二、礼仪致辞.........................140
本章知识技能目标鉴定题库.............143

第七章　辩论...........................150

第一节　辩论概述...........................150
　　一、辩论的概念.....................150
　　二、辩论的特点.....................151
　　三、遵循的原则.....................151
第二节　辩论的技巧与礼仪.............152
　　一、辩论的逻辑技巧...............152
　　二、辩论的语言表达技巧.......154
　　三、辩论的礼仪.....................157
本章知识技能目标鉴定题库.............161

本篇知识技能目标综合鉴定题库... 166

第三篇　商务实践

第八章　商务交往礼仪...............171

　　一、称呼礼仪.........................171
　　二、宴请礼仪.........................172
　　三、次序礼仪.........................176
　　四、馈赠礼仪.........................178
本章知识技能目标鉴定题库.............180

第九章　服务接待礼仪...............183

第一节　服务礼仪概述...................183
　　一、服务意识：三A法则.......184
　　二、服务技巧.........................185
　　三、语言规范.........................186
　　四、仪容礼仪.........................187
第二节　服务接待礼仪...................190
　　一、接待用语礼仪.................190
　　二、迎宾礼仪.........................191
　　三、送客礼仪.........................192
　　四、接打电话礼仪.................192
本章知识技能目标鉴定题库.............193

第十章　营销口才与营销
　　　　　接待礼仪...................196

第一节　营销概述...........................196
　　一、营销的特点.....................196
　　二、营销的原则.....................197
　　三、推销人才的素质.............200
第二节　营销口才...........................201
　　一、与顾客打招呼的技巧.....203
　　二、商品介绍技巧.................204
　　三、赢得顾客信任的说话技巧.....205
　　四、几种常用的营销表达方式.....206
　　五、应对拒绝的营销表达技巧.....207
第三节　营销接待礼仪...................210
　　一、营销礼仪的含义.............211
　　二、营销礼仪的作用.............211
　　三、营销礼仪的准则.............212
　　四、营销接待礼仪.................213
本章知识技能目标鉴定题库.............215

第十一章　酒店口才与酒店
　　　　　　接待礼仪.................219

第一节　酒店接待口才...................219
　　一、酒店服务语言的原则.....219
　　二、酒店服务语言的要求.....220
　　三、酒店服务语言的技巧.....220
第二节　酒店接待礼仪...................225
　　一、酒店接待原则.................226
　　二、酒店环境礼仪.................227
　　三、酒店服务礼仪.................227
本章知识技能目标鉴定题库.............242

第十二章　谈判口才与
　　　　　　谈判礼仪.................255

第一节　谈判口才...........................255

Contents 目录

　　一、谈判概述..........................258
　　二、谈判的策略......................259
　　三、谈判的口才技巧................261
第二节　谈判礼仪......................264
　　一、谈判准备阶段的礼仪........264
　　二、谈判过程中的礼仪............266
本章知识技能目标鉴定题库........270

第十三章　求职口才与求职礼仪....................273

第一节　求职口才......................273

　　一、自我介绍..........................274
　　二、面试对答技巧..................276
第二节　求职礼仪......................281
　　一、面试仪表礼仪..................282
　　二、服饰礼仪..........................283
　　三、面试过程礼仪..................284
本章知识技能目标鉴定题库........285

本篇知识技能目标综合鉴定题库..289

参考文献.................................291

知识目标

- 熟知礼仪的概念、原则及要求。
- 熟练掌握日常人际沟通的基本礼仪规范。
- 熟练掌握日常人际沟通的基本原则和技巧。

技能目标

- 能用掌握的人际沟通礼仪规范日常人际交往。
- 能用掌握的人际沟通理念指导日常人际沟通。
- 人际交往自信、得体、适度。

第一篇　日常人际交往

第一章 人际交往礼仪

现代人的生活离不开社交活动，统计资料表明：良好的人际关系，可使工作成功率与个人幸福达成率达 85%以上。一个人获得成功的因素中 85%取决于人际关系，而知识、技术、经验等因素仅占 15%。大学毕业生中人际关系处理得好的人平均年薪比优等生高 15%，比普通生高 33%。而要形成良好的人际关系，掌握基本的人际交往礼仪是必要的基础。

第一节 礼仪概述

不学礼，无以立。

——《论语·季氏》

非礼勿视，非礼勿听，非礼勿言，非礼勿动。

——《论语·颜渊》

今之人化师法，积文学，道礼义者，为君子；纵性情，安恣睢，而违礼义者，为小人。

——《荀子·性恶》

人在社会生活中，是难以离开与其他人进行交往的。一个人如果不同其他人进行任何交往，那么他不是一位神，就是一只兽。

——亚里士多德

思考：什么是礼仪？在日常人际交往中我们应该遵循怎样的礼仪规范？

中国自古就是礼仪之邦，礼仪对于规范人们的社会行为、协调人际关系、促进人类社会发展具有积极的作用。人们可以根据各种各样的礼仪规范，正确把握与外界的人际交往尺度，处理好人与人的关系。如果没有这些礼仪规范，人们在交往中就会感到手足无措，乃至失礼于人，闹出笑话。如果熟悉和掌握礼仪，则可以做到触类旁通，待人接物恰到好处。那么，什么是礼仪呢？礼仪有什么作用？我们学习礼仪时需要遵守哪些基本原则呢？

一、什么是礼仪

所谓礼仪，是指人们在社会交往活动过程中形成的应共同遵守的行为规范和准则，涉及穿着、交往、沟通、情商等内容，具体表现为礼节、礼貌、仪式、仪表等。礼仪是人类文化的结晶、社会文明的标志和人类交往的行为规范。

人们对于礼仪的学习，对于礼仪的深层文化内涵的深入体会，实际上有着净化心灵和接受教育的作用。无论是日常待人接物的礼仪，还是群体性较为庄重的礼仪，或者是关涉国家大典的礼仪，人们在实施的过程中，总会在精神和心理的层面上感受到熏陶和教育的力量。礼貌本身就是接受礼仪教育的结果。

从个人修养的角度来看，礼仪可以说是一个人的内在修养和外在素质的表现。不难想象，一个行不由径、中规中矩的人，一般情况下应该是具有较高教养和修养的人。我们说一个人风度好、气质佳，首先注意到的，其实是这个人外在表现出来的"礼"。这种礼的意识是从人的内心深处自然而然地流露出来的，是圆融、和谐、自在之美。

从交际的角度来看，礼仪可以说是人际交往中适用的一种艺术、一种交际方式或交际方法，是人际交往中约定俗成的示人以尊重、友好的习惯做法。

从传播的角度来看，礼仪可以说是在人际交往中进行相互沟通的技巧。千百年流传下来的礼仪具有深厚的文化内涵，它体现着一个民族的文化传统、处世方式、生活态度、人生理想、做人准则，以及思维模式和深层心理结构。一个民族的传统礼仪体现着这个民族的民族性格。因此，礼仪并不单纯是外在的仪式和僵化的规矩。

我国素以"文明古国"、"礼仪之邦"著称，礼仪文化源远流长。如今，随着改革开放的深入发展和国际交流的增加，礼仪更是成为现代人社会生活和工作中不可或缺的内容。

二、礼仪的基本原则

既然礼仪是人们在社会交往活动中应共同遵守的行为规范和准则，那么学习礼仪应该遵守哪些原则呢？

(一)尊敬原则

孔子说："礼者，敬人也。"在人际交往中互相尊敬最为重要。尊敬是礼仪的情感基础，只有彼此间相互尊敬，才能保持愉快的人际关系。因此，尊敬是礼仪的核心与重心。每个人在人际交往中都处于平等地位，不管种族、国籍、肤色、社会地位如何，只有尊敬别人才能赢得别人的尊敬，"敬人者，人恒敬之；爱人者，人恒爱之"。

(二)自律原则

礼仪是人们在人际交往中约定俗成的律己敬人的行为规范。自律原则就是要自我要求、自我约束、自我控制、自我对照和自我反省，同时更提倡"严于律己，宽以待人"。礼仪就像一面镜子，对照礼仪这面"镜子"，人们可以发现自己形象的"美"与"丑"，从而自我约束，树立良好的形象，成为一个受欢迎的人。

(三)宽容原则

宽容是一种较高的境界和高尚的情操，一种容纳意识和自控能力，就是要尊重他人的个人选择，允许别人有行动与见解的自由；就是要豁达大度，有气量，不计较和不追究。每个人的社会背景不同、文化不同、阅历不同，判断是非的标准也不同。因此，在人际交往中，对不同于自己的见解要多容忍、多体谅、多理解，不要求全责备、斤斤计较、过分苛刻。

(四)适度原则

战国时候宋玉曾在《登徒子好色赋》中谈到女子的美，东家之子"增之一分则太长，减之一分则太短；著粉则太白，施朱则太赤"，他认为东家之子的美恰到好处，最为理想。这种适度美的思想，也同样适用于交际礼仪。适度的原则，就是要求应用礼仪时，必须要注意技巧，合乎规范，特别要注意把握分寸。凡事过犹不及，在人际交往中，该行则行，该止则止，适度为佳。

(五)从俗原则

俗话说："十里不同风，百里不同俗。"《礼记·曲礼》说："入境而问禁，入国而问俗，入门而问讳。"因此，在人际交往中要入乡随俗，与绝大多数人的习惯做法保持一致，只有尊重对方特有的习俗，才能增进双方之间的理解和沟通，才能更好地表达我们的真诚和善意，才能有助于我们交往顺畅。

(六)真诚原则

真诚就是在交际过程中做到诚实守信，不虚伪、不做作。交际活动作为人与人之间信息传递、情感交流、思想沟通的过程，如果缺乏真诚则不可能达到目的，更无法保证交际效果。因此，运用礼仪时，务必言行一致、表里如一。

三、礼仪的作用

礼仪作为一个社会、一个民族的道德规范的外化，其作用是多方面的。首先，礼仪的一个特别明显的，能为人们所"看得见"、"感觉得到"的作用，便是它对人的行为的规范。这个作用使人们在社会生活中能够使自己体面地与人交往，同时也能够让交往对象感受到自己的体面。其次，礼仪也对社会个体的人具有重要的教育作用，使人们在共同遵守彼此认可的礼仪中，由一种外在的遵循转化为内在的自觉。再次，它可以使社会和家庭更具凝聚力，社会和家庭的氛围更加和谐，人与人之间的交往更趋理性和"双赢"，从而促进整个社会的和谐发展。具体地说，礼仪的作用主要体现在以下几点。

(一)尊重

尊重的作用即向对方表示尊敬，同时对方也还之以礼。礼尚往来，有礼仪的交往行为蕴含着彼此的尊敬。

(二)约束

礼仪作为行为规范，对人们的社会行为具有很强的约束作用。礼仪一经制定和推行，久而久之便成为社会的习俗和社会的行为规范。任何一个生活在某种礼仪习俗和规范环境中的人，都自觉或不自觉地受到该礼仪的约束。自觉接受礼仪约束的人是"成熟的人"的标志，不接受礼仪约束的人，社会就会以道德和舆论的手段来对他加以约束，甚至以法律的手段来强迫。

(三)教化

礼仪具有教化作用，主要表现在两个方面。一方面是礼仪的尊重和约束作用。礼仪作为一种道德习俗，对全社会每个人都有教化作用，都在施行教化。另一方面是礼仪的形成、完备和凝固，会成为一定社会传统文化的重要组成部分，它以"传统"的力量不断地由老一辈传继给新一代，世代相传。在社会进步中，礼仪的教化作用具有极为重大的意义。

(四)调节

礼仪具有调节人际关系的作用。一方面，礼仪作为一种规范、程序，作为一种文化传统，对人们之间的相互关系模式起着规范、约束和及时调整的作用；另一方面，某些礼仪形式、礼仪活动可以化解矛盾，建立新关系模式。可见，礼仪在处理人际关系中，在发展健康良好的人际关系中，是有重要作用的。

四、学习礼仪的要求

礼仪的学习是一个长期的过程，需要我们随时随地注意自身的言行，用学习的礼仪来规范自身，具体要求如下。

(一)用心学习

礼仪知识的学习具有一种特殊性，即它的学习主要是通过日常生活来实现的。因此，在学习时需要我们去观察、体验和参与，而且要反复进行，这样才能使这种知识内化为自己内心深处的一种自然的诉求。

(二)用心表达

"礼之用，和为贵"，礼仪的最终目的是促成人际间的和谐。人际关系中难免会出现一些不和谐，这些不和谐如果不能及时有效地得到解决，往往会愈演愈烈，甚至发展到不可调和的境地。而礼仪的作用就是促进人与人之间的沟通和了解，体现出对他人的尊重与理解。因此，在体现这种尊重与理解时一定要从内心出发，真诚沟通，最终建立起新的、健康良好的人际关系。

(三)用身体记忆

我们认真地学习"礼"是为了在现实生活中切实地践行"礼"。孔子说:"不学礼,无以立。"又说:"兴于诗,立于礼,成于乐。""礼"是一个人在社会上"立足"的根本。一个人切实地、不折不扣地实行礼,就可以始终与"理"站在一边。有理,才能有力,也才能有节,做事、待人、接物,才能圆融灵动,进退自如,才不致出现大的无可挽回的偏差和漏洞。因此,我们要时时处处以"礼"待人,而不能仅仅停留在表面知识的学习上。

第二节 个人礼仪

日本学者江木园认为第一印象的塑造,55%来自于相貌、表情、视线等视觉信息,38%来自于声音、语速、语调等听觉信息。也就是说,第一印象在社交中的重要性占93%,而谈话内容只占7%。周总理在天津南开中学上学时,该校教学楼前竖立着一面镜子,上面写有40字的镜铭——面必净,发必理,衣必整,纽必结。头容正,肩容平,胸容宽,背容直。气象:勿傲、勿暴、勿急。颜色:宜和、宜静、宜庄。周总理在学生时代就以此镜铭作为言谈举止的规范,他独特的仪态,被称为"周恩来风格的体态美",可谓"举手投足皆潇洒,一笑一颦尽感人",因此在他光辉的一生中永远保持着举世公认的优美风度,给人留下不可抗拒的吸引力。

(资料来源:http://www.kaoder.com)

思考:什么是个人礼仪?个人礼仪包括哪些部分?我们该如何做到个人礼仪的规范?

几千年的人类文明史证明,人们对优雅的仪态一直孜孜以求。随着现代社会人际交往的日渐频繁,人们对个人礼仪更是倍加关注。细节之处显精神,举止言谈见文化。个人礼仪作为一种社会文化,不仅事及个人,而且事关全局。那么,在个人礼仪方面我们应该注意哪些问题呢?

一、仪容仪表礼仪

(一)仪容礼仪

仪容,通常是指人的外观、外貌,即指发式、面容以及人体未被服装遮盖的部分(包括头发、手、颈部等)。在个人的仪表中,仪容是重中之重。在人际交往中,每个人的仪容都会引起交往对象的特别关注,并影响到对方对自己的整体评价。

1. 发饰

有一位形象设计专家曾说:"在一个人身上,正常情况下最引人注意的地方,首先是他对自己头发的修饰。"在人际交往中,人们注意、打量他人时,往往从头部开始。整洁的头发、得当的发型会使人显得精神抖擞、容光焕发。

在交往过程中,可根据场合来选择发型。

在工作中,日常发型应与组织形象协调,要根据特定场合来选择相应的发型。一般来说,头发应清洁整齐,色泽统一。

男性的头发长度一般以 5~7 cm 为宜,不能过短,如剃成光头;也不宜留长发、大鬓角,否则容易给人留下性格粗鲁、萎靡不振或办事拖沓的印象。女性的发型以端庄、简洁、秀丽为好,注意别让头发遮住眼睛。商界女士头发的长度不宜过肩。

男女的发型要遵循以下原则。

第一,要符合身份。例如,在工作场合抛头露面的发型,应当传统、庄重、保守一些;经常出入于社交场合的人,发型应当个性、时尚、艺术一些。怪异的发型会让人产生不信任的感觉。

第二,要符合个人条件。在选择发型时,应根据个人的脸型、发质、身高、胖瘦、年龄、服装、性格等来选择。一定要遵守"应己原则",使其达到"扬长避短"的效果。例如,高个子的女子留披肩发就很合适,而矮个子的留长发就会使自己显得更矮。

第三,符合职业要求。一般,白领最好不要留披肩发,应当是前不遮双眼、后不长过肩的直短发,不能长发飘逸,而要束发或盘发。

总之,头发的修饰应清洁整齐,丝丝可见光泽,具有弹性,不打结,发型适合自己的脸型、年龄和职业等。

头发与饮食

中国人的头发以乌黑为美,黑发更是青春的标志之一。从中医理论上讲,肾气盛则发乌黑有光泽,肾气虚则发稀而枯黄。因此,美发应从补肾入手,多吃些含维生素、微量元素、蛋白质的食物,如绿色蔬菜、水果、鱼、鸡、猪肉等。头发枯黄或过早变白,应多吃动物肝脏、黑芝麻、核桃、葵花子、黄豆等。头发脱落过多应补充蛋白质以及钙、铁、硫等多种微量元素,如黑豆、蛋、奶、松仁等食物。头皮屑过多可多吃含碘丰富的食物,如海带、紫菜、海鱼等。

脸型与发型

要根据自己的脸型选择一个自己喜欢而又适合的发型。方脸型男性最好采用不对称发缝,不要理寸头;女性可尽量增多顶发,发缝侧分,并把蓬松卷曲的刘海儿往两边太阳穴梳,或在颈部低发髻,或留披肩发,让头发披在两颊,以遮掩脸的宽度。长脸型男性头发宜稍长；女性则适合采用自然而又蓬松的发型，可加厚面部两侧的头发，削出层次感，并用刘海儿遮盖住部分前额。圆脸型的人可选择垂直向下的发型，最好侧分头缝，顶发适当隆起，头发遮挡面部两侧；女性尽量不要留刘海儿。"由"字脸型的人额窄腮宽，发型应上厚下薄，顶发丰隆，前额尤其是鬓角用头发遮盖一下。"甲"字脸型的人额宽颚窄，头发宜侧分，选择不对称式短发型，露出前额，并适当增多双耳以下的发量。

2. 面容的护理与修饰

面容的保养和护理是保持仪容礼仪的基本要求，也是事业成功的必要条件。世界上每个人都有一张独特而不容混淆的脸。人们相见时，给人印象最深的就是脸。面容虽然有难以选择的先天性，但良好的生活习惯、科学的保养以及得体的修饰化妆可以让我们的面容在后天有所改变。

(1) 眼部：注意眼睛的保洁，及时清除眼角处的分泌物。清洁时要避开他人，不能当着他人的面用手绢、纸巾擦拭或用手去抠。

(2) 鼻部：要保持鼻腔的清洁。切忌当众挖鼻孔或擤鼻涕，这样既不卫生，又影响个人形象。男性鼻毛长出鼻孔时，应及时修剪。

(3) 嘴部：保持口腔干净，口气清新。要做到早晚刷牙，饭后漱口。吃东西后马上擦嘴，并及时清除牙缝中残存的食物，但不能当众剔牙。出席社交场合前不能吃带有强烈气味的食物，如韭菜、大蒜、臭豆腐等。如果口腔有异味，可咀嚼口香糖或茶叶来清除。因牙病或其他疾病造成口中有异味的，应及时治疗。不随地吐痰。咳嗽、打嗝、打哈欠时应尽量避开他人，一旦忍不住当众出现，要用手绢或手捂住嘴，并向他人道歉。

(4) 颈部：颈部与头部相连，属于面容的自然延伸部分，也是人体最易显现年龄的部位，人称第二张脸。对颈部也要进行营养护理，防止皮肤老化，以免与面容产生较大反差。还要经常保持颈部的清洁卫生，尤其是脖后、耳后易藏污纳垢之处。

(5) 手部：人的手在社交中起着重要的作用，比如握手、递名片等，所以也容易引起人们的注意。因此，要随时随地保持双手的清洁，并定期修理指甲。

案例分析

案例 1-1

小李的口头表达能力不错，对公司产品的介绍也得体，人既朴实又勤快，在业务人员中学历又最高，老总对他抱有很大期望。可他做销售代表半年多了，业绩总上不去，问题出在哪里呢？原来，他是个不修边幅的人，双手拇指和食指喜欢留着长指甲，里面经常藏着很多"东西"；白衣领经常是酱黑色的，有时候手上还记着电话号码；他喜欢吃大饼卷大葱，吃完后，还不知道去除异味。在大多情况下，他根本没有机会见到想见的客户。有客户反映小李说话太快，经常没听懂或没听完客户的意见就着急发表看法，有时说话急促，风风火火的，好像每天都忙忙碌碌，少有停下来的时候。

（资料来源：www.40a.com）

【点评】

礼仪的真正内涵是什么呢？简单地说，就是让对方觉得舒服，让对方觉得你尊重他。案例中，小李在以下方面有待提高和完善。

(1) 勤剪指甲，经常洗澡，勤换衣服。
(2) 准备一个电话本，不要把电话号码记在手上。
(3) 及时清理口中异味，身边常备口香糖。
(4) 语速应该因人而异，要听懂听完客户的意见再发表自己的看法。
(5) 经常向优秀的员工请教工作经验、方法，不使自己碌碌无为。

其实，礼仪更深层地表现了一个人对自己和其他所有成熟生命的赞美与尊重，可以说是一个人的内在修养和素质的外在表现。"礼貌是外延，谦和是内涵"，这才是礼仪的真正含义。

皮肤的护理

正确地分析自己的皮肤属于何种性质是做好护肤的前提。如何知道你属于哪种类型的皮肤呢？我们可以通过了解不同类型的皮肤特征来知道自己属于哪种类型。

一、干性皮肤

特征：

缺水，皮脂腺分泌少，没有油腻感；皮肤表面干巴，有紧绷感，并有细小的皱纹出现；毛孔较细，长时间风吹日晒，皮肤就会发红和起皮屑；在寒冷、干燥的季节里，还容易皲裂。干性皮肤触觉较粗糙、干涩易老化。

护理：

对待干性皮肤，可以在玫瑰浸泡的水中加入几滴蜂蜜，沾湿整个面部，用手拍干。这样每晚2~3次，便能滋润面部，使之光滑细腻。洗脸时最好选用含甘油的香皂或洗面奶清洗，因甘油有保湿的作用。

清洗后要使用有保湿和滋润功效的护肤品护肤，这样可给干性皮肤增加油脂保护，减少水分蒸发，使皮肤柔软。

二、中性皮肤

特征：

中性皮肤的皮脂和水分分泌适中，是质感最好的一种皮肤，不干燥、不油腻，质感结实、光滑、柔软、有弹性，红润光泽，皮肤组织细腻，既无粗大的毛孔，又无过多的油脂，基本无瑕疵。

护理：

中性皮肤虽好，也需护理，主要是保持水油平衡，否则会逐渐变成或干性或油性的皮肤。洗脸时可使用护肤皂或含丙二醇的洗面奶，因为丙二醇可使皮肤长时间保湿，防止水分流失。另外，还可以在晚上用冷水洗完脸后，再用热一点儿的水蒸气蒸脸片刻，然后轻轻抹干。护肤品使用滋润保湿的即可。

三、油性皮肤

特征：

油性皮肤毛孔粗大，皮脂分泌过多，而且由于皮脂分泌过多导致毛孔堵塞，从而生出面疱。但油性皮肤不易出现皱纹。

护理：

由于油性皮肤分泌油脂过多，皮肤容易附着灰尘和污垢，所以要经常清洗，以免堵塞毛孔。洗脸时一定要用温水洗，而且可在热水中加几滴白醋，这样能有效地清洁皮肤上过多的皮脂、皮屑和尘埃，使皮肤显得光洁，并减轻毛孔堵塞。

四、混合性皮肤

特征：

混合性皮肤即一个人的面部同时存在两种类型的皮肤，在"T 带"是油性皮肤(大多数人在"T 带"油脂分泌较多，特别是在中午更加旺盛，甚至会泛油光)，"T"带以外的部分显得偏干。

护理：

混合性皮肤的人洗脸时，重点清洗"T 带"，护理时要控制"T 带"的油脂，解除两颊的干燥；另外还要注意保湿。

注意：无论何种肤质，洗脸时以温水为宜。过热会使毛孔张大，天长日久易使皮肤松弛，产生皱纹；过凉则会使毛孔收紧，皮肤变黑变粗糙。其实，洗脸不仅是清洗面部的灰尘，更重要的是清除皮肤新陈代谢后老化的角质。

无论何种类型的皮肤，在面部清洁后，都要及时补充洗脸后流失的水分、油脂和角质层内的 NMF(天然保湿因子)等物质，使肌肤恢复原来的状态。所以洗脸后，首先要用化妆水补充丢失的水分，用充足的水分紧缩肌肤，使皮肤变得柔软。化妆水还可以使乳液尽快渗入皮肤，更重要的是化妆水还可以平衡面部的 pH 值，即酸碱度。之后，用乳液。乳液中有水分、油分和保湿等皮肤必要的三种成分，是皮肤必不可少的，它可使皮肤完全恢复原来的状态。用了这两种化妆品后，再使用其他的护肤品，如粉底、防晒霜等。

化妆的基本步骤

一、洁面

用温水及适合肤质的洗面奶彻底洗去脸上的油脂、灰尘、汗水以及残妆等污垢，以使妆面光艳美丽。

二、补水

洗完脸后，由于油脂与污垢一起被洗掉，皮肤会感觉较干涩。为了使皮肤恢复原来的状态，需要用化妆水及时补充水分，以收缩毛孔、绷紧皮肤，使之易于上妆。

三、搽营养霜或隔离霜

搽营养霜或隔离霜的目的是保护皮肤，使其免受化妆品的刺激，并使粉底霜易于涂敷。为防止细菌，可用刮刀取适量面霜，约两粒黄豆大小，将面霜先在掌中温热再敷于脸上，这样可提高渗入肌肤的能力。用指腹按照额头、两颊、T区、下巴的顺序轻轻按摩，将面霜抹开。用脸部残留下来的面霜自下而上按摩颈部，用力不能过大。

选择两种以上与自己皮肤相协调的粉底霜，涂在不同的部位。在上额、鼻子、下巴前方涂上浅色粉底，在太阳穴、鼻翼两侧、双颊凹陷处涂上深色粉底，使脸部呈现立体感。

四、画眉

用修眉刀将眉头至眉尾周围的汗毛刮掉，将眉峰(眉毛的 2/3 处)至眉尾多余的部分用剪刀剪掉，再用眉笔顺着眉毛生长的方向一道道描画，最后，用眉梳整理眉毛的流向，让画上的眉与自己的眉融合在一起。

五、画眼线

沿睫毛根部，以竖切的方式从前眼角向后眼尾延伸，画到黑眼球外加宽，但要注意眼尾的眼线处理要细致，颜色由深到浅。从后眼尾回扣至前眼角，注意眼球中部的宽度。

六、涂眼影

用较深色眼影刷在最贴近上睫毛处，中间色刷在稍高处眼尾晕染，浅色刷在眉骨下。着色由浅入深，并巧施亮色以增加眼睛的立体感。

七、上睫毛膏

用睫毛夹夹住睫毛向上翻卷，从根部到尖部刷上睫毛膏。为了增加浓度和长度，可在稍后再刷两遍，最后用小梳子梳一下。

八、涂腮红

用胭脂刷或指腹将胭脂涂抹在微笑时面部形成的最高点，然后向耳朵上缘方向抹一斜条，将边缘晕开。

九、定妆

用粉扑蘸上干粉轻轻地、均匀地扑在妆面上，只需薄薄的一层，以起到定妆的作用。使妆面柔和，吸收粉底过多的光泽。扑好粉后，用大粉刷将妆面多余的粉扫掉。

十、涂口红

用唇线笔画好唇形，再涂唇膏，可用唇刷涂，也可以用棒式唇膏直接涂。口红的颜色应与眼影及服装协调。若想持久，可用纸巾轻轻按一下再扑上透明粉，然后再涂一次唇膏。

化好妆后，要在离镜子 50 厘米处审视自己，对脸部妆容及全身的协调作出正确的判断。

化妆属于私事，应在无人时悄然进行。有些人过分在意自己的形象，在公共场合，一副旁若无人的样子，一有空便拿出化妆盒修饰一番，这是没有教养的举止。有必要补妆时，一定要到洗手间去完成，做到修饰避人。

(二)仪表礼仪

仪表是综合人的外表，它包括人的形体、容貌、健康状况、姿态、举止、服饰、风度等方面，是人举止风度的外在体现。生活中人们的仪表非常重要，它反映出一个人的精神状态和礼仪素养，是人们交往中的"第一形象"。

第一章 人际交往礼仪

1. 仪表修饰原则

(1) 适体性原则：要求仪表修饰与个体自身的性别、年龄、容貌、肤色、身材、体型、个性、气质及职业身份等相适宜和相协调。

(2) T.P.O 原则：T—时间(Time)、P—地点(Place)、O—场合(Occasion)，即要求仪表修饰因时间、地点、场合的变化而相应变化，使仪表与时间、环境氛围、特定场合相协调。

(3) 整体性原则：要求仪表修饰先着眼于人的整体，再考虑各个局部的修饰，促成修饰与人自身的诸多因素之间协调一致，使之浑然一体，营造出整体风采。

(4) 适度性原则：要求仪表修饰无论是在修饰程度上，还是在饰品数量和修饰技巧上，都应把握分寸、自然适度，追求虽刻意雕琢而又不露痕迹的效果。

2. 服饰修饰规范

不同的时间、地点、场合，对服饰有不同的要求，只有与特定时间、地点、场合的气氛相一致、相融洽的服饰，才能产生和谐的审美效果，实现人景相融的最佳效应。

一般情况下，我们可以将日常活动场所分为三类：公务场合、社交场合和休闲场合。公务场合着装要庄重、保守、传统，不强调性别，不展示女性魅力。社交场合着装则应典雅、时尚，有个性但不花哨。休闲场合就是个人的自由活动场所，如居家、健身、旅游、逛街等，此时的着装应舒适、方便、自然。

1) 着装三要素

着装三要素主要指的是服饰的面料、色彩与款式。制作在正式社交场合穿着的服装时，宜选纯棉、纯毛、纯丝、纯麻的，这些面料制作的服装大都档次较高，品位不凡。

在人际交往中，服装的色彩在信息传递的过程中，影响力和感染力最强。良好的色彩感觉对于我们每个人来说是最基本的素质和审美要求。

正式场合的着装，色彩一般应为单色、深色，并且无图案。标准的套装色彩是蓝色、灰色、棕色、黑色。衬衫的色彩最好为白色。皮鞋、袜子、公文包的色彩应为深色，并且颜色要一致，最好为黑色，男士尤应注意。

一般情况下，我们可以遵循"三色原则"，即正装的色彩在总体上最好控制在三种颜色之内。色彩少有助于保持正装庄重、保守的总体风格，使正装在色彩上显得规范、简洁、和谐。

服装款式的选择，最重要的是要合乎身份、维护形象，且对交往对象不失敬意。

2) 着装的要求

在人际交往中，我们的穿衣要想得体、协调、品位超群，就应掌握一些相关的技巧。

(1) 显示个性。着装时应创造并保持自己所特有的风格，在合乎礼仪规范的前提条件下，尽量与众不同，切忌赶时髦，随波逐流，千人一面，毫无特色。

(2) 整体协调。我们在着装时，应当使各个部分"自成一体"，同时又相互呼应、配合，在整体上尽可能显得完美、和谐。

着装时要注意两点。一是要遵守服装本身约定俗成的搭配。如穿西装时，应配皮鞋，而不能穿布鞋、凉鞋或运动鞋等。二是要使服装各个部分相适应，局部服从整体，力求展现着装的整体美。如穿的裤子和鞋子是休闲式的，那么上衣就不能配时装，否则不协调。

(3) 文明整洁。一是要整齐，即服装不折不皱；二是要完好，即服装不应有残缺，如休闲西服袖子上有补丁的，在正式场合则不能穿；三是要干净，即服装不能有污渍、油渍、汗味等。

3) 着装的禁忌

正式场合的着装应注意以下几点。

一忌过分杂乱。应按规范着装，不可自行混搭。如正装西服不能搭配牛仔裤。

二忌过分鲜艳。即违反三色原则，色彩过分鲜亮花哨。

三忌过分暴露。工作场合一般强调六不露，即一不露胸；二不露肩；三不露腰；四不露背和脐；五不露脚趾；六不露脚跟和大腿。

四忌过分透视。

五忌过分短小。

六忌过分紧身。

3. 女士套裙的着装要求

女性着职业服装时，既要彰显个性，表现出自己的风格，也要遵守一些规则。

西服套裙是职业女性的标准着装，可塑造出端庄、干练的形象。西装套裙分两种：一种是配套的，上衣和裙子同色同质地；一种是不配套的，上衣与裙子色彩、质地不同，但要搭配协调。着单排扣西服套裙，上衣可以不系扣；着双排扣的，则要将扣子全部系上(包括内侧的纽扣)。

西装套裙的最佳颜色是黑色、藏青色、灰褐色、灰色和暗红色。衬衫的颜色没有严格限制，最常见的是白色、黄白色和米色。面料上一般选择质地和垂感好的。

4. 男士西服的着装技巧

西服是当今国际上最标准通用的礼服，在各种礼仪场合被广泛穿着。俗话说"西装七分在做，三分在穿"，男士穿上合体的西服会显示出一种庄重与潇洒。穿西装时，符合穿着规范，才能显得潇洒、精神、有风度。

1) 讲究规格

西服有两件套、三件套之分，正式场合应着同质、同色的深色毛料套装。两件套西服在正式场合不能脱下外衣。按国外习俗，西服里面一般不穿毛背心或毛衣，否则会显得臃肿，破坏西服的线条美。西裤的裤线任何时候都应熨烫挺直。

2) 衬衫搭配

男性配西服的衬衫必须是长袖的。衬衫通常为单色，一般多用蓝色、白色，不能过于花哨。领子要挺括、干净。衬衫下摆要掖进裤子里，不能露在外面。系好领扣和袖扣，衬衫衣袖要稍长于西装衣袖 0.5～1 cm，领子高出西装领子 1～1.5 cm，以显示出衣着的层

次。非正式场合可不系领带，此时，衬衫领口的扣子应解开。

3) 领带选用

西装脖领间的"V"字区最为显眼，领带应处在这个部位的中心，领带的领结要饱满，与衬衫的领口要吻合、紧凑，领带的长度以系好后下端正好在腰带上端为标准。如果穿背心，领带要放入背心里。领结的大小应与所穿的衬衫领子的大小成正比。领带夹一般应夹在衬衫的第三粒扣子与第四粒扣子之间，西装系好纽扣后，领带夹不能外露。

选择领带时，色彩恰当很重要，可以根据个人的自身条件，如肤色、脸型、着装环境，尤其是衬衣和西装的颜色来选择。领带与西服的颜色要互相衬托，而不要完全相同。暗红色、红色和藏青色可以用作领带底色，领带的主要颜色和图案要精致，不抢眼。

一般情况下，灰色系列的服装可以与任何花色的领带搭配；浅色西服配深色衬衣，再配一条与西装的色彩、明度相近的领带比较协调；浅色、明度高的西装，系灰红色系列的领带会显得特别温情；深蓝灰色西装，配白衬衣、浅蓝紫色的领带，会显得稳重、精干、可信；穿白色或素色的衬衣时，很适合佩戴有图案的领带。

领带最好选择真丝面料，以显得优雅且四季咸宜。可选择带有小巧的几何印花和条纹的面料，或带有柔和图案的涡旋纹面料。

4) 衣袋装饰

西装上下衣的口袋很多，但不能随便装东西。一般上装外面左胸口的衣袋是专门用于插装饰性手帕的，上衣的两个口袋只作装饰用，一般不放物品。上装左侧内袋可装记事本、钱包，右侧可放名片、香烟等。背心的四个口袋用于存放珍贵的小物件。西裤前面的裤兜亦不宜装物品，可用于插手，但行走时一定要把手拿出来；右边后裤袋用于放手帕，左边用于存放平整的零钱或其他轻薄之物。穿西裤要保持臀位合适，裤形美观。

5) 纽扣系法

穿双排扣的西服要把纽扣全部系上，以示庄重，就座时可将最下面的扣子解开。单排两粒扣的上装，正规穿法是只扣上面一粒纽扣；三粒扣的，则扣中间一粒。单排扣的西服扣子可以全部不扣，以显得潇洒。一般不将全部扣子都系上，否则会显得土气。

6) 鞋袜匹配

穿西服一定要穿皮鞋，裤长以盖住皮鞋鞋面为宜。男性的皮鞋最好是黑色或与衣服同色。正式场合一般选用黑色、无花纹、系带的皮鞋。不穿旅游鞋、轻便鞋或布鞋、露脚趾的凉鞋。

袜子以到小腿中部为佳，以免坐下后露出腿上的皮肤和汗毛。材质以棉袜为好，颜色应为黑色、棕色或藏青色，也可选用与长裤相同或相近颜色的袜子。

7) 腰带选择

一般选择纯皮的腰带，颜色应为黑色、棕色或暗红色，并与手提包和鞋的颜色一致。皮带扣以简洁为上。

案例分析

案例 1-2

小王所在公司老总着装喜欢端正严肃，可初涉职场的他偏偏上班第一天就一副休闲打扮，结果老总和他的首次沟通就包含了对服装审美的交流，明确告诉他这般着装与公司风格不符。后来尽管他确实有所改变，但是领导的第一印象却很难有质的改变，几年下来往往是批评有余，擢升无望。

等到小王愤而离开再换一个工作时，基本全天候西装出镜，即便是夏天也坚持每天都穿着正装短袖上班，于是新的领导对他的态度端正十分肯定。后来领导约见客户的时候，他陪同的机会也多于和他实力相当但是着装不如他正式的同事，即便别人随后也开始穿得一样正式，但给领导留下深刻印象的第一个人永远是他，他的事业自然也峰回路转。

一次饭后他坦言，当初让他扔掉学生时期穿惯了的休闲装，披上直线条的西服和硌脚的皮鞋，真是极不适应，但是和后来在公司里遭遇的那些不爽比较起来，这几乎可以忽略不计。"穿西服哪怕你穿得不舒服也没人说你不对，可若是由着自己的性子来穿，等到你知道不对的时候，就不只是不舒服那么点事了。"

（资料来源：www.xiaogushi.com）

【点评】

服饰也是一种文化，它能够反映一个国家、一个民族的经济水平、文化素养、精神文明与物质文明发展的程度，也能反映一个人的社会地位、文化品位、审美意识以及生活态度等。得体、和谐的服饰，会产生无形的魅力。

不同场合有不同的穿着要求，这是一种礼仪礼节，缺乏这样的素养很难取得他人的信任，更谈不上事业的成功。此例中的小王就是因为不得体的穿着而与成功擦肩而过的。

案例分析

案例 1-3

一位女推销员在美国北部工作，一直都穿着深色套装，提着一个男性化的公文包。后来她调到阳光普照的南加州，仍然以同样的装束去推销商品，结果成绩不够理想。后来她改穿色彩淡的套装和洋装，换了一个女性化一点的皮包，使自己更有亲切感，着装的这一变化，使她的业绩提高了25%。

（资料来源：www.ahhags.com）

【点评】

随着社会经济、文化的发展，如何得体、适度的穿着已成为一门大有可为的学问。就在职的女性而言，得体的打扮，往往能为自己的业绩加分。而在工商界和金融界或学术界，打扮过于时髦，则容易使人们对其工作能力、工作作风、敬业精神、生活态度等持怀疑态度。

拓展阅读

领带的打法

下面向大家介绍几种常用领带的打法。

A. 浪漫结

此种结型较完美,适用于各种浪漫系列的领口及衬衫,完成后将领结下方的宽边压以皱折,可缩小其结型,亦可将窄边往左右移动,使其小部分出现于宽边领带旁(见图1-1)。

B. 温莎型

此种结型因其较一般结型宽,故十分适用于八字领口的系列衬衫,最适合细致的丝织领带。

C. 王子结

此种结型适用于扣领及尖领系列衬衣,搭配质料柔软的细款领带。正确打法是:在宽边先预留较长的空间,并在第二圈时尽量贴合在一起,即可完成此结型(见图1-2)。

D. 四手结

此种结型是所有领结中最容易打的,适用于各种款式的衬衫及领带(见图1-3)。

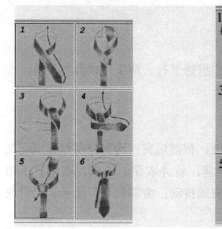
图1-1 浪漫结

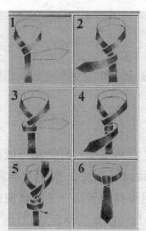
图1-2 王子结

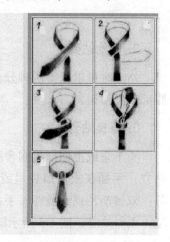
图1-3 四手结

二、日常姿态规范

仪态是指人们在行为中的姿态和风度。仪态美即姿势、动作的美,属于人的行为美学范畴。在人际交往中,它用一种无声的体态语言向人们展示出一个人的道德品质、礼貌修养、人品学识、文化品位等方面的素质与能力。仪态美主要表现在站、立、行、卧等方面。

(一)站姿

站姿是最容易表现人的特征的姿势,不同站姿有时会传递出不同的信息。

1. 基本站姿

头正,颈直,下巴内收,双目平视前方;嘴微闭,肩平并保持放松,挺胸收腹;双臂下垂,手指并拢自然微曲,放在身体两侧,中指压裤缝;两腿挺直,膝盖相碰,脚跟并拢,脚尖分开呈 45°或 60°角;身体重心落在两脚正中。整体形成优美挺拔、精神饱满的体态,如图 1-4 所示。

图 1-4 正确的站姿

2. 其他站姿

站立时可以保持两脚分开约 15 cm,与髋同宽,和肩膀平行。两手可以自然下垂,在腹部交叉相握。

3. 不良站姿

头下垂或上仰;收胸含腰;背屈膝松;肩一高一低;臀部后突;两脚分得很开或交叉站立;手插在衣裤口袋里或搓脸、弄头发、抱肘于胸前;玩弄衣带、发辫、衣角、手指等;双臂胡乱摆动或背着手;用脚打拍子;一条腿弯曲或抖动;身靠柱子、桌子、柜台或墙,歪斜站立。图 1-5 所示即为几种常见的不良站姿。

驼背　　　　翘臀　　　　凸腹　　　　含胸

图 1-5 不良的站姿

(二)坐姿

坐姿是日常生活中使用最多的，也是最重要的人体姿势，它包容的信息非常丰富，同样也有美与丑、优雅与粗俗之分。正确的坐姿能给人以安详、端庄的印象；不正确的坐姿会显得懒散无礼。

1. 基本坐姿

基本坐姿亦称为正坐，坐下后，腰背挺直，稍向前倾，双肩放松；小腿与地面垂直，双脚自然着地；臀部坐椅子的 2/3，背部不要靠在椅背上。如果不是坐在桌前办公，男性膝部可分开，不超过肩宽，双手自然弯曲，置于大腿中前部，或双手相握置于下腹部，以体现出男子汉的自信、豁达；女性膝盖以上并拢，表现出庄重与矜持，右手搭在左手上，置于大腿中部。女性穿裙装入坐时，应先用手将裙后摆稍稍拢一下，再慢慢坐下。如果坐在桌前办公，上身挺直前倾，前臂自然伏于桌上。

2. 其他坐姿

坐姿应与环境相适应，不同场合可以采用不同的坐姿。

(1) 侧坐：坐正，女性双膝并紧，上身挺直，两脚同时向左放或向右放，双手叠放，置于左腿或右腿上；男性小腿垂直于地面，上身左倾或右倾，左肘或右肘关节支撑于扶手上。

(2) 开关式坐姿：坐正，女性双膝并紧，两小腿前后分开，两脚前后在一条线上；男性既可两小腿前后分开，也可左右分开，两膝并紧，双手交叉于双膝上。

(3) 重叠式坐姿：腿向正前方，将两脚交叉放或跷起一条腿架在另一条腿上，但女性要尽量使上面的小腿收回平行直下，脚尖曲(绷直)向下，男性也不能跷起很高的二郎腿。

(4) 交叉式坐姿：两脚前伸，一脚置于另一脚上，在踝关节处交叉成前交叉坐姿；也可小腿后屈，前脚掌着地，在踝关节处交叉，或女性采用一脚挂于另一脚踝关节处成后交叉坐姿。

落座时动作要协调，声音要轻。通常是从椅子的左边入座和退席。多人入座时，除有上座的专门规定外，通常是由左边开始坐，站立时也要站在椅子的左边。女性起立时，可一只脚向后收半步，而后站起。

3. 不良坐姿

(1) 叉开双腿。女性落座后，两膝以上应全方位并拢，斜放双腿时也同向一个方向斜。男性两膝也不能分得太开，两脚并拢而两膝外展会显得不美观。

(2) 伸腿、摇腿和抖腿。两腿笔直前伸，或一腿盘在另一腿上，腿脚摇晃，或不断颤抖等，均显得粗俗无礼。

(3) 东趴西歪，弯腰弓背，或手托下巴，或把脚放在桌子或椅子上。

(4) 女性掀起裙子，露出大腿。女性落座时一定要用手抚裙子，而不能撩起裙子。

(5) 把一条腿翘在另一条腿上，把衬裙露出来。二郎腿不能跷得太高，跷得很高且摇晃，很不雅观。在东南亚国家，让别人看到鞋底或脚尖指向别人都是对人的严重不敬。

(6) 落座时声音过响。特别忌讳忽地坐下，腾地起来，如同赌气，容易造成紧张气氛。

日常生活中，可根据图1-6，培养良好的坐姿，避免不雅姿态。

保持良好坐姿

避免过分前倾

避免向后塌坐

用腰垫改变坐姿

避免跷二郎腿

图1-6　正确的坐姿与不良的坐姿

(三)走姿

走姿是最能体现一个人精神面貌的姿态。从一个人的走姿，就可以了解他是欢乐还是悲痛、热情而富有进取精神还是失意而懒散。良好的步态应该自如、轻盈、矫健、敏捷，有助于健美。

走姿应该优雅、自然而简洁。走路时，目光平视，头正颈直，挺胸收腹，两臂下垂，前后自然摆动，前摆稍向里折，身体平稳，两肩不左右晃动。走路出步和落地时，脚尖都应指向正前方，由脚跟落地滚动至前脚掌，脚距约为自己脚长的1.5～2倍。步履要均匀而有节奏，着地重力一致。脚不宜抬得过高，也不宜过低而使鞋底擦地。

走路的步伐要坚定有力。走路的姿态从很大程度上表明人处理问题的能力。据专家介绍，街头罪犯经常选择那些步履迟缓、行动犹疑不定的人作为袭击对象。因为他们知道，抢这些人的钱包或公文包，与抢步伐坚定有力的人相比，逃跑的机会要多得多。

男性走姿要显示出阳刚之美；女性则要款款轻盈，显示出阴柔之美。女性穿裙子或旗袍时要走一条直线，以显示出优美的韵律感。穿裤装时，宜走成两直线，步幅稍微加大，以显得活泼潇洒。

上楼时，身体自然向上挺直，头平正，整个身体的重心一起移动；下楼时，最好走到楼梯前略停一停，扫视楼梯片刻后，运用感觉来掌握行走的快慢高低，沿梯而下。

注意纠正内、外八字步，即脚尖向内撇或向外撇；多人一起时不要并排行走或搂肩搭背；忌奔跑，即使有急事也只能快步行走；在狭窄的通道上，遇尊者、长者、女士，应主动站立一旁，用手示意，让其先走；上下楼梯时，不能弯腰弓背，手撑大腿，或一步踏两三级楼梯，遇尊者、长者，应主动将有扶手的一边让给他们。

(四)蹲姿

在公共场所拾取物品时，采用的姿态要雅观。

在公共场所正确的拾物姿态应为走到物品左边，让物品位于身体的右侧，腿取半蹲姿态。下蹲时左脚在前，右脚在后，两腿膝盖以上靠紧或右腿压住左腿，慢慢地屈膝并且腰部用力下蹲，不弓背，用右手拾起物品，如图1-7(c)所示。

值得注意的是，下蹲取物时，女性如果穿着低领上装，要用一只手护住胸口。拾物时不要东张西望，否则会让人猜疑；不要弯腰曲背，显露委琐相，影响形体美观；不要采用全蹲姿态，这会使腿显得短粗；不要用不雅观的翘臀姿态，尤其女性着短裙时。正确的蹲姿如图1-7(b)所示。

近距离面对他人下蹲，会使他人感到别扭；近距离背对他人下蹲，显得对别人不够尊重；双腿平行叉开下蹲，则显得很不文雅，在公共场所更不该采用这样的蹲姿。不雅的蹲姿如图1-7(a)所示。

(a) 不雅的蹲姿　　　　　　　(b) 正确的蹲姿　　　　　　(c) 正确的拾物姿态

图1-7　不雅的蹲姿与正确的蹲姿

(五)手势

手势在日常交际中运用得也比较多，它属于无声语言，可以起到强化或替代有声语言的作用。做手势时，五指并拢自然伸直，手心略微凹陷。女性稍稍压低食指，显得比较优雅。

1. 递接物品

若递接双方距离较远，递物方应主动走近接物方。如果原来坐着，在递接物品时双方最好都起立，含笑注视对方，用双手递接。不方便用双手时，应该用右手；用左手递物是失礼的，尤其在一些信奉伊斯兰教的国家更是如此。一般情况下，递给他人的物品，最好直接交到对方手中。此外，应为对方留出便于接取物品的地方，让别人感到无从下手是不礼貌的。如果递交的是带有文字的物品，应将其正面朝向对方。将带尖、带刃或其他易于伤人的物品递给他人时，不要将尖、刃指向对方，而应当使其朝向自己或它处。例如，递剪刀时，自己拿着剪刀尖一方，而将剪刀把朝向对方；递钢笔时，应拔下笔帽，将笔尖面对自己递给对方。

接物品方，要等对方递过物品时再用手去接取，切不可急不可待地从对方手中抢过物品。

2. 用手势示意

用手势示意或招呼别人时，应该用手掌而不用手指。尤其不能在众目睽睽之下用食指指人的鼻子，否则有挑衅之嫌。

常用来示意别人的手势有以下几种。

(1) 请这边走——指示行进方向。动作是手臂抬至齐胸高，以肘关节为轴，向外侧横向摆动，五指并拢手掌伸开，指尖指向行进方向。同时微笑着看着对方，并点头示意。

(2) 在这里——指示目标或物品的方位。指目标时，动作也是手臂向外侧横向摆动，指尖指向前方。与前者不同的是，其手臂或者是抬至齐肩高，或者是放在身体一侧，手臂稍稍离开身体一段距离。此动作也可用于引导方向。指物品时，伸出手掌，指尖指向物品。

(3) 请进——请人进门。动作是站在客人侧前方，肘部弯曲，小臂与手掌呈一条直线，向外横摆指向行进方向，手臂高度在胸以下。如果走在客人前方，可回身伸出手臂，由体侧向体前推，手与地面成45°角，示意一下。

(4) 请坐——请人就座。动作是手臂由上向下斜伸指示座位，手掌可以稍微先下后上地顿一下；也可以肘关节为轴，手由上而下摆动，指向斜下方座位处。

做以上四种手势时只用一只手臂，另外一只手臂可自然垂在身体一侧，或者背在身后。

3. 引导

有时需要为客人引路。引路时先礼请："×经理，请跟我来"或"×先生，我来领路"。

路中，应走在客人左侧前方二三步，步调要与客人协调，不能只顾自己径直前行，也不宜停下脚步与人闲聊，而应当视与客人的相识程度，微微侧身把头部和上身转向客人，与其寒暄、交谈，以示友好、热情。

遇到拐弯、上楼、下楼时，要伸手指明方向，并说："请这边走"或"请从这里上(下)楼。"上楼时应请客人走在前面；下楼时应请客人走在后面。如果是乘电梯上楼，需向客人说明在几楼，然后在电梯侧面按住门，请客人进入，自己随后跟入，并按要到达楼层的按钮。在电梯内不能盯视客人。电梯停稳后，要招呼"×楼到了，请下电梯"，并请客人先下。

来到会客室或办公室门口时，要向客人说明"就是这里"。进入他人房间前要先敲门。敲门的方法是，将右手的手指弯曲，用食指或中指不轻不重、有节奏地敲2~3下，里面有人说"请进"后，再开门。如果门是朝外开的，要先将门拉向自己一边，请客人先入；如果门是朝里开的，要先推门进入，然后按住门，侧身请客人进入。

客人入室后，应将其引入上座。离门越远的座位，座次越高；反之，座次越低。所以，应将客人引到离门最远的座位，以示尊重。

引客人入座时，要对客人说"请坐"，并以手示意。待客人坐稳后说"请稍候"，然后送上茶水或饮料。

(六) 目光

目光，也称眼神，是面部表情的核心。眼睛是五官中最敏感的器官，被称为人类的心灵之窗，它能够自然、明显、准确地表现人的心理活动。

目光是一种重要的礼仪。在目光接触中，注视的部位、角度和时间不同，表明双方的关系也不同。

1. 注视的部位

注视的部位分为三种：一是注视位置在对方双眼或双眼与额头之间的区域，一般称为公务注视，适用于洽谈业务、磋商交易、交办任务和商务谈判。二是注视位置在对方唇心到双眼之间的三角区域，一般称为社交注视，适用于社交场合；三是注视位置在双方双眼到胸之间的区域，一般称为亲密注视，适用于恋人或亲人之间。

2. 注视的角度

注视的角度不同，目光的含义也不同。俯视，一般表示"爱护、宽容"或"傲慢、轻视"；正视，一般多为"平等、公正"或"自信、坦率"；仰视，一般体现"尊敬、崇拜、期待"；斜视，表示"怀疑、疑问、轻蔑"。初次见面，视线左右扫描，表明已占据优势。交往中视线朝下，手扶着头，眼皮下垂，是"不耐烦"的表现。在与人交谈的过程中，目光应以温和、大方、亲切为宜，多用平视的目光，双目注视对方的眼鼻之间，表示重视对方或对其发言颇感兴趣，同时也体现出自己的坦诚。

3. 注视的时间

注视对方时间的长短也传递着信息。注视对方的时间少或不屑一顾，表示冷落、轻视或反感；长时间注视对方，特别是对异性盯视和对初识者上下打量，是失礼的行为，往往会使对方把目光移开，从而影响交际效果。

在交往中，目光注视时间的长短，要视关系亲疏和对对方的重视程度而定。一般对初次接触的人，不能直视对方，应先平视一眼，同时做微笑、点头、问候或握手等动作，然后转视他人或四周，避免相互长时间对视。对于熟人、故交，或对交往对象表示友好、重视，注视对方的时间则长一些。在谈话中，目光与对方接触时间累计应达到整个谈话过程的 50%～70%，而听的一方注视的时间比说的一方要长一些。有时双方目光会出现对视，此时不要迅速躲闪，而应泰然自若地缓慢移开。当然，注视不是凝视，如果盯住对方脸上的某一部位，会使其感到不自然，应该采用"散点柔视"。

4. 其他要求

要想达到最佳的交际效果，必须学会巧妙地使用目光。比如，见面握手、问候时，要亲切、热情地望着对方；与人交谈时，要善于对对方的目光做出积极的反应；当询问对方身体及家人近况时，要用关切的目光；征询对方意见时，要用期待的目光；在对方表示支持、合作意向时，要用喜悦的目光；在得知对方带来意外的好消息时，要用惊喜的目光；对对方的谈话内容感兴趣时，要用关注的目光；听到有启发性的意见时，要用赞赏的目光；中间插话、转移话题或提问时，要用歉意的目光；要给对方一种亲切感时，用热情而诚恳的目光；要给对方一种稳重感时，要用平静而诚挚的目光；要给对方一种幽默感时，要用俏皮而亲切的目光；送别客人时，也要"目送"客人远去，以示尊敬友好。那种故意回避对方或闪烁不定的目光，会造成交流的障碍。但当双方缄默不语，或别人失言时，不应再注视对方，以免加剧已有的尴尬。总之，应最大限度地运用目光的表现力，创造一个最佳的交际氛围。

(七)微笑

在人的面部表情中，除目光之外，最动人、最有魅力的就是微笑。它是沟通双方心灵的润滑剂，是最能打动人的无声语言，被称为"世界语"。微笑语是指用微笑来传递友好、愉悦、欢欣、请求及表示歉意、拒绝和否定等信息的表情语。微笑语的礼仪要求：真诚得体，自然大方，不可皮笑肉不笑，给人以虚伪之感。

1. 微笑的作用

微笑是人际关系的黏合剂，是"参与社交的通行证"，也是待人处世的法宝，在人际交往中，微笑起着重要的作用。

1) 融洽气氛

微笑有一种天然的吸引力，是人际交往的一种轻松剂和润滑剂。它能使人相悦、相亲、相近，能有效地缩短双方的心理距离，打破交际障碍，为深入的沟通与交往创造真诚、融洽、温馨的良好氛围。

2) 减少摩擦

微笑是善意的标志，友好的使者，礼貌的表示。当碰到他人向你提出不好满足的请求或要求时，若板起脸来拒绝，往往会招人反感。而微笑不但可以为你赢得思考的时间，而且可以使你的拒绝让人容易接受，不伤和气地解决问题。

3) 美化形象

微笑给人以亲切、甜美的感受，是一个人最美的神态。一个善于微笑的人，心理一定是健康的，因为笑口常开的人，一定是一个心地善良、心胸豁达、乐观向上的人，是一个热爱工作、奋发进取、充满自信的人。因此，善于微笑的人，往往会赢得他人的好感和信赖。

2. 微笑的规范

微笑是社交场合最富有吸引力的面部表情。

微笑要发自内心，不强作欢颜。微笑时，面部肌肉放松，嘴角两端微翘，适当露出牙齿，不发声，要求真诚、自然、亲切、甜美。

总之，使用微笑的表情语，再配以得体的文明用语，就会使无声语言与有声语言相得益彰。

微笑的作用

微笑一下并不费力，
但它却产生无穷的魅力，
受惠者成为富有，
施惠者不会变穷。
它转瞬即逝，
却往往留下永久的回忆，
富者虽富却无人肯抛弃，
穷者虽穷却无人不能施与。
它带来家庭之乐，
又是友谊的绝妙表示；
它可以使疲劳者解乏，
又可以给绝望者勇气。
如果偶尔遇到某个人，
他没有给你应得的微笑，
那么将你的微笑慷慨地给予他吧！
因为没有任何人，
比那不能给予别人微笑的人更需要它。

微笑的练习

日常生活中，我们可以借用下面的方法练习微笑(见图1-8)。

方法一：

首先把手举到脸前   然后一边上提，一边使脸充满笑意

图1-8 微笑的练习方法

方法二：

 把手指放在嘴角并向脸的上方轻轻上提

 双手按箭头方向做拉的动作，一边想象笑的形象，一边使嘴笑起来

方法三：

 手张开举在眼前，手掌向上提，并且两手展开

 随着手掌上提，打开，眼睛一下子睁大

图 1-8　微笑的练习方法(续)

希尔顿的"微笑服务"

美国"旅馆大王"希尔顿于 1919 年把父亲留给他的 1.2 万美元连同自己挣来的几千美元投资出去，开始了他雄心勃勃的经营旅馆生涯。当他的资产从 1.5 万美元奇迹般地增值到几千万美元的时候，他欣喜自豪地把这一成就告诉了母亲，想不到，母亲却淡然地说："依我看，你跟以前根本没有什么两样……事实上你必须把握比 5100 万美元更值钱的东西；除了对顾客诚实之外，还要想办法使来希尔顿旅馆的人住过了还想再来住，你要想出这样简单、容易、不花本钱而行之久远的办法去吸引顾客。这样你的旅馆才有前途。"母亲的忠告使希尔顿陷入了迷惘：究竟什么办法才具备母亲指出的"简单、容易、不花本钱而行之久远"这四大条件呢？他冥思苦想，不得其解。于是他逛商店、串旅店，以自己作为一个顾客的亲身感受，得出了准确的答案：微笑服务。只有它才实实在在地同时具备母亲提出的四大条件。

从此，希尔顿实行了"微笑服务"这一独创的经营策略。每天他对服务员说的第一句话是："你对顾客微笑了没有？"他要求每个员工不论如何辛苦，都要对顾客投以微笑。即使在旅店也受到经济萧条的严重影响时，他也经常提醒职工记住："万万不可把我们心里的愁云摆在脸上，无论旅馆本身遭受的困难如何，希尔顿旅馆服务员脸上的微笑永远属于旅客的阳光。"因此，经济危机中纷纷倒闭后幸存的 20%的旅馆中，只有希尔顿旅馆服务员的脸上带着微笑。经济萧条刚过，希尔顿旅馆就率先进入新的繁荣时期，跨入了黄金时代。

(资料来源：www.blog.163.com)

第一章 人际交往礼仪

第三节 社交礼仪

1972年2月21日,美国总统尼克松在和中国没有外交关系的情况下,到长期相互敌视的中国进行友好访问。周恩来到机场迎接。当他们的手握在一起时,周恩来微笑着说:"你把手伸过了世界上最辽阔的海洋来和我握手。"中美关系开始走上了正常化的道路。一次不寻常的握手实现了中美"两国领导人横跨太平洋的历史性握手",它标志着"一个时代结束了,另一个时代开始了"。

(资料来源:http://tianya.cn)

思考:一次看似寻常的握手,为什么会带来如此不寻常的意义?在日常人际交往中,我们又该遵循一些怎样的社交礼仪规范呢?

知书达理,待人以礼,应当是当代大学生的一个基本素养。任何社会的交际活动都离不开礼仪,而且人类越进步,社会生活越社会化,人们也就越需要礼仪来调节社会生活。礼仪是人际交往的前提条件,是交际生活的钥匙。掌握规范的社交礼仪,能够使人与人之间、人与社会之间达到高度和谐,从而推动整个社会精神文明程度的提高。

一、握手

握手是日常交往的一般礼节,多用于见面时的问候与致意,也用于告别时的致谢与祝愿。这是世界各国通行的礼节。握手虽是日常生活中司空见惯、看似平常的社交礼仪,但从握手中却可以传递出许多信息。在轻轻一握之中,可以传达出热情的问候、真诚的祝愿、殷切的期盼、由衷的感谢,也可以传达出虚情假意、敷衍应付、冷漠与轻视。所以,绝不能等闲视之。学习握手礼,应掌握的要点有握手的场合、握手的顺序、握手的姿态、握手的禁忌等。

(一)握手的场合

出现下列情况时,一般应与别人握手。
(1) 遇到较长时间未曾谋面的熟人,应与其握手,以示为久别重逢而万分欣喜。
(2) 在被介绍与人相识,双方互致问候时,应握手致意,表示为相识而感到荣幸与高兴,愿与对方建立友谊与联系。
(3) 当对方取得很大的成绩或重大的成果、获得奖赏、被授予荣誉称号或有其他喜事时,应与之握手以表示祝贺。
(4) 在自己领取奖品时,应与发奖者握手,以表示感谢。

(5) 向他人表示恭喜、祝贺时，如祝贺结婚、生子、升学、乔迁、事业成功或获得荣誉、嘉奖时，应与之握手，以示贺喜之诚意。

(6) 参加社交活动，如宴会、舞会、音乐会前后，应与主人握手，以示谢意。

(7) 参加友人、同事或上下级的家属追悼会，在离别时，应和死者的主要亲属握手，以示劝慰。

(二)握手的顺序

社交活动中，由于握手代表了一定的情感态度，表示对对方的友好尊重，因此，按照什么顺序握手这个问题就显得十分重要了。社会交往中，握手应遵循"三优先"原则。

一是长者优先的原则。只有年长者先伸出手，年幼者才可以伸手相握。这种做法，符合社会"长者为尊"的伦理标准，表示对年长者的尊重。

二是女士优先的原则。只有女士先伸出手，男士才能伸手相握。女士优先的原则起源于西方所提倡的"Lady First"这种规范，体现了现代的文明意识，表达了对女性的尊重。

三是职位高者优先的原则。只有职位高的人先伸出手，职位低的人才能伸手相握。

(三)握手的姿态

行握手礼时，通常距离受礼者约一步，两足立正，上身稍向前倾，伸出右手，四指并齐，拇指张开与对方相握，微微抖动 3～4 次，然后与对方的手松开，恢复原状。关系亲近者，握手时，可稍加力度和抖动次数，甚至双手交叉热烈相握。

握手时必须用右手。如果恰好右手正在做事，一时抽不出来，或者手弄得很脏很湿，应向对方说明，摊开手表示歉意；或立即洗干净手，与对方热情相握。如果戴着手套，则应先取下后再与对方相握。

握手要热情。握手时，双目要注视着对方的眼睛，微笑致意，并且口道问候。

握手要注意力度。握手时，既不能有气无力，也不能握得太紧，甚至握痛了对方的手。握得太轻，或只触到对方的手指尖，不握住整只手，对方会觉得你傲慢或缺乏诚意；握得太紧，对方则会感到你热情过火，不善掩饰内心的喜悦，或觉得你粗鲁、轻佻而不庄重。这些都是失礼的。

握手应注意时间。握手时，既不宜轻轻一碰就放下，也不要久久握住不放。握手时两手稍触即分，时间过短，好似在走过场，又像是对对方怀有戒意；而与他人握手时间过长，尤其是拉住异性或初次见面者的手长久不放，则会被人误解。要掌握适度，一般来说，表示完欢迎或告辞致意的话以后，即应放下。普通情况下，握手的时间一般控制在 3 秒钟以内。

(四)握手的禁忌

(1) 忌不讲先后顺序。如前所述，在正式场合，握手必须遵照长者优先、女士优先、

第一章 人际交往礼仪

职位高者优先的原则。两对夫妻见面，先是女性相互致意，然后男性分别向对方的妻子致意，最后是男性互相致意。

(2) 忌戴手套握手。在社交活动中，如果女士的手套是其服装的组成部分，允许戴着手套和他人握手，但男士必须在与他人握手前脱下手套。

(3) 忌用左手握手。尤其是在涉外场合，不要用左手与对方相握，因为有些国家，比如阿拉伯，还有一些信仰穆斯林教的教徒，他们普遍认为左手是不洁的，不能随便碰触其他人。

(4) 忌握手时身体其他部分行为不规范。比如，握手时将另外一只手插在衣袋里；握手时另外一只手依旧拿着香烟等不放下；握手时东张西望、左顾右盼，这些心不在焉的做法都是错误的。

(5) 忌交叉握手。在社交场合，如果要握手的人较多，可以按照一定的顺序进行，或由近及远或从左到右依次与人握手。基督教徒尤其忌讳交叉握手，因为交叉握手时形成的十字架图案被认为是很不吉利的。

(6) 忌握手时手部不洁净。与对方握手之前，应该保持手部的洁净，手部粘着灰尘或很脏都是对对方的不尊重。同时也忌与他人握手后用手帕擦手。

握手的禁忌

握手的禁忌如图 1-9 所示。

交叉握手

与第三者说话(目视他人)

摆动幅度过大

戴手套或手不清洁

图 1-9 握手的禁忌

二、介绍礼仪

所谓介绍,通常是指在人们初次相见时,经过自己主动沟通,或者借助第三者的帮助,从而使原本不相识者彼此之间有所了解,相互结识。根据介绍者具体身份的不同,介绍可分为自我介绍、介绍他人和介绍集体三种。

(一)自我介绍

一般来说,相互间的介绍应该是通过年长者、男主人或女主人来进行,自我介绍被认为是一种不礼貌的做法(特别是在欧洲、拉丁美洲)。然而,在大型招待会、宴会中,在未被介绍或没有人为之作介绍时,应主动作自我介绍。自我介绍往往能体现出一个人的胆量和气魄,也容易使自己在社交中处于主动地位。自我介绍时要做到表达清晰、风趣、真实、流畅,尽量包含有关自己的信息以及与接下来的谈话相关的内容。

1. 自我介绍的一般适用场合

在下列情况下,一般应该做自我介绍。

(1) 应聘求职时或应试求学时。
(2) 在社交场合,与不相识者相处时或打算介入陌生人组成的交际圈时。
(3) 交往对象因为健忘而记不清自己时。
(4) 有求于人,而对方对自己不甚了解,或一无所知时。
(5) 拜访熟人遇到不相识者挡驾,或是对方不在,需要请不相识者代为转告时。
(6) 在出差、旅行途中,与他人不期而遇,且有必要与之建立临时关系时。
(7) 前往陌生单位进行业务联系时;因业务需要,在公共场合进行业务推广时。
(8) 有不相识者表现出对自己感兴趣时,或要求自己作自我介绍时。

2. 介绍自己的内容

一般情况下,自我介绍的内容应当兼顾实际需要、双边关系、所处场合等,而且应具有一定的针对性。自我介绍分为以下四种。

(1) 应酬式。这种方式最简单,通常只有姓名一项即可。如"你好,我姓顾"等。
(2) 问答式。这种方式即有问必答。
(3) 交流式。这种方式的主要内容有籍贯、学历和兴趣等。
(4) 工作式。这种方式的主要内容包括单位、部门、职务和姓名等。

3. 自我介绍的方法

自我介绍的方法有很多。可以从介绍自己姓名的含义切入,适当展开,提倡有幽默感;可以从自己所属生肖切入,各类生肖动物都有很丰富的寓意,适当发挥能带来较好的现场效果;可以从自己的职业特征切入;可以从对事业的态度切入;还可以从正在谈论的热点话题切入等。

自我介绍还要注意以下几点。

(1) 实事求是，不可不停地自我表白甚至吹嘘，否则易引起对方的反感或不信任，不利于进一步交往和联系。

(2) 介绍时举止庄重、大方，讲到自己时可将右手放在自己的左胸上，不要慌慌张张、毛手毛脚，不要用手指点着自己。

(3) 介绍时表情坦然亲切，眼睛应看着对方或是大家，不要显得不知所措、面红耳赤，更不能一副随随便便、满不在乎的样子。

(4) 介绍时控制好时间，一般不超过 1 分钟。

(二)介绍他人

在工作中，经常需要在他人之间架起人际关系的桥梁。他人介绍，又称第三者介绍，是经第三者为彼此不相识的双方引见、介绍的一种交际方式。他人介绍，通常是双方的，即对被介绍双方各自作一番介绍。有时，也可进行单向的他人介绍，即只将被介绍者中的某一方介绍给另一方。为他人作介绍时需要把握一些基本的礼仪要求。

1. 为他人作介绍的顺序

在为他人作介绍时谁先谁后，是一个比较敏感的礼仪问题。根据礼仪规范，必须遵守"尊者优先了解情况"的规则。也就是在为他人介绍前，先要确定双方地位的尊卑，先介绍位卑者，后介绍位尊者，使位尊者先了解位卑者的情况。根据这个规则，为他人作介绍时的礼仪顺序有以下几种。

(1) 介绍上级与下级认识时，先介绍下级，后介绍上级。

(2) 介绍长辈与晚辈认识时，先介绍晚辈，后介绍长辈。

(3) 介绍女士与男士认识时，应先介绍男士，后介绍女士。

(4) 介绍公司同事与客户时，应先介绍同事，后介绍客户。

(5) 介绍已婚者与未婚者认识时，先介绍未婚者，后介绍已婚者。

(6) 介绍同事、朋友与家人认识时，应先介绍家人，后介绍同事、朋友。

(7) 介绍来宾与主人认识时，应先介绍主人，后介绍来宾。

(8) 介绍与会先到者与后来者认识时，应先介绍后来者，后介绍先到者。

但是在一些非正式的场合，不必过于拘泥于礼节，不必讲究先介绍谁后介绍谁。介绍人说一句"我来介绍一下"，然后即可作简单的介绍，也可直接报出被介绍者各自的姓名："王明——张华"。

2. 为他人作介绍的方法

在工作中为他人作介绍时，由于实际需要的不同，介绍时所采取的方式也会有所不同。常见的介绍方法有以下几种。

(1) 标准式：以介绍双方的姓名、单位、职务等为主。这种介绍方式适合于正式场合。

(2) 引见式：介绍者所要做的是将被介绍者双方引到一起即可，适用于普通场合。

(3) 简单式：只介绍双方姓名一项，甚至只提到双方姓氏，适用于一般的社交场合。

(4) 附加式：也可以叫强调式，用于强调其中一位被介绍者与介绍者之间的特殊关系，以期引起另一位被介绍者的重视。

(5) 推荐式：介绍者经过精心准备再将某人举荐给某人，介绍时通常会对前者的优点加以重点介绍。通常，这种介绍方式适用于比较正式的场合。

(6) 礼仪式：是一种最为正式的他人介绍，适用于正式场合。介绍时应包括双方的姓名、单位、职务，且加入一些适宜的谦词、敬语。介绍语气、表达、称呼上都更为规范和谦恭。

(三)集体介绍

集体介绍，实际上是介绍他人的一种特殊情况，它是指被介绍的一方或者双方不止一人的情况。

1. 集体介绍的场合

在进行集体介绍的时候，时机的把握是首要因素。下面几种情况需要进行集体介绍。

(1) 正式大型宴会。正式的大型宴会，主持人一方与来宾均不止一人，应进行集体介绍。

(2) 大型的公务活动。大型的公务活动，参加者不止一方，各方也不止一人，应进行集体介绍。

(3) 举行会议。与会者往往不止一人，应进行集体介绍。

(4) 涉外交往活动。参加活动的宾主双方皆不止一人，应进行集体介绍。

(5) 演讲、报告、比赛。参加者不止一人，应进行集体介绍。

(6) 会见、会谈。各方参加者不止一人，应进行集体介绍。

(7) 规模较大的社交聚会。有多方参加，各方均可能多人，应进行集体介绍。

(8) 接待参观、访问者。来宾不止一人，应进行集体介绍。

2. 集体介绍的顺序

进行集体介绍的顺序，可参照他人介绍的顺序。但应注意，越是正式、大型的交际活动，越要注意介绍的顺序。

(1) 单向介绍。在演讲、报告、比赛、会议、会见时，往往只需要将主角介绍给广大参加者。

(2) 双向介绍。

① 双方地位、身份大致相似。

当被介绍者双方地位、身份大致相似时，应遵循"少数服从多数"的原则，先介绍人数较少的一方。

② 双方地位、身份存在差异。

如被介绍者双方地位、身份存在差异，地位高者虽然人数较少或只有一人，也应将其放在尊贵的位置，最后加以介绍。

(3) 多方介绍。

若被介绍的不止两方，需要对被介绍的各方进行位次排序，排列的顺序可以是：

- 以座次顺序为准；
- 以抵达时间的先后为准；
- 以其负责人身份为准；
- 以单位名称的英文字母顺序为准。
- 以其单位规模为准；
- 以距介绍者的距离为准。

3. 集体介绍注意点

(1) 首次介绍准确使用全称。首次介绍时要准确地使用全称，不要使用易生歧义的简称。

(2) 介绍时尽量避免玩笑话。在介绍的时候不要开玩笑，要很正规。

三、名片礼仪

名片是当代交往中一种最为实用的介绍性媒介。作为自我的"介绍信"，它具有使用方便、易于保存等特点，而且不讲尊卑、不分职业，不论男女老少均可使用，因此颇受欢迎。社交场合要正确地使用名片，就应对名片的设计、交换的时机、交换的要点及名片的存放等方面有个基本的了解。

(一) 名片设计的方法

名片是让新结识的朋友记住你的姓名、地址和电话号码等的一种有效方法。当你被介绍给别人，彼此握手及简单的交谈之后，你也许想出示你的名片。你的名片不仅旨在向未来的客户介绍你本人和你的公司，还代表着你的职位及职称，因此一定要精心设计。

1. 尺寸

名片一般长 9 cm，宽 5.5 cm。形状奇特的名片虽然能引人注目，但在很多钱包或名片夹里都装不下，因而不易保存。

2. 名片设计

双面名片对于经常出国做生意的人是很有帮助的，一面用中文，另一面则可以全用英文。

3. 字体

名片上的字体可横排也可竖排。

4. 内容

一张形象、效果俱佳的名片通常包括以下几项内容。

(1) 公司标志、商标或公司的徽记。

(2) 姓名。

(3) 职务。

(4) 公司名称。

(5) 公司地址。
(6) 电话号码。
(7) 传真号码。
(8) 若有必要，也可印上其他办事处的地址。

(二)名片交换的时机

交换名片并不是随时随地都可以进行的，而是要掌握恰当的时机，主要有下面几种情况。

1. 初次见面

初次见面时一般都要赠送一张名片，这是十分得体的礼仪。交换名片通常标志着初次见面的结束。出示名片，表明你有与对方继续保持联络的意向。

2. 公务、商务场合

公务、商务场合互换名片是一种传统，表示非正式的业务往来已经开始。同样，刚到办公室的来客也应向接待人员出示名片，以便被介绍或引见给有关人员。等见到主人时他还要再递上一张名片。在这种情况下，名片实质起到了社交名片的作用——既表明了你的身份和你的到来，还显示了你有进行业务往来的意向。

3. 去拜访他人时

去拜访他人时，如果主人没有出示名片，客人可在道别前索要。如果主人的名片就放在桌上的名片盒中，应首先征求同意然后再取出一张。你可以递上两张名片，一张给主人，另一张给秘书。当然你也可以索要两张名片，一张存放在你自己的名片夹里，另一张可钉在客户卷宗里。

4. 用餐结束时

在私人宴会上，除非有人索要，否则不要散发名片——那样会混淆商务与社交的界线。在参加社交活动时，可随身携带名片，需要时便可出示，但不可把花园聚会变成推销会。

5. 本人不能亲自前往时

本人不能亲自前往时，可以送上名片来"代表"你。比如，送交材料时可附上一张便笺和一张名片；在邮寄商业信函时附上一张名片，以便日后继续联络。

(三)交换名片时的要点

交换名片有一定的规范和技巧，主要有以下几点。
(1) 双手食指和拇指执名片的两角，文字正向对方，一边作自我介绍，一边递过名片。对对方递过来的名片，应该用双手接过，以示尊重。
(2) 接过名片后，要看上几秒钟，以示尊重。
(3) 对方人较多时，应从领导开始交换名片。收到名片后不应立刻放进包里，而应放

第一章 人际交往礼仪

在面前的桌子上,以备谈话所需。

(4) 交换名片。当你想出示名片时,可以说:"这是我的名片,如果有别的问题,尽管打电话给我好了"或者"寄信请用这上面的地址,希望能尽快听到你的消息"。

如果你想给一位长期客户赠送名片,可以说:"您有我的名片吗"或"我一直想给您一张名片"。

当你的职位或通信方式有变化时,你可以说:"这是我的新名片。"

当某人向你索要名片时,直接拒绝是不太礼貌的,但是你可以这么说:"对不起,我的名片都用光了"或"我忘带了"。

接受名片时要说"谢谢",并略微注视几眼再放好。还可以边看边稍加评论,比如:"你们公司总部在杭州,那儿的景色真是宜人。"

(四)名片的存放

随身所带的名片,最好放在专用的名片包、名片夹里,此外也可以放在上衣口袋内。不要把它放在裤袋、裙兜、提包、钱夹里,这样做既不正式,也显得杂乱无章。在自己的公文包以及办公桌抽屉里,也应经常备有名片,以便随时使用。

在交际场合,如需要名片,则应事先预备好,不要在使用时再临时翻找。

接过他人名片看过之后,应将其精心放在自己的名片包、名片夹或上衣口袋里,切勿放在其他地方。

手机使用礼仪

随着手机的日益普及,无论是在社交场所还是工作场合放肆地使用手机,已经成为礼仪的最大威胁之一,手机礼仪越来越受到关注。在国外,如澳大利亚电信的各营业厅就采取了向顾客提供"手机礼节"宣传册的方式,宣传手机礼仪。

在公共场合,特别是楼梯、电梯、路口、人行道等地方,不可以旁若无人地使用手机。

在会议中、和别人洽谈时,最好的方式是把手机关掉,起码也要调到振动状态。这样既显示出对别人的尊重,又不会打断发话者的思路。相反,如果不将铃声关掉,不断响起的铃声,不但不能反映你"业务忙",反而显示出你缺少修养。

在一些场合,比如,在看电影时或在剧院接打手机是极其不合适的,如果不得已的话,采用静音的方式发送手机短信是比较适合的。

在餐桌上,关掉手机或是把手机调到振动状态还是必要的。不要正吃到兴头上的时候,被一阵烦人的铃声打断。

无论业务多忙,为了自己和其他乘客的安全,在飞机上都不要使用手机。

使用手机,特别是在公共场合,应该把自己的声音尽可能地压低,而绝不能大声说

话,以赢取路人的眼球。

在一切公共场合,手机在没有使用时,都要放在合乎礼仪的常规位置。无论如何,都不要在并没使用的时候放在手里或是挂在上衣口袋外。

放手机的常规位置有:一是随身携带的公文包里(最正规),二是上衣的内袋里。

有时候,可以将手机暂放在腰带上,或是开会的时候交给秘书、会务人员代管,也可以放在不起眼的地方,如手边、背后、手袋里,但不要放在桌子上。

在会议中、和别人洽谈的时候,使用手机接收短信,手机也要设成振动状态,不要在别人能注视到你的时候查看短信。一边和别人说话,一边查看手机短信,会显得对他人不尊重。

在短信内容的选择和编辑上,应该和通话文明一样重视。因为通过你发的短信,意味着你赞同至少不否认短信的内容,也同时反映了你的品位和水准,所以不要编辑或转发不健康的短信,特别是一些带有讽刺伟人、名人甚至是革命烈士的短信。

第四节　拜访与待客礼仪

1962 年,周总理到西郊机场为西哈努克和夫人送行。亲王的飞机刚一起飞,我国参加欢送的人群便自行散开,准备返回,而周总理这时却依然笔直地站在原地未动,并要工作人员立即把那些离去的同志请回来。这次总理发了脾气,他严厉起来了,狠狠地批评道:"你们怎么搞的,没有一点礼貌!各国外交使节站在那里,飞机还没有飞远,你们倒先走了。大国这样对待小国客人不是搞大国主义吗?"当天下午,周总理就把外交部礼宾司和国务院机关事务管理局的负责同志找去,要他们立即在《礼宾工作条例》上加上一条,即今后送行者到机场为贵宾送行,须等到飞机起飞,绕场一周,双翼摆动三次表示谢意后方可离开。

(资料来源: http://shenzhen.88db.com)

思考:周总理为什么要发火?在日常交往接待中,我们应遵循哪些拜访与待客礼仪?

礼仪作为一种社会规范,有一套约定俗成、共同遵守的行为准则。奉行礼仪,必须遵从礼仪准则,不分场合、对象、时间,随心所欲、缺乏分寸地运用礼仪,都是一种错误的礼仪行为,其结果只能事与愿违。同样,拜访、待客也有一定的礼仪讲究。

一、拜访礼仪

到别人家拜访有两种情况:一种是自己主动前往,另一种是受别人邀请。若是前者应事先打电话约好时间,以避免突然造访给别人带来麻烦;后者无论答应还是拒绝,都应及时告知对方,切忌答应某一邀请后,又因参加别的约会而失此约。

(一)选择合适的服装

服装首先要整洁大方,中式赴宴无明确规定,西式赴宴请柬中往往写明"请穿礼服"。一般,喜庆时应穿华丽一些,丧祭时以黑色或素色为宜,并带好手帕、面巾、香烟、打火机等物品。

(二)带好合适的礼品

根据不同宴会要准备不同的礼品,如生日寿诞、结婚喜庆可送耐用、易保留的礼品;探病丧礼则宜选一次性的礼品。

(三)到达的礼仪

拜访时应准时到达,或稍稍提早。到达主人门前,要先擦净脚上的泥土,叩门切忌重手重脚或时间过长。进门后要将大衣、雨具交给主人安置,并向主人问候、寒暄,还要向在场的主人家属和其他客人打招呼,待主人安排或指定座位再坐下。对端茶敬烟的主人要起身道谢,双手接过,点烟时必须站起来,身体前倾并致敬意。不应乱丢、乱弹、乱扔果皮、果核、烟灰、烟蒂。如果朋友家中有老人,要主动与老人打招呼,不能对屋里的其他人视而不见,谁也不理,就直奔你的朋友。如果被访问的是年长者,主人没坐下,自己不能先坐下,同时要注意民族风俗和主人习惯。要向主人说明来意,以便人家接待。如果有其他客人在场,可先在一旁静坐一下,不要打断人家谈话。在朋友家里要注意自己的仪表,讲究站有站相,坐有坐相,要大方、彬彬有礼。对于主人献上的水果,要等其他客人或年长者动手之后,自己再取用。

即使在最熟悉的朋友家里,也不要过于随便。在朋友家室内吸烟,要尽量克制,以免弄得满屋是烟,特别在冬天更应注意。烟灰、烟蒂要放在烟灰缸内,不要轻易往茶碗、食碟内乱放,也不要乱丢果核、果皮,更不可乱翻人家的东西。

(四)保持合适的举止

要与主人打招呼,尤其要与女主人打招呼,并对主人的宴请说一些赞扬的话,为主人创造融洽、热烈的氛围。入席时要按既定次序入座,不可贸然坐下。坐在餐桌前要注意体态礼仪,主人祝酒时要专注地听,主人敬酒时要起立回敬,即使不会饮酒也应沾沾唇以示尊敬,待主人招呼后才动筷夹菜。进餐过程中要注意饮食礼仪,席间应多谈些愉快、轻松的话题,要尽量避免中途离席,确实无奈应向主人说明歉意方可离去。

二、待客礼仪

家里有客人来访时,应提前作准备。主人的服饰要整洁,家庭布置要干净美观,孩子要妥善安排、教育,水果、点心、饮料、烟酒、菜肴等要提前备好。如果是正式宴请,如婚礼、寿诞等,还要预先送请柬或电话邀请,确定宴请时间、场所,排好座次,落实宴请形式、规模和档次。

(一)迎接客人

客人在约定时间到达,主人应提前到门口迎接,不宜在房中静候,最好夫妇一同前往,女主人应在前。如果有客人突然临门,要热情相待。若室内未清理,应致歉并适当收拾,但不宜立即打扫,因为打扫有逐客之意。

(二)问候寒暄

见到客人,应热情招呼,女主人应主动上前握手。如果客人手提重物,应主动帮忙,对长者或体弱者可上前搀扶。进入室内应把最佳位置让给客人坐,如果客人是初次来访,应向其他家人或客人作介绍。主人要面带微笑,步履轻松,不能有疲倦心烦之相。

(三)双手奉茶

冲泡茶时首先要清洁茶具,多杯茶时应一字排开来回冲,每杯茶以斟杯高的 2/3 为宜,应双手捧上茶杯放在客人的右手上方,且应先敬尊长者。

(四)陪客交谈

客人坐下,奉敬烟茶糖果之后,应及时与之交谈,话题内容可应实际而定。一般来说应谈一些客人熟悉的事情。若无法奉陪客人交谈,可安排身份相当者代陪,或提供报纸杂志,或打开电视供客人消遣,切不可出现主人只管自己忙,把客人晾在一旁的现象。

(五)送客礼节

当客人散席或准备告辞时,主人应婉言相留。客人要走时,应等其起身后,主人再起身相送,家人也应微笑起立,亲切告别。若客人来时带有礼物,应再次提及对礼物的感谢或回赠礼物,并不忘提醒客人是否有东西遗忘,或有什么事需要帮忙。送客应送到大门口或街巷口,切忌跨在门槛上向客人告别或客人前脚一走就"啪"地关门。如果是初次来客,主人应主动指路或安排车辆接送,远方来客则应送至火车站、机场或码头,并说祝愿的话或发出再来的邀请。

本章知识技能目标鉴定题库

一、形体训练

1. 个人靠墙站立,要求后脚跟、小腿、臀、双肩、后脑勺都紧贴墙,每次训练半小时,每天一次。

2. 按坐姿的基本要领,着重进行脚、腿、腹、胸、头、手等部位的训练,可以配舒缓、优美的音乐,以减轻疲劳,每天训练。

3. 在地面上画一条直线,行走时双脚内侧踩在线上。若稍稍碰到这条线,即证明走路时两只脚几乎是在同一条直线上。

第一章 人际交往礼仪

二、表情语训练

1. 每天追逐鸽子飞翔，可使目光更加灵动有神。
2. 每天对着镜子做使自己最满意的微笑表情，到离开镜子时也不要改变它。

三、案例分析

1. 请结合下述材料，谈论一下我们应该如何穿着。

张艺谋曾经向采访他的杨澜提到过这样一件事：他去日本看歌剧，下了飞机就匆匆忙忙穿着一件文化衫进入了剧院，结果衣冠楚楚的观剧人都以异样的目光看着他。

改革开放以来，中国人的服装样式和穿着习惯受域外文化影响很大，以为外国人穿戴很随意，于是也都随便起来。其实，外国人服饰有自然、随意的一面，也有十分严格、规范的一面。比如，一些比较讲究的餐厅、饭馆，谢绝服装不整的人入内用餐；一些公共场所也禁止衣冠不整的人进入。至于剧院、音乐厅更是要求比较严格。参加社交活动，对服饰要求的严格和规范程度，更是中国人想不到的。比如，在国外，人们在收到宴会请柬时，经常在请柬的左下角看到注有"正式的(Formal)"或"非正式的(Informal)"或"小礼服(Black Tie)"等字样，有时也写着"随意(Casual)"。这些都说明宴会主人对着装的要求。如果是比较正式的宴会（如晚宴等），主人又没有在请柬上注明对着装的要求，一般的人就会按通常的做法着装，而有的客人还会主动给主人打电话询问一下。可见，人们在社交服饰方面是相当重视礼貌的。

2. 阅读下面这则案例，分析小刘的尴尬来自何处。

小刘和几个外国朋友相约周末一起聚会娱乐，为了表示对朋友的尊重，星期天一大早，小刘就西服革履地打扮好，对照镜子摆正漂亮的领结前去赴约。北京的八月天气酷热，他们来到一家酒店就餐，边吃边聊，大家好不开心快乐！可是不一会儿，小刘已是汗流浃背，不住地用手帕擦汗。饭后，大家到娱乐厅打保龄球，在球场上，小刘不断为朋友鼓掌叫好。在朋友的强烈要求下，小刘勉强站起来整理好服装，拿起球做好投球准备，当他摆好姿势用力把球投出去时，只听到"嚓"的一声，上衣的袖子扯开了一个大口子，弄得小刘十分尴尬。

3. 请结合服饰礼仪的要求，分析小张被拒绝的原因。

小张是一位很帅气的小伙子，穿着很讲时髦。一次，他买了一件很漂亮的大衣，正好周末本单位举行舞会，他便来到会场。只见人们都在翩翩起舞，小张兴致很浓，便邀请一位在座位上休息的女士跳舞，那位女士看了他一眼，很礼貌地拒绝了。接着小张又邀请了两位女士跳舞，结果均被拒绝。

4. 阅读下面的案例，谈谈你是怎样理解"小处不可随便"这个问题的。

一次，元世祖忽必烈召见应聘官员。应聘者中有一位学士叫胡石塘，此人生性粗心，不拘小节，歪戴着帽子也没有发现就进去面见元世祖。元世祖忽必烈看见他，问道："你有什么本事啊？说来我听听。"胡学士回答说："我有治国平天下的学识。"忽必烈听了哈哈大笑地说："你连自己头上的帽子都戴不平，还能平天下吗？"

5. 试从服饰角度分析以下这位女职员成功的原因。

有位女职员是财税专家，她有很好的学历背景，常能为客户提供很好的建议，在公司

里的表现一直很出色。但当她到客户的公司提供服务时，对方主管却不太注重她的建议，她所能发挥才能的机会也就不大了。一位时装大师发现这位财税专家在着装方面有明显的缺憾：她26岁，身高147 cm，体重43 kg，看起来机敏可爱，喜爱着童装，像个小女孩，其外表与所从事的工作相距甚远，客户对于她所提出的建议缺少安全感、依赖感，所以她难以实现自己的创意。这位时装大师建议她用服装来强调出学者专家的气势，用深色的套装，对比色的上衣、丝巾、镶边帽子来搭配，甚至戴上重黑边的眼镜。女财税专家照办了，结果，客户的态度有了较大的转变。很快，她成为公司的董事之一。

6. 结合下列案例，说说在当今社会中企业的形象和员工的形象有什么重要的关系。

日本的著名企业家松下幸之助从前不修边幅，企业也不注重形象，因此企业发展缓慢。一天，理发时，理发师不客气地批评他不注重仪表，说："你是公司的代表，却这样不注重衣冠，别人会怎么想，连人都这样邋遢，他的公司会好吗？"从此松下幸之助一改过去的习惯，开始注意自己在公众面前的仪表仪态，生意也随之兴旺起来。现在，松下电器的产品种类享誉天下，与松下幸之助长期率先垂范，要求员工懂礼貌、讲礼节是分不开的。

7. 请从个人仪表礼仪的角度，分析李小姐的应聘为什么会失败。

一次，某公司招聘文秘人员，由于待遇优厚，应聘者如云。中文系毕业的小李前往面试，她的背景材料可能是最棒的：大学四年中，在各类刊物上共发表了3万字的作品，内容有小说、诗歌、散文、评论、政论等，还为六家公司策划过周年庆典，英语表达也极为流利，书法也堪称佳作。小李五官端正，身材高挑、匀称。面试时，招聘者拿着她的材料等她进来。小李穿着迷你裙，露出藕段似的大腿，上身是露脐装，涂着鲜红的唇膏，轻盈地走到一位考官面前，不请自坐，随后跷起了二郎腿，笑眯眯地等着问话。孰料，三位招聘者互相交换了一下眼色，主考官说："李小姐，请回去等通知吧。"她喜形于色："好！"挎起小包飞跑出门。

8. 请结合2003年7月5日埃非社的一篇报道，谈谈你对"微笑运动"的看法。

泰国当局在全国范围内掀起了一次新奇的运动，希望以此让全国人民都微笑起来。泰国有"微笑国度"的美称，现在又在进一步积极树立微笑国家的形象。一位官员说："微笑是泰国人和国家形象最突出的一个亮点，我们希望这个亮点更加耀眼。"当局还希望，通过微笑运动让人们懂得"纪律"、"慷慨"和"感谢"的重要性。泰国每年从旅游业中得到巨大的效益，2014年约有2478万名外国游客到这个国家观光游览。

9. 阅读下面的案例，分析双方问题出在哪里？是你的话你会如何做？

2015年4月，广州商品交易会上各方厂家云集，企业家们济济一堂。华新公司的徐总经理在交易会上听说伟业集团的崔董事长也来了，想利用这个机会认识这位素未谋面又久仰大名的商界名人。午餐会上他们终于见面了，徐总彬彬有礼地走上前去："崔董事长，您好，我是华新公司的总经理，我叫徐刚，这是我的名片。"说着，便从随身带的公文包里拿出名片，递给了对方。崔董事长显然还沉浸在之前的与人谈话中，他顺手接过徐刚的名片，回应了一句"你好"，草草看过后，便放在了一边的桌子上。委屈的徐总在一旁等了一会儿，并未见这位崔董有交换名片的意思，便失望地走开了。

10. 运用所学的礼仪知识，分析回答他们的做法是否正确，为什么？

第一章 人际交往礼仪

2007年3月，在山城重庆召开的全国糖酒会上，三鑫公司的赵总看到了久闻大名的新意集团的刘董事长。晚餐会上，赵总主动上前作自我介绍，并递给了对方一张名片。刘董事长接过名片，马马虎虎地用眼睛瞄了一下，便放在了桌子上，然后继续用餐。

11. 根据所学的礼仪知识，分析下列两个案例的正误。

（1）甲男、甲女在门口迎接来宾。一辆轿车驶入，乙男下车。甲女上前，道："陈总，您好！"随后呈上自己的名片。又道："陈总，我叫李菲，是正道集团公关部经理，专程前来迎接您。"乙男道谢。甲男上前道："陈总，您好！您认识我吧？"乙男点头。甲男又问："那我是谁？"

（2）乙女陪外公司一女进入本公司会客厅，本公司丙男正在恭候。乙女首先把丙男介绍给客人："这是我们公司的刘总。"然后向自己人介绍客人："这是四方公司的谢总。"

12. 请分析指出金先生的问题出在哪里。

在某海滨城市的朝阳大街，高耸着一座宏伟的楼房，楼顶上"远东贸易公司"六个大字格外醒目。某照明器材厂的业务员金先生按原计划，手拿企业新设计的照明器样品，兴冲冲地登上六楼，脸上的汗珠未来得及擦一下，便直接走进了业务部张经理的办公室，正在处理业务的张经理被吓了一跳。"对不起，这是我们企业设计的新产品，请您过目。"金先生说。张经理停下手中的工作，接过金先生递过的照明器，随口赞道："好漂亮呀！"并请金先生坐下，倒了一杯茶递给他，然后拿起照明器仔细研究起来。金先生看到张经理对新产品如此感兴趣，如释重负，便往沙发上一靠，跷起二郎腿，一边吸烟一边悠闲地环视着张经理的办公室。当张经理问他电源开关为什么装在这个位置时，金先生习惯性地用手搔了搔头皮。好多年了，别人一问他问题，他就会不自觉地用手去搔头皮。虽然金先生作了较详尽的解释，但张经理还是有点半信半疑。谈到价格时，张经理强调："这个价格比我们预算的高出较多，能否再降低一些。"金先生回答说："我们经理说了，这是最低价格，一分也不能再降了。"张经理沉默了半天没有开口。金先生却有点沉不住气，不由自主地拉松领带，眼睛盯着张经理。张经理皱了皱眉，问："这种照明器的性能先进在什么地方？"金先生又搔了搔头皮，反反复复地说："造型新，寿命长，节电。"张经理托词离开了办公室，只剩下金先生一个人。金先生等了一会儿，感到无聊，便非常随便地抄起办公桌上的电话，同一个朋友闲谈起来。这时，门被推开，进来的却不是张经理，而是办公室秘书。

13. 请结合本章所学的内容对此案例进行分析。

泰国某机构为泰国一项庞大的建筑工程向美国公司招标，经过筛选，最后剩下4家候选公司。泰国人派遣代表团到美国亲自去各家公司商谈。代表团到达芝加哥时，那家工程公司由于忙乱中出了差错，又没仔细复核飞机到达的时间，未去机场迎接泰国客人。但是泰国代表尽管初来乍到不熟悉芝加哥，还是自己找到了芝加哥商业中心的一家旅馆。他们打电话给那位急促不安的美国经理，在听了他们的道歉后，泰国代表同意在第二天11时在经理办公室会面。第二天美国经理按时到达办公室等候，直到下午三四点钟才接到客人的电话说："我们一直在旅馆等候，始终没有人前来接我们。我们对这样的接待实在不习惯。我们已订了下午的飞机赴下一个目的地。再见吧！"

14. 请结合本章所学的内容对此案例进行分析。

"就凭我这高等学府的毕业证，别说是应聘一个小小的经理，就是给他们做董事长也绰绰有余"，吴德欢天喜地地去应聘。

过五关斩六将，他和另外一位应聘者胜出在公司的接待室等待最终结果。

"你什么大学毕业？"吴德主动搭讪。

"我？因为俺家里穷，上完初二就毕业了。"

"什么？"吴德差点笑了出来，"连初中都没有毕业，普通话也说不好。和我这个高等学府的高才生竞争，真是你的不幸。"对于应聘最后的胜出吴德信心百倍，心里乐开了花。

"他——一个乡巴佬，怎么跟我比？没法比。经理的位置舍我其谁？！"

为了庆祝这提前到来的胜利，吴德从随身携带的包里拿出饮料以此代酒大喝了起来，伴着断断续续的笑声。想到一个初中还未毕业的人竟和自己这个名副其实的高才生竞争，他不禁笑了出来，"酒"也洒了一身。他轻盈地拿出餐巾纸擦了起来，一张、二张、三张……

结果出来了，"乡巴佬"竟出人意料地被聘用，而他却被淘汰了。

"这……这怎么可能？"他惊讶地问招聘人员。

"这怎么不可能？在接待室内，你把用过的餐巾纸、喝过的饮料瓶随意地丢弃在地上，是他帮你捡了起来丢在垃圾桶里。他的学历是没有你高，但他有良好的卫生习惯，我们公司的卫生部更需要他那样的人才。"

吴德愣在了那里，一脸的迷茫……

(资料来源：www.xiaogushi.com)

四、实训题

1. 课堂内以三人为一组，练习介绍、握手、递名片的正确姿势。

2. 设计一个在公司办公室里与业务单位联系的场景，两人一组进行接打电话的礼仪训练。

3. 酒会上，有一个女客户小玲想请你帮她介绍另一个男客户小李，请问你应怎样作介绍？

第二章　日常人际沟通

1995年，美国哈佛大学心理学教授丹尼尔·戈尔曼(Daniel Goleman)提出了情商(EQ)的概念，认为情商是个体的重要生存能力，是一种发掘情感潜能、运用情感能力影响生活各个层面和人生未来的关键品质因素。戈尔曼甚至认为，在人的成功要素中，智力因素是重要的，但更为重要的是情感因素。情商大致可以概括为五方面内容：情绪控制力；自我认识能力，即对自己的感知力；自我激励、自我发展的能力；认知他人的能力；人际交往的能力。一般认为，100%的成功=80%的 EQ+20%的 IQ。而日常人际沟通则是一个人情商的反映。

第一节　沟通与交谈

情景导入

【例一】

家长：老师，我可以进来和您谈谈吗？

老师：欢迎！请坐到这儿吧。(微笑着用手势示意家长坐下)

家长：你们老师真是辛苦，每天要带那么多孩子，真是不简单啊！

老师：(一边给家长倒茶)是呀。孩子小，自控能力差，而家长的期望值又那么高，我们的压力真是不小！

家长：(接过茶杯)谢谢！是啊，现在的孩子都是独生子女，每个家庭都对孩子宠爱有加。

老师：是的。独生子女存在的问题确实比较多，孩子不仅生活自理能力差，各种习惯也差。家长一边宠爱孩子，一边又对孩子寄予很高的期望。哎，可怜天下父母心哪！(摇头，很无奈的样子)哦，我忘了，你是不是有什么话要对我讲？(笑)

家长：(微笑着)是的。我家馨馨最近对跳舞的兴趣特别浓厚，每天嚷着要跳舞给我和她爸爸看，她爸爸看她这么感兴趣就特地给她买了一面大镜子，她对着镜子跳舞可开心了。

老师：哦？可是，在幼儿园我问她是不是不想跳舞，她告诉我说"是"。

家长：会不会馨馨在幼儿园跳舞跟不上同伴，不够自信？

老师：说实在的，馨馨对舞蹈的感受力和表现力确实一般。考虑到她最近腿脚不方便，我就让她坐在旁边看。

家长：谢谢您为馨馨想得那么多。我和她爸爸看她在家里那么喜欢跳舞，实在不忍心让她只看着小朋友跳舞了。我们猜想她内心还是喜欢跳舞的，您说是不是？

老师：看来是的。

家长：我想，馨馨可能因为腿不好怕在老师和同伴面前丢脸才说不想跳舞的，她说的可能并不是心里话。

老师：可能是吧。馨馨在幼儿园表现欲得不到满足，就想在家里得到满足，有这种补偿心理是很正常的。是我太大意了，我应该考虑到这一点的。对不起，馨馨妈妈，从明天起我就让馨馨归队。

家长：(起身)谢谢了！再见！

【例二】

家长：老师，我可以进来和你谈谈吗？

老师：欢迎！请坐到这儿吧。(微笑着用手势示意家长坐下)

家长：很忙是吗？

老师：(一边给家长倒茶)还可以，有什么话您尽管说好了。

家长：(责问)你们班每个孩子是不是都参加了舞蹈排练？

老师：是的。

家长：那你怎么就不让我家馨馨跳舞？她回家说，每次跳舞老师都让她坐着。

老师：那是因为最近馨馨的腿脚不方便，我问她是不是不想跳，她说"是的"，我这才让她坐在旁边看的。

家长：你知不知道她每天回家就嚷着要跳舞给我和她爸爸看，她爸爸看她这么感兴趣还特地买了一面大镜子。这样喜欢跳舞的孩子你说她在幼儿园不想跳舞谁相信？(情绪有些激动)

老师：我体谅动作不便的孩子，我尊重孩子的意愿有什么错？(语气加重)

家长：馨馨在家那么喜欢跳舞，你这怎么叫尊重孩子的意愿？(站了起来)

老师：馨馨在家的情况你可以向我反映，完全用不着用这种态度呀？

家长：你这样的态度就好了吗？什么老师？！我这就去找园长，如果可以，馨馨最好换个班级。(气冲冲地走出教师办公室)

(资料来源：育儿网)

思考：家长的两种不同的沟通方式在结果上为何会产生这么大的差别？在日常生活中我们该怎样实现"沟通从心开始"？

如何与人沟通和交谈，是人生一个很重要的课题。有的人不善于与人沟通，走到哪里都不受欢迎，甚至还到处受人排挤，障碍重重，自然感到凡事都不能顺心如意；反之，善于与人沟通的人，处处逢源，处处方便，到处都有贵人相助。所以，如何与人沟通这门学问，每个人都应该用心学习。

一、沟通

沟通是一种信息交流的过程，有效的人际沟通可以实现信息的准确传递，达到与其他人建立良好的人际关系，借助外界的力量和信息解决问题的目的。从形式上看，沟通有机—机沟通、人—机沟通和人—人沟通三种形式。

从形式上看，沟通一般采用语言沟通或文字沟通，当然有时也可能出现物品沟通；从内容上看，沟通的内容不外乎交流信息、情感、思想、观点、态度等。沟通过程往往受到沟通双方心理因素的制约，因此，在沟通中心理因素发挥着很重要的作用。由于沟通主客体和外部环境等因素，沟通过程中会出现各种各样的沟通障碍，如倾听障碍、情绪噪声、信息超载等。因此，为了达到沟通的目的，我们首先必须认识到沟通中可能存在的障碍，然后采取适当的措施以避免障碍，从而实现建设性的沟通。

二、建设性沟通

所谓建设性沟通，是指在不损害或改变人际关系的前提下进行确切的、诚实的沟通。它具有三个特征：一是实现信息的准确传递；二是人际关系至少不受损害；三是不仅为了他人喜欢，更为了解决问题。

(一)建设性沟通的原则

任何沟通都是有目的的，沟通双方都希望通过沟通来满足自己某方面的需要。如果沟通双方在沟通中能够清楚地了解对方的沟通目的，在沟通中站在对方的角度，在不损害自身利益的前提下提供对方期待得到的东西，那么沟通就会实现双赢。

1. 信息组织原则

所谓信息组织原则，就是沟通双方在沟通之前应该尽可能地掌握相关的信息，在向对方传递这些信息时应尽可能地简明、清晰、具体。

(1) 全面对称。即在沟通中是否提供了全部的必要信息；是否回答完整询问的全部问题；是否在需要时提供了额外的信息；是否根据沟通环境和对象，采用相应的语言表达方式、正确的数据资料。例如，一位年轻的人口普查员问一位农村老大娘："您的配偶呢？"大娘不知所云。普查员赶紧补充说："就是您的老伴啊！"大娘笑着说："你说老伴不就成了？"（资料来源：管理资源吧）

这个案例中普查员的第一次沟通就是没有选择准确相应的表达方式，才导致沟通的失败。

(2) 简明清晰。即用尽量少的语言传达尽量丰富的内容，清晰思考、清晰表达。因此，在沟通时要尽量避免乏味冗长的语言表达；避免不必要的重复；使所组织、传递的信息中只包含相关的信息。在语句的构筑上，选用熟悉、具体、精确的词语，避免晦涩、深奥的语言；构筑有效的语句和段落。一般一个句子以大于10个字少于40个字为佳。

(3) 具体生动。幽默从来都是良好沟通的润滑剂，因此在沟通中应尽量采用幽默风趣、具体活泼的语言。例如，有人这么形容爱情："看了《神雕侠侣》知道年龄不是问题；看了《断背山》知道性别不是问题；看了《金刚》发现原来物种也不是问题；看了《人鬼情未了》才知道连生死都不是问题！"

2. 真诚礼貌原则

"沟通从心开始"，因此沟通中要做到真诚、礼貌，发自内心地使用礼貌用语，用尊重人的语气，选用非歧视性的表达方式。

案例 2-1

在某一软件项目中，项目经理在听取了组员的各个方案后提出了自己的方案，在遭到组员反对之后，说："我和×××的编程经历累积有25年了，你必须听我的话！"

【点评】

本例中，这位项目经理在沟通中就违反了真诚礼貌原则，表述中出现了强制命令性语句"必须听我的话"，因此会直接导致沟通的失败。

3. 连贯谈话原则

在沟通过程中，为使沟通能达到较好的效果，我们还必须遵从连贯谈话原则。即交谈的双方应轮流讲话以保持谈话的连贯性；应学会多提问以避免长时间停顿。同时要注意主题和时间的把握，不能出现"一言堂"现象。

4. 对事不对人原则

沟通的目的是为了解决问题，因此沟通中要把注意点集中在事情上、结果上，而不是对某个人人品、智力的评价上。

5. 积极倾听原则

沟通的过程也就是倾听的过程。研究表明，在沟通中倾听比表达更重要。E. 弗洛姆(Eric Fromm)在他的名著《爱的艺术》中曾大段论述沟通中学会倾听的重要性："在与人相处中，要训练自己专心投入的品格很重要的一环是学会聆听。所谓聆听就意味着要有听别人说话的耐心。有许多人正是由于缺乏这种聆听的耐性，不虚心接受别人的教诲而失败。即使听别人说些什么，但他总要把自己摆在为帮别人出主意的位置，可实际上他们根本没把别人的话听进去。他们不重视别人的话的真正内容，漫不经心地回答对方，结果使这样的谈话越谈越感到乏味。他们误以为如果自己集中精力、全神贯注地聆听对方所讲的话，就会感到乏味。其实真正的效果恰恰相反：任何事只要专心做了就会得到一定的启迪——尽管做完事或听完话后倦意可能会袭来，但那也是自然的，对身心无害的。而懒懒散散地做事或三心二意地听别人说话则会使倦意贯穿始终，以致入夜也难有好睡眠。"

在沟通中我们要培养好的倾听习惯，摒弃不良的倾听习惯，具体详见表2-1。

第二章　日常人际沟通

表 2-1　不良的倾听习惯与良好的倾听习惯

不良的倾听习惯	良好的倾听习惯
喜欢批评、打断对方的谈话	了解对方的心理
注意力不集中	听时集中注意力
表现出对话题没有兴趣	创造谈话的兴趣
没有眼神的交流	观察对方的身体语言
反应过于情绪化	辨析对方的意思并给予反馈
只为了解事实而听	听取谈话者的全部意思

(二)沟通策略

沟通要讲究策略，沟通中可根据沟通客体、沟通内容、沟通情境的不同选择合适的沟通策略。但最终落实点在于三个问题：①受众需要什么？②我能给受众什么？③如何把"受众需要的"和"我能提供的"进行有机的联结？对这三个问题的回答，最根本的出发点便是在沟通中进行"换位思考"。

案例分析

案例 2-2

一位高层领导在参观某博物馆时，向博物馆馆员小王要了一块明代的城砖作为纪念。按国家规定，任何人不得将博物馆的收藏品变为私有。博物馆馆长需要如何写信给这位领导，将城砖取回？

(资料来源：阿里巴巴商人博客网)

【点评】

本案例中问题解决的关键是，必须分析案例中的高层领导在归还城砖时需要的是什么，而作为馆长你又能提供给他什么。这两个问题解决了以后，第三个问题也就迎刃而解了。

美国的沟通理论研究专家凯蒂·洛克(Kitty Locker)在谈到换位沟通时，曾提出了以下六种技巧。

(1) 不要强调你为读者做了什么，而要强调读者能获得什么或能做什么。以正面或中立的立场，强调读者想要知道的内容。

非换位：今天下午我们会把你们 9 月 21 日的订货装船发送。

换位：你们订购的两集装箱服装将于今天下午装船，预计在 9 月 30 日抵达贵处。

(2) 参考读者的具体要求和指令。在商务写作中涉及读者的要求、订单或保单时，要具体指明。对方是个人或小业主时，这种指明订单内容的做法会显得友善；若对方是与你有生意往来的公司，要列出发票或订单号码。

非换位：你的订单……

换位：你订购的真丝服装……

你的第 99035 号发票……

(3) 除非你有把握读者会感兴趣，除贺信或慰问信，一般少谈自己的感受。

非换位：我们很高兴授予你 5000 元的信用额度。

换位：你的牡丹卡有 5000 元的信用额度。

(4) 不要告诉读者他们会做何反应或如何感受。当要告诉读者一个好消息时，直截了当会更好。

非换位：你会很高兴听到你被公司录用的消息。

换位：你通过了公司的全部考核，你被录用了。

(5) 涉及褒奖内容时，多用"你"而少用"我"，褒奖的内容和作者或读者相关时应尽量用"我们"。

非换位：我们为所有的员工提供健康保险。

换位：作为公司的一员，你会享受到健康保险。

(6) 涉及贬义的内容时，避免使用"你"为主语，以保护读者的自我保护意识。

非换位：你在发表任何以该机构工作经历为背景的文章时，必须要得到主任的同意。

换位：本机构的工作人员在发表以此工作经历为背景的文章时，必须要得到主任的同意。

案例分析

案例 2-3

王岚是一个典型的北方姑娘，从她身上可以明显地感受到北方人的热情和直率。她喜欢坦诚，有什么说什么，总是愿意把自己的想法说出来和大家一起讨论。正是因为这个特点，她在上学期间很受老师和同学的欢迎。今年，王岚从西安某大学的人力资源管理专业毕业了。她认为，经过四年的学习，自己不但掌握了扎实的人力资源管理专业知识，而且具备了较强的人际沟通技能，因此她对自己的未来期望很高。为了实现自己的梦想，她毅然只身去广州求职。

经过将近一个月的反复投简历和面试，在权衡了多种因素的情况下，王岚最终选定了东莞市的一家研究、生产食品添加剂的公司。她之所以选择这家公司是因为该公司规模适中、发展速度很快，最重要的是该公司的人力资源管理工作还处于尝试阶段，如果王岚加入，她将是人力资源部的第一个人，她认为自己施展能力的空间很大。

但是到公司实习一个星期后，王岚就陷入了困境中。

原来该公司是一个典型的小型家族企业，企业中的关键职位基本上都由老板的亲属担任，其中充满了各种裙带关系。尤其是老板给王岚安排了他的大儿子做临时上级，而这个人主要负责公司的研发工作，根本没有管理理念，更不用说人力资源管理理念了。在他的眼里，只有技术最重要，公司只要能赚钱其他的一切都无所谓。但是王岚认为，越是这样就越有自己发挥能力的空间，因此在到公司的第五天，王岚就拿着自己的建议书走向了直

第二章 日常人际沟通

接上级的办公室。

"王经理,我到公司已经快一个星期了,我有一些想法想和您谈谈,您有时间吗?"王岚走到经理办公桌前说。

"来来来,小王,本来早就应该和你谈谈了,只是最近一直扎在实验室里,就把这件事忘了。"

"王经理,对于一个企业尤其是处于上升阶段的企业来说,要持续企业的发展必须在管理上狠下功夫。我来公司已经快一个星期了,据我目前对公司的了解,我认为公司主要的问题在于职责界定不清;雇员的自主权力太小,致使员工觉得公司对他们缺乏信任;员工薪酬结构和水平的制定随意性较强,缺乏科学合理的基础,因此薪酬的公平性和激励性都较低。"王岚按照自己事先所列的提纲开始逐条向王经理叙述。

王经理微微皱了一下眉头说:"你说的这些问题我们公司也确实存在,但是你必须承认一个事实——我们公司在赢利,这就说明我们公司目前实行的体制有它的合理性。"

"可是,眼前的发展并不等于将来也可以发展,许多家族企业都败在管理上。"

"好了,那你有具体方案吗?"

"目前还没有,这些还只是我的一点想法而已,但是如果得到了您的支持,我想方案只是时间问题。"

"那你先回去做方案,把你的材料放这儿,我先看看然后给你答复。"说完王经理的注意力又回到了研究报告上。

王岚此时真切地感受到了不被认可的失落,她似乎已经预测到了自己第一次提建议的结局。

果然,王岚的建议书如石沉大海,王经理好像完全不记得建议书的事。王岚陷入了困惑之中,她不知道自己是应该继续和上级沟通还是干脆放弃这份工作,另找一个发展空间。

(资料来源:http://bendi.niwota.com/network/)

【点评】

沟通是一个互动的过程,实现建设性沟通需要沟通双方的共同努力。本案例中,沟通双方可以在以下几个方面做出改进。

王岚应做出的改进如下。

(1) 在沟通之前做好信息准备工作。这些信息包括公司中的各种裙带关系和家族成员间的利害关系;公司以前是否有人提出过改革建议,结果如何;了解直接上级的性格和脾性以及他在公司中的地位和影响力;公司中存在的可以说明问题存在性和严重性的各种事实。

(2) 事先提出解决问题的草案。比起听下级挑毛病,上级更希望下级拿出解决问题的具体方案,而不仅仅是指出问题所在。

(3) 先咨询后建议。作为一个刚毕业的大学生,而且到公司还不到一个星期,对许多事情的认识还只是停留在表面,有时候甚至过于理想化,因此不要把自己当作专家而是要事事抱着谦虚的态度,在与王经理的沟通过程中,王岚可以先咨询后建议。也就是说,先向王经理请教有关管理方面的问题，这样一方面可以避免王经理把这次谈话当作一次抱怨，另一方面也可以探知王经理对公司管理的看法和态度。有了这一层铺垫后，王岚再根据王经理的态度决定是否现在就提出建议、以怎样的方式提出建议，以及提出哪些建议才是合适的。

王经理应做出的改进如下。

(1) 认识到王岚作为一个刚毕业的大学生而具有的强烈的成就动机，对她的这种敢想敢说的精神给予肯定和赞扬。这样一方面使王岚希望得到认可的心理需求得到了满足，另一方面又为培养王岚以后的创新和工作积极性打下基础。

(2) 对王岚的谈话给予积极的反馈，鼓励王岚把自己的观点表达清楚。

(3) 在肯定王岚行为的前提下，以列举公司中的事实的方式来提醒王岚应该多关注公司的实际，不要过于理想化。

(4) 给王岚提供一些工作指导，使她明白以后工作中应该注意哪些方面的问题。

三、交谈

交谈是我们日常生活中最为常见，也最为广泛的沟通方式。我们在相互交谈中传递信息，交流思想，沟通情感，从而达到交际的目的。

(一)交谈礼仪

交谈作为我们最常见的沟通方式，也有其基本的礼仪规范。

首先，谈话的表情要自然，语气要和气亲切，语言表达要得体。说话时可适当做些手势，但动作不要过大，不要手舞足蹈，更不要用手指指人。与人谈话时，不宜与对方离得太远，但也不要离得过近，不要拉拉扯扯、拍拍打打。谈话时不要唾沫四溅。

其次，参加别人的谈话要先打招呼，别人在个别谈话时不要凑前旁听。若有事需与某人说话，应待别人说完。有人与自己主动说话，应乐于交谈。第三者参与说话，应以握手、点头或微笑表示欢迎。发现有人欲与自己谈话，可主动询问。谈话中遇有急事需要处理或需要离开，应向谈话对方打招呼，表示歉意。

再次，谈话现场超过三人时，应不时地与在场的所有人攀谈几句。不要只与一两个人说话，而不理会在场的其他人。也不要与个别人只谈两个人知道的事而冷落第三者。如所谈问题不便让旁人知道，则应另找场合。

在交际场合，自己讲话时要给别人发表意见的机会；别人说话时，自己也应适时发表个人看法。要善于聆听对方的谈话，不轻易打断别人的发言。一般不提与谈话内容无关的问题。如果对方谈到一些不便谈论的问题，不对此轻易表态，可转移话题。在相互交谈时，应目光注视对方，以示专心。对方发言时，不左顾右盼、心不在焉，或注视别处，显出不耐烦的样子；也不要老看手表，或做出伸懒腰、玩东西等漫不经心的动作。

谈话的内容一般不要涉及疾病、死亡等不愉快的事情，不谈一些荒诞离奇、耸人听闻、黄色淫秽的事情。一般不询问妇女的年龄、婚否，不径直询问对方履历、工资收入、

家庭财产、衣饰价格等私人生活方面的问题。与妇女谈话不说妇女长得胖、身体壮等话语。对于对方不愿回答的问题不要追问，不究根问底；对方反感的问题应表示歉意，或立即转移话题。一般谈话不批评长辈、身份高的人员，不讥笑、讽刺他人。

男子一般不参与妇女圈内的议论，也不要与妇女无休止地攀谈，以免引起旁人的反感侧目。与妇女谈话更要谦让、谨慎，不与之开玩笑，争论问题要有节制。

(二)交谈的基本原则

任何人际关系的建立、发展、巩固、改善、调整都要依靠一定的语言艺术。人际交往中口才水平的高低直接关系到人际关系的好坏，能够娴熟地运用口才技巧，是人际互动取得成功的重要因素之一。

一男子到一朋友家拜访，这家有一个两个多月大的胖儿子。这位先生热情地对孩子的父母赞美道："好健康的小家伙，将来肯定有出息，恭喜你们！"可是主人未露出高兴的表情，反而显得失望："其实，我一直是想要个女孩的。"听了这话，客人知道自己的称赞没有说到主人的心坎上，不过他马上又对主人说："没关系，等小孩长大了，娶个漂亮孝顺的媳妇，你们不就等于有了一个可爱的女儿了吗？"主人脸上顿时有了笑意。

这个案例中的男子就是凭借着良好的口才技巧而赢得了主人的好感。

在日常交流中，我们必须遵循以下这些原则。

1. 目的性原则

目的性首先体现在对交谈的总体目的、议论范围、交谈方式心中有数，即"话要说到点子上"。

有个新郎在婚礼上如此致辞："我衷心感谢大家在百忙之中赶来参加我们的婚礼，这是对我们的极大鼓舞、极大鞭策、极大关怀。由于我们是初次结婚，缺乏经验，还有待各位今后多多给我们帮助、扶持与指导。今天有招待不周之处，欢迎大家多提宝贵意见，以便下次改进。"这就违反了目的性原则，说话没有说到点子上，结果就闹了大笑话。

目的性还体现在交谈要看说话对象的年龄、身份、地位、职业、文化、心理等。有个小朋友读过老作家冰心不少文章，很敬重她。有一次见到她，这个小朋友问："冰心奶奶，您今年几岁了？""几岁"是问小孩子的话。用问小孩子的话来询问一个德高望重的老奶奶，不得体。

2. 真切性原则

所谓真切性原则，就是指事真、理真、情真，忌假、大、空。例如，1860 年，林肯与民主党候选人道格拉斯竞选美国总统的一次演讲："有人问我有多少财产？我有一个妻子，三个儿子，都是无价之宝。此外，还租有一个办公室，室内有办公桌一张、椅子三把，墙角还有一个大书架，架上的书值得每个人一读。我本人既穷又瘦，脸蛋很长，不会发福。我实在没有什么可依靠的，唯一可依靠的就是你们。"正是演讲中的真情真意打动了广大选民，最终为林肯赢得了大选的胜利。

（资料来源：http://zhidao.baidu.com）

3. 逻辑性原则

逻辑性是指在交谈中要做到思路清晰、条理分明，并且理由充分。比如，某位领导在一次会议上，要求领导干部要切实加强学习。他说："领导干部要切实加强对社会科学、哲学、政治经济学、历史学及社会主义市场经济知识的学习。""我基本上完全同意他的观点……"这种简单的逻辑错误在交谈中就不允许出现。

4. 时空性原则

时空性原则是指交谈要符合时间、地点、场合等，也就是说交谈要符合当时的语境。例如，1957年后期，著名诗人艾青被错划为右派，他的好朋友王震找到他，并邀请艾青去他的部队。当时在私下里王震对艾青这样说："老艾，我又爱你又恨你！你是不会反对社会主义的，你是拥护真理的嘛！离开文艺界，你到我们那里去吧！"而当着全体官兵的面，王震的表述就变成了这样："有个大诗人叫艾青，你们知道不知道？他也来了，他是我的朋友。他要歌颂你们，欢迎不欢迎啊？"

(三)交谈的口语技巧

1. 使用礼貌语

谈话中要使用礼貌语言，如"你好"、"请"、"谢谢"、"对不起"、"打搅了"、"再见"、"好吗"等。

2. 擅用习惯语

在我国，人们相见习惯说："你吃饭了吗？"、"你到哪里去？"、"今天天气不错"等。在西方，一般见面时先说："早安"、"晚安"、"你好"、"身体好吗？"、"最近如何？"、"一切都顺利吗？"、"好久不见了，你好吗？"、"夫人(先生)好吗？"、"孩子们都好吗？"、"最近休假去了吗？"对新结识的人常问："你这是第一次来我国吗？"、"到我国来多久了？"、"这是你在国外第一次任职吗？"、"你喜欢这里的气候吗？"、"你喜欢我们的城市吗？"分别时常说："很高兴与你相识，希望再有见面的机会"、"再见，祝你周末愉快"、"晚安，请向朋友们致意"、"请代问全家好"等。

3. 慎重选话题

交谈时选择什么话题，特别是对初次见面者而言，一直是困扰交谈者的一个问题。有时，由于彼此间的不熟悉，诙谐有趣的谈话话题反而会阻碍交流的进一步发展。因此，选择一个合适的话题成了交谈者双方的共同任务。一般来说，对于彼此不是很熟悉的人而言，我们可以尝试从以下几方面展开话题。

(1) 目前社会上的热门话题，并征询对方的看法。

(2) 谈论对方感兴趣的事情或对方熟知的事情，如所从事的行业。

(3) 谈论当下你感兴趣的话题，并征询对方的意见。

(4) 谈论你刚看过的一部电影，并征询对方的观感。

(5) 评论你所参加的活动，并问对方对此活动的看法。

这些话题可以挨个尝试，在瞬间引起对方关注，从而挑起别人也感兴趣的对话。

当然，在社交场合，也可以谈论涉及天气、新闻、工作、业务等方面的话题。

沟通技能自我测试

一、评价标准

非常不同意/不符合（1分）　　不同意/不符合（2分）

比较不同意/不符合（3分）　　比较同意/符合（4分）

同意/符合　　　　（5分）　　非常同意/符合（6分）

二、自测题目

1. 我能根据不同对象的特点提供合适的建议或指导。

2. 当我劝告他人时，更能帮助他们反思他们自身存在的问题。

3. 当我给他人提供反馈意见，甚至是逆耳的意见时，能坚持诚实的态度。

4. 当我与他人讨论问题时，始终能就事论事，而非针对个人。

5. 当我批评他人或指出他人的不足时，能以客观的标准和预先期望为基础。

6. 当我纠正某人的行为后，我们的关系常能得到加强。

7. 在我与他人沟通时，我会激发出对方的自我价值和自尊意识。

8. 即使我不赞同，我也能对他人的观点表现出诚挚的兴趣。

9. 我不会对权利比我小或拥有信息比我少的人表现出高人一等的姿态。

10. 在与和自己有不同观点的人讨论时，我将努力找出双方的某些共同点。

11. 我的反馈是明确而直接指向问题的关键，避免泛泛而谈或含糊不清。

12. 我能以平等的方式与对方沟通，避免在交谈中让对方感到被动。

13. 我以"我认为"而不是"他们认为"的方式表示对自己的观点负责。

14. 讨论问题时，我通常更关注自己对问题的理解，而不是直接提出建议。

15. 我有意识地与同事和朋友进行定期或不定期的私人会谈。

三、自我评价

80～90分，你具有优秀的沟通技能。

70～79分，你略高于平均水平，有些地方尚需要提高。

70分以下，你需要严格地训练你的沟通能力。

第二节　赞美与道歉

一次，一个客户在一款地砖面前驻留了很久，销售员走过去对他讲："您的眼光真好，这款地砖是我们公司的主打产品，也是上个月的销售冠军。"客户问道："多少钱一块啊？"

销售员说："折后价格150一块。"

他说："有点贵，还能便宜吗？"

销售员说："您家在哪个小区？"

他说："在第六田园。"

销售员说："第六田园应该是市里很不错的楼盘了，听说小区的绿化非常漂亮，而且室内的格局都非常不错，交通也很方便。买这么好的地方，我看就不用在乎多几个钱了吧？不过第六田园和水晶城我们正在做促销，这次还真能给您一个团购价的优惠。"

客户兴奋地说："可是我现在还没有拿到钥匙，没有具体的面积怎么办呢？"

销售员说："您要是现在就提货还优惠不成呢，我们按规定要达到20户以上才能享受优惠，今天加上您这一单才16户，还差4户。不过，您可以先交定金，我给您标上团购，等您面积出来了，再告诉我具体面积和数量。"

这样，客户交了定金，两周之后，这个订单就算搞定了。

（资料来源：http://blog.163.com）

思考：案例中销售员在营销中是如何恰当地运用赞美的技巧的？在现实生活中你能恰当地进行赞美与道歉吗？

真诚地欣赏与赞扬，会使你的人际关系更加和谐。每个人都有他的亮点，发现它，赞扬它，只要你的赞美出于真诚，没有一个人会抗拒你的善意。同样，在我们的生活中，学会有效地道歉也是毋庸置疑的。当你的购物车不小心撞到了别人，或者你忘记了别人的名字时，说一句"对不起"，这种道歉是很合适的。但是，当我们遇到更复杂的情况时，我们怎样才能够有效地道歉使自己脱离困窘，让他人真正感受到你的歉意并能够和好如初呢？

一、赞美

犹太人有句谚语："唯有赞美别人的人，才是真正值得赞美的人。"说的就是在日常生活中只有懂得欣赏和赞美他人的人，才能够赢得别人的尊重与爱戴。可以这么说，赞美是人际交往中的润滑剂，我们在赞美中体味尊重，实现互赢。但有时不恰当的赞美也会给

第二章 日常人际沟通

他人带来伤害。在现实生活中，我们赞美他人必须做到以下几点。

(一)情真意切

虽然人人都喜欢听赞美的话，但并非任何赞美都能使对方高兴。你若无根无据、虚情假意地赞美别人，他不仅会感到莫名其妙，而且还会觉得你油嘴滑舌、诡诈虚伪。比如，现在非常流行的"美女"称呼，在现实中已演变为了"发霉的女人"，你见到一位其貌不扬的小姐，却偏要对她说"你真是美极了"，对方立刻就会认定你所说的是虚伪之至的违心之言。但如果你着眼于她的服饰、谈吐、举止，发现她这些方面的出众之处并真诚地赞美，她一定会高兴地接受。因此，赞美他人时必须基于事实、发自内心、情真意切。

(二)翔实具体

在日常生活中，人们有非常显著的成绩时并不多见。因此，交往中应从具体的事件入手，善于发现别人哪怕是最微小的长处，并不失时机地予以赞美。赞美用语愈翔实具体，说明你对对方愈了解，对他的长处和成绩愈看重。让对方感到你的真挚、亲切和可信，你们之间的人际距离就会越来越近。如果你只是含糊其辞地赞美对方，说一些"你工作得非常出色"或者"你是一位卓越的领导"等空泛漂浮的话语，不但会引起对方的猜度，甚至还会产生不必要的误解和信任危机。

(三)因人而异

人的素质有高低之分，年龄有长幼之别，因人而异、突出个性、有特点的赞美比一般化的赞美能收到更好的效果。老年人总希望别人不忘记他"想当年"的业绩与雄风，同其交谈时，可多称赞他引为自豪的过去；对年轻人不妨语气稍为夸张地赞扬他的创造才能和开拓精神，并举出几点实例证明他的确能够前程似锦；对于经商的人，可称赞他头脑灵活，生财有道；对于有地位的干部，可称赞他为国为民，廉洁清正；对于知识分子，可称赞他知识渊博、宁静淡泊……当然这一切要依据事实，切不可虚夸。

当然，我们在赞美他人时还必须认识到，最需要赞美的不是那些早已功成名就的人，而是那些因被埋没而产生自卑感或身处逆境的人。这时对他们及时送上一声赞美的话语，便有可能促使他们振作精神，大展宏图。因此，最有实效的赞美不是"锦上添花"，而是"雪中送炭"。

(四)合乎时宜

赞美的效果在于见机行事、适可而止，真正做到"美酒饮到微醉后，好花看到半开时"。

当别人计划做一件有意义的事时，开头的赞扬能激励他下决心做出成绩，中间的赞扬有益于对方再接再厉，结尾的赞扬则可以肯定成绩，指出进一步的努力方向，从而达到"赞扬一个，激励一批"的效果。

此外，赞美并不一定总用一些固定的词语，见人便说"好……"。有时，投以赞许的目光、做一个夸奖的手势、送一个友好的微笑也能收到意想不到的效果。

案例 2-4

张强是××集团公司下属分公司的一位年轻领导，平时好读书钻研，工作非常出色。集团公司领导来检查工作时，总是由他负责接待。有一次，总公司书记与董事长来分公司视察，看到张强的工作卓有成效，而且谈吐颇有见地，在晚上的酒宴上，当着分公司老总的面盛赞张强"会思考能干事，这样的分公司领导很少见"，赞美得张强十分尴尬。

【点评】

赞美不是毫无原则，不恰当的赞美有时甚至是一种伤害。上例中集团公司的领导正是由于在不当的场合(当着张强老总的面)赞美张强，无形中造成了张强的尴尬，使赞美变成了一种伤害。

二、道歉

有道是"知错就改"，人不怕犯错误，却怕不承认过失，明知故犯。在人际交往中，倘若自己的言行有失礼不当之处，或是打扰、麻烦、妨碍了别人，最聪明的方法就是及时向对方道歉。道歉如果得当，对个人名誉和人际关系均有促进作用，但如果方式欠妥，反而会错上加错，有时甚至会造成不堪设想的严重后果。

一般情况下，真诚道歉应该具备以下三个要素：承认犯了错误或冒犯了对方、为此表示悔恨、承担相应的责任。当然，在真实的语言表达中也不一定要面面俱到，这可以视具体情况而定，但自己的心中必须要有这种理念。

(一)真诚道歉五原则

真诚待人是做人之本，道歉必须真诚，必须发自肺腑，必须遵守如下五原则。

1. 诚恳

道歉时态度要诚恳，语气要真挚，用词要清晰明了、准确无误，不可带有挑衅成分。道歉做得好，受害方会觉得："是的，他知错了。"真诚的道歉会使人们感受到人与人之间最美好的情感。一位学者曾经说过："在我最初的记忆中，母亲对我讲过，在向人道歉时，眼睛不要看地上，要抬起头看着对方的眼睛。这样对方才相信你是真诚的。"

(资料来源：http://book.qq.com)

2. 明确

不要为无关痛痒的事情道歉。如果冒犯一方道歉的事由与受害一方所认为的错误风马牛不相及，那么道歉反而会使问题更加复杂，往好了说，人们会觉得冒犯者对问题本身仍是两眼一抹黑；往坏了说，别人会认为你是在故意歪曲事实。

3. 恰当

道歉时必须选择一种恰当的方式。比如，对一个公司职员而言，他可以考虑是从职位对职位的角度去进行道歉更方便，还是从个人对个人的角度更好。如果你对要道歉的对象很气愤，可能从相应的工作或职位角度去设计如何进行道歉会更容易一些。要选择对你来说比较容易做好的方式道歉，这样就不会使道歉看起来别别扭扭、极不情愿而导致丝毫不起作用。

4. 沟通

不要总想着"如何才能表达悔恨情绪"，你的目的是将你的悔恨传达出去，让另一方知道。如何表达只是单方面的事，就算你从心窝里掏出忏悔，那也只是取决于你自己；而沟通交流是人与人之间的事。不要光想着自己，要把精力放在你的对象身上以及道歉的三大要素上——认错、悔恨和担当责任，这样就不会显得你好像在为自己辩护，而你的道歉也就更容易被接受了。

5. 行动

"我想道歉"不是真正的道歉，这就好比"我想减肥"不等于减肥一样，要有实际行动。要做出明确无误、直截了当的道歉，不要遮遮掩掩、拐弯抹角或搬出陈词滥调。

(二)真诚道歉三技巧

道歉也是有一定学问的，我们应该掌握如下技巧。

1. 文明规范的道歉语

有愧对他人之处，适合说："深感歉疚"、"非常惭愧"。希望他人谅解的，可以说："多多包涵"、"请您原谅"。有劳别人时可说："打扰了"、"麻烦了"。一般场合则可以讲："对不起"、"很抱歉"、"失礼了"。

2. 及时得体的道歉

知道自己错了，就要马上说"对不起"，否则拖得越久，越容易使人误解，道歉的效果也越差。因此，道歉需及时，避免因小失大。同时要明白，道歉不是耻辱，所以要大大方方、完全彻底，而不要遮遮掩掩、"欲说还休"，给人感觉不够真诚。

3. 适当借助"物语"

有些道歉的话当面难以启齿，写个纸条、发个短信或者电子邮件，都不失为一种好方法。而有时，借助于某些具体的物件，也能收到意想不到的道歉效果。例如，对西方妇女而言，令其转怒为喜、既往不咎的最佳道歉方式，无过于送上一束鲜花，婉"言"示错。这类借物表意的道歉"物语"，会有极好的效果。

道歉可以冰释前嫌，消除他人对自己的恶感；也可以防患于未然，为自己留住知己，赢得朋友。但我们也必须清楚，向他人道歉，更重要的是要使自己此后的所作所为有所改进，不要言行不一、依然故我。让道歉仅仅流于形式，这样只能证明自己待人缺乏诚意。

第三节　劝导与拒绝

有一家酒店试图让客户重复使用毛巾。最开始，酒店在告示牌上是这样写的：顾客应该保护生态环境，或者为了下一代而节能，或者配合酒店节约开支。此告示牌造成的影响很有限，毛巾的浪费仍然不小。由此，一个实验展开了：实验者在不同客房中放置了三种不同的告示牌，第一种说"为了帮助保护环境，请重复使用毛巾"；第二种说"请重复使用毛巾，与我们一起维护环境"；第三种说"请跟其他顾客一起，重复使用毛巾，保护环境"。经过比较显示，在使用了第三种告示牌的房间，重复使用毛巾的比率提升了34%。

（资料来源：http://baike.baidu.com）

思考：请分析第三个告示牌说服的优势。

在正式的社交场合中，我们不断地说服他人以寻求合作；而对某些过分的要求，我们又在不断地拒绝。但很多时候，说服或拒绝都不是轻而易举的事，这就要求我们掌握一定的技巧。

一、劝导

在人际交往中，劝导是一种常见的口语交际形式，它是一种由心理相背到心理相容的说服过程。劝导要讲究一定的原则和技巧，方能达到明辨是非、告之以理、导之以行的目的。在生活中需要说服的对象很多，可能是父母、上司、顾客、朋友，也可能是应聘的主考官。特别是当你面临犯罪现场时，更应该临危不惧，巧妙地使用说服技巧，避免造成严重的恶果。

(一)劝导的原则

劝导别人时必须遵守如下几项原则。

1. 建立信任

信任是进行说服的基础，没有这个基础，任何说服都不会取得理想的效果。而正直诚实的人往往容易获得他人的信任。

2. 平等原则

劝告时，双方应处在平等的地位，决不可以势压人、以理压人，要心理相容，让对方心服口服。

第二章 日常人际沟通

3. 双赢原则

任何劝导在考虑自身利益的同时，也必须兼顾对方或第三者的利益，否则容易导致别人的反感，从而导致达不到应有的效果。

4. 时机合适

时机的选择十分重要，要注意避免选择在干扰较多的氛围中进行说服，还要避免选择被说服对象情绪反常的时候进行说服。一般来讲，当劝导对象心情舒畅、精神状态良好的时候，劝导比较容易达到目的。研究表明，一般早上 10 点钟至中午，是人体的最佳状态，劝导比较容易获得良好的效果。

5. 抓住主要矛盾

在实施劝导之前，应该对劝导对象有一个详细的了解。一般来讲，拒绝总是有其理由的，因此，劝导前，应该做一定的了解，抓住对方拒绝的真正原因，有时对对方提供的理由要进行十分细致的分析，以免被表面现象所束缚。只有从主要原因着手，才能使劝导工作事半功倍。

6. 充分运用数据、事例

如果条件合适，劝导时为对象提供有力的数据支持和书面资料，会使说服变得非常轻松，并且比较有说服力。

1930 年，卡耐基组织专家、教授、学者进行研究，在长时间的讨论下，一个符合心理学法则又能引导人们行动的说话结构终于诞生了，即魔术公式。它对我们有效地进行劝导工作能够提供借鉴和启发。

第一步，说你的实例的细节，生动地说明你想传达的意念。
第二步，以详细、清晰的语言，说出你的重点，要听众做什么。
第三步，说出听众这么做的好处。

(二)劝导的技巧

1. 调节气氛，以退为进

在劝导别人时，首先要维护他人的自尊和荣誉，态度应该是和颜悦色的，气氛应该是友好而和谐的，避免以命令的方式进行劝导。反之，在说服时不尊重他人，拿出一副盛气凌人的架势，那么说服多半是要失败的。毕竟人都是有自尊心的。

案例 2-5

20 世纪 50 年代初，松下电器公司进入了一个发展瓶颈——它虽然在全球有非常不错的销售网络，但是因为科研力量比较薄弱，产品渐渐被市场所拒绝。

当时，飞利浦公司在全球设有 300 多家工厂，是世界上最大的电器制造公司。在此之前，全球已有 48 个国家和地区的不同公司与飞利浦有过技术合作，都取得了非常好的发展。于是，松下公司就想到了要与飞利浦公司进行技术合作。

当时，担任松下公司副总裁的高桥荒太郎亲自出马，与飞利浦公司进行谈判。但是，飞利浦这个"全球电器老大"对这项合作业务的兴趣并不是特别大，他们对高桥荒太郎提出了很苛刻的要求：双方在日本合资建立一家股份公司，公司的总资本为 6.6 亿日元，松下电器要出资 70%，而飞利浦公司只愿意出资 30%，并且，对于这 30% 的资本，飞利浦公司还不愿意用现钱直接投入，而是以技术指导费转作资金。这意味着，飞利浦公司不需要投入一分钱，全部资金由松下电器一家承担！如果真是这样的话，别说是合作，仅凭这一笔前期投入，也足以使松下彻底倒闭！

可事实上，按照国际惯例，技术指导费一般是 3%，远没有 30% 这么高的标准。用 3% 的技术指导费来代替 30% 的资金投入，高桥荒太郎怎么也不会答应。接下来，他用国际惯例反复交涉，最后，飞利浦把技术指导费降到了 5%，但高桥荒太郎并没有表示满意，但不论高桥荒太郎怎么说，飞利浦都不愿再降低要求。

这时，高桥荒太郎突然想到了一点：所谓的"合作"当然是指双方互利，而不是自己在求人。高桥荒太郎心想，要使飞利浦降低要求，唯一的办法就是让它看到松下的强项！

在接下来的谈判中，高桥荒太郎再也不提关于降低技术转让费的事情，转而去要求飞利浦公司支付经营指导费！

因为松下在全球有不错的销售网络，双方合作后的产品能非常迅速地销往世界各地。高桥荒太郎说："双方合作建设合资公司，在技术上接受贵公司的指导，而经营却靠松下电器公司，我们公司的经营技术是众所周知的，所以，我们也有向贵公司索取经营指导费的权利！"

高桥荒太郎此言一出，飞利浦公司的谈判代表深感震惊，可细细品味，这种要求其实又非常合理。因为松下公司已建立起了健全的销售网络，一旦合作产品上市，飞利浦公司根本不用为销售问题而担心。

飞利浦公司终于同意重新考虑合作事宜，最后商定，由松下向飞利浦公司支付 5% 的技术指导费，同时飞利浦向松下支付 6.3% 的经营指导费！这样一来，松下公司不仅不用支付技术指导费，反而还多收了 1.3% 的经营指导费！

不久后，松下就与飞利浦合作成立了一家公司，其产品很快畅销世界各地，双方都在技术与经营的完美合作中大获其利，松下电器更是借此而起死回生，逐渐发展成一家国际化大公司！

（资料来源：www.xiaogushi.com）

【点评】

此案例中，高桥荒太郎并没有直接接受飞利浦公司的强硬要求，而是采用以退为进的方法，顺利地达成了合作。

第二章 日常人际沟通

2. 争取同情，以弱克强

渴望同情和同情弱者是人的天性，如果你想说服比较强大的对手，不妨采用这种争取同情的技巧，从而以弱克强，达到目的。

案例 2-6

有一位妇女骑着电动车带着孩子，在一个十字路口的红绿灯前，由于刹车一下子没停稳，不小心擦到了一辆宝马小轿车。车主下车观看后，发现车子后面有一条小的划痕，他要求妇女赔偿他 200 元。妇女连忙说："您看，您是开宝马的，我是骑电动车的，况且我还带着一个孩子。200 元对我来讲不是一个小数目，但对您来讲可能就不是那么一回事。再说，我也不是故意的，您看您先去修一修……"车主最后要了妇女的电话，但后来并没有向妇女索赔。

【点评】

此案例中，这位妇女正是利用了同情弱者的人的天性，提醒对方自己是骑电动车带着孩子的女性，而车主则是开宝马的男性，而且她又不是故意的，最终将一场冲突大事化小，小事化了。

3. 善意威胁，以刚制刚

很多人都知道在社交场合中，使用威胁的方法是不道德的。但适当的时候，使用善意的威胁，给对方一定的压力，可以增强说服力。当然，在具体劝导过程中，第一，态度要友善；第二，讲清后果，说明道理；第三，威胁程度不能过分，否则会弄巧成拙。

案例 2-7

在一次集体活动中，当大家风尘仆仆地赶到事先预定的宾馆时，却被告知当晚因工作失误，原来订好的套房(有单独浴室)中竟没有热水。为了此事，宾馆经理一再表示第二天一定解决问题，但对于旅游团来说，这显然是不合理的。

领队：对不起，这么晚大家满身是汗，不洗洗澡怎么行呢？何况我们预定时说好供应热水的呀！这事只有请您来解决了。

经理：我们一直在联系锅炉工，但一下子联系不上。他忘了放水，我已叫他们开了集体浴室，今天你们先克服一下，明天保证供应热水。

领队：是的，我们大家可以到集体浴室去洗澡。不过话要讲清，套房一人 500 元一晚是有单独浴室的，现在到集体浴室洗澡，那就等于降低到通铺水平，我们只能照通铺标准，一人降到 150 元付费了。

经理：那不行，那不行的！
领队：那只有供应套房浴室热水。
经理：我没有办法。
领队：您有办法！
经理：你说有什么办法？
领队：您有两个办法，一是把失职的锅炉工找回来；二是可以给我们调换同样条件的宾馆，当然我会配合您劝大家耐心等待。这次交涉的结果是经理派人找回了锅炉工，40分钟后每间套房的浴室都有了热水。

(资料来源：www.cyp.com.cn)

【点评】

此案例中，领队根据事先的合同约定，对宾馆的服务水平提出了异议。面对经理的态度，领队以服务水平与价格相对应的原则，或者是提供另外的相同条件的宾馆为"威胁"，增强了说服力，最后成功地解决了问题。

4. 消除防范，以情感化

一般来说，劝说人和劝说对象之间会产生一种防范心理，尤其是在情况比较危急的场合中。因此，要想使说服成功，就要注意消除对方的防范心理。应该说，防范心理的产生是把对方当作假想敌人时产生的一种自卫心理。所以，在劝导过程中，应该不断地向对方表明自己是朋友而不是敌人。例如，可以通过嘘寒问暖，或给予帮助等方法，消除对方的敌意。

案例 2-8

A 对 B 说："我要离开这个公司。我恨这个公司！"B 建议道："我举双手赞成你报复！！破公司一定要给它点颜色看看。不过你现在离开，还不是最好的时机。"A 问："为什么？"B 说："如果你现在走，公司的损失并不大。你应该趁着在公司的机会，拼命去为自己拉一些客户，成为公司独当一面的人物，然后带着这些客户突然离开公司，公司才会遭受重大损失，非常被动。"A 觉得 B 说得非常在理。于是努力工作，事遂所愿，经过半年多的努力工作，他有了许多忠实的客户。再见面时 B 问 A："现在是时机了，要跳赶快行动哦！"A 淡然笑道："老总跟我长谈过，准备升我做总经理助理，我暂时没有离开的打算了。"

(资料来源：www.hbrc.com)

【点评】

在这个事例中，B 从情感上支持对方，并结合实际情况帮助 A 分析现状，最终改变了 A 的工作态度，也替公司留住了人才。

第二章　日常人际沟通

5. 设身处地，将心比心

善于站在他人的立场上分析问题，能给他人一种善解人意的感觉。这种"投其所好"的技巧常常具有极强的说服力。但要做到这一点，"知己知彼"十分重要，充分了解对方的情况，才能从对方的立场上考虑问题。

案例 2-9

某精密机械工厂生产某项新产品，将其部分部件委托小工厂制造，当该小厂将零件的半成品呈示总厂时，不料完全不符合总厂的要求。由于迫在眉睫，总厂负责人只得令其尽快重新制造，但小厂负责人认为他是完全按照总厂的规格制造的，不想再重新制造，双方僵持了许久。总厂厂长见了这种局面，在问明原委后，便对小厂负责人说："我想这件事完全是由于公司方面设计不周所致，而且还令你们吃了亏，实在抱歉。今天幸亏你们，才让我们发现竟然有这样的缺点。只是事到如今，事情总是要完成的，你们不妨将它制造得更完美一点，这样对你我双方都是有好处的。"那位小厂负责人听完，欣然应允了。

（资料来源：www.chinapsy.net）

【点评】

此案例中，总厂厂长正是考虑到事情发生的具体情况，在谈判陷入僵局时，能够设身处地地为对方着想，取得对方的信任和谅解，最终解决了问题。

6. 寻求一致，以短补长

一般来讲，习惯于拒绝他人说服他人的人，经常都处于顽固的"不"的心理状态中。面对这样的人，不宜直接切入正题。一般可通过寻找其他与对方一致的地方，先让对方在某个问题上与你取得一致的意见，从而对你感兴趣，然后再想法引入话题，最终获得对方的同意。

案例 2-10

有一个小伙子固执地爱上了一个商人的女儿，但姑娘始终拒绝正眼看他，因为她是个驼子。这天，小伙子找到姑娘，鼓足勇气问："你相信姻缘天注定吗？"姑娘眼睛盯着天花板答了一句："相信。"然后反问他："你相信吗？"他回答："我听说，每个男孩出生之前，上帝便会告诉他，将来要娶的是哪一个女孩。我出生的时候，未来的新娘便已经配给我了。上帝还告诉我，我的新娘是个驼子。我当时向上帝恳求，'上帝啊，求你把驼背赐给我，再将美貌留给我的新娘。'"当时姑娘看着小伙子的眼睛，被内心深处的某些记忆搅乱了。她把手伸向他，之后成了他最挚爱的妻子。

(资料来源：www.chinapsy.net)

【点评】

此案例中，面对自卑的姑娘，小伙子顾左右而言其他，先从"缘分"谈起，与姑娘取得了一致的意见。然后，小伙子再表明自己对姑娘真诚的爱意，最终感动了姑娘，获得了姑娘的芳心。

二、拒绝

拒绝，就是不接受，即对他人意愿或行为的间接性否定。既可能是不接受他人的建议、意见或批评，也可能是不接受他人的恩惠或赠予的礼品。

(一)有效拒绝的原则

拒绝别人时应遵守如下三个原则。

1. 态度和蔼

在社交场合中，如果有必要拒绝他人时，就应考虑不要把话说绝，不要在他人开口时就断然拒绝。对他人的请求迅速采取反驳的态度，或流露出不快的神色，或藐视对方，坚持完全不妥协的态度等，都是不妥当的，都可能对他人造成伤害。因此，在拒绝他人时，首先应该以和蔼可亲的态度诚恳应对。

2. 开诚布公

如果拒绝的理由充分有力，那么在拒绝时完全可以据实言明，让对方了解你拒绝的理由，求得对方的谅解，这是最成功的拒绝。否则，如果采取模棱两可的说法，致使对方摸不清自己的真正意思，反而会产生许多不必要的误会，而导致彼此都不愉快。

3. 诚挚尊重

拒绝时一定要尊重对方的自尊心，给予足够的重视和尊重，要给对方留一个退路，能让他自己下梯子。耐心倾听他人的理由，这是对别人最起码的尊重。

(二)有效拒绝的语言技巧

从语言技巧上说，拒绝有直接拒绝、婉言拒绝、沉默拒绝和回避拒绝四种方法。

1. 直接拒绝

直接拒绝，就是将拒绝之意当场明讲。采取此法时，重要的是应当避免态度生硬，说话难听。在一般情况下，直接拒绝别人，需要把拒绝的原因讲明白。可能的话，还可向对方表达自己的谢意，表示自己对其好意心领神会，借以表明自己通情达理。有时，还可为之向对方致歉。

2. 婉言拒绝

婉言拒绝，就是用温和婉转的语言，去表达拒绝的本意。与直接拒绝相比，它更容易被接受，因为它在很大程度上顾全了被拒绝者的尊严。这是拒绝中最常用也是最有效的方法。婉言拒绝一般可采用以下策略。

(1) 推脱策略。对于某些敏感问题，若不能立即给予答复，可以采用推脱策略。如"此事要和某某商量，现在恐怕难以决定"等。

(2) 拖延策略。有时候，拖延一段时间，审慎选择机会，会使原来紧张的局面完全改观，这也是一种拒绝人的技巧。如"此事还需进一步调查，等最后结果出来后我们再讨论怎样处理，如何？"

(3) 含糊其辞。对于不容易回答的问题，可采取模棱两可的方法做出回答。如"此笔交易的最终效益要视交易是否进展顺利"。

(4) 诱导对方自我否定。如"对于你刚才提出的问题，你站在我这个位置恐怕也会和我一样处理"。

(5) 先扬后抑。如果对方提出的要求，限于条件一时无法满足，可采取该策略。如"你提的建议很有建设性，我们将加以研究，如果今后条件成熟，我们一定会采纳你的这一建议"。

3. 沉默拒绝

(1) 笑而不语。对于一些难以说清的或不需要多解释的问题，可以避实就虚，以笑代答。对对方不说"是"，也不说"否"，只是搁置此事，转而议论其他事情。

(2) 装聋作哑。对于自己难以解释，或者即使解释也无法令对方满意的问题，不妨以静制动，一言不发，静观其变。这种不说"不"字的拒绝，所表达出的无可奉告之意，常常会产生极强的心理上的威慑力，令对方不得不在这一问题上"遁去"。

4. 回避拒绝

回避拒绝是指针对对方的要求，避实就虚，转而谈论其他事情的方法。遇上他人过分的要求或难答的问题时，都可以使用这一方法表明态度。

案例 2-11

罗斯福在当选美国总统前，曾在海军担任要职。一天，一位好朋友向他打听海军在加勒海一个小岛上建立潜艇基地的计划。罗斯福向四周看了一看，压低声音问："你能保守秘密吗？"对方答："当然能。""那么，"罗斯福微笑着说，"我也能。"

【点评】

此案例中，罗斯福没有正面回答别人提出的问题，却以反问对方是否能保守秘密，巧妙地回避了朋友的提问，既保守了军方的秘密，也化解了尴尬。

案例分析

案例 2-12

一天，小芳的好友小张打电话来求助："小芳，有个事儿要拜托你。""什么事啊？""唉，我男朋友要给日本客户做批东西，但说明书是日文，正巧你是学日语的，帮我看看吧。"

小芳很清楚，专业说明书的翻译不是件轻松的工作，更何况这阵子手头工作又多，于是她考虑了一会儿，非常客气地说："并不是我不愿意帮忙，你知道的，产品说明书这种东西很专业，我在大学学的也不是专业翻译，这些年又没接触过，那点知识早还给老师了，凭现在这水平恐难胜任啊。""别谦虚，你在大学时可是班里最优秀的，我对你很有信心。""可我对自己没信心啊，要是搁平时还好点儿，这段时间公司经常加班，急着赶一个策划书，我可是奋战了三天三夜啦，忙得一塌糊涂，现在一看文件就头疼。我想你男朋友的文件一定很重要吧，为了不耽搁事儿，建议还是找翻译公司做比较合适。"

小芳想了想说："嗯，也是，专业翻译确实是件棘手的事，那就让他交给翻译公司做好了。你呀，别太累了，要注意休息，保重身体！"

（资料来源：《演讲与口才》，2009 年第 1 期，有删节）

【点评】

此案例主要采用的是婉言拒绝的方法。面对小张的请求，小芳分三步进行巧妙推脱：先是坦言相告"产品说明书很专业，而自己非专业出身"，再是摆出客观理由"公司经常加班，赶策划书"，然后设身处地提出建议"找翻译公司"，说得非常真诚，收到了良好的拒绝效果。

案例分析

案例 2-13

周末，几个铁杆哥们邀小李去打麻将，可小李不想把时间浪费在牌桌上，但是又碍于朋友的面子，于是笑着说："家务缠身啊，最近上头下了'红头文件'，从周末开始，实行家务'承包责任制'，并且分工明确，责任到人，老婆负责洗衣做饭，我主管刷碗拖地、辅导孩子功课、陪她逛街购物。周末你们是歌声、笑声、麻将声，我只能在厨房里唱'洗刷刷、洗刷刷'……"小李的这番话把朋友们逗得哈哈大笑。

可朋友还是不死心："我说哥们，嫂子现在不在家，就去摸两把，难道还真让你跪搓衣板啊？"小李连忙摇头："我也想啊，可最近'查岗'很严。上次和一个女网友视频聊天，被老婆抓了个正着，她讽刺我的体型是'拖慢网速、影响内存'、一张脸跟'车祸现场'似的，还把我的'作案工具'——视频装置给没收了，直到我发誓以后不再'招蜂引蝶'才算完事。要是趁她不在就溜出去，她回来肯定要'严刑逼供'，到时候你们替我挨

第二章 日常人际沟通

批啊？唉，真羡慕你们呀，周末想怎么玩就怎么玩，我只能窝在家里当'家庭妇男'了。"大伙笑着说："还是别拉你下水了，在家做个三好男人吧，干家务时悠着点啊！"

(资料来源：《演讲与口才》，2009年第1期，有删节)

【点评】

此案例主要采用幽默调侃、自我解嘲的方法道明理由，在巧妙中拒绝盛情。虽说是一种直接拒绝的方法，但因为用幽默的语言进行了自我调侃，并在调侃中陈清理由，从而达到了拒绝的目的。这在拒绝中是一种十分有效的方法。

本章知识技能目标鉴定题库

一、案例分析

1. 阅读下面的案例，并分析案例中两人的交流存在哪些问题？应怎样处理这种情况会更好？

一天，乔走进凯茜的办公室，大约是上午九点半，她正埋头工作。"嗨，凯茜，"乔说，"今晚去观看联赛比赛吗？你知道，我今年第一次参加。""噢，乔，我实在太忙了。"接着，乔就在凯茜的办公室里坐下来，说道："我听说你儿子是个非常出色的球员。"凯茜将一些文件移动了一下，试图集中精力工作。她答道："啊？我猜是这样的。我工作太忙了。"乔说："是的，我也一样。我必须抛开工作，休息一会儿。"凯茜说："既然你在这儿，我想你可以比较一下，数据输入是用条形码呢，还是用可视识别技术？可能是……"乔打断她的话，说："外边乌云密集，我希望今晚的比赛不会被雨浇散了。"凯茜接着说："这些技术的一些好处是……"她接着说了几分钟，又问："那么，你怎样认为？"乔回答道："噢，不，它们不适用。相信我。除了客户是一个水平较低的家伙外，这还将增加项目成本。"凯茜坚持道："但是，如果我们能向客户展示它能使他省钱并能减少输入错误，他可能会支付实施这些技术所需的额外成本。"乔惊叫起来："省钱！怎样省钱？通过解雇工人吗？我们这个国家已经大幅度裁员了，而且政府和政治家们对此没有任何反应，你选举谁都没关系，他们都是一路货色。""顺便说一下，我仍需要你报告进展的资料，"凯茜提醒他，"明天我要把它寄给客户。你知道，我大约需要8~10页，我们需要一份很厚的报告向客户说明我们有多忙。""什么？没人告诉我。"乔说。"几个星期以前，我给项目团队发了一份电子邮件，告诉大家在下个星期五以前我需要每个人的数据资料。而且，你可能要用到这些你为明天下午的项目情况评审会议准备的材料。"凯茜说。"我明天必须讲演吗？这对我来说还是个新闻。"乔告诉她。"这在上周分发的日程表上有。"凯茜说。"我没有时间与篮球队的所有成员保持联系，"乔自言自语道，"好吧，我不得不看一眼这些东西了。我用我六个月以前用过的幻灯片，没有人知道它们的区别。那些会议只是一种浪费时间的方式，没有人关心它们，人人都认为这只不过是每周浪费两个小时。""不管怎样，你能把你对进展报告的资料在今天下班以前以电子邮件的方式发给我吗？"凯茜问。"为了这场比赛，我不得不早一点离开。""什么比赛？""难道你没有听到我说的话吗？联赛。""或许你现在该开始做我说的这件事情了。"凯茜建议道。"我必须先去告诉吉姆有关今晚的这场比赛,"乔说,"然后我再详细写几段。难道你不能在明天我讲述时作记录吗?那将给你提供你做报告所需的一切。""不能等到那时,报告必须明天发出,我今晚要在很晚才能把它搞出来。""那么,你不去观看这项比赛了?"乔问。"一定把你的输入数据通过电子邮件发给我。""我不是被雇来当打字员的,"乔声明道,"我手写更快一些,你可以让别人打印。而且你可能想对它进行编辑,上次给客户的报告与我提供的资料数据完全不同。看起来是你又重写了一遍。"

2. 阅读下列两个案例,谈谈真诚道歉的必要性。

(1) NSTAR 是美国新英格兰州的一家公共事业公司。它承认曾经在客户不知情的情况下,把将近 24 000 家的用电客户的服务级别改为"默认"级,而选择这一级别的客户须额外付出很多费用。该公司向客户轻描淡写地表示:"如有不便,谨表歉意。"但是,NSTAR 的客户和公众真正关心的难道只是"不便"吗?当然不是。消息一经证实,客户和公众想到的是含糊其辞的空话和毫无诚信可言的欺骗,NSTAR 的信誉一落千丈。该公司这种不着边际的道歉只能使它在公众心目中的地位更加低下。

(2) 肯德基公司在经过认真的市场调查后,认为江西南昌的收入水平和消费水准没有达到开肯德基店的级别,因此多次推迟在南昌设立分店。后于 1996 年在南昌开设了第一家分店,生意却是出奇的好,很多顾客长时间排队等候。面对此景,肯德基公司在店堂挂出横幅,真诚地对南昌的消费者说"对不起,我们来迟了",从而赢得了消费者的心。

3. 根据下列两个案例,谈谈选择恰当的道歉方式的必要性。

职位对职位的角度:我们俩都是在为一家优秀的公司工作。作为你的同事,对于我们个人之间的不同观点,我应该有更加宽容的心态。对不起,那天我说话太粗暴了。

个人对个人的道歉:我不能同意你所持的立场,但我很喜欢你这个人,而且很希望我们在一起工作时一切顺利。对不起,那天我说话太粗暴了。

4. 阅读《烛之武退秦师》的故事,分析故事中的拒绝和说服所用的技巧。

公元前 630 年 9 月 13 日,晋文公联合秦穆公围攻郑国,这是因为郑文公曾对晋文公无礼,而且还依附楚国。这时晋军驻扎函陵,秦军驻扎氾水之南。佚之狐向郑文公说:"国家危险了,如果派烛之武去见秦君,秦国军队一定会撤退。"郑文公听从了他的意见。烛之武推辞说:"臣在壮年的时候,尚且不如别人,现在老了,做不了什么事了。"郑文公说:"我没有及早重用您,现在危急时才来求您,这是我的过错。然而郑国灭亡了,对您也不利啊!"于是,烛之武答应了。当夜把烛之武用绳子从城墙上坠下去。见到秦穆公,烛之武说:"秦、晋两国围攻郑国,郑国已经知道就要灭亡了!如果郑国灭亡对您有好处,那就值得烦劳您的左右越过其他国家而在远方设置边邑,您知道这是很困难的。哪能用灭郑来加强邻国呢?邻国实力雄厚,就等于您的力量薄弱啊。如果不灭郑国而使它成为您东方道路上的主人,贵国使臣来往经过,供应他们的食宿给养,这对您也没有坏处。再说您也曾经施恩于晋惠公,他答应给您焦、瑕两地,可是他早晨刚刚渡河回国,晚上就在那里筑城防御,这是您所知道的。那个晋国,哪里有满足的时候?它既以郑国作为东边的疆界,又要扩张它西边的疆界,如果不损害秦国,它到哪里去夺取土地呢?损害秦国而有利于晋国,希望您还是多多考虑这件事。"秦伯很高兴,与郑国订立盟约,委派

第二章 日常人际沟通

杞子、逢孙、杨孙戍守郑国，自己就率军回国了。

晋国大夫子犯请求袭击秦军，晋文公说："不可，如不是秦国国君的力量我到不了今天这个地步。依靠过别人的力量而去损害别人，是不仁；失去同盟国，是不智；用冲突来代替联合，是不武。我们还是回去吧。"于是晋国的军队也撤离郑国。

5. 分析下面案例中张局长的拒绝技巧。

某单位办公室张主任升任局长后，一些人纷纷利用各种机会向他发出"盛情邀请"。后来他发现一些平时不太来往的人，也绕着弯子来请他赴宴。他不想因此耽误了工作，或给别有用心的人钻空子。有一次，某位同志利用儿子过生日的机会请张局长吃饭。张局长不想赴这个宴，又不好明辞拒绝，便说："你定的那个日子正是上级来检查工作的时候，这样吧，到时如果没有什么要紧事，我会抽空过去聚一下。"就这样，张局长给自己留下了条退路。

6. 请运用交谈的基本原则评估下面的案例，并制定相应的交谈策略。

1) 案例评估

张小姐，18岁，因患胰岛素依赖型糖尿病而入院治疗。患者表现害怕接受胰岛素治疗，每次给她注射时，都要在其父母的帮助下做很多动员说服工作。今天给她注射时她表现出尖叫、谩骂和手脚乱动乱踢。因此，不得不在她父亲及两位工作人员的帮助下，才安全地完成注射。现在这位患者将要出院，出院后仍需长期维持胰岛素治疗，这便要由她自己或她家人进行注射操作。护士与其父母交谈后得知患者知道自己得了糖尿病之后非常悲观，甚至失去了生活的勇气。但根据患者病情，必须使她在出院前改变对胰岛素治疗的抗拒心理，以便出院后能自愿地维持治疗。

现在她的责任护士再次与她交谈。

护士：张小姐，你现在似乎已经比刚才好些了！我能和你谈谈你的治疗问题吗？

张小姐：我知道你又要谈什么短命的胰岛素了。你住嘴吧，我不要听！你这个讨厌鬼，不要老是拿胰岛素来麻烦我，我不需要什么胰岛素，我不想一辈子背着这个沉重的包袱。你走吧！

请在练习本上写出你对以上案例资料的评估，然后与下列评估相对照。

(1) 表面想法：拒绝胰岛素治疗，特别不愿意长期依靠胰岛素治疗，不愿意听护士说有关胰岛素治疗的事。

(2) 情感流露：无法接受自己如此年轻便得了糖尿病这个事实，因而极度悲观、绝望，失去生活的信心，在行动上的抗拒治疗(哭闹、谩骂等)正是这种绝望情绪的表露和发泄。

(3) 潜在愿望：哭闹谩骂行为恰恰反映了患者的脆弱无助。实际上她需要更多的同情和更耐心的帮助，以重建生活的信心。

2) 交谈策略的设计

根据以上案例资料的评估来设计策略。请将你的设计写在练习本上，然后与以下设计相对照。

患者张小姐抗拒胰岛素治疗的深层次原因是对生活的悲观失望。在最美好的青春年华得了这种难治的慢性病，对患者来说无疑是个沉重的打击，因此她的哭闹抗拒是可以理解的。与张小姐交谈时，必须保持十分冷静的态度，给以深切的同情和关怀，同时进行实事求是的卫生宣传，逐步帮助她面对生病的现实，重建生活的信心。

7. 下面有几种可供选择的交谈方式，请作分析评价。

方式 A："我来找你谈话，是为你好，是想关心你、帮助你，你应该感谢我才是。你却骂我是'讨厌鬼'，叫我走开。好吧，我走，注射不注射胰岛素关我什么事……"

方式 B："你这孩子，都快 20 岁了，怎么还这么不懂事？你的病就是要坚持用胰岛素治疗才能得到控制。你以为我们替你注射胰岛素是找你麻烦吗？那是为你好！如果我们都走开，都不去管你，你以为你会好起来吗？那真是一点希望也都没有了……"

方式 C："你这么年轻就得了糖尿病，的确是件非常痛苦的事，我很理解你的心情，我要是处在你的位置，也会与你一样失去控制的！（坐在张小姐床边，抚摩她的手背）不过，请你想一想，你这样哭闹，特别是你拒绝治病，能解决问题吗？这只能使你的身体越来越坏，使你的病情更加严重，也会使你的父母更加伤心……你还这么年轻，今后的日子还很长。糖尿病的治疗虽然比较麻烦，但也并不可怕。只要你严格按照医生的要求注意饮食和运动调养，同时坚持胰岛素治疗，病情是可以得到控制的。你可以坚持学习和工作，也可以结婚生子，有美满幸福的家庭……关键是坚持治疗和调养。如果只是悲观失望，甚至抗拒治疗，那就真的没有希望了……"

请把你对以上三种方式的点评写在练习本上，然后与下面的点评相对照。

点评 A："方式 A"中的护士没有移情式的理解和同情，不能冷静地分析和对待患者的哭闹、谩骂，反而受其影响而情绪失控，最后采取不负责任的态度一走了之。这种做法不仅不能消除患者的对抗心理，反而会使矛盾激化。

点评 B："方式 B"中的护士也缺乏移情式的理解和同情，企图用指责来限制张小姐的对抗行为。如果限制无效，也会激化矛盾，不利于问题的解决。

点评 C："方式 C"中的护士首先给患者以移情式的理解与同情，在患者情绪缓和时，采取了坐在患者旁边亲密距离的抚摩等非语言方式，以利于消除对抗。然后耐心地指出哭闹和拒绝治疗的后果，并说明坚持胰岛素治疗和调养可以控制病情，引发患者对疾病治疗的希望和信心。这是比较理想的交谈方式。

8. 阅读下面的沟通案例，并运用沟通理论点评优劣。

(1) 部门经理向上级领导说："朱总，我们部门 13 个人都想去海南，可只有 10 个名额，剩余的 3 个人会有意见的，能不能再给 3 个名额？"

朱总说："筛选一下不就完了吗？公司能拿出 10 个名额就花费不少了，你们怎么不多为公司考虑？你们呀，就是得寸进尺，不让你们去旅游就好了，谁也没意见。我看这样吧，你们 3 个做部门经理的，姿态高一点，明年再去，这不就解决了吗？"

(2) 部门经理："朱总，今天大家听说去旅游，非常高兴，非常感兴趣，觉得公司越来越重视员工了。领导不忘员工，真是让员工感动。朱总，这是你们突然给大家的惊喜，不知当时你们如何想出此妙意的？"

朱总："真的是想给大家一个惊喜，这一年公司效益不错，是大家的功劳。考虑到大家辛苦一年，年终了，第一，是该轻松轻松了；第二，放松后，才能更好地工作；第三，通过旅游的方式，增加公司员工的凝聚力。只要大家高兴，我们的目的就达到了，就是让

第二章 日常人际沟通

大家高兴的。"

部门经理："也许是计划太好了，大家都在争这10个名额。"

朱总："当时决定10个名额是因为觉得你们部门有几个人工作不够积极。你们评选一下，不够格的就不安排了，就算是对他们的一个提醒吧。"

部门经理："其实我也同意领导的想法，有几个人的态度与其他人比起来是不够积极，不过他们可能有一些生活中的原因，这与我们部门经理对他们缺乏了解、没有及时调整有关系。责任在我，如果不让他们去，对他们的打击会不会太大？如果这种消极因素传播开来，影响不好吧。公司花了这么多钱，要是因为这个名额降低了效果太可惜了。我知道公司每一笔开支都要精打细算。如果公司能拿出3个名额的费用让他们有所感悟，促进他们来年改进，那么他们多给公司带来的利益要远远大于这部分支出的费用，不知道我说的有没有道理。公司如果能再考虑一下让他们去，我会尽力与其他两位部门经理沟通好，在这次旅途中每个人带一个，帮助他们放下包袱，树立有益于公司的积极工作态度。朱总，您能不能考虑一下我的建议？"

二、实践题

1. 你是公司市场部的职员，大学本科毕业已经有三年了。你的部门经理是初中毕业，很有闯劲。由于年龄、文化程度等原因，你对经理在管理过程中的一些做法有不同意见。比如，经理更多地采用经验式管理方法；在激励方面，过于注重过程导向，却忽视结果导向，缺乏目标激励。你曾经与经理谈起过自己的想法，建议采用目标管理思路，从结果导向对员工进行考核激励，但经理好像没有反应。对此你非常不满，一段时间以来，你一直在考虑，希望与公司主管经营的副总经理作一次沟通。

小组讨论：

(1) 与上司的上司(副总经理)沟通是否合适？

(2) 如何与副总经理沟通？请设计一个与上司的上司沟通的办法。

2. 某大学生为一家服装公司做"大学生校园服饰调查"的调查员，采用即答即收问卷的方法。因此，调查员要到学校里说服正在上自习的同学协助自己完成任务。填写调查表是义务的，而调查时间正值大学里四级外语考试的前夕，调查员应用怎样真诚、得体的语言和非语言动作来表达自己的情感，说服对方帮助自己填写调查表？

3. 假如你的一个同学因为腿骨折要躺三个月，而他本身成绩又不好，他的父母希望他留一级，这样能更好地学习，可他不肯，让你去劝导他。请设计具体的劝导方案，并在课堂上实践。

4. 有一次，建设局质检员小张的同学请他晚上到家里去喝两杯，小张知道这个同学无事不登三宝殿，便问请的还有啥人。一开始同学支支吾吾不肯说，最后才说出自己有位做包工头的亲戚想请小张吃饭，接点工程。小张无意赴宴，请问他应该如何处理？

5. 李慧是西湖劝导不文明旅游的志愿者，20多岁的小伙子，热情好动，乐于助人，但他也感觉志愿者是份"吃力不讨好"的工作，很容易和对方起冲突。一次碰到一个随地吐痰的游客，李慧好心上前劝导，对方却嫌他多管闲事，他心里一急，就和他争论了起来，还差点动了手。请问在具体的劝导文明旅游的过程中，应该注意哪些问题和技巧？

6. 小方刚毕业一年，在一家房产公司做业务员，由于前几年房地产非常火爆，所以做业务很容易。但到了 2008 年宏观经济整体下滑，加上美国金融危机的侵蚀，我国经济普遍出现问题：股市下跌 2/3，企业倒闭，外资撤离，失业人口剧增。楼盘卖了 1/3，剩下的 1/3 就不好卖了。因此，对房产公司的老板来说，如何快速回收成本成了他们的心头大事。公司要求房产业务员走出销售现场作推广。该楼盘前几年最高时候的价格卖到 1 万多一平方米，现在公司希望按 7500 元卖。但客户还是不认同此价格。请你帮助小方想想，如何进行市场推广？或者如何去说服老板进行策略调整？

7. 赞美小游戏。

1) 戴高帽

请一位同学站在讲台前，向大家介绍自己的姓名、性格、优点、缺点。然后，其他同学轮流根据自己对他(她)的了解及观察说出他(她)的优点及令人欣赏之处(如性格、相貌、处世等)，被欣赏的同学说出哪些优点是自己以前觉察的，哪些是没有觉察的。

规则：

(1) 必须说出优点。

(2) 夸别人的优点时态度必须真诚，不能毫无根据地吹捧。

(3) 被赞美者要说明被别人称赞时的感受如何、怎样用心地去发现别人的长处、怎样做一个乐于欣赏他人的人。

2) 赞美心

每人分别在每张纸上写下其他小组成员的一个优点。一张纸只能写一个人。开头写上这个人的姓名，然后签上自己的姓名，最后分别送给每一个人。将收到的卡片大声地读出来，并说说你的内心感受。

8. 劝导和拒绝小游戏。

鲁迅先生说："如果有人提议在房子墙壁上开个窗口，势必会遭到众人的反对，窗口肯定开不成。可是如果提议把房顶扒掉，众人则会相应退让，同意开个窗口。"当提议"把房顶扒掉"时，对方心中的"秤砣"就变小了，对于"墙壁上开个窗口"这个劝说目标，就会顺利答应了。

请用鲁迅先生的这一方法来完成下列劝导。

(1) 某化妆品销售公司的严经理，因工作上的需要，打算让家住市区的推销员小王去近郊区的分公司工作。如果你是严经理，在找小王谈话时应该怎样说？

(2) 课堂中，四人一组，两两相对，试着用鲁迅先生的方法进行谈判练习。

(3) 小李毕业以后到一所小学任教，一开始整天和朋友打牌、喝酒，消磨了许多时光。后来开始报名参加专升本考试。有一天晚上，他正在家里埋头读书，忽然一个电话打来叫他到一个朋友家"集合"，细问才知道是他们"三缺一"。试着用鲁迅先生的方法拒绝朋友的邀请。

9. 请睁大你善良的善于发现美的眼睛，向你身边的每一位同学、朋友、亲人送上你真诚的赞美，你会发现生活变得很美好。

10. 回想一下，有做了错事或说了伤害他人的话还没有及时道歉的吗？赶快行动吧！

本篇知识技能目标综合鉴定题库

一、根据你所掌握的礼仪知识回答下列问题

1. 国际上有哪些常用的见面礼节？
2. 国际社会公认的"第一礼仪"是什么？
3. 合十礼适用于什么人？
4. 登门拜访有哪些礼仪要求？
5. 按时赴约，需要提早多久到？
6. 送请柬给对方，需要提早几天？
7. 音乐会迟到了，应该怎么入场？
8. 单独用食指、中指指向他人对吗？
9. 乘坐自动扶梯，应靠哪一侧站立？
10. 入住酒店有哪些礼仪要求？
11. 自助餐的基本礼仪有哪些？
12. 如何正确使用西餐餐具？
13. 在餐桌礼仪中，餐巾纸可以用来擦餐具吗？
14. 交谈中不应涉及的内容有哪些？
15. 社交场合遇到职位高的领导，可以上前主动找他握手吗？
16. 握手礼仪中如何遵循"尊者为先"的原则？
17. 拨打电话有哪些礼仪要求？
18. 电话铃声响后，最多不超过几声应该接起？
19. 电话结束通话时，应当谁先挂断电话为宜？
20. 正式场合男士着装的礼仪有哪些？
21. 正式场合女士着装的礼仪有哪些？
22. 男士全身服装的颜色最好不要超过几种？
23. 穿西服时，最理想的衬衫颜色是什么？
24. 穿哪种西装时，扣子一定要扣上？
25. 穿西装的时候，衬衫袖口应该露出多少？
26. 穿西装系领带时，领带夹一般夹在什么位置？
27. 西装应拆除袖口上的商标之后才可以穿，对吗？
28. 公共场所使用手机要注意什么？
29. 收发手机短信有哪些礼仪要求？
30. 网络交流要注意什么？

二、实践题

1. 一个口吃病人想去医院的住院部探望朋友,但他不知道医院的住院部该怎么走,也不知道住院部什么时间允许亲友探望。因此,他想找周围的人打听一下。周围的人看起来都显得十分冷峻高傲,他千挑万选终于在人群中找到了和蔼可亲的你,可是你碰巧也是一名口吃患者。当他面红耳赤、一字一句地把问题说完,用信任和期待的目光看着你的时候,你该如何处理?

2. 在一次朋友聚会上,你发现有一位女士在人群中格外美丽动人,你频频的目光引起了她的反感,并且用瞪眼回赠了你。当她转身离开时,你突然发现这位女士的裙子后面沾了一大块奶油,而且她身边的好多人也都已注意到了这一点,窃笑不已。这时的你如何去做既能解除这位女士的尴尬局面,又不会被误认为居心不良?

3. 导师给你布置了一个课题任务,要求在规定的三个宿舍中选取一个宿舍的同学作为访谈对象,调查他们对建设世界一流大学的看法。当你敲开这些宿舍门时,发现有一个宿舍的同学在忙着赶作业,无暇顾及你的要求;一个宿舍的同学则忙于打联网的电脑游戏,或津津有味地看金庸的小说,兴趣不在你的话题上面;还有一个宿舍的同学对此话题反应冷淡,觉得这应该是老师们的事,与自己无关,不愿配合你的访谈。此时你该怎么办?

4. "五一"放假期间,你与同学相约去春游,火车上十分拥挤,有许多人没有座位。你们正在庆幸自己买到了座票,谁知有两个浑身散发着酒气的人硬挤在你们中间坐下。你本不介意他们坐下,但他们态度蛮横无礼,表情凶悍。请问你将如何拒绝他们的无理要求?

5. 在离家不远的街心花园,你精心准备了一桌烛光晚宴,希望能和女友在月光下品酒谈心,共度浪漫的情人节。晚宴刚刚开始,就有一个衣衫褴褛的孩子走到你面前向你乞讨。当你从口袋中掏出一元钱正要往他手里放的时候,突然发现不远处有一群这样的孩子已经成群结队,眉开眼笑地向你冲来,这时的你该如何反应?

6. 星期六上午,联谊宿舍的女生代表突然敲响了你们的宿舍门。经过昨夜的狂欢,宿舍里凌乱不堪,乱糟糟的,墙角堆着几个啤酒瓶,桌上散着扑克牌,还有同学依然酣睡未醒。这时你们该如何应付这件突如其来的事情?

知识目标

- 掌握演讲、辩论的概念。
- 掌握高水平口语表达的思维技巧。
- 掌握演讲中的语音、语调、体态等技巧。
- 掌握演讲稿的基本写作技巧。
- 掌握辩论的基本逻辑思维要求。
- 大致了解赛场辩论的要求和规则。

技能目标

- 能根据不同的主题要求写作演讲稿。
- 能根据演讲的基本要求正确点评他人的演讲。
- 能根据演讲的语音、语调、体态、心理等技巧进行演讲,内容新颖且有深度,举止大方得体。
- 能根据辩论的基本技巧进行日常争辩,体态符合日常行为规范。
- 能根据赛场辩论的要求进行辩论。

第二篇 演讲与辩论

第三章 演讲基础技能

谁都希望自己出口成章、妙语如珠,谁都希望自己在任何场合都能恰当地表达自己的观点和见解。一个人的演讲口才不仅能体现一个人的口头表达能力,更是一个人综合素质的体现。美国总统亚伯拉罕·林肯(Abraham Licoln)被公认为是美国历史上口才最好的总统。他一生中作过无数次演讲,但 1963 年 11 月 19 日的《葛底斯堡演说》以其思想的深刻、行文的严谨、语言的洗练,成为演讲史上彪炳青史的大手笔。其实,这篇演讲稿译成中文只有短短的 400 字左右,却被认为是英语演讲中最富有诗意、最漂亮的文章之一。只有两分钟的演讲,却赢得了长达 10 分钟的掌声,被媒体评价为"是在合适的地点说了恰到好处的话"。那么,到底什么是演讲?发表一次成功的演讲,对演讲者又有什么要求呢?

第一节 演 讲 概 述

下面有 15 道小问题,请你按照自己平时的状况做出肯定或否定的回答。
1. 你是否喜欢向他人陈述你对某一特定论题的观点呢?
2. 你对他人做出的反应敏感吗?
3. 你说话时喜欢用手比画吗?
4. 你与他人对话时直视他的双眼吗?
5. 你在谈话时常常会被鼓舞,感到内心油然而生的一种力量在向外涌动吗?
6. 你喜欢将自己所学所闻告知他人,让他们一起受益吗?
7. 你在思考时,头脑中会呈现出图像吗?
8. 你能用简洁的语言解释一个复杂的观点或介绍一种复杂的设备吗?
9. 你希望帮助他人像你一样清楚地理解事物吗?
10. 你在压力之下能保持冷静吗?
11. 在谈及一个对你十分重要的话题或事件时,是否想要做即兴演讲呢?
12. 你有一点拉拉队长的个性吗?
13. 别人依照你的建议处理某一情况并取得良好效果时,你会感到骄傲吗?
14. 会议结束后,你会想把方才所说的内容作一下总结吗?你会自己完成吗?
15. 你可曾想要成为一名演员或歌手吗?

对于以上问题,如果你做出的回答哪怕只有一半是肯定的,你都很有可能成为一名出色的演说家。你可能天生已经具备很多演说技能,也可能已表现出强烈的学习欲望,能够

学会一对一的或当众进行精彩、有效的演讲沟通交流。

(资料来源：管理资源吧网)

思考：你具有成为成功演讲者的基本素质吗？哪些地方还有欠缺？怎么提高呢？

演讲又叫演说或讲演。从广义上说，凡是以多数人为对象的讲话都可叫演讲。一般来说，演讲是指就某个问题面对听众发表意见的一种口语交际活动。在特定的时空环境下，演讲是指通过有声语言和相应的体态语言，公开传递信息，表达见解，阐明事理，抒发感情，以达到感召听众的目的。

一、演讲的特点

演讲具有如下几个特点。

(一)针对性

演讲是一种社会活动，它以思想、情感、事例和理论来晓喻听众，打动听众，因此必须要有针对性。作者提出和解决的问题必须是听众所关心的，能使听众受到教益，明辨是非，这样才能起到良好的演讲效果。

例如，李燕杰是20世纪80年代著名的演讲家，一次他应清华大学的邀请为大学生作婚姻爱情的演讲。但他考虑到如果单纯和学生讲怎样树立正确的爱情婚姻观，可能会遭到年轻人的抵制，演讲的效果会适得其反，所以他以自己潜心研究的红楼美学为讲述内容，用宝黛对纯洁爱情的追求对清华学生做了一次生动的爱情婚姻观的教育。演讲历时九个半小时，座无虚席，受到了广大学生的欢迎。其实，李燕杰就是很好地把握了演讲对象的心理，清楚他们不喜欢说教，但喜欢古典名著和名著中感人的爱情故事，以形象的爱情观叙说收到了很好的演讲效果。

(二)真实性

演讲中最打动观众的是真情，说实事，讲实话，吐真情。因此，演讲者要十分注重自己与听众之间的情感交流。但演讲中情感的表达还要注意一个"度"，演讲者应合理运用与控制情感，否则容易造成情绪失控，让听众有情感虚伪之感。

例如，被誉为"铁嘴"的宁波商管公司的柳宛成2006年参加《情商学习》演讲比赛获得了特等奖。事后她回忆自己的演讲过程，认为此次演讲的成功主要得力于"以情制胜"。《我们都是被上帝咬过的苹果》，柳宛成以一个让人耳目一新的题目引发了观众极大的好奇心，其中一个盲人小男孩勇于战胜挫折与困难而获得成功的故事十分感人，而她又把自己的亲身经历融入演讲中，每位听众都为她讲述的故事而动情。

但她也谈到刚开始演讲时没有很好地控制情感，让听众和评委感觉很不自然。所以，用情过度也是演讲的一大忌讳。特别是演讲刚开始，听众还没有完全进入状态，此时不合理的情感流露会让观众觉得虚伪，也会造成演讲者接下来情感的难以合理运用与控制，严重者会造成情绪失控的后果。

(三)论辩性

演讲的目的是表达自己的见解和观点，使听众认同演讲者所讲的道理。所以，演讲要注重主题的阐述，鲜明地亮出观点，旁征博引地论证，把自己对某一问题的观点和看法阐述清楚，以引起听众的共鸣。

例如，帕特里克·亨利(Patrick Henry)是美国革命时期杰出的演说家和政治家。《不自由，毋宁死》这篇脍炙人口的演说在美国革命文献史上占有特殊地位。当时，北美殖民地正面临历史性抉择，要么拿起武器，争取独立；要么妥协让步，甘受奴役。亨利以敏锐的政治家眼光、饱满的爱国激情，以铁的事实驳斥了主和派的种种谬误，阐述了武装斗争的必要性和可能性。从此，"不自由，毋宁死"的道理激励了千百万北美人为自由独立而战，达到了演讲以理服人的效果。

(四)艺术性

演讲是一种极富吸引力和感召力的宣传艺术，它可以使人开阔视野，增长见识，启迪思想，焕发热情，激励斗志，是思想、逻辑、感情和文采的结晶体，是言语、声音、目光、动作和姿态的综合运用，具有极强的鼓动性和艺术性。

二、演讲的分类

以演讲活动的方式为标准，演讲可分为命题演讲、即兴演讲和论辩演讲三种。

(一)命题演讲

命题演讲是根据组织者事先规定的主题范围，在有准备的基础上所做的主题突出、内容系统、结构完整、要求全面的演讲。它包括竞赛命题演讲、会议专题演讲和学术专题演讲三种类型。

(二)即兴演讲

即兴演讲是指演讲者事前无准备，由于受某一环境、氛围或某一主题的触发而临时发表的演讲。它包括政治生活、工作事务中的即兴演讲和比赛、答辩等现场的即兴演讲两种类型。

(三)论辩演讲

论辩演讲是指对某一事物持有不同观点的双方，在同一个演讲环境中所进行的以坚持本方观点、批驳对方观点为宗旨的演讲。它包括日常论辩演讲、专题论辩演讲、赛场论辩演讲三种类型。

根据演讲内容和目的的不同，演讲又可分为教育性演讲、鼓励性演讲、报告性演讲、说服性演讲和娱乐性演讲等。

三、演讲的作用

演讲作为一种社会实践活动，有着不可替代的作用和价值。正因如此，古往今来，演讲无不被人们所重视、所利用，发挥着它独特的、巨大的作用。

(一)敦促自身发展

演讲家不是天生的，而是后天实践造就的。悦耳的声音、和谐的语调、优美的态势；精深的思想、渊博的学识、丰富的阅历；以及敏锐的观察力、敏捷的思维能力、准确的判断力、迅速的应变力和较强的记忆力等，都需要刻苦地磨炼。一个人加倍地努力学习，是思想学识的提高，而演讲，则是智力、能力的充分展现。所以说，演讲对促进人的成才有极大的作用。

(二)融洽人际关系

长期演讲的训练和实践，可以造就一个人文雅的举止和出众的口才。而且在日常交际生活中，他们丰富的学识、敏捷的应对、良好的修养都很容易冲破种种人际关系的障碍，能比一般人更迅速、有效地与人交往和沟通。

(三)宣扬传播真理

演讲历来是真善美与假恶丑斗争的主要工具之一。古今中外，一切正义的演讲家，都是拿着演讲这个武器宣传真理，唤醒民众，推动社会进步的。正确的演讲可以启迪人心，传播文化，宣传真理，祛邪扶正，把人类社会推向理想境界。

(四)赢得尊重与关注

一次成功的演讲，除了启迪人心、传播真理、培养情感外，还能以演讲者的睿智与幽默使其声名远播，向他人清楚传达演讲者的思想与信息，影响与鼓舞他人，从而赢得他人的尊重与关注。

第二节　演讲中的思维训练

加里沙克是一个具有犹太血统的老人，退休后，在学校附近买了一间简陋的房子。住下的前几个星期还很安静，不久后就有三个年轻人开始在附近踢垃圾桶闹着玩。老人受不了这些噪声，出去跟年轻人谈判。

"你们玩得真开心，"他说，"我喜欢看你们玩得这样高兴。如果你们每天都来踢垃圾桶，我将每天给你们每人一块钱。"

三个年轻人很高兴,更加卖力地表演"足下功夫"。不料三天后,老人忧愁地说:"通货膨胀减少了我的收入,从明天起,只能给你们每人五毛钱了。"

年轻人显得不大开心,但还是接受了老人的条件。他们每天继续去踢垃圾桶。一周后,老人又对他们说:"最近没有收到养老金支票,对不起,每天只能给两毛了。"

"两毛钱?"一个年轻人脸色发青,"我们才不会为了区区两毛钱浪费宝贵的时间在这里表演呢,不干了!"

从此以后,老人又过上了安静的日子。

(资料来源:www.risejob.com)

思考:上面事例中,加里沙克老人运用了怎样的思维方式?

从心理学原理看,思维与语言是紧密联系的,语言所表达的是思维活动的结果。如果思维不敏捷、不清晰、不严密,语言的表达也就不可能流畅、清楚。一个思维迟钝而又混乱的人,绝不可能口若悬河、滔滔不绝而又条理清晰地表达自己的思想。因此,口才表述水平的提高,很大程度上取决于表述者思维素质和能力的提高。

一、思维的基本品质

思维品质,实质是人的思维的个性特征。它反映了每个个体智力或思维水平的差异,主要包括深刻性、灵活性、独创性、批判性和敏捷性五个方面。

(一)深刻性

深刻性是指思维活动的抽象程度和逻辑水平,涉及思维活动的广度、深度和难度。人类的思维主要是言语思维,是抽象理性的认识。在感性材料的基础上,去粗取精、去伪存真,由此及彼、由表及里,进而抓住事物的本质与内在联系,认识事物的规律性,个体在这个过程中,表现出深刻性的差异。思维的深刻性集中表现为:在智力活动中深入思考问题,善于概括归类,逻辑抽象性强,善于抓住事物的本质和规律,开展系统的理解活动,善于预见事物的发展进程。超常智力的人抽象概括能力高,而智力一般的人往往只是停留在直观水平上。

(二)灵活性

灵活性是指思维活动的灵活程度。它的特点包括:一是思维起点灵活,即从不同角度、方向、方面,能用多种方法来解决问题;二是思维过程灵活,从分析到综合、从综合到分析,全面而灵活地作"综合的分析";三是迁移能力强,运用规律的自觉性高;四是善于组合分析,伸缩性大;五是思维的结果往往是多种合理而灵活的结论,不仅有量的区别,而且还有质的区别。灵活性反映了智力的"迁移",如我们平时说的"举一反三"、"运用自如"等。灵活性强的人善于从不同的角度思考问题,能较全面地分析、思考、解决问题。

(三)独创性

独创性即思维活动的创造性。在实践中，除善于发现问题、思考问题外，更重要的是要创造性地解决问题。人类的发展、科学的发展，要有所发明、有所发现、有所创新，都离不开思维的独创性品质。独创性源于主体对知识经验或思维材料高度概括后集中而系统的迁移，进行新颖的组合分析，找出新颖的层次和交结点。概括性越高，知识系统性越强，伸缩性越大，迁移性越灵活，注意力越集中，则独创性就越突出。

(四)批判性

批判性是思维活动中独立发现和批判的程度。是循规蹈矩、人云亦云，还是独立思考、善于发问，这是思维过程中一个重要的品质的反映。思维的批判性品质，来自于对思维活动各个环节、各个方面进行调整、校正的自我意识。它具有分析性、策略性、全面性、独立性和正确性五个特点。正是有了批判性，人类才能够对思维本身加以自我认识。也就是人类不仅能够认识客体，而且还能够认识主体，并且在改造客观世界的过程中改造主观世界。

(五)敏捷性

敏捷性是指思维活动的速度，它反映了智力的敏锐程度。有了思维的敏捷性，在处理问题和解决问题的过程中，我们就能够适应变化的情况来积极地思考，周密地考虑，正确地判断和迅速地做出结论。比如，智力超常的人，在思考问题时敏捷，反应速度快；智力低下的人，往往迟钝，反应缓慢；而智力正常的人则处于一般的速度。

二、演讲中的思维训练

(一)正向思维

正向思维指的是人们在思维活动中根据已有的知识储备及生活经验为基础对事物做出的具有经验指向性的思维方式。由于正向思维是基于大众对某一事物的共同认知，因此其思维方式根据不同文化具有一定的导向性与惯常性。就"龙"这一物种，中国与西方就有着截然不同的认知。中国人普遍认为"龙"是正义的化身、神圣的象征，而西方世界中"龙"这一形象则多以邪恶为主。

正向思维也是人们日常生活中最常用的思维方式，是一种线性的思维方式。当我们看到一件事物、一个名词、一位人物时，不妨以"定义—特质—思考"的顺序来对其进行解读。每个人的认知范围、认知范畴都有所差异，这一点可以通过拓宽知识面、增加生活阅历等方式来得到提升与呈现。

(二)逆向思维

何谓逆向思维？逆向思维也叫求异思维，即人们口中的反其道而行之。这要求人们跳出传统的正向思维方式，追求结果的求新求异求变。

2001 年，CCTV 模特大赛总决赛的最后一个问题：如果给你选择的机会，智慧、美貌、财富你会选哪一个？在传统大众的认知里，选择美貌或者财富都会让参赛者显得肤浅，因此几乎所有的参赛者都不约而同地选择了智慧，给出的理由也是大同小异。只有最后一位选手选择了财富，她认为财富并不仅仅指代金钱，精神财富以及外在财富也应当包含在内，最终她获得了当年模特大赛的总冠军。而她所应用的也正是逆向思维这一思维方式。

那么，在日常生活中我们该如何训练逆向思维呢？

1. 对立思考

在日常生活中，就某一件事物人们通常能根据自己的认知做出第一反应。在思考模式中，人们常常会陷入定式难以跳出原有的框架，习惯依赖于既有模式思考、解决问题。而逆向思维则要求我们做到三思而后行，在定向思维呈现后，尝试站在其对立面进行思考，进而对于结果给出解释。

每个人都要走向明年，明年会比今年大一岁，所以今年比明年年轻一岁。如果以传统线性思维方式推算，人们会为自己的老去而感到忧伤，但是这样的逆向思维可以让人反观当下，珍惜现在的时间。

2. 批判思考

批判思考要求人们在学习接受新鲜事物的过程中抱着质疑的态度，并给出合适、清晰的评价，而不是一味地接受固有思维的定式。在进行批判思考的过程中，可以采用提问的方式对一件事进行质疑，在经过分析、举证、总结一系列活动后得出全新的认识。这一全新的认识并不旨在得出截然不同的结果，而是通过批判思考结合相关资料加深对事物的认知。

洗衣机的脱水缸在设计之初采用的是硬轴，可是却产生了颤抖及噪声的问题，工程技术人员先后采用了加粗加硬转轴都未果。之后研发人员结合脱水缸的功效重新审视材料的选择，放弃硬轴采用软轴，最终解决了技术难题。

(三)二分思维

辩证唯物主义认为"事物都是一分为二的"，任何事情究其本质都是既对立又统一的。我们的思维方式也可以借用这一方式来进行训练。这就要求人们在看待问题时既要看到事物的对立面，又要观察其统一面，以此提升对个体的认识。

(四)发散思维

发散思维，即辐射思维或扩散思维，是指大脑对某一事物所呈现的发散性、创造性的思维模式。发散性思维要求人们摆脱定向思维的约束，使大脑神经处于高度兴奋的状态。常见的表现方式有"一题多解"、"头脑风暴"等。

人对事物的认知往往并不局限于某一特定答案，而是来自于自身的经验以及周围的信息。当看到某一事物时，大脑会高速运转搜索出所有相关的信息，通过人本身的思维判断给出相应的反映。那么，在训练发散性思维时我们就可以充分发挥大脑的这一特性。

1. 直接法

直接法要求根据事物的本质、特点等方面展开发散性思考。在日常训练中，可以采用"头脑风暴"的形式进行展示。在美国的一所中学的一节历史课上，历史老师要求学生选择一位历史人物作一个简短的课堂展示以作为期末成绩的一部分。这位历史老师要求学生在选择好人物之后思考三个问题：他是谁？他做了哪些事？他如何影响了历史？每一位学生围绕这三个问题写出相关的信息，通过翻阅资料、调研等方式完成演讲的整体框架继而进行主题内容的筛选搭建。这种方式的优点在于直观、形象地呈现思维主体，充分运用直接联想的功能。

2. 间接法

间接法的训练可以通过寻找两件事物的联系来实现。人的大脑中存储着成千上万的信息，而搭建两个看似不相关联的信息能够充分激发大脑的灵活度，刺激创新性思维的产生。比如，汽车和沙漠，看似毫无关联的两件事物，可以通过其他媒介将二者串联起来：汽车→尾气→污染→环境破坏→沙漠。多加强这一方面的思维训练不仅可以保持已获得的知识的新鲜度，还能够增强个体的创新思维。

案例 3-1

在第十届金鹰电视艺术节的开幕式上，汪涵被要求做一段即兴演讲，题目是将空盒子与金鹰节联系到一起。汪涵借用《道德经》中的一句话"有是万物之所始，无是万物之所母"，破题引出空盒子代指的是"没有"。介绍十年电视人所取得的"有"来暗示新媒体冲击下可能带来的"无"，时刻存有危机意识，做好电视人的本职工作。

【点评】

本案例中，主持人汪涵即是运用发散思维的方式巧妙地将两件看似不相关联的事物巧妙地串联在了一起。

第三节　演讲中的心理素质训练

萧伯纳(George Bernard Shaw)是 20 世纪上半叶最出色的演说家。但他年轻时是一个非常胆怯的人，去拜访别人时，常常是在河堤上走 20 分钟或更多的时间以后，才壮起胆子去敲人家的门。对于这一点，就连他自己也承认。"很少有人像我这样为着单纯的胆小而

第三章 演讲基础技能

痛苦，或极度地为它感到羞耻。"但他决心把弱点变成自己最强劲的优点。他加入了伦敦的一个辩论学会，每逢有公众讨论的聚会，他必定参加。并且，他还全心投入社会运动，四处讲演。正是在失败中的坦然和奋发使萧伯纳成为一位成功的演说家。

（资料来源：www.cgxdt.com）

思考：你在演讲时会紧张吗？你是如何消除这种紧张的呢？

心理素质是指个体在心理过程、个性心理等方面所具有的基本特征和品质，它是一个人在思想和行为上表现出来的比较稳定的心理倾向和特征，是人进一步发展和从事活动的心理条件和心理保证。口语交际对人的心理素质方面的要求贯穿了从发声训练开始，直至表述与交流完成的各个环节，言语表达能否成功很大程度上取决于表达者心理素质的好坏。克服心理障碍，具备健全的心理素质，懂得心理沟通的方法，是人际交往获得成功的前提条件。

一、演讲中的心理技巧

在现实生活中随处可见这样的人：对着熟悉的朋友，可以滔滔不绝，面对陌生人，则变得口讷结巴；在日常交流中，妙语连珠，在正规场合中，则词不达意……在交际中，说什么，怎么说，以及怎样合理布局结构，一般由思维决定，但它的基础却是心理因素。可以说，心理素质在口才表现中起着"成事不足，败事有余"的作用。如果能正面影响，那么就能促进口才的正常甚至超常展现；反之，则阻碍口才实际水平的表现。因此，我们认为，优化心理素质是口语有效表达的保证。

(一)优化自我形象

据调查，听众对演讲的重视依次是：谁来发表演讲、他如何进行这场演讲、他在讲什么？也就是说，听众在听讲之前首先关注的是演讲者的形象，其次是演讲者演讲的方式，最后才是演讲的内容，所以演讲者在听众心目中的形象是演讲成败的关键。因此，优化自身形象也就成了演讲者在开始演讲前必备的功课。

首先，演讲者要在演讲之前树立自身的权威。演讲者可以询问自己以下问题，并给自己一些肯定的回答。

比如，我有何独一无二之处呢？

(a)对于这个话题，我更权威吗？(b)我拥有别人无法得到的数据来源吗？(c)我比水平相当的其他同学或同事更幽默吗？

为什么由我来讲？他们齐集一堂来听我演讲的理由是什么？

(a)是老师、同学或家人要求他们来的吗？(b)是因为他们对我或我的话题感兴趣吗？(c)他们是为了找我挑衅才来听我的演讲吗？(d)他们为什么会来听我演讲？

其次，演讲者要充分利用良好的服饰语。女性可通过柔和、自然、大方得体的服饰为自己赢得成功的第一印象；而男性则可通过与环境、身份、体形相协调的服饰显出自身的尊贵优雅。

再次，演讲者可以适当地赞赏听众表示友好，以此来缩短彼此间的心理距离。例如，某大学邀请一位老教授做报告，因校园正进行卡拉 OK 赛，老教授发现不少学生站在走廊上，不坐空位。

同学们：今天，首先是你们鼓舞了我，你们放弃了卡拉 OK 赛来这里听我演讲，这说明你们严肃地进行了选择，在说与唱之间，一般人选择唱，而你们都选择了说；在年轻小伙子、姑娘和老头子之间，一般人会选择小伙子和姑娘，而你们选择了我这个半老头子。这说明你们认定说的比唱的好听，老头子比年轻人更有魅力，这使我产生了一种返老还童之感。

这位教授就很好地抓住了现场的氛围，幽默得体地赞美了听讲座的学生，起到了很好的效果。

(二)展现充分的自信

即使是世界著名的演说家，在登台时也会有一定程度的紧张。古罗马的雄辩家马库斯·图留斯·西塞罗(Maraca Tullius Cicero)曾在一次讲演后说："演讲一开始，我就感到自己面色苍白，四肢和整个心灵都在颤抖。"但通过不懈的努力，他成为著名的演讲家。

赚钱百万的费利普·阿穆(Philip Amu)说："我宁愿成为一个大演说家而不愿成为一个大资本家。"如果对演讲心存浅薄的希望，那么必然会丧失成功的希望和自信。自信、得体的第一印象来自于你对演讲坚定的希望。

演讲者可通过提前到达演讲地点、深呼吸放松身体和神经、微笑着以短句子做开场白、说话时看着观众等技巧来放松自己。

(三)及时地沟通

从表面上看，演讲是演讲者主动讲，听众被动听，是一种单向交流。但其实在演讲中演讲者也要注重与听众的交流，随时注意听众的反馈，并调整自己的演讲状态，如果能力允许还可以调整演讲内容。只有如此，演讲才会是成功的。

二、演讲中心理素质的训练

演讲中心理素质的培养是一个长期的过程，平时有针对性、目的性地做这方面的训练是必要的。每一个有志于演讲的朋友都应该在心理素质的培养上多下点功夫。

(一)消除紧张

据调查，99%的人包括著名的演说家，在登台时都会有一定程度的恐惧和紧张。对于初学演讲或初次登台的演讲者来讲，最大的"敌人"就是紧张。有时这种情绪的产生，演讲者很难控制，并进而影响演讲效果。中国跳水队为了备战国奥，用演讲来磨炼队员的心理素质。见惯了大场面的世界冠军们站在演讲台上，竟然紧张得像第一次站上跳板的小运

动员。台下冥思苦想，台上突然卡壳，甚至泪流满面。郭晶晶在做完《梦，还在远方》的演讲后，自述在台上"腿有点哆嗦"。但在经历了第一场演讲比赛的考验后，大多数跳水队员在演讲台上已经从容了许多。

心理学的研究告诉我们，适度的恐惧与紧张可以提升人的反应能力，加快思维的运作。因此，在演讲时首先要视"紧张"为演讲过程的一部分，告知自己在这种状况下，紧张是正常的，而不紧张才是不正常的。其次，要适度运用紧张感，积极乐观地鼓励自己，把自己调整到巅峰状态。也可以在听众中寻找你的亲人、朋友、同事和支持者，并且假设下面的听众都很友好；或者通过运动缓解紧张状态，假装自己很勇敢，告诉自己做一回真正的"自己"。

(二)心理分析

心理分析是口才训练的一个基本环节，它是对自己与他人进行心理透视与鉴别、交流双方的心态剖析与鉴别，以及心理转换的基础。心理分析要求针对口才中的实际问题，以事实为依据，进行分析和总结。分析时也要注意主次详略，特别是与演讲息息相关的心理素质应该做重点分析。

传统心理学将人的气质类型分为四种，如表3-1所示。

表3-1 传统心理学对人的气质类型的划分

心理特性 气质类型	感受性	耐受性	反应的敏捷性	可塑性	情绪兴奋性	向性	口语中的表现
胆汁质	-	+	+	+	+	+	热情，但容易过分
多血质	-	+	+	+	+	+	思维活跃、反应敏捷、一言堂
黏液质	-	+	-	-	-	-	沉着、自制、少热情、不敏捷
抑郁质	+	-	-	-	+	-	敏感、富有同情心、压抑

心理自控的前提就是对自己的心理素质有一个比较冷静、理智的辩证认识，并在此基础上"扬长避短"。例如，胆汁质类型的人要克制自己的情绪，以免过度热情；多血质类型的人要多听取他人的意见，避免发生"一言堂"现象；黏液质类型的人要注意感情的投入，避免给人产生冷漠感；抑郁质类型的人则要有意识地多参加口语交际活动，以外在的行动改变自己气质方面"压抑"的不足。

(三)增强抗挫折能力

良好的心理素质也取决于一个人对失败的态度，一个人的自信很大一部分来源于其对失败的认知。演讲活动中也会遭遇失败，所以增强抗挫折的能力，保持一颗平常心是顺利进行演讲的保证。表达时常常出现一些心理紧张，如何消除和克服这种紧张状况呢？积极的自我暗示是一种非常有用的方法。

自我暗示就是通过运用内部语言或者书面方式的表达形式给自己灌输某种观念，并使它影响自己的心理和行动。积极的自我暗示对人的情绪和行为有着奇妙的影响和调节作用，既可以用来松弛过分紧张的情绪，又可以用来增强自信，激励自己。比如，在演讲过程中用内部语言暗示和提醒自己一定能克服困难，渡过难关。这种良好的自我暗示会发挥一种自我的调节作用，使得体内各生理系统的活动处于良好状态，随之心理上也会相应地产生积极的反应。例如，在演讲前感到紧张、焦虑，演讲者就可以自己对自己说：在公众场合并不可怕，自己准备得很充分，着装又很得体，自己的头脑又很聪明，一定能讲得很好，并且不断暗示自己冷静些，别紧张，很快就会过去了。这种暗示不断重复，就能在一定程度上缓解或者消除紧张情绪。在言语表达过程中，可以通过"我能行"、"我一定能成功"等语言来进行积极的自我暗示，以达到调节自我情绪、增强自信心的目的。

案例 3-2

史蒂文斯以前是个程序员，听说微软公司招程序员，他就信心十足地去应聘。面试时，考官提的问题是关于软件未来发展方向方面的，这点他从来没有考虑过，故遭淘汰。事后，史蒂文斯感到微软公司对软件产业的理解令他耳目一新，深受启发，于是他就写了一封感谢信。这封信后被送到总裁比尔·盖茨的手中。三个月后，该公司出现了人员空缺，史蒂文斯收到了微软的录取通知书。十几年后，凭着出色的业绩，史蒂文斯当上了微软的副总裁。

（资料来源：www.kejianhome.com）

【点评】

史蒂文斯并没有因为求职失败而怨天尤人，而是理智地总结得失。他给公司写感谢信，一是真诚感谢求职面试中得到了主考官的启发；二是表明自己对这一问题的理解有了领悟。他的行为，让公司总裁比尔·盖茨看到了其良好心态，而这一心态对从事任何工作都是大有裨益的。

案例 3-3

据说在从前，有一位美国钢琴家到一个城市举办个人演奏会，他一登场，看到音乐厅的座位有一半是空的，这对他的演奏无疑是一种打击。在这种窘境面前，他幽默地对观众说："我在来这个城市之前，不知道这儿的人这么有钱，因为你们一个人就买了两个座位的票。"在观众的一阵笑声里，他为自己解了围。

【点评】

在人际交往过程中，并不是所有事态都会沿着我们期望的方向发展，一旦出现你所不

愿意看到的事情，听到你所不愿听到的话，遇到你所不愿意遇到的情景，首先必须善于自我控制情绪，有较好的临场应变能力。

案例 3-4

在下凌峰，我和文章(台湾地区歌星)不一样，虽然我们都得过金钟奖和最佳男影星称号，但是，我是以长得难看出名的(掌声)。两年多来，我们走了一趟大江南北——拍摄《八千里路云和月》，所到之处呢，观众给予了我们很大的支持。尤其是男观众对我印象特别好，因为他们觉得我的长相像中国(掌声、笑声)，中国五千年的沧桑和苦难全都写在我的脸上(掌声、笑声)。一般说来，女观众对我印象不太好，有的女观众对我的长相已经到了忍无可忍的地步(笑声)，她们认为我是人比黄花瘦，脸比煤球黑。但是，我要特别声明：这不是本人的过错，实在是家父家母的错误，当初并没有征得我的同意就把我生成这个样子。但是，时代在变，潮流在变，审美的观念在变。如果你仔细归纳一下，你会发现，现在的男人基本分为三种：第一种——你看上去很漂亮，看久了也就那么回事，这一种就像我的好朋友刘文正这种；第二种——你看上去很难看，看久了以后越看越难看，这种就像我的好朋友陈佩斯这种；第三种——你看上去很难看，看久了以后你会发现，他另有一种男人的味道，这种就是在下我这种(掌声、笑声)。鼓掌的都表示同意了！鼓掌的都是一些长得和我差不多的(笑)，这是物以类聚啊！接下来按规矩迎接挑战，带来一首歌曲《小丑》。在我的人生观看来，我认为每个人都扮演过许多次的小丑：有的时候在爱人面前；有的时候在领导面前；有的时候在孩子面前；有的时候在父母面前。我是在鼓掌面前，给大家带来一首《小丑》——掌声有没有就无所谓啦(笑声、掌声)。

(资料来源：www.xinhuabookstone.com)

【点评】

这是台湾地区著名主持人凌峰在 1990 年春节联欢晚会上的独白。有些人在交往中，因为自身条件的缺陷，总是怕别人轻视和拒绝。有自卑感的人往往过分自尊，为了维护自尊而表现得非常强硬，让人难以接近，在人际交往中格格不入。而凌峰敢于拿自己的缺陷开玩笑，在自嘲中自我抬举，大大增加了人格魅力。

自信演讲五步法

Foot——迅速阔步，比平时快 15%；
Body ——昂首挺胸，伸直腰；
Face ——表情放松而和谐；
Eye ——寻找一两个亲切的面孔；
Mouth——对着后排的听众大声开口。

如何克服害羞

在现实生活中，我们可以发现一个这样有趣的现象：自信的人几乎不害羞，害羞的人往往不自信。因此，克服害羞对培养自信十分重要。

那么，该如何克服害羞呢？可以试试以下几种方法。

(1) 永远不要无缘无故把自己说得一无是处。也许你有做错事的时候，如说错话，但这并不表示你是笨拙的；也许你有缺点，如小眼睛，但也没必要感觉自己目光短浅、丑陋。

(2) 了解自己的优点和缺点。找些小卡片，把它们分成两种颜色：一种代表优点，另一种代表缺点。在每张卡片上写一个优点或缺点，然后检验一下哪个优点还没发挥，怎么去发挥这个优点；哪个缺点是你可以不在乎且可以忽略的，把这些可以忽略的、不在乎的缺点丢掉。这样做你就不会过分保护自己，然后你会发现自己的优点比缺点多。这样做能使你集中发挥自己的优点，克服自己的缺点。

(3) 试着坐在人群的中心位置。害羞的人常喜欢躲在角落里，免得引人注目。因为这样也就没有人注意到自己，因而证实了"没人关心自己"的想法。改掉这个习惯，让别人有机会注意你、关心你。

(4) 有话大声说。害羞的人说话都很小声，不妨把你的音调提高，你就会更加相信自己有权说话。

(5) 别人跟你讲话时，眼睛要看着对方，害羞的人常常忘了这一点。当然不必瞪着对方，但至少要让对方知道你在倾听。

(6) 别人没有应答你的话时，要再重复一遍。不要替自己找理由说别人对你的话不感兴趣。

(7) 别人打断你的话时，要继续把话说完。我们讲话时常会被打断，而害羞的人有时还会用动作来造成别人打断他的话，就好像那正是自己所期望的事。有时对方插话也表示他对你说的话很感兴趣，所以下次不要把中断谈话当作借口而逃出人群。

其实就这么简单——正确看待自己，大声说话，看着对方，让别人注意自己……就像改变其他行为一样，刚开始时总觉得不好意思，觉得还是回到老样子舒服些。

这时你不妨先将一切担心往好的方面想，最重要的是不要在乎那些害怕心理，慢慢地你就会发现自己变成了另外一个人。一般人总认为是有了勇气才去行动，恰恰相反，对害羞的人来说是有了行动才会有勇气。

因此，心动不如行动，只要去做，你就会变得越来越自信。

本章知识技能目标鉴定题库

一、案例分析

1. 分析郭晶晶这则演讲的特点。

"一次又一次，我第三次参加奥运会才获得了奥运冠军，在那一刻，我是幸福的，因为我得到的不仅是奥运会冠军，还有在这个过程中得来的对人生来说非常宝贵的经验……成功其实很简单，就是强迫自己继续练下去。有的时候很累、很累，但是再辛苦也要坚持，因为梦还在远方。"

2. 请阅读下列这则小故事，并分析其中的思维特点。

有两个信徒酷爱吸烟。甲问神父："我祈祷的时候吸烟行不行呢？"神父说："那怎么行！"乙问神父："我走路时想到上帝，吃饭时想到上帝，吸烟时想到上帝，可不可以呢？"神父说："当然可以！"

3. 从下列材料中提炼深层次的观点。

某报曾以《沉重的思考》为题，报道过一起让人啼笑皆非的女研究生被骗案。其实，这位女研究生一直是班里的学习尖子，人长得也非常清秀。一次寒假中，还在准备毕业论文资料的她却被一位农村小姑娘从中原 Z 市骗到了华东的一个小山村(小姑娘中途早已溜走)，结果"银元"未提到，人却成了人家的"新媳妇"。当她明白自己上当受骗后，先后绝过食，摸过电，找过刀子，使过绳子，也曾想到过去教堂——找"神父"帮助，可就是没想到过有关的组织、法律，以及正义与智谋。据了解，前些年仅 Z 市的公安机关就先后解救过 10 多名被拐卖的女大学生和研究生，这些女大学生有的是在回家途中，有的是在劳务、自由市场，人贩子仅用一支雪糕、一张车票就骗得了她们的信任，让她们毫不生疑地跟随着上汽车、换火车，辗转东西南北，一直到拽入"新房"后才如梦初醒……

二、实训题

1. 思维辨析题。

(1) 按照逆向思维的训练方式，尝试对中国传统的、成定论的一些成语、谚语如"狐假虎威"、"对牛弹琴"、"孟母三迁"等进行逆向思辨并发言。要求有新的立意。

(2) 我国古代有这样一个故事，一位母亲有两个儿子，大儿子开染布作坊，小儿子做雨伞生意。每天，这位老母亲都愁眉苦脸，天下雨了怕大儿子染的布没法晒干；天晴了又怕小儿子做的伞没有人买。运用逆向思维的方法帮助这位母亲解除烦恼。

(3) 2006 年 2 月 24 日，北京东城城管启动价值百万元的移动执法指挥车上街治"吐痰"。这辆车由海事卫星传输设备、等离子大屏幕、全方位旋转摄像头等高科技武装，可以监控方圆 500 米内的事物，并且在监控的同时可以录像。截至执法当天下午 6 时，在北京站广场一举查获了 9 名吐痰者，并对其进行了行政处罚和教育。对此举，市民反响强烈，有褒有贬。你是如何看待的呢？

(4) 挖掘日常生活中常见的或新生的现象，并进行深入的探讨。

(5) 在一分钟内联想 15 个词语，并描述联想过程。

(6) 口头联词构思成文。以 4 人为一小组，每人在纸条上写一个名词，将纸条收拢并与另一组交换，每人抽取一张纸条，准备一分钟，经过联想将 4 个词串成一个故事并讲述。

(7) 教师出示一个字，练习者将该字组成一个词，再组成一个词组，然后将词语造成一个句子，继续展开一段话，最后将这段话扩写成一篇短文。

(8) 强制联想训练：分析蚂蚁与宇宙的关系，至少在一分钟内说出 5 个。

(9) 改革开放以前，社会上看起来正气昂扬，但是经济上却步步衰退；改革开放以来，社会上似乎歪风盛行，但是经济上却飞速前进。你怎样看待这一问题？要求从不同角度进行阐述。

(10) 勾画出"外表美"与"心灵美"的主题演讲中的思维轨迹。

(11) 针对"开卷有益"或"杞人忧天"的传统观念，运用逆向思维立意，分别写成演讲稿，文题自拟。

2. 心理素质训练题。

(1) 面对听众，对自己连呼三声"我可以"，并刻意放慢语速。

(2) 在讲台前练习向大家问好，面带笑容，同时慢慢地浏览座位上的同学，从前到后，从左到右，尽量看他们的眼睛。时间一般为两分钟，直到不紧张。

(3) 根据自己的特长，讲述自己感兴趣的、熟悉的事情或故事，或大声背诵自己喜爱的一首诗歌。

(4) 向同学和老师讲述自己的一件最开心或最满意的事。

(5) 将自己第一次登台与第二次登台的心理感受作一下比较，重点突出自己的变化。

(6) 以自己为对象，根据气质测试，写一篇心理分析报告。列出在公共场合讲话时会出现的问题及原因。如原计划给二三十人作演讲，到场后发现听众有二三百人，你会怎样？准备了长达两个小时的演讲内容，可上场前主持人告诉你只有 15 分钟的演讲时间，你又该怎样？

(7) 收集古今中外著名演说家失败的事例，并上台讲述。

(8) 在讲台前用自认为最美的姿态站立 3 分钟，努力做到表情自然。下面的同学可以评头论足，如有条件可以拍摄以供学生自评。

第四章 演讲中的语音修饰

最近,网络上盛行着这样一则绕口令。
初级班:化肥会挥发。
中级班:黑化肥发灰,灰化肥发黑。
高级班:黑化肥发灰会挥发;灰化肥挥发会发黑。
MB 班:黑化肥发灰挥发会花飞;灰化肥挥发发黑会飞花。
考研班:黑化肥发灰挥发会花飞灰化肥挥发发黑会飞花,黑化肥发灰会挥发灰化肥挥发会发黑。

(资料来源:www.xiuhu net.com)

思考:在演讲中,一口标准流利的普通话能给我们带来什么?

俗话说,人有两张脸,一张是天生的容貌,一张就是你的谈吐举止。演讲中得体的谈吐、儒雅的举止,体现你丰富的知识内涵和人文素养。而如果还拥有一口字正腔圆的普通话、优美动听的音色、声情并茂的语言感染力,那肯定更能增添你演讲的魅力。

一、普通话概述

普通话是以北京语音为标准音,以北方话为基础方言,以典范的现代白话文著作作为语法规范的现代汉民族共同语。普通话语音系统主要包括声母、韵母、声调、音节,以及变调、轻声、儿化等。声母是音节开头的辅音,普通话有 21 个辅音声母。辅音声母的发音取决于发音的部位和方法。

(一)声母的分类及发音特点

从发音部位的角度,可把声母分成以下七类。
双唇音:由双唇构成阻碍发出的音,如 b、p、m。
唇齿音:由上齿与下唇构成阻碍发出的音,如 f。
舌尖前音:由舌尖和上齿背构成阻碍发出的音,如 z、c、s。
舌尖中音:由舌尖与上齿龈构成阻碍发出的音,如 d、t、n、l。
舌尖后音:由舌尖与硬腭前端构成阻碍发出的音,如 zh、ch、sh。
舌面音:由舌面前部与硬腭构成阻碍发出的音,如 j、q、x。
舌根音:由舌根和软腭构成阻碍发出的音,如 g、k、h。

从发音方法的角度，根据构成阻碍和除去阻碍的方法不同，声母可以分为以下五类。

塞音：发音时，构阻的发音器官先紧闭，堵住气流，然后突然打开，气流冲出，音爆发而出的，叫塞音。如b、p、d、t、g、k。

擦音：发音时，构阻的发音部位靠近，中间留有一条窄缝，气流从窄缝里摩擦而过，这样发出的音，叫擦音。如f、h、x、s、sh、r。

塞擦音：发音时，构阻的部位先紧闭，然后打开一条窄缝，让气流摩擦而出，这样发出的音叫塞擦音。如j、q、z、c、zh、ch。

鼻音：发音时，构阻的发音器官紧闭，软腭下垂，封住口腔通道，让气流从鼻腔出来，这样发出的音叫鼻音。如m、n。

边音：发音时，舌尖与齿龈接触，阻塞口腔中间通道，声带颤动，气流从舌边流出，这样发出的音叫边音。如l。

还可以根据声带颤动与否，将声母分成清音与浊音。普通话中的声母大部分都是清音，浊音只有m、n、l、r四个。

还可以根据发音时气流的强弱，将声母分为送气音与不送气音。送气音，发音时气流强，如p、t、k、q、c、ch；不送气音，发音时气流较弱，如b、d、g、j、z、zh。

(二)韵母的分类及发音特点

普通话中的韵母共有39个，根据音素组成的不同可分为单韵母、复韵母和鼻韵母。

单韵母是指只有一个元音的韵母，共有10个，分别是a、o、e、i、u、ü、ê、er、-i(前)、-i(后)。单韵母的发音特点是：发音时舌头、嘴唇以及口的开闭在整个发音过程中始终保持不变。而其中的-i(前)、-i(后)从不单独使用，直接与直呼音节zi、ci、si和zhi、chi、shi连在一起。

复韵母是指两个或三个元音构成的韵母，一共有13个。复韵母的发音特点是发音时舌头、嘴唇、口腔的开合程度都有变化。韵头要咬紧，韵腹要响亮，韵尾要收全。如ai、ei、ao、ou、ia、ie、ua、uo、üe、iao、iou、uai、uei。

鼻韵母是指元音后面加上鼻辅音(n、ng)的韵母。鼻韵母有16个，按照韵尾的不同可以分为两类：以n作韵尾的韵母叫前鼻韵母，如an、en、in、ian、uan、uen、ün、üan；以ng作为韵尾的韵母叫后鼻韵母，如ang、eng、ing、iang、uang、ueng、ong、iong。

(三)普通话声调

在现代汉语中，音节的高低升降是能区别意义的。字音的这种高低升降就叫作声调。普通话中有四个声调：阴平、阳平、上(shǎng)声和去声。阴平的调值为55，特点是起音高一路平，声带始终绷紧；阳平的调值为35，特点是由中到高往上升，声带越来越紧张；上声的调值为214，特点是先降后升曲折起；去声的调值为51，特点是高起猛降到最低，声带由紧到完全松懈。声调发音时要注意调值到位。

二、纯洁语音

(一)声母常见的发音错误及正音方法

1. 翘舌音不到位

很多方言区(包括部分北方方言区)的人发舌尖后音时,因为发音部位或发音方法不对而发错这几个音。翘舌音的错误发音一般有下面几种情况。

第一种是发音部位出错,舌位偏前或偏后。舌位偏前一般指 zh 与 ch 发音时舌尖没有翘起并抵住硬腭前端,sh 与 r 发音时舌尖没有翘起并对着硬腭前端,舌尖只是抵在或对着齿龈上;舌位偏后指发音时舌尖抵住了软腭,造成气流被堵,不通畅,造成含糊不清的"大舌头音"。当然也有发音开始时舌尖翘起,可是一发音舌尖就放平了而造成发音偏前的现象。

第二种是发音方法出错。zh 与 ch 是塞擦音,发音时要先抵住硬腭前端,后放开一条窄缝,气流从窄缝中摩擦而出。而 sh 与 r 是擦音,发音时舌尖不用抵住硬腭前端。再则,zh、ch、sh 发音时声带不颤动是清音,而 r 则声带颤动是浊音。

由于没有掌握正确的发音方法,所以,有些人在发 r 时容易把它发成 l 音,舌尖抵住了硬腭前端,而且把浊音发成了清音。这种情况在吴方言区比较多,如把"肉"(rou)发成"漏"(lou)、把"热"(re)发出"乐"(le)。

zh、ch 正确的发音是:发音时,舌尖必须翘起,先抵住硬腭前端,然后放开一条窄缝,让气流从窄缝中流出。

sh、r 正确的发音是:发音时,舌尖必须翘起并对着硬腭前端,形成一道窄缝,发音时让气流从窄缝里流出。

平翘舌音类推记忆法

部分平翘舌音发音不到位,是由于不清楚哪些为平舌音,哪些为翘舌音。除了下苦功多记忆外,也可以根据代表字进行类推。如以"丈、只、止、专、支、中、长、正、主、占、召、至、叉、斥、出、池、产、场、成、虫、车、少、申、生、师(狮除外)、尚、稍"等字为代表字的,往往都是翘舌音。

2. f 与 h 混淆

在一些方言区,很多人容易把 f 与 h 混淆,究其原因主要是发音部位错误,发 f 时齿与唇没有接触,而发 h 时齿与唇接触了。f 是唇齿音,发音部位是上齿背与下唇,发音时,齿与唇必须先接触后放开;而 h 发音部位是舌根与软腭,齿与唇是不能接触的,音从喉部发出。

3. g、k、h 发音偏前

吴方言区中的部分人发 g、k、h 三个音时，发音部位偏前。这三个声母是舌根音，发音部位是舌根与软腭，音从喉部发出。

4. z、c、s 与 j、q、x 混淆

平舌音 z、c、s 发音时，应注意舌尖要抵住（或对着）下齿背，发音时，上下齿碰触后发出音来。因为 z、c 是塞擦音，s 是擦音，所以发音时气流是从窄缝里摩擦而出，发音器官不能全部打开。

舌面音 j、q、x 发音时，舌尖要放在下齿龈上，发音的着力点应该是舌面与硬腭。最常见的问题是把这三个音发成尖团音。发成尖团音的原因主要是发音时构成阻碍的部位由原来的舌面与硬腭前移到舌尖与齿龈，发音时，舌尖抵住下齿背，上下齿碰触，气流从上下齿间的窄缝中透出。女孩子比较容易犯此类毛病。

(二)韵母常见的发音错误及正音方法

(1) 单韵母发音过程变动。单韵母在发音时舌头、嘴唇以及口的开闭在整个发音过程中产生变化。要求练习时注意体会口腔、舌位保持不变。

(2) 复韵母发音时的主要问题是：一是单元音化，即缺少动程，把两个元音组成的复韵母发成单元音；二是发音时动程不够，开口度不够大；三是宽窄复韵母混淆，如把谬论(miùlùn)读成妙论(miàolùn)，把耐心(nàixīn)读成内心(nèixīn)；四是尾音没有收全，该展唇时没有展唇，如ai、ei 等，该拢唇的没拢唇，如ao、ou 等；五是受到方音影响，丢失或加上韵头，如把"然"(ran)读成 ruan；六是把 ia、ie、ai、uai、ua、üe 带上鼻音，发成了鼻化音。

(3) 前鼻韵母发音时，最常见的错误是：忘收尾音 n，发成口音；或收尾音时闭唇，把 n 发成 m；或在收尾音时，舌后缩，口齿打开，发成介于前鼻音与后鼻音之间的鼻化音。发前鼻韵母时，要注意软腭的运动，不能发成鼻化元音。此外，要注意唇形的变化，比如 ün 在发音过程中，唇形由圆渐展，而发 in 时始终是展唇。

(4) 后鼻韵母发音常见错误：发音时忘收尾音 ng，把鼻韵母发成单元音或复合元音；或收尾音不到位，发成鼻化音；或发 ng 时闭唇，把尾音收成 m，或尾音过于强调，发得太重；或在发音时，中间夹杂其他音素，如发 ing 时口腔打开，中间夹杂 e 音。

三、美化嗓音

口语作为语言交际工具，是一种直接化的表达方式，是说话者与听话者直接交流的媒介。在交流中，口语表达不仅要求合乎逻辑、清楚明白，而且要求做到生动形象，这样才能给人留下深刻的印象，收到更好的交流效果，这便要注重语音修饰。语音修饰即通过对语音的选择、组合和调配来增强语言的表现力和感染力，提高语言的表达效果。在日常发音中，常见的语音问题主要有以下几个。

(1) 鼻音：即用鼻子发音。平时可通过发音时用手捏住鼻子来检查，如果一开口鼻子就有嗡嗡声，则为鼻音无疑。平时可以通过胸腔共鸣来改变。

(2) 尖音：发音时声音高、尖，类似提高嗓门唤孩子的声音。检查时，可以通过观察、体会发音时脖子是否紧张粗大、下颚肌肉是否紧张来进行判断。如果存在此类情况，可通过放松下颚、舌头、嘴巴、声带等来改善。

(3) 低语：发音时丧失语调和共鸣的声音。可通过发声时喉头有无颤动感来判断。如果存在此类情况，可通过高声诵读多音节字词来改变，诵读时要求完全用呼吸辅助，发清每一个字音。

(4) 戛止：发音时声音到最高峰时，突然迸裂四散。克服方法同"低语"。

(5) 沙哑：声音暗哑不清，有先天的音色关系，也有后天缺少对嗓子的保护原因。感觉音色不对，声音沙哑时，要避免大声尖叫、大笑、费力地清嗓子、抽烟、喝酒等。感觉声带上有黏液时，最好轻轻咬舌头，产生唾液后吞咽唾液来代替清嗓子。

(6) 嗫嚅、单调：发音时口齿含糊不清、无音调变化，没有色彩。克服方法也同"低语"。

(7) 语速不当：说话过快或过慢。平时正常语速为一分钟 160 字左右，如果每分钟发音超出 200 字，那说明语速有些偏快。可以通过数数练习来控制。如果语速偏快，从一到十，第一次 5 秒，第二次 10 秒，第三次 20 秒，慢慢体会节奏的变化。同时经常高声朗读报纸上的社论，用铅笔移动来引导声音，及时作快慢的调整。可以用录音机录音，检测自己的语速，也可以与播音员的语速相比较，体会语言的流畅。

(8) 气息较短：因呼吸没有调整好，朗读或说话时气喘吁吁，经常在不该停顿时停顿，而且发出的声音轻飘、虚而不实，嗓子容易因紧张而造成疲劳。可以通过练习胸腹联合式呼吸法来克服。

口腔控制和训练

发音的理想要求是"字正腔圆"，即准确：读音正确、规范； 清晰：字音清楚、不含混； 圆润：声音饱满、润泽； 集中：发音集中、不散乱； 流畅：语音连贯、自然。

前两者为"字正"，后三者为"腔圆"，要做到这些就要进行与口腔控制紧密相关的训练。

唇的训练

唇的力量要集中在唇的中央 1/3 处，否则会因力量分散而造成字音的不集中。

喷——双唇紧闭，阻住气流，突然放开爆发出 b 和 p 音。

撮——双唇紧闭，撮起，嘴角后拉交替进行。

撇——唇撮起用力向左、右歪，交替进行。

绕——双唇紧闭，左绕 360°，右绕 360°，交替进行。

把嘴唇拢圆如发"u"状，再努力向两边展开，如发"i"状，反复练习。双唇紧闭，再分开，先慢后快。下唇向上齿迅速靠拢，再分开，由慢到快。

舌的训练

舌力集中，一是将力量主要集中在舌的前后中纵线上，一是舌在发音过程中要取"收势"，收拢上挺。这样才能有力而灵活。

刮——舌尖抵下齿背，舌中用力，用上门齿刮舌尖、舌面。

弹——力量集中于舌尖，抵住上齿龈，阻住气流，突然打开，爆发"t"音。

咳——咧唇，舌根抵软硬腭交界处，阻住气流，突然打开，爆发"g、k"音。

顶——闭唇，用舌尖顶左右内颊，交替进行。

绕——闭唇，用舌尖在唇齿间左右环绕，交替进行。

发音——用短促的声音反复发"di—da"。

打开口腔训练

打开口腔，一方面可使舌的运动空间加大，提高吐字质量；另外也可以适当发挥口腔共鸣的作用，提高声音质量。

按照要求，口腔的前后都应打开，上腭上抬，下巴放松，呈"匚"状。这是通过提颧肌、打牙关、挺软腭、松下巴四个方面的练习来实现的。

提颧肌

颧肌用力上提时，口腔前部有展宽的感觉，鼻孔也随着少许张大，同时使唇尤其是上唇贴近牙齿。

颧肌对提高声音的响亮度和字音的清晰度都有明显作用。

另外，还可以用开大口同时展开鼻翼的办法来体会，这样快速做上几十次后，颧部就会明显地感到发酸。反复这样练习，颧肌力量就会加大，该用时，可自然提起。

打牙关

上下颌之间的关节称牙关。打牙关可以丰富口腔共鸣，还可以使咬字位置适中，力量稳健。可通过以下两个练习实现。

(1) 像半打哈欠打开牙关，口不要大开，然后缓慢闭拢。

(2) 用后牙咀嚼，动作可夸张些。

挺软腭

加大口腔后部窨间，改善音色，缩小鼻咽入口，避免声音大量灌入鼻腔而造成鼻音。

松下巴

打开口腔方面的训练比抬上腭更具有实质性效果。咬字的力量主要在口腔上半部。发音时，只有下巴自然内收才能放松。日常牙疼说话时，下巴一般是较松弛的。

胸腹联合呼吸法介绍

生活中一般有三种典型的呼吸方法：胸式呼吸、腹式呼吸和胸腹联合呼吸。

胸式呼吸是一种浅呼吸，主要靠提起上胸扩大胸腔的前后左右来吸气，这种呼吸法的特征是吸气抬肩。吸气量少，发出的音窄细、轻飘，并且容易造成肩胸紧张、喉部负担重,易疲劳及声音僵化等问题。一般女性大多用这种呼吸法。

腹式呼吸是一种深呼吸,主要靠降低膈肌扩大胸腔的上下径来吸气。腹式呼吸的吸气量较大,发出的音比较深沉、浑厚。吸气时的特征是腹部放松外凸。这种呼吸法一般男性用得较多。它不是最科学的呼吸方法,容易造成闷、暗、空的音色。

胸腹联合呼吸法是结合以上两种呼吸法而成的。呼吸时吸气全面(前后、左右、上下)扩大了胸腔的容积,吸气量最大,呼吸稳定,有利于控制,容易产生坚实、响亮的音色。因此要学会这种呼吸法。

胸腹联合呼吸法的要领如下。

1. 吸气的基本要领

(1) 吸到肺底。以吸到肺底的感觉,引导气息通达体内深部,使膈肌明显收缩下降,有效地增加进气量。

(2) 吸气时,应在肩胸放松的情况下使下肋得到较充分的扩展,此时,膈肌与胸廓的运动产生联系。一般感觉两肋的打开,以左右的平衡运动为主,尤其后腰部感觉较为明显。

(3) 腹壁"站定"。吸气时,在胸部扩张的同时,应使腹部肌肉向小腹"丹田"位置收缩腹壁,保持不凸不凹的状态。

吸气过程中的综合感觉应是随着吸气量的增加,腰带周围逐渐紧张,躯干部逐渐"发胖",胯下沉重有力,但肩仍处于放松状态,两臂能自由动作。由于生理特征的不同,男女吸气最后一刻的感觉略有差异,男性似扇面一样打开,而女性"发胖"的感觉较为明显。

2. 呼气

一口气能维持较久,发出较多音节,以及长时间保持良好的呼吸状态,是所谓气息持久的两层含义,它们对于语言表达都具有实际的意义。有声语言就是在呼气的过程中发出去的,因此对呼气的控制是整个呼吸控制训练的重点。

呼气的练习要把握这样一个过程:一是气息要平稳,要求有持久力,不能一下子放完;二是要根据情感和内容的变化调节呼气的快慢、强弱,使呼吸运动自如。

3. 换气

吸气量小、呼气浪费、补充气息不及时等,往往会造成语意支离破碎,甚至词不达意。因此必须掌握准确的换气方法,使气息在使用的过程中,及时地得到补充,这样才能使你说得从容不迫、吞吐自如。

换气可以在句首进行,一般句子结束时可暂不换气,可在下句开始前进气,否则会破坏句子间的感情转换,并给人以急促感,要做到声断气不断。吸气后要马上使用,不是感情需要不要作较长停顿,否则体内感觉消失,力量也就松懈了。换气时吸气应适度,一般到七八分满,吸气过满会导致僵持。使用中的气息应有所储存,即使到该换气时,体内还应留有部分余气,否则会使人感到声嘶力竭。换气时尽量采用无声吸气,用声时,小腹保持控制状态,胸腔形成一个有弹性的橡皮球,这样气息一有欠缺,便会在语言的顿挫中,得以"自动"、及时、无声的补充。

四、语调传情

演讲不能以一种一成不变的语调如日常说话一样持续下去，也不能一味的慷慨激昂或一味的低沉压抑。演讲时的语调必须鲜明多变，真诚地传达出心中的愤怒、喜悦、哀痛等情感，并通过语调的抑扬顿挫、轻重缓急变化使演讲更具鼓动性。

优秀演讲家的语言之所以能震撼人心，余音绕梁不散，主要是因为他们在演讲中能借助语调传达心中的快乐、愤怒、悲伤。快乐时，声音明快而带有笑意；愤怒时，声如急风暴雨；悲伤时，哽咽而低沉。他们的演讲极富感染力、鼓动力和号召力。而不成熟的演讲者，或语调平平，缺少喜怒哀乐，让人昏昏欲睡；或过分夸张给人虚假的感觉。所以，学会语调传情相当必要。

(一)轻重凸显意义

演讲时为了使语义鲜明，并把感情起伏、气氛变化表达出来，往往要合理安排轻重。重读或轻读是通过声音的强调来突出意义，能使听者对一些色彩鲜明、形象生动的词语增加印象和分量。演讲者所要着重表现的内容往往是重音所在。

1. 重音的分类

重音一般可分为语法重音和强调重音。

语法重音是根据语法关系说得或读得重些的音节，一般情况谓语略重于主语，宾语略重于谓语，句子中的定语、状语、补语也要读得稍微响亮一些。

强调重音是为了强调某种思想感情而说得或读得重一些的音节。比如为了揭示语言内在的深刻含义、表示对比和反衬、表示肯定和强调、表达某种强烈的感情等，都要使用重音，使语言感情色彩丰富，充满生气，增强感染力。当句子中既有语法重音又有强调重音时，语法重音服从强调重音。重音只在必须强调的地方使用，而不可泛用。

2. 重音的表现

重音的声音显示方法主要有以下四种。

1) 以高示重法

利用声音高低、强弱的对比，以高或强的声音来显示重音。往往用在揭示语言的潜意，把要强调、突出的词语读得重一些、响亮一些。如：

回顾过去，我们有过迷茫，有过惆怅，但终于在自强不息的路上走过来了。再坚定地走下去吧，朋友！我们有责任为后人拓宽道路，我们有义务把时代的进行曲谱写得更加雄壮！

2) 以慢示重法

通过快慢的对比，以慢显示重音，使音节传送得清晰一些。把要强调的词语的音节拖长些，表达深挚的感情，或表现动作的艰难、缓慢。在演讲中，为了让听众听清楚所强调的内容，在读容易混淆的字词时也应放慢语速，延长音节。如：

哪个是一倍的量,哪个是三倍的量呢?

3) 一字一顿法

在强调的字词前后,都作必要的顿歇,主要表现强烈的感情,如悲痛、深情等,给人以强烈的感染。

4) 以轻示重法

与重读相对的是轻读,轻读也是一种用以突出某些字、词或短语的方法。从音量上说,它是轻弱的,但却要求语气凝重,深沉感人,在某些特殊需要的地方使用,常常会取得比加强音量更好的效果。这种重音轻吐法,把要强调的字词减弱音势,低而有力、柔和而深情地传出,用来传达爱、幸福、欣慰、陶醉、体贴的情怀,深沉凝重的情感,轻捷的动作,幽美、宁静的画面。如:

大家早在盼着:敬爱的党啊,从严惩治这些新的祸、国、殃、民之徒吧!

(二)抑扬表达喜怒

用不同的语调讲话是人的本能,同样的一件事或一句话,由于说话者的观点和所持态度不同,就会用抑扬不同的语调表达出不同的语气。

语调的变化与句式、情绪有关。语调一般分平直调、高升调、曲折调和降抑调四种。

1. 平直调

平直调一般用于表达叙述、庄重严肃、冷淡漠然、思索回忆、踌躇不决等内容的句子。例如:我这里有一本刚出版的33万字的自传体小说——《极限人生》。这是一部人生观的教科书。

2. 高升调

高升调一般用于提出问题的疑问句;感情激动的句子;发布命令、进行号召的句子;表示惊异、呼唤的句子;中途顿歇。例如,也许有人会说:这不是表现自己吗?可我要说:表现自己又有什么过错呢?大千世界,万事万物不都在表现自己吗?

3. 降抑调

降抑调一般用于表示情绪平稳的陈述句、表达愿望的祈使句、感情强烈的感叹句,以及语气肯定的句子。例如:我希望别人对我评头论足,我喜欢周围有我的风言风语。我认为在人言可畏统治下缩头缩脑的角色都是懦夫。用降抑肯定的句调表达信心十足。

4. 曲折调

曲折调一般用于语意双关,表言外之意、幽默含蓄或讽刺嘲笑,表意外惊奇或有意夸张。例如,他们无视党纪国法,大肆挥霍浪费之余,还要来上一句"俏皮话":"反正是老共的!"用曲折调表示自己的愤怒与批判。

(三)节奏驱动真情

如同音乐需要鲜明的节奏一样，演讲也必须有鲜明的节奏。语速的快慢、声音的高低可表达不同的情绪，塑造不同的人物形象。在演讲中，节奏是指由整篇演讲稿生发出来的，由演讲者思想情感的波澜起伏所造成的抑扬顿挫、轻重缓急的声音形式。演讲的节奏大致有五种：高亢型、轻快型、舒缓型、凝重型。这几种类型的节奏在演讲中循环往复地使用，不是一成不变，是在情感驱动下不断变化、糅合的。成功的演讲往往是欲扬先抑、欲抑先扬；欲快先慢、欲慢先快；欲高先低、欲低先高。这样演讲才能慷慨激昂、收放自如。

1. 高亢型

叙述紧张、急遽变化的场面，或表现欢畅、激动的情绪，或发泄愤怒、着急、惊惧的情感，或表达抨击、质问、雄辩的思想时，语速快，声音高昂，从而营造出一种激烈的气氛。例如，闻一多先生的《最后一次讲演》通篇都是短句，这种短句把闻先生的满腔悲愤和怒火很好地表现了出来，使整篇演讲气势凶猛，不可阻挡，一字一句都如炮弹射向国民党特务。

2. 轻快型

表现轻松愉快的心情、优美舒适的环境、赞赏的态度时，语速轻快，声音略高。

3. 舒缓型

进行抒情性叙述、幽美情景描述、循循善诱的劝说、气氛平和的交谈时多采用舒缓型，语速持中略缓，语流从容，既不急促，也不大起大落。

4. 凝重型

描绘庄重的场景、悲痛的气氛，语重心长的教导、概念的解说、艰难行动的场面时，语速缓慢，声音低沉。例如，黑暗的旧中国，地是黑沉沉的地，天是黑沉沉的天，灾难深重的人民啊，你身上戴着沉重的铁镣，头上压着三座大山。你一次又一次地呼喊，一次又一次地战斗；可是啊，夜漫漫，路漫漫，长夜难明赤县天……

当然，快慢不是绝对的，快不能连续不断，慢不能平板不变。快慢只是相对而言的，只有快慢交替，才能更好地发挥语言表达作用。

本章知识技能目标鉴定题库

一、声韵母发音练习

b: bāo bì 包庇　　bāo biǎn 褒贬　　bǎ bǐng 把柄

p: pī píng 批评　　pīng pāng 乒乓　　piān pì 偏僻

m: má mù 麻木　　mǐn miè 泯灭　　mù juān 募捐

第四章 演讲中的语音修饰

f: fǎng fú 仿佛　fěi rán 斐然　fèi fǔ 肺腑
d: dǎi dú 歹毒　diān dǎo 颠倒　dàng zuò 当作
t: tiāo ti 挑剔　tuō tà 拖沓　táo tài 淘汰
n: niú nǎi 牛奶　néng nai 能耐　nú bì 奴婢
l: lǒng luò 笼络　lǔ mǎng 鲁莽　lì liang 力量
g: gān gà 尴尬　gǔ gé 骨骼　guì guān 桂冠
k: kào láo 犒劳　kē kè 苛刻　láo lèi 劳累
h: huá biàn 哗变　huò hài 祸害　huǐ hèn 悔恨
j: jí jiāng 即将　jiǎng jiu 讲究　jié jú 结局
q: qī jiān 期间　què xìn 确信　qià qiǎo 恰巧
x: xiáng xì 详细　xiāo xiàng 肖像　xiè lòu 泄漏
zh: zhēng zhá 挣扎　zhōu zhé 周折　zhēn zhū 珍珠
ch: chuǎi cè 揣测　chá chǔ 查处　chāo chǎn 超产
sh: shè shī 设施　shì shì 逝世　shū shì 舒适
r: réng rán 仍然　róu ruǎn 柔软　ruǎn ruò 软弱
z: zì zūn 自尊　zǒng suàn 总算　zǒu sī 走私
c: cāng cù 仓促　cè suǒ 厕所　cū cāo 粗糙
s: sè cǎi 色彩　sù zào 塑造　sǎ sǎo 洒扫
a: fā dá 发达　dǎ bǎ 打靶　dà mā 大妈
o: bó mó 薄膜　mó pò 磨破　mò mò 默默
e: hé gé 合格　kè chē 客车　tè sè 特色
i: jí tǐ 集体　jī qì 机器　lì yì 利益
u: fú wù 服务　tú shū 图书　gǔ wǔ 鼓舞
ü: qū yù 区域　xù qǔ 序曲　nǚ xù 女婿
er: ér tóng 儿童　ěr duo 耳朵　èr yuè 二月
ai: ài dài 爱戴　bái cài 白菜　shài tái 晒台
uai: huái chuāi 怀揣　shuāi huài 摔坏　wài kuài 外快
ei: pèi bèi 配备　féi měi 肥美　bèi lěi 蓓蕾
uei: guī duì 归队　kuí wěi 魁伟　zhuì huǐ 坠毁
ao: bào dào 报道　gāo cháo 高潮　hào zhào 号召
iao: qiǎo miào 巧妙　xiǎo qiǎo 小巧　xiào liào 笑料
ou: kǒu tóu 口头　dōu shòu 兜售　zǒu lòu 走漏
iou: yōu xiù 优秀　xiù qiú 球　yōu jiǔ 悠久
ia: jiǎ yá 假牙　jiā yā 加压　xià jiā 下家
ua: guà huā 挂花　kuā dà 夸大　huā wà 花袜
ie: tiē qiè 贴切　jié yè 结业　miē xié 乜斜
üe: què yuè 雀跃　yuē lüè 约略　jué xué 绝学

103

uo: guò cuò 过错　　guó huò 国货　　shuò guǒ 硕果
iao: xiǎo niǎo 小鸟　　miáo tiáo 苗条　　yǎo tiǎo 窈窕
iou: yōu xiù 优秀　　niú yóu 牛油　　xiù qiú 绣球
uei: huì duì 汇兑　　wéi guī 违规　　wèi duì 卫队
an: fán nán 繁难　　gǎn tàn 感叹　　hàn shān 汗衫　　àn jiàn 案件　　dǎn qiè 胆怯
en: gēn běn 根本　　chén mèn 沉闷　　rèn wéi 认为　　zěn me 怎么　　sēn lín 森林
in: bīn lín 濒临　　yīn qín 殷勤　　pīn yīn 拼音　　mǐn miè 泯灭　　jīn chí 矜持
üan: quán quán 全权　　yuān yuán 渊源　　yuán quán 源泉　　chuán rǎn 传染
ian: lián mián 连绵　　miǎn tiǎn 腼腆　　xiān yàn 鲜艳　　diǎn xin 点心
uan: chuán huàn 传唤　　wǎn zhuǎn 宛转　　zhuān cháng 专长　　wēn nuǎn 温暖
uen: kùn dùn 困顿　　lùn wén 论文　　wēn cún 温存　　chǔn bèn 蠢笨
ün: jūn yún 均匀　　gōng xūn 功勋　　xún xìn 寻衅　　xùn shùn 驯顺
ang: bāng máng 帮忙　　dāng chǎng 当场　　shāng chǎng 商场　　áng guì 昂贵
eng: fēng shèng 丰盛　　pēng rèn 烹饪　　zhèng quán 政权　　péng pài 澎湃
ing: jīng yíng 经营　　qīng tīng 倾听　　níng jìng 宁静　　líng xīng 零星
ong: róng yù 荣誉　　gòng tóng 共同　　chōng pò 冲破　　zòng róng 纵容
iang: zhōng yāng 中央　　wāng yáng 汪洋　　yáng jiāng 洋姜　　cháng jiāng 长江
uang: kuáng wàng 狂妄　　zhuàng kuàng 状况　　zhuāng yán 庄严　　guǎng chǎng 广场
ueng: lǎo wēng 老翁　　shuǐ wèng 水瓮　　wěng yù 蓊郁
iong: xiōng yǒng 汹涌　　gē yǒng 歌咏　　qióng kùn 穷困　　jiǒng rán 迥然

二、声韵母辨正练习

z-zh: zǐ-zhǐ　　　　　zài-zhài　　　　　zuān-zhuān　　　zōu-zhōu　　　zú- zhú
　　　紫—纸　　　　　在—债　　　　　　钻—专　　　　　邹—周　　　　足—竹
　　　zǔ lì-zhǔ lì　　　zāi huā-zhāi huā　　zào jiù-zhào jiù　　zēng dìng-zhēng dìng
　　　阻力—主力　　　栽花—摘花　　　　造就—照旧　　　增订—征订

c-ch: cǐ-chǐ　　　　　cái-chái　　　　　cā-chā　　　　　cuàn-chuàn　　còu-chòu
　　　此—尺　　　　　才—柴　　　　　　擦—插　　　　　窜—串　　　　凑—臭
　　　cū bù-chū bù　　mù cái-mù chái　　cāo zòng-chāo zhòng　　cóng lái-chóng lái
　　　粗布—初步　　　木材—木柴　　　　操纵—超重　　　　　　　从来—重来

s-sh: sī-shī　　　　　sāi-shāi　　　　　sā-shā　　　　　suān-shuān　　sōu-shōu
　　　丝—师　　　　　塞—筛　　　　　　仨—杀　　　　　酸—闩　　　　艘—收
　　　sāng yè-shāng yè　　sī rén-shī rén　　sān sè-shān sè　　sù mù-shù mù
　　　桑叶—商业　　　　　私人—诗人　　　三色—山色　　　肃穆—数目

第四章 演讲中的语音修饰

r-l:	rú—lú 如—卢	rè-lè 热—乐	ròu-lòu 肉—漏	
	rǔ zhī-lǔ zhī 乳汁—卤汁	ròu xiàn-lòu xiàn 肉馅—露馅	kuài rè-kuài lè 快热—快乐	róng mǎ-lóng mǎ 戎马—龙马
ai-ei:	lái diàn-léi diàn 来电—雷电	bài zi-bèi zi 稗子—被子	mài zi-mèi zi 麦子—妹子	nài xīn-nèi xīn 耐心—内心
uai-uei:	kāi wài-kāi wèi 开外—开胃	guài kè-guì kè 怪客—贵客	huái bào-huí bào 怀抱—回报	wài xīng-wèi xīng 外星—卫星
ao-ou:	kǎo shì-kǒu shì 考试—口试	hào xué-hòu xué 好学—后学	zǎo dú-zǒu dú 早读—走读	ào zhōu-ōu zhōu 澳洲—欧洲
iao-iou:	miào lùn-miù lùn 妙论—谬论	qiú jiào-qiú jiù 求教—求救	xiāo xi-xiū xi 消息—休息	
ai-an:	dāi zi-dān zi 呆子—单子	gāi dāng-gān dāng 该当—甘当	kāi mén-kān mén 开门—看门	gǎi dòng-gǎn dòng 改动—感动
ie-ian:	liè xí-liàn xí 列席—练习	xiè dài-xiàn dài 懈怠—现代	dào qiè-dào qiàn 盗窃—道歉	jiě dá-jiǎn dá 解答—简答
üe-üan:	quē diǎn-quān diǎn 缺点—圈点	dà xuě-dà xuǎn 大雪—大选	què shuō-quàn shuō 却说—劝说	xué lì-xuán lǜ 学历—旋律
en-eng:	fěn cì-fěng cì 粉刺—讽刺	gēn shēn-gēng shēng 根深—更生		
in—ing:	mín xīn-míng xīng 民心—明星	jīn yín-jīng yíng 金银—经营		
ün-iong:	xūn zhāng-xiōng zhāng 勋章—胸章	zhāng yùn fèi-yòng fèi 运费—用费	xún zhǎo-xióng zhǎo 寻找—熊爪	

三、声调练习

阴平+阴平:	jīn tiān 今天	āi shāng 哀伤	tīng shuō 听说	chuān chā 穿插	qī jiān 期间	lā jī 垃圾
阴平+阳平:	jiā qiáng 加强	quē fá 缺乏	wā jué 挖掘	fā chóu 发愁	qū zhú 驱逐	guāng máng 光芒
阴平+上声:	cāo chǎng 操场	bēi bǐ 卑鄙	shāo huǐ 烧毁	gōng qǐng 公顷	shē chǐ 奢侈	zōng zhǐ 宗旨
阴平+去声:	tīng zhòng 听众	gōng zhèng 公证	gōng yìng 供应	chāng shèng 昌盛	wān dòu 豌豆
阳平+阴平:	jí jiāng 即将	huáng hūn 黄昏	rén shēng 人生	chéng dān 承担	nóng cūn 农村

阳平+阳平：	chéng shí	ér tóng	réng rán	zháo jí	yóu rú	chuán bó
	诚实	儿童	仍然	着急	犹如	船舶
阳平+上声：	jí shǐ	yán yǔ	yóu lǎn	zhuó xiǎng	zú yǐ	táng guǒ
	即使	言语	游览	着想	足以	糖果
阳平+去声：	nán dào	chéng xù	bú duàn	fáng'ài	xué fèi	mú yàng
	难道	程序	不断	妨碍	学费	模样
去声+阳平：	bù néng	xià xún	kuàng cáng	cè liáng	wài pó	shàng xún
	不能	下旬	矿藏	测量	外婆	上旬
去声+阴平：	è shā	sì hū	bèn zhuō	gù yōng	bù jīn	yìng yāo
	扼杀	似乎	笨拙	雇佣	不禁	应邀
去声+上声：	chè gǔ	hàn yǔ	zàn měi	bàn lǎ	sì yǎng	xù jiǔ
	彻骨	汉语	赞美	半拉	饲养	酗酒
去声+去声：	qià dàng	yòu zhì	huì lù	pìn rèn	fù bì	dàng zuò
	恰当	幼稚	贿赂	聘任	复辟	当作
上声+阴平：	jiǎn dān	jiě shuō	lǎo shī	shǐ zhōng	mǒ shā	wǎn xī	xiǎo shuō
	简单	解说	老师	始终	抹杀	惋惜	小说
上声+阳平：	tǒng chóu	yǐn mán	sǐ wáng	děng yú	wǎng huán	yǒng yú	yǔ qí
	统筹	隐瞒	死亡	等于	往还	勇于	与其
上声+去声：	qiǎo miào	rěn nài	běn xìng	tǒng zhì	guǐ dào	sǔn hào
	巧妙	忍耐	本性	统治	轨道	损耗
上声+上声：	guǎng chǎng	zǒng děi	jǐ yǔ	miǎn qiǎng	wǔ rǔ	ǒu'ěr
	广场	总得	给予	勉强	侮辱	偶尔

四、声韵调综合练习

1) 绕口令练习

(1) 树上结了四十四个涩柿子，树下蹲着四十四头石狮子。树下四十四头石狮子，要吃树上四十四个涩柿子。

(2) 哥挎瓜筐过宽沟，过沟筐漏瓜滚沟，瓜滚宽沟瓜筐空，沟怪瓜筐哥怪沟。

(3) 杭州城里买混纺，红混纺，黄混纺，粉红混纺最畅销。

(4) 大妹和小妹，一起去割麦。小妹割大麦，大妹割小麦。小妹帮大妹割小麦，大妹帮小妹割大麦。

(5) 小妞妞围兜兜，坐在地头看豆豆，对面来了一头牛，小妞妞跨过小土丘，跳过小水沟，忙把牛绳拉在手，小牛羞得哞哞叫，大伙儿都夸小妞妞。

(6) 八百标兵奔北坡，北坡炮兵并排跑；炮兵怕把标兵碰，标兵怕碰炮兵炮。

(7) 会炖我的炖冻豆腐，来炖我的炖冻豆腐，不会炖我的炖冻豆腐，别胡炖乱炖，炖坏了我的炖冻豆腐。

第四章 演讲中的语音修饰

(8) 一个胖娃娃，画了三个大花活蛤蟆，三个胖娃娃，画不出一个大花活蛤蟆。画不出一个大花活蛤蟆的三个胖娃娃，真不如画了三个大花活蛤蟆的一个胖娃娃。

(9) 白庙外有一只白猫，白庙里有一顶白帽。白庙外的白猫看见了白帽，叼着白庙里的白帽跑出了白庙。

(10) 谭家谭老汉，挑蛋到蛋摊，卖了半担蛋，挑蛋到炭摊，买了半担炭。老汉往家赶，脚下绊一绊，跌了谭老汉，破了半担蛋，翻了半担炭，脏了新衣衫。

(11) 陈是陈，程是程，姓陈不能说成姓程，姓程也不能说成姓陈。禾旁是程，耳朵是陈。陈程不分，就会认错人。

(12) 高高山上一根藤，青青藤条挂金铃。风吹藤动金铃响，风停藤静铃不鸣。人寻铃声去找铃，铃声紧跟人不停，到底是人寻铃，还是铃寻人。

2) 词句练习

(1) 老马识途 狼狈不堪 牢不可破 来龙去脉 抗洪抢险 高文典册 矫枉过正
浪子回头 来日方长 雷厉风行 量力而行 两袖清风 逍遥法外 相辅相成

(2) 这就是诗与诗人的灵魂、荣誉、庄严和光辉。没有爱和恨，便没有真正的诗。我们要朗读的就是这样诗人的诗，我们要欣赏的就是这样诗人的诗，我们要学习写作的也应该是这样诗人的诗。我们的尊敬和礼赞，只能献给这样的诗人与诗。

3) 诗词诵读练习

(1) 《娄山关》

西风烈，长空雁叫霜晨月。霜晨月，马蹄声碎，喇叭声咽。雄关漫道真如铁，而今迈步从头越。从头越，苍山如海，残阳如血。

(2) 《沁园春·长沙》

独立寒秋，湘江北去，橘子洲头。看万山红遍，层林尽染；漫江碧透，百舸争流。鹰击长空，鱼翔浅底，万类霜天竞自由。怅寥廓，问苍茫大地，谁主沉浮？

携来百侣曾游，忆往昔，峥嵘岁月稠。恰同学少年，风华正茂；书生意气，挥斥方遒。指点江山，激扬文字，粪土当年万户侯。曾记否，到中流击水，浪遏飞舟？

(3) 《忆山东兄弟》

独在异乡为异客，每逢佳节倍思亲。遥知兄弟登高处，遍插茱萸少一人。

(4) 《登鹳雀楼》

白日依山尽，黄河入海流。欲穷千里目，更上一层楼。

(5) 《念奴娇·昆仑》

横空出世，莽昆仑，阅尽人间春色。飞起玉龙三百万，搅得周天寒彻。夏日消溶，江河横溢，人或为鱼鳖。千秋功罪，谁人曾与评说？ 而今我谓昆仑：不要这高，不要这多雪。安得倚天抽宝剑，把汝裁为三截？一截遗欧，一截赠美，一截还东国。太平世界，环球同此凉热。

五、日常商务交往对白练习

1) 电话预约

甲：你好，我是北方商务公司的王平，我想和张总通电话。

乙：对不起，王先生，张总正在开会，您有什么事情可以转告吗？

甲：是有关商贸代理的合作问题，我能不能和张总预约见面。

乙：您看什么时间呢？

甲：今天下午可以吗？

乙：对不起，王先生，张总今天的日程安排上没有空闲。

甲：那明天上午呢？

乙：明天上午九点到九点半张总会有时间。

甲：那好吧，请你转告张总，我明天上午九点钟和他见面。

乙：一定转告，再见。

2) 电话订票

甲：您好！这里是民航订票中心，请问有什么需要？

乙：您好，我想预订明天到上海的机票。

甲：请问您准备乘坐哪次航班？

乙：我明天下午三点钟要召开会议，你能为我安排一下行程吗？

甲：您可以乘坐明天中午十二点钟的国航 757 次航班，将在下午一点半到达。这样您可以轻轻松松地吃午饭，稍作休息，保持良好的状态。

乙：你想得太周到了，请给我订两张明天中午十二点到上海的机票。

甲：请问您的姓名和地址？

乙：我叫王平，太太叫李娟。我们住在北京饭店 128 号房间，请在今天晚上八点钟送到。

甲：好的。您还有别的需要吗？

乙：最好有一个靠窗子的座位。

甲：没有问题。王先生再见。

3) 商业午餐

甲：王先生，您是北方人，不知道您是否喜欢南方的口味。

乙：没问题。我经常来这里，早就习惯南方的风味了。

甲：那不知道您是否喜欢海鲜。

乙：当然了，海鲜是南方的一大特色嘛。

甲：您说得不错，来南方的人，大多喜欢吃海鲜。

乙：不光是海鲜的味道好，南方的菜还有一个特点就是精细。

甲：看样子，您比我还了解。

乙：那倒不敢当了。

甲：这样吧，我们先尝尝这里鲜美的醋鱼和新鲜的海蟹，然后再点几道特色小菜，您认为可以吗？

乙：已经很好了，让你破费真是不好意思。

甲：您太客气了。

4) 销售与代理

甲：我是北方商贸公司的代表，我们有兴趣代理一种南方品牌的饮水机。如果满意的话，我们可以考虑进一步的订单。

乙：谢谢您对我们的关注。这里展示的是我们公司最新推出的高档饮水机，它既满足了日常饮水的需要，同时也为用户提供了很好的室内装饰物品。

甲：很不错。这种产品的专利权怎么样？

乙：这种新型饮水机获得了专项国际专利。

甲：贵公司能否提供专利权或生产权转让呢？

乙：那要根据地域来划分了，目前我们公司只选择了东北三省。

甲：我会考虑的，有产品的说明书可以提供给我吗？

乙：当然可以，这里是产品目录。

甲：有没有价格表和订货协约呢？

乙：在这里。

甲：谢谢，我会再和你联络。

5) 迎接客人

甲：王先生，很高兴见到您！

乙：我也很高兴，毕竟两年没见面了！

甲：旅途还顺利吗？

乙：很好，飞机上很舒服。

甲：顺便问一下，家里人都好吧！

乙：都很好，谢谢！对了，我太太还让我带给你一件礼物呢！

甲：真是太客气了，代我谢谢她。

乙：一定转告。

甲：您的行李多吗？

乙：不多，这不，就这一个包。

甲：一路的颠簸，您肯定累了，这样吧，我先送您到宾馆休息一下吧。

乙：也好，下午我们开始谈生意。

6) 商业交流

甲：王先生，十分感谢您带给我们这么多的合作机会。

乙：我也非常高兴能有机会认识您。我这次来还想寻找有可能合作的供应商。

甲：王先生，您可能还有所不知，我们公司最近正在扩大经营范围，也许我们还能为您提供这方面的服务。

乙：真是太好了，我承认贵公司近年来在市场上下的功夫。我想你们在商品供应方面也应该十分出色。

甲：是的。在我们公司质量管理和服务管理是非常严格的，我们必须做到让客户满意。

乙：那么，你们现在生产运动产品吗？

甲：我们已经开发出了高档次的网球拍和羽毛球拍，另外还有各种配套材料。

乙：我对贵公司的球拍系列特别有兴趣。

甲：我这有详细的资料可以供您参考，您看这是目录、价格表、宣传册和一些称赞我们产品的文章。

乙：非常感谢，我先和总部取得联系，合作的事情我们下一步商定。

甲：好的，十分感谢。

六、发音技巧训练

1. 数数字练习。一口气从 1 数到 30，声音要规整、圆润，不感到挤压、力竭。

2. 数葫芦练习。边呼气边说："一口气数不了十个葫芦，一个葫芦，两个葫芦，三个葫芦……"一口气能数到 25 个葫芦为合格。

3. 模拟生活中的叹息"哎"、吆喝牲口"吁"等。注意喉部放松，气息均匀、缓慢地流出，尽力拉长呼气时间。(30 秒)

4. 喊人练习：以响亮的音节组成人名，如"黄刚"、"王强"、"张蓝"等。由远渐近或由近渐远地喊。

5. 诵读：鹅，鹅，鹅，曲项向天歌。白毛浮绿水，红掌拨清波。要求：吸一口气将全诗四句读出。要读得平稳、舒缓、流畅，表现出白鹅戏水的美妙情景。

6. 长句练习。

(1) 那次做伪证的意图是要从一个贫苦的土著寡妇及其无依无靠的儿女手里夺取一块贫瘠的香蕉园，那是他们失去亲人之后的凄凉生活中唯一的依靠和唯一的生活来源。

(2) 美犹如盛夏的水果是容易腐烂而难以保持的。世界上有许多美人，他们有过放荡的青春却迎来愧疚的晚年。因此，把美的形貌与美的品德结合起来吧，只有这样，美才会放射出真正的光辉。

要求：读前吸气量要大，读时要控制好气息，气要拉住，不可随意顿歇和补气。在任何时候，声音和意义之间，意义永远是主导。必须坚持以情运气、以气托声、以声传情的原则。

7. 绕口令练习。

出东门，过大桥，背了竹竿去打枣。一个枣，两个枣，三个枣，四个枣，五个枣，六个枣，七个枣，八个枣，九个枣，十个枣，十个枣，九个枣，八个枣，七个枣，六个枣，五个枣，四个枣，三个枣，二个枣，一个枣……一口气说完才算好。

8. 诵读《长江之歌》。

你从雪山走来，春潮是你的风采；你向东海奔去，惊涛是你的气概，你用甘甜的乳汁，哺育各族儿女；你用健美的臂膀，挽起高山大海，我们赞美长江，你是无穷的源泉；依恋长江，你有母亲的情怀。你从远古走来，巨浪荡涤着尘埃；你向未来奔去，涛声回荡在天外，你用纯洁的清流，灌溉花的国土；你用磅礴的力量，推动新的时代，我们赞美长江，你是无穷的源泉；我们依恋长江，你有母亲的情怀。

七、综合运用语调技巧，试着演讲下列片段

1. 在一次演讲中，一位青年说，阿基米德曾说过，给我一个支点，我就可以撬动地球，男子汉应当就是这个支点。好！但是，要是用这个支点撬出来的是一个如"文革"时期的红彤彤的新世界呢？他们是真正的男子汉吗？

不，他们不是真正的男子汉。他们也许忠诚，也许勇敢，然而他们却愚昧，带着奴隶的烙印，没有理性的思维判断。一个真正的男子汉，可以没有伟岸的身躯，可以没有雄壮的体魄，但决不应该只是一台听话的机器，决不可以没有独立的人格，决不可以没有清醒的、闪烁着理性光芒的头脑！（《论男子汉》）

2. 同学们，你们见过青年画家罗中立的油画《父亲》吗？如果见过，还记得那位动人的中国老年农民的形象吗？这是一张忠厚老实、朴实慈祥的老年人的脸，眼睛有些昏花，但却安详，没有悲哀和怨恨，有的却是无限的欣慰和希望。他为什么在历尽人间忧患之后却感到无限的欣慰呢？在为时不多的晚年，他还期待着什么呢？（吴婉秋《为了我们的父亲》）

3. 难道事情真已到此地步？难道一个低级的地方总督，他的全部权力来自人民，竟可以在意大利所见的一个罗马省份里，任意捆绑、鞭打、刑讯并处死一位罗马公民吗？难道无辜受害者痛苦的叫喊、旁观者同情的热泪、罗马共和国的威严以至畏惧国家法制的心理都不能制止那残忍的恶棍吗？那人仗着自己的财富，打击自由的根基，公然蔑视人类！难道这恶人可以逃脱惩罚吗？(古希腊演说家西塞罗《对弗里斯的控告》)

4. 继父养育了我和弟弟十几年。可在这十几年里，也许就因为他是瘸了一条腿的残疾人，我和弟弟从没有喊过他一声爸爸，甚至没好好和他说过一句话。有事找他的话，我和弟弟会冲他"喂"上一声。妈妈让我和弟弟喊他爸爸，而我和弟弟却指着他大喊："他不是我们的爸爸，我们没有他这样瘸腿的爸爸……"妈妈闻言，愤怒地将巴掌打了过来，但是巴掌最终却落在了继父的身上……

后来，长大的我懂事了，知道继父他是真心爱着我们的，但是仍没有开口叫过他一声爸爸。直到那天，当获悉继父为了救落水的弟弟而长眠不醒时，我才泪雨滂沱、撕心裂肺地喊出了第一声"爸爸"，可是继父却再也听不见了……(选自《没有听我叫过一声爸爸的爸爸》)

5. 仰望长空，历史的星光依然闪烁！我们的中国古老而伟大，我们的中国壮丽而永生！蔡伦纸上书写着她的智慧，指南针上旋转着她的方向，刀光剑影下她一次次回归和平，精神劫难中又一次次积薪自焚，重获新生。为了祖国的成长，无数人前仆后继、呕心

沥血,为了祖国的富强又有多少人燃尽了自己的生命和青春!即使在那封建主义的绞杀下,即使在那帝国主义的炮火中,中国人依然用自己的脊梁挺起了中华古老的长城。50年前的10月1日,我们的祖国振翅一飞,再度冲上云霄,向全世界发出了最为雄健豪壮的声音:"中国人民从此站起来了!"巨人的呐喊,震荡寰宇,让群山响应,大海回波!(选自范文居网《我们在路上——记祖国诞辰60周年》)

八、综合实训

1. 根据提示演讲

(冷峻地、宣判般地)他们无视党纪国法,大肆挥霍浪费之余,还要来上一句"俏皮话":"反正(小停顿)是老共的!"他们贪污受贿、营私舞弊,还搬出"理论依据",说是:"有权不用,过期作废!"(停顿)这一切,人民无不看(看略加重)在眼里,骂(略加重)在嘴里,恨(此字加重)在心里。大家早在盼着(深情地):敬爱的党啊,(有力地)从严惩治这些新(此字加重)的祸、国、殃、民之徒吧!(四字一字一顿,辅以动作。大停顿)

2. 熟悉下列的某一篇演讲篇目,并挑选最喜欢的片段演讲。

(1) 《最后一次演讲》(闻一多)

这几天,大家晓得,在昆明出现了历史上最卑劣最无耻的事情!李先生究竟犯了什么罪,竟遭此毒手?他只不过用笔写写文章,用嘴说说话,而他所写的,所说的,都无非是一个没有失掉良心的中国人的话!大家都有一支笔,有一张嘴,有什么理由拿出来讲啊!有事实拿出来说啊!为什么要打要杀,而且又不敢光明正大地来打来杀,而偷偷摸摸地来暗杀!这成什么话?

今天,这里有没有特务?你站出来!是好汉的站出来!你出来讲!凭什么要杀死李先生?杀死了人,又不敢承认,还要诬蔑人,说什么"桃色事件",说什么共产党杀共产党,无耻啊!无耻啊!这是某集团的无耻,恰是李先生的光荣!李先生在昆明被暗杀是李先生留给昆明的光荣!也是昆明人的光荣!去年"一二·一"昆明青年学生为了反对内战,遭受屠杀,那算是青年的一代献出了他们最宝贵的生命!现在李先生为了争取民主和平而遭受了反动派的暗杀,我们骄傲一点说,这算是像我这样大年纪的一代,我们的老战友,献出了最宝贵的生命!这两桩事发生在昆明,这算是昆明无限的光荣!

反动派暗杀李先生的消息传出以后,大家听了都悲愤痛恨。我心里想,这些无耻的东西,不知他们是什么想法,他们的心理是什么状态,他们的心是怎样长的!其实很简单,他们这样疯狂地来制造恐怖,正是他们自己在慌啊!在害怕啊!所以他们制造恐怖,其实是他们自己在恐怖啊!特务们,你们想想,你们还有几天?你们完了,快完了!你们以为打伤几个,杀死几个,就可以了事,就可以把人民吓倒了吗?其实广大的人民是打不尽的、杀不完的!要是这样可以的话,世界上早没有人了。

你们杀死一个李公朴,会有千百万个李公朴站起来!你们将失去千百万的人民!你们看着我们人少,没有力量?告诉你们,我们的力量大得很,强得很!看今天来的这些人,都是我们的人,都是我们的力量!此外还有广大的市民!我们有这个信心:人民的力量是

要胜利的,真理是永远存在的。历史上没有一个反人民的势力不被人民毁灭的!希特勒、墨索里尼,不都在人民面前倒下去了吗?翻开历史看看,你们还站得住几天!你们完了,快完了!我们的光明就要出现了。我们看,光明就在我们眼前,而现在正是黎明之前那个最黑暗的时候。我们有力量打破这个黑暗,争到光明!我们的光明,就是反动派的末日!

李先生的血不会白流的!李先生赔上了这条性命,我们要换来一个代价。"一二·一"四烈士倒下了,年轻的战士们的血换来了政治协商会议的召开;现在李先生倒下了,他的血要换取政协会议的重开! 我们有这个信心!

"一二·一"是昆明的光荣,是云南人民的光荣。云南有光荣的历史,远的如护国,这不用说了,近的如"一二·一",都是属于云南人民的。我们要发扬云南光荣的历史!

反动派挑拨离间,卑鄙无耻,你们看见联大走了,学生放暑假了,便以为我们没有力量了吗?特务们!你们错了!你们看见今天到会的一千多青年又握起手来了,我们昆明的青年决不会让你们这样蛮横下去的!

反动派,你看见一个倒下去,可也看得见千百个继起的!

正义是杀不完的,因为真理永远存在!

历史赋予昆明的任务是争取民主和平,我们昆明的青年必须完成这任务!

我们不怕死,我们有牺牲的精神!我们随时像李先生一样,前脚跨出大门,后脚就不准备再跨进大门!

(2) 《寒门》(刘媛媛)

前些日子有个在银行工作了十年的资深的 HR,他在网络上发了一篇帖子,叫作《寒门再难出贵子》,意思是说在当下我们这个社会里面,寒门的小孩,他想要出人头地,想要成功,比我们的父辈更难了。这个帖子引起了特别广泛的讨论,你们觉得这句话有道理吗?先拿我自己说,我们家就是出身寒门的,我们家不算寒门,我们家都没有门。

我现在想想我爸跟我妈,那么普通的一对农村夫妇,他们是怎么把三个孩子,我跟我的两个哥,从农村供出来上大学,上研究生。我一直都觉得自己特别幸运,我爸跟我妈都没怎么读过书,我妈连小学一年级都没上过,她居然觉得读书很重要,她吃再多的苦也要让我们三个孩子上大学。我一直也不会去拿自己跟那些家庭富裕的小孩去作比较,说我们之间会有什么不同,或者有什么不平等。但是我们必须要承认,这个世界是有一些不平等的,他们有很多的优越条件我们都没有,他们有很多的捷径我们也没有。

但是我们不能抱怨,每一个人的人生都是不尽相同的,有些人出生就含着金钥匙,有些人出生连爸妈都没有。人生跟人生也没有可比性的,我们的人生怎样,完全取决于自己的感受。你一辈子都在感受抱怨,那你的一生就是抱怨的一生;一辈子都在感受感动,那你的一生就是感动的一生;一辈子都励志改变这个社会,那你的一生就是斗士的一生。

英国有一部纪录片叫《人生七年》,片中访问了 12 个来自不同阶层的小孩,每七年再回去重新访问这些小孩,到了影片的最后你会发现富人的孩子还是富人,穷人的孩子还是穷人,但是里面有一个叫做尼克的贫穷小孩,他到最后通过自己的奋斗变成了一名大学教授。可见命运的手掌里面是有漏网之鱼的。

而且现实生活中，寒门子弟逆袭的例子更是数不胜数，所以当我们遭遇失败的时候，我们不能把所有的原因都归咎到出生上去，更不能抱怨为什么自己的父母不如别人的父母，因为家境不好并没有斩断一个人他成功的所有的可能。当我在人生中遇到困难时候，我就会在北京的大街上走一走，那时候我就想，刘媛媛，你在这个城市里面真的是依无所依，你有的只是你自己，你什么都没有，你现在能做的就是单枪匹马地在这个社会上杀出一条路来。

这段演讲到现在呢，已经是最后一次了，其实我刚刚问的时候就发现了，我们大部分人并不是出身豪门，我们都要靠自己。所以你要相信，命运给你一个比别人低的起点，是想告诉你，让你用你的一生去奋斗出一个绝地反击的故事，这个故事关于独立，关于梦想，关于勇气，关于坚韧，它不是一个水到渠成的童话，没有一点点人间疾苦；这个故事是有志者，事竟成，破釜沉舟，百二秦关终属楚；这个故事是，苦心人，天不负，卧薪尝胆，三千越甲可吞吴。

(3)《新时代的流行色》(陈月异)

青年朋友们，说起流行色，你恐怕会联想到大街上姑娘们漂亮的衣裙、商场橱窗里炫目的广告，甚至一盒巧克力的包装。赤橙黄绿，姹紫嫣红，千变万化，时时刷新。啊，不不！我所讲的流行色，可不是这种赏心悦目的色彩形象，而是当今时代人们的精神风貌。

当今的时代，是探索的年代，竞争的年代，改革的年代。我们的时代要求人们顽强奋击，勇于创造，毛遂自荐，敢于冒尖。我们欣喜地看到，一大批有理想有抱负的青年，凝聚着自尊、自信、自立的时代精神，在社会需要的时刻挺身而出，接受挑选，并且在各自的岗位上做出了贡献。这种精神，不正是当今时代，应该大力推广、大力倡导的"流行色"吗？可有些人却不这样看，不是吗？我哥哥因为参加了厂长竞选，却由此招来了"狂妄自大，好出风头"的恶名；还有，我认识的一位纺织品公司的年轻经理，他精明强干，颇有经济头脑，然而，就因为太有主见，尽管做出了成绩，却还是受到了"此人太不谦虚"的指责。

谦虚，朋友们，怎样看待谦虚？"谦己者进德之基"，这是宽袍大袖的中国人方孝孺说的；"智慧是宝石，如果谦虚镶边，就会更加灿烂夺目"，这是吃饭用刀叉的俄国人高尔基说的。这些，无疑都是赞美谦虚的格言。谦虚是东方民族的传统美德，是人们不安现状、永远进取的基石，也是当代青年需要继承和发扬的光荣传统。可问题是，在现实生活中，有些人扩大了谦虚的外延，改变了谦虚的内涵，以致使人感到"谦虚"成了缺乏自尊和自信的表现，给人奴性十足的感觉。我以为这种被扭曲的"谦虚"，只不过是无能的表现罢了，是应该彻底摒弃的。

"天才可去补苍天！"我对曹雪芹的谦词大不以为然。"天生我才必有用！"我更欣赏李白的这一诗句。在生活的舞台上，我们应该始终充满自信，充分表现自己。对此，我有一个小小的体会：去年10月，省学联的一个检查组光临我校，校领导决定搞个"一分钟信息发布会"，并且出乎意料地让我主持。开始，我只是一个小小的班宣传委员，我去主持会议，人家会不会说我好出风头，不够谦虚呢？但我很快正视了自己，自信有这个能力，我不是正希望有个机会来显示自己的才能吗？于是面对着学联领导和全校同学，我用

第四章 演讲中的语音修饰

英语道了开场白:"风声、雨声、读书声,声声入耳;家事、国事、天下事,事事关心……"同学们踊跃地发布信息,个个兴高采烈,我也坦然自若、轻松愉快。我成功地主持了这次会议,并且得了一个"人才"的美称。

也许有人会说:这不是表现自己吗?可我要说:表现自己又有什么过错呢?大千世界,万事万物不都在表现自己吗?孔雀开屏,白鹤亮翅;一粒种子总要发一片芽叶,一株小草总要顶一朵花蕾。就连没有生命的矿物质也是自我表现的呀,金子要发光,硫黄有气味。更何况我们人呢?不正是由于万物的充分表现才使得大千世界辉煌灿烂的吗?如果我们屈尊地保持那种夸张变形的谦虚,临阵畏缩不前,凡事后退一步,尽管你有经天纬地之才,万夫不当之勇,也只能自我埋没、自我淘汰。所以,科学巨匠阿基米德说:"给我杠杆,我可以把地球撬起来。"革命导师列宁说:"给我们一个革命家的组织,我们就能把俄国翻转过来。"

长期以来,含蓄内向被认为是中国人的惯有性格,而锋芒毕露则往往不易被人理解。正因为如此,为了表示自己的谦虚,我们不得不压抑自己的个性,扭曲自己灵魂。当有人称赞我们有才能时,我们心里很高兴,而嘴上却总是加以否认,然后再贬低自己一番。当某人被委任某种职务时,他总是先背上几句通用的台词:我某某才疏学浅,能力有限等。这种夸大了谦虚的怪现象,究其根源是,两千多年来,"无为不争"、"中庸之道"的封建意识渗透到我们整个民族心理,至今,这种旧的观念仍然影响着一些人。他们的思维模式是封闭的太极图式的:一元二体,互相转化,周而复始,动蕴于静。它把人的思想锋芒和创造力往内里压缩,然后再在外围加上一个框框,这便是所谓的含而不露、谦逊自守。显然,它已经成为我们时代的桎梏。在改革开放的今天,我们需要的是十字式的开放思维模式,它是向外的、进击的,从中心点向四方辐射、延伸。它强调人的自我意识,没有边界,没有止境,能充分发挥人的想象力和创造力。

青年朋友们,我们肩负着历史的重托,是千里马,就应嘶风长鸣,是龙种,就应冲腾起舞。当今的世界有着千变万化的流行色,而只有这自尊、自信、自强、自立,才是我们精神世界的流行色。我们要争当出头鸟,竞做弄潮儿,把我们的青春、热血、大智大勇,自觉投入新时代的大熔炉里去,看中华的第三次腾飞发光发热吧!

但是从此以后,我还望我们姐妹们,把从前事情,一概搁开,把以后事情,尽力做去。譬如从前死了,现在又转世为人了。老的呢,不要说"老而无用",遇见丈夫好的要开学堂,不要阻止他;儿子好的,要出洋留学,不要阻止他。中年做媳妇的,不要总拖着丈夫的腿,使他气短志颓,功不成、名不就;生了儿子,就要送他进学堂,女儿也是如此,千万不要替他缠足。年幼的姑娘呢,若能够进学堂更好;就是不进学堂,在家里也要常看书、习字,做那些与百姓有益的事情。无钱的呢,就要帮着丈夫苦作,不要偷懒吃闲饭。这就是我的望头了。诸位晓得国是要亡的了,男人自己也不保,我们还想靠他吗?我们自己要不振作,到国亡的时候,那就迟了。诸位!诸位!须不可以打断我的念头才好呢!

第五章 命题演讲

有一次，陶行知先生在武汉大学演讲，走上讲台，他不慌不忙地从箱子中拿出一只大公鸡，台下的听众全愣住了，不知陶先生要干什么。陶先生从容不迫地又掏出一把米放在桌上，然后按住公鸡的头，强迫它吃米，可是大公鸡只叫不吃。怎么才能让鸡吃米呢？他扳开鸡的嘴，把米硬往鸡的嘴里塞，大公鸡拼命挣扎，还是不肯吃。陶先生轻轻地松开手，把鸡放在桌子上，自己向后退了几步，大公鸡自己就吃起米来。这时陶先生开始演讲：" 我认为，教育就跟喂鸡一样，先生强迫学生去学习，把知识硬灌给他，他是不情愿学的，即使学也是食而不化，过不了多久，他还是会把知识还给先生的。但是如果让他自由地学习，充分地发挥他的主观能动性，那效果将一定会好得多！"台下一时间欢声雷动，为陶先生形象的演讲开场白叫好。

(资料来源：《教师博览》.2006年第1期)

思考：演讲时可采用哪些技巧以取得最佳的演讲效果？

命题演讲一般会给出相对明确的演讲主题，演讲者围绕主题收集资料，有条有理地展开阐述。命题演讲一般会有较多的准备时间，所以演讲者可以充分地收集资料，合理地安排结构，在语言运用上也可以斟酌思考。应该说，命题演讲的过程开始于演讲稿的写作，演讲稿的优劣直接关系到演讲的质量，所以成功的命题演讲的第一步便是演讲稿的写作。

一、演讲稿的写作

演讲稿的结构一般由标题、开头、主体、结尾四部分构成。

(一)标题

演讲稿要有标题，一个好标题有两个作用：一是概括反映演讲内容，使人知道你讲的是什么；二是鲜明、响亮，引起大家对演讲的兴趣。所以，成熟的演讲者在拟定标题时都十分用心。

演讲稿的标题无论是在演讲稿成稿前或成稿后拟定，都必须要求与演讲的内容直接相关。标题有它的适合性，有一些适合文艺作品，譬如《雷雨》、《家》、《边城》、《狂欢的季节》，虽然听上去很美，但作为演讲稿的标题显然是不合适的。所以为演讲稿设计一个简洁、诗意的标题，能够增加演讲的色彩。如《我们都是被上帝咬过的苹果》，不仅揭示了演讲稿的主题，而且饱含着诗意和哲学的思考，很能吸引人；《青春因奉献而绽放

第五章 命题演讲

异彩》,紧扣演讲内容,很有震撼人的气势。演讲中切忌用大而无当的标题,比如《青春》、《信念》、《责任》等,泛泛而谈,会给人不着边际之感;但同时也要注意避免为了制造非同寻常的效果,而用十分怪僻的标题。

(二)开头

对于一篇好的演讲稿来讲,有一个吸引人注意力的开头是必不可少的。在演讲的开头就能给听众留下深刻的印象,能够抓住听众的心,那么演讲就已经成功一半了。美国大演说家戴尔·卡耐基(Dale Carnegie)在讲述劳伦斯上校的历险故事时,是这样开头的:

"路易乔治曾说,劳伦斯上校是现代最浪漫也是最潇洒的人之一……"引用名人名言开头,并引起听众对劳伦斯上校的好奇心。听众为了满足自己的好奇心,就会十分自然地凝神注意听卡耐基的演讲了。

1. 开门见山直切主题

这是演讲稿比较常用的开头方法,它的好处是能让听众一开始就明白演讲者的演讲主题,符合现在生活在快节奏时代中的人们的心理。

伟大的诗人歌德曾有这样一句话:"生命之树常青。"是的,生命是阳光带来的,应该像阳光一样,不要浪费它,让它也去照耀人间。

左英的演讲稿《生命之树常青》以名人名言开头直切主题,干脆利落。

2. 以提问引发思考

运用名言提出问题,引发思考,让听众自然而然地接受演讲者所讲的。例如,著名心理学家霍巴德(Hobart)在一次演讲中这样开始:"全世界愿以金钱和荣誉的最优奖品去赠给一件事,这件事是什么呢?就是创造力。什么叫创造力?我将告诉你,就是不必用人指示而能够做出恰当的事情来。"再如下面这个开头:

青春是什么呢?青春是轻盈欢快的小溪,青春是健康跳动的脉搏,青春是美好生活的依托,青春是事业成功的希望。如果你是一滴水,你是否滋润了一方寸土?如果你是一缕阳光,你是否照亮了一份黑暗?如果你是一粒粮食,你是否哺育了有用的生命?不要轻看这一滴、一缕、一粒,正是这点点滴滴、丝丝缕缕、颗颗粒粒,灌溉了良田万顷,照亮了锦绣中华,哺育了新的生命,而绽放的正是青春中最美丽的花朵!

以一系列关于"青春"的设问开头,引发听众一起参与演讲者的思考,有诗歌的节奏,对听众来讲很有亲和力。

3. 以场景营造氛围

"1870年,我们顺着土耳其的底格里斯河……往下走,我们在巴格达城雇了一位向导,领着我们去看西坡里斯巴比伦……"

这是有名的演讲《遍地黄金》的开头,用引人入胜的故事的叙述将听众带入演讲的氛围中。

4. 以背景说明作铺垫

三月十四日两点三刻，当代最伟大的思想家停止思想了。让他一个人留在房间里不过两分钟，等我们再进去的时候，便发现他在安乐椅上睡着了——但已经是永远地睡着了。

恩格斯在《马克思墓前的讲话》中，以马克思临终前的情况介绍开篇，简明扼要地向听众介绍了马克思临终前的情况，能够抓住听众的心。

5. 展示实物引发兴趣

演讲开头可通过实物的展示引发听众的兴趣，用简单的实物演示引发听众思考，并自然引申到对主题的阐述。但要求展示的实物与演讲主题有一定的关系。例如，1938年秋，冯玉祥将军到湖南益阳县城，向几万人发表演讲，鼓励他们抗日。冯玉祥将军出场时，只见他左手握着一株小树，将一个草编的鸟窝放在树枝的丫间，鸟窝里有几个鸟蛋。下边的人都愣了，不知他这是要干什么。这时，冯玉祥将军开口说话了，他说："大家知道，先有国家，然后才有小家，才有个人的生命的保障。""我们的祖国遭到了日本帝国主义的侵略，我们都要用自己的双手保卫她，那就是起来抗日。如果不抗日——"说到这里，他手一松，树倒了，窝摔了，蛋破了……

在这里，冯玉祥将军用小树比作国家，用鸟窝比作家庭，用鸟蛋比作个人，用握着小树的那只手比作捍卫国家的人，以实物展示，真实生动，增强了说服力。

当然，文有文法，文无定法。所以演讲时要根据主题的需要、演讲内容、演讲环境和听众对象来采用恰当的开头，可以将上述方法结合起来用，但总的来说要简明扼要。

(三) 主体

主体是一篇演讲稿的中心，所以一定要合理安排。可以先收集一定数量的事实材料，然后围绕主题取舍材料；写作时可以确定阐述的不同角度，并将材料有机地组合。写作时要注意演讲稿的条理性和节奏，做到条理清晰，结构严谨，有理有据，又不失鼓动性。

1. 层次清晰

演讲稿应该确立合理的层次，这是演讲者对事物认识过程的反映，演讲者要很好地把自己的观点和看法输送给听众，否则混乱的层次会导致演讲者不知所云，听者云里雾里。为了使演讲在结构上环环相扣、层层深入，演讲者可以用标志性的语言来强调演讲的层次，比如适时地提问、用过渡语加强演讲稿内容的内在联系。演讲稿的主体部分可以采用层层推进的方法。如1963年，秘鲁民族战线的贝拉文蒂(Bella Venti)一上台，就遇到了一场政治危机——罢工。面对来自全国各地的大学生拖着沉重的脚步，在利马的大街上与前来欢迎的利马学生发起的大规模的游行，贝拉文蒂总统进行了一次精彩绝伦的演讲：

"你们穿过平原，越过大山，你们忍饥受冻，历经艰辛来到这里。在表明我的立场之前，首先，作为一个热爱秘鲁的公民，我要从心底感谢聚集在这里的每一个人的忧国之情，并且奉上我的友情。在你们的热情面前，我无法替自己辩解，只是希望把所有的事实真相毫无保留地告诉你们，与你们一道来考虑解决的办法……你们今天的行动和诚意，将

第五章 命题演讲

会载入秘鲁的史册。"（以上为节选，内容有省略）

贝拉文蒂的演讲首先从感谢开始，就像对亲人谈话一样，开场白言辞平和，充满着关爱，让人感觉亲切、温暖。主体部分或关切动人，或慷慨激昂，或低声细语。平和的语言将双方针锋相对的行动划归到爱国的情感中，显示出友好平等的态度。既坦陈存在的问题，又把学生和自己放在同一立场上面对问题，很好地化解了学生对他的误解。接着贝拉文蒂总统把自己所想到的问题都讲了出来。最后，以理解和积极的肯定结尾。通篇以问候开始，中间贯穿着赞扬、期待和理解，最后以评价结尾，层次清晰，最终赢得了学生的热烈掌声，化解了一场政治危机。

演讲的主题部分也可采用并列式的结构方法。例如，演讲稿《我成长我快乐》就从"勤奋是成长的基石、用心是成长的阶梯、快乐是成长的催化剂、爱心是成长的源动力"这四个并列的角度展开了主题的阐述，层次清晰，结构分明。

2. 张弛有致

演讲主体在结构安排上要避免平铺直叙，或高度集中。平铺直叙会让听众厌倦，不容易产生共鸣；而高度集中会让听众过于紧张。所以，演讲稿要注意情感张弛有致，该激情的时候激情，该放松的时候放松。这样听众的注意力既保持集中又不紧张。

案例 5-1

因为《没有灯光的漫漫长夜》还没有结束，因为《战地日记》还没有写完。尽管经常断水断电，尽管各种物资匮乏，他们凭着智慧和坚韧，仍然顽强地工作。他们迎着炮火硝烟采访，发出大量准确鲜明的报道。他们工作的地方，爆炸"几乎把人从床上震起来"，在别人听到警报到地下室躲避的时候，他们却需要硬着头皮坚守在屋里写稿。巴尔干事态的发展紧紧吸引着全世界数十亿人关注的目光，他们不畏艰险，对北约狂轰滥炸的野蛮行径、对南斯拉夫人民所遭受的深重灾难进行真实客观的报道。他们为南联盟无辜平民的遭遇而悲伤，为巴尔干这只巨大的"火药桶"是否会爆炸而焦灼……

因为他们还要继续做和平使者，主持正义。在为世纪末的和平做祈祷的同时，他们解开了北约的画皮。施暴者把赤裸裸的侵略说成维护和平，把保卫自己国家的主权和领土完整说成是侵略。捣乱者把本国造成远离战争的净土，却在别国玩火。当塞族人和阿族人陷于历史的争执泥沼，北约对南联盟挥起战斧带来的就不仅仅是塞族的灾难，也是阿族的灾难。有宗教传统的西方人熟知《圣经》中这样的诫示：不要以为我能给世界带来和平安宁，我带来的不是和平，而是一把剑。以此形容北约之举再恰当不过。而在其间呼风唤雨的某些政治巨头恐怕没有或者不愿意识到这一点，废除战争的唯一途径是使现实和平成为英雄的事业！

因为他们还要在第二天母亲节祝福慈母节日快乐，因为他们还准备回国时拥有爱情的结晶，因为……然而施暴者对维也纳外交关系公约和国际关系基本准则肆意践踏，是抱着对新闻工作者的正当权利百般蹂躏,杀人凶手的逻辑里根本没有"因为"!在萨瓦河畔,在一幢业已破毁的白色建筑里,中国玫瑰放射出生命的芬芳与色彩,展示着生命的美丽和灿烂。它正同《西雅图宣言》一样告诫世人:"务请牢记,这块地是圣洁的,务请教导你的子子孙孙,这块地是圣洁的!"

(资料来源:蒋益明《一九九九贝尔格莱德的玫瑰》)

【点评】

这篇演讲稿连用三个类似排比的"因为",始终围绕着"战争与和平的主题",谴责北约的行为,捍卫和平的神圣。三个段落中既有对不幸牺牲者的温馨追忆,也有对灾难制造者的严厉谴责,更有对未来的美好展望,整个情感脉络起伏有致、动人心弦。

3. 过渡自然

演讲稿的内容一气呵成,成为一个有机的整体,还必须重视过渡。演讲稿讲究需要收集丰富的资料,需要从不同的角度讲道理,所以容易导致结构零散。通过必要的过渡使各个内容层次的变换更为巧妙和自然,使演讲稿富于整体感。

案例分析

案例 5-2

1987 年前,我们的先辈们在这个大陆上创立了一个新国家,它孕育于自由之中,奉行一切人生来平等的原则。现在我们正从事一场伟大的内战,以考验这个国家,或者任何一个孕育于自由和奉行上述原则的国家是否能够长久存在下去。我们在这场战争中的一个伟大战场上集会,烈士们为使这个国家能够生存下去而献出了自己的生命,我们来到这里,是要把这个战场的一部分奉献给他们作为最后安息之所。我们这样做是完全应该而且是非常恰当的。

但是,从更广泛的意义上来说,这块土地我们不能够奉献,不能够圣化,不能够神化。那些曾在这里战斗过的勇士们,活着的和去世的,已经把这块土地圣化了,这远不是我们微薄的力量所能增减的。我们今天在这里所说的话,全世界不大会注意,也不会长久地记住,但勇士们在这里所做过的事,全世界却永远不会忘记。毋宁说,倒是我们这些还活着的人,应该在这里把自己奉献于勇士们已经如此崇高地向前推进但尚未完成的事业。倒是我们应该在这里把自己奉献于仍然留在我们面前的伟大任务——我们要从这些光荣的死者身上汲取更多的献身精神,来完成他们已经完全彻底为之献身的事业;我们要在这里下定最大的决心,不让这些死者白白牺牲;我们要使国家在上帝福佑下得到自由的新生,要使这个民有、民治、民享的政府永世长存。

(资料来源:林肯《葛底斯堡演说》)

【点评】

林肯这篇十分有名的《葛底斯堡演说》虽然篇幅短小,但是却十分注重内在结构的统一,用了口语化的连接词以使得整个演讲稿结构严密、一气呵成。

(四)结尾

结尾要简洁有力。美国作家约翰·沃尔夫(John Wolfe)说:"演讲最好在听众兴趣到高潮时果断收束,未尽时戛然而止。"这是演讲稿结尾最为有效的方法,即在高潮戛然而止,往往能给听众留下深刻的印象。结尾可以用号召性、鼓动性的话收束,也可用诗文名言或幽默的话结尾,但不管怎样,都力求给听众留下深刻的印象。上面提到的贝拉文蒂的演讲稿最后,以"你们今天的行动和诚意,将会载入秘鲁的史册"结尾,干净利落又满怀激情地评价了学生的行为,显示出理解、珍惜的态度。白岩松的《人格是最高的学位》结尾以设问的方式,对自我的人生道路提出了要求,也表明了决心,语言简洁明白,情感真挚,又很好地照应了开头,点明了主题:

于是,我也更加知道卡萨尔斯回答中所具有的深义。怎样才能成为一个优秀的主持人呢?心中有个声音在回答:先成为一个优秀的人,然后成为一个优秀的新闻人,再然后是自然地成为一名优秀的节目主持人。

我知道,这条路很长,但我将执着地前行。(节选自白岩松《人格是最高的学位》)

二、演讲技巧

(一)培养记忆能力

讲前准备主要考验人的记忆能力。人们总是称赞那些口若悬河、滔滔不绝的演讲者,这主要是因为他们有内容可讲。演讲水平的提高是一个不断积累的过程。演讲者博览群书,吸取丰富的知识,储存了大量的材料,耳濡目染了生活的方方面面,一旦需要写演讲稿时,就可以迅速而准确地将其组织到演讲稿中。当演讲者登上演讲台时,则需要极强的记忆力,否则若经常忘词,就会影响演讲效果。所以演讲准备时可以通过大声朗读、反复地训练来加强讲前准备。林肯为葛底斯堡的成功演讲所做的准备,值得我们仿效。

葛底斯堡战役后,人们决定为死难烈士举行盛大葬礼。掩葬委员会发给总统一张普通的请帖,他们以为他是不会来的,但林肯答应了。既然总统来,那一定要讲演的,但他们已经请了著名演说家艾佛瑞特(Everett)来做这件事,因此,他们又给林肯写了信,说在艾佛瑞特演说完毕之后,他们希望他"随便讲几句适当的话"。林肯平静地接受了。两星期内,他在穿衣、刮脸、吃点心时也想着怎样演说。演说稿改了两三次,他仍不满意。到了葬礼的前一天晚上,他还在做最后的修改,然后半夜找到他的同僚高声朗诵。走进会场时,他骑在马上仍把头低到胸前默想着演说词。正是由于林肯对讲稿的多次精读、反复修改才有了这场著名的《葛底斯堡演讲》。

值得注意的是,熟记背诵演讲稿很多时候不必拘泥于具体的字词句,记住主要的观点材料就行。也可采用一些特殊的记忆法如词组法,每部分抽出一个富有代表性的词,组成一个句子，或者按照时间顺序、空间位置的变换等来记忆。

(二)加强口头表达能力

口语是运用最多，也是最便捷、最重要的一种表达方式，没有这种表达能力，演讲就会变得不可思议。演讲和口语表达能力是密不可分的，平时我们应该注重这方面能力的培养。

演讲口才并非天生的，后天的培养至关重要。林肯年轻时，为了苦练演讲，经常徒步30英里，到法院去听律师们的辩护，看他们如何辩论，如何做手势。他一边听那些政治演说家声若洪钟、慷慨激昂地演说，一边模仿他们。他听了那些云游四方的福音传教士生动的布道后，回来也学他们的样子。为了练就口才，提高演讲水平，他曾对着树、树桩、成行的玉米演讲过多次。

诗人闻一多先生也是有名的演讲家，他的演讲之所以成功，也是与他年轻时刻苦练习分不开的。1919年他在清华学校学习时，从不间断演讲练习，一旦有所放松，他就在日记里警告自己："近来学讲课练习又渐疏，不猛起直追恐便落人后。""演说降到中等，此大耻奇辱也。"他坚持练习演讲，在日记里，他写道："夜出外习演讲十二遍。"第二天又写道："演说果有进步，当益求精致。"北京的一月天寒地冻，可他毫无畏惧，几天后又说"夜至凉亭练演说三遍"，回宿舍又"温演说五遍"，第二天又接着"习演说"。闻一多先生正是通过勤奋的练习，才提高自己的演讲水平。

所以，对于一个成功的演讲者来说，口头表达能力并不都是天生的，很多都是通过后天的刻苦训练获得的。

(三)了解演讲的语境

演讲者除了掌握论题外，还应充分了解演讲的语境，为演讲稿的写作和演讲的顺利进行添砖加瓦。演讲语境包括听众情况、演讲地点、演讲时间、演讲程序等。听众情况是指听众的人数、年龄、性别、受教育程度、宗教信仰、工作性质以及参加演讲的原因等；演讲地点如地理位置、场地大小、内部设施等；演讲程序是指演讲的安排，例如是否安排有听众提问等环节。如果有可能，最好亲自去演讲地点看一看，做到心中有数。

(四)正式演讲中的技巧

1. 位置选择

演讲者站立的位置应该保证所有的听众都能看到、听到。

2. 服装选择

演讲者的服装要有别于家常便服，以朴素庄重为宜。一般女性着装应体现端庄典雅，男性着装应体现庄重高贵。

3. 怯场

怯场是每位演讲者都会出现的情况，我们可以采用不同的技巧来调节。一般我们可以采用心境调节法，告诉自己"我能行"，培养自己的自信；也可以在演讲前听听音乐，读读画报，开开玩笑，以调节自己的心境；还可采用心理暗示法，告诉自己听众都很熟悉，成不成功都没关系，他们不会笑话你；或者告诉自己下面的听众都不认识，所以演讲成不成功没关系；有时甚至可以把下面的听众想成某种具体的物体，或者把自己想成是现场唯一的权威等。另外，我们还可以采用分散注意力法，将注意力分散到其他事物上，如现场的杯子、扩音器等，想想与这些物品相关的信息；也可以采用假装勇敢法，像一位大胆而成功的演讲者那样走上演讲台等。

4. 中途忘词

有时由于紧张，演讲时思维会出现一时的短路，这时切不可使演讲停下，或抓耳搔脑，分散听众的注意力。而应随方就圆，想起哪里，就在哪里接着往下说；或者有意重复前边的内容，边重复边回忆。

5. 说错话

有时紧张也会导致偶尔的口误，这时切不可道歉说"对不起，我刚才说错了"，破坏演讲的完美性和连贯性。我们可以将错误置之不理或紧接着说"这难道是对的吗"、"刚才明明是错误的思想，偏偏有个别人信奉为真理"等修正刚才的口误。

6. 出现意外情况

出现意外情况时应该保持冷静，判断现场的意外情况是否跟自己有关，比如是否与自己的内容、演讲技巧或时间等有关。若有关，要及时进行调整。

三、演讲中的体态语训练

演讲中除了"讲"和"听"之外，还要注重"演"和"看"，如演讲者的目光、表情、手中的动作、身体的姿势等。只有充分调动了身体语言，才能使你的演讲真正成为"演讲"。在视觉上也要给听众以感染力，从而增强演讲的效果。

(一)身体语言

演讲时的身姿应该保持自然的挺胸，身体的重心平稳，双脚略微分开，既要让观众感觉到演讲者优良的精神状态，也要避免给人僵硬之感。演讲者上下台时步子轻捷从容，面对观众务必大方自然，亮相得体，上场后首先环视一下全场，接下来可以进行开场白。演讲的开场白没有固定的模式，一般是向听众问好致意并作自我介绍。面前有演讲桌时，双手交叉自然放在身体的前面，或者自然下垂于身体两侧。切忌在胸前抱臂，或把手放在另外一个手臂上，也不能把手背在后面。目光平视，忌盯住一点或看天花板。

演讲时一定要保持镇定，慌里慌张，或装腔作势，或手撑在演讲桌上都会影响听众的情绪。最后演讲中要避免一些细小的动作，有时演讲者不一定会意识到。诸如摇头、抖动以及摆弄领带、笔等，会将观众的注意力吸引到关注这些无意义的小动作上，从而影响演

讲效果。

(二)表情语言

演讲者应善于通过自己的面部表情，把自己的内心情感最恰当地表现出来；应善于通过自己的面部表情，与听众构筑起交流思想感情的桥梁。

面部表情贵在自然，自然才会真挚，做作的表情显得虚假。同时，面部表情应该随着演讲内容和演讲者的情绪发展而变化，既顺乎自然，又能够和演讲内容合拍。应注意，表情拘谨木讷，会影响演讲的感染力和鼓动力；神情慌张又难以传达出演讲内容和演讲者的情感，也会影响听众的情绪；而故作姿态的感情表露会使听众感到虚假或滑稽，降低对演讲者的信任感，从而影响演讲效果。因此，在整个演讲过程中应面带轻松、自然的表情。

脸部表情中眼睛是关键，内心世界的各种活动都能通过眼睛表现出来，视线要依据演讲内容作调整，切忌眼睛向下盯着演讲桌、看着天棚的一角或不停地看演讲稿，或者只盯着观众席中的某一个人或某个地方，这些动作会影响演讲内容的表达，影响演讲者与听众之间的情感交流，从而影响演讲的效果。

(三)手势语言

每个人的手势语言都不尽相同，演讲中应该根据不同的内容做出恰当的手势。演讲中对手势语言没有特殊规定，也没有必要将两个特点各异的人训练成手势完全相同的人。手势语言由演讲者的气质、演讲的主题和演讲的内容决定，注意手势与演讲内容的一致。但演讲中切忌大幅度的动作和重复使用一种手势，另外演讲中不能有太多的手势，以免让听众感到眼花缭乱。

本章知识技能目标鉴定题库

一、案例分析

1. 分析下面演讲稿开头的特色。

(1) 我们永远不会忘记，在 20 世纪的最后一个春天，在南斯拉夫，在贝尔格莱德，一个悲痛欲绝的中国老人把头深深埋进女儿女婿遇难时掩盖的棉被里，洁白如云的被面上，被鲜血染成的深红的玫瑰在潸然泪下中怒放。胭脂一样浓得化不开的玫瑰红，凄清却又热烈，就像一簇燃烧的火焰，愈发显得悲壮。

(资料来源：蒋益明《一九九九贝尔格莱德的玫瑰》)

(2) 我从来都不认为自己今天的成功仅仅是个人的荣耀，北京时间 2004 年 8 月 28 日凌晨那 12 秒 91，毫无疑问将成为我生命中为之自豪的瞬间，但我更愿意把那一刻的辉煌献给我亲爱的祖国，献给全亚洲。

(资料来源：刘翔《中国有我，亚洲有我》)

第五章 命题演讲

(3) 比较恩格斯《在马克思墓前的讲话》著名演讲的两个开头的效果。

"就在十五个月以前，我们中间大部分人曾聚集在这座坟墓周围，当时，这里将是一位高贵的崇高的妇女最后安息的地方。今天，我们又要掘开这座坟墓，把她的丈夫的遗体放在里边。"

"三月十四日下午两点三刻，当代最伟大的思想家停止了思想。让他一个人留在房里总共不过两分钟，等我们再进去的时候，便发现他在安乐椅上安静地睡着了——但已经是永远地睡着了。"

2. 分析下面演讲稿主体部分的特色。

(1) "谁来养活中国"，听着这轰鸣的钟声，我把目光投向了东方升起的太阳，我想站在长城上高声呼唤：中国自己能养活中国……

"谁来养活中国"，听着这轰鸣的钟声，我想登上珠穆朗玛峰的山巅，面对黄河、长江传出我心中的呼唤：中国农民能养活中国……

"谁来养活中国"，听着这轰鸣的钟声，我想在大水法的残骸前跪倒，抓把泥土，写下我们共同的宣言——我们就能养活中国……

(资料来源：王海滨《中国人来养活中国》)

(2) 中国古代读书人的功名分为秀才、举人、进士三级，我们现在的学位分为学士、硕士、博士三级。打个不恰当的比喻，按古今的行情折合计算，硕士大约相当于古代的举人。那么我谨代表湘潭师院全体教师和 25 名硕士生导师，向我院首届"开科取士"高中金榜的 15 名"举人"表示最热烈的祝贺欢迎！

所谓"硕士研究生"，我想把它分成四个词素来说。

硕。硕者大也。什么大？是指学问大，知识多，本事大，成就大，前途大。当然这个大是相对而言的。博士的博，博学多才，博闻多才，博闻广识，博大精深，博学鸿儒，那就更大了。

士。士者，读书人，知识分子也。士农工商，四民之首。"硕"与"士"相连，硕士，就是有大学问的知识分子。

"研究"。这正是你们同本科生的最大区别之处，除了读书的任务，还要从事科学研究，培养初步的研究能力。三年学习期间，每位至少要在省级或省级以上刊物发表 2～3 篇研究论文，毕业论文要争取在全国有影响的刊物发表。

生。生者，学生也。表明从现在起，你已经是比大学本科高一层次的学生了。各位昨天也许是大学教师、中学教师、机关干部，有的是应届毕业生，不论是哪种情况，都要迅速自我调整，完成这一角色的转换，不能再停留在原有的角色上面。学习任务相当繁重，第一学期的重点在基础课，第二学年的重点在专业课，第三学年的重点是完成硕士论文及答辩。正所谓任重而道远啊！

连起来讲，硕士研究生就是在导师的指导下，一边学习一边研究，成为有大学问、大成就、大前途的知识精英。

祝愿我们 15 位"举人"3 年后功德圆满，成为名副其实的硕士，较多的人更上一层楼，摘取"进士"的桂冠。

(资料来源：杨鹏程《大学问、大成就、大前途》)

3. 分析下面演讲稿结尾的特色。

(1) 朋友们，在金融事业和央行工作中，让我们擎起"青春"的火炬，吹响"激情"的号角，高举"奉献"的旗帜，在金融改革大潮中，劈波斩浪，勇往直前，共创央行事业灿烂辉煌的明天！

(资料来源：薛宏《青春因奉献而绽放异彩》)

(2) 我想，人的一生要递交两份答卷：一份交给社会，让群众认为你不错；一份交给自己，让你回首往事时感到人生无悔。而作为一名共产党员，他的一生要递交三份答卷：一份交给社会，让群众认为你是他们的榜样；一份交给自己，让你回首往事时，感到无比自豪和骄傲；一份交给党，让党旗因为有了你而增光添彩。我也许不能做到完美，但，我要力争做到优秀，因为，我是一名共产党员。

(资料来源：王珏《责任——生命之重》)

4. 阅读以下两段演讲稿，分析修改前后有何不同。

(1) 原始稿：从什么时候开始，我们变得冷漠，自觉或不自觉地为自己画一个圈，以我为中心；从什么时候开始，我们不再视雷锋为榜样，不再愿意慷慨地奉献自己的力量；从什么时候开始，我们喜欢谈论港台明星多过于民族英雄的壮烈事迹；又是从什么时候开始，我们习惯把对祖国的感情深深地埋在心里，不愿轻易地表达一丝的热爱。

修改稿：从什么时候起，我们开始变得冷漠，自觉或不自觉地为自己画一个圈，圈里是一个小小的自我；我们不再视雷锋为榜样，不再愿意慷慨地奉献自己的力量；我们开始喜欢谈论港台明星而多过于民族英雄；我们开始习惯淡漠对祖国的那份感情。面对着"跨世纪的大学生"、"祖国的栋梁"等各种光荣称号，我们不禁扪心自问：我们怎么了？我们身上到底缺失了什么？

(2) 原始稿：我曾看过 20 年代一名女大学生的日记，其中，字里行间都充满了对祖国的无限热爱，其真挚的感情毫无保留地宣泄纸面，是如此的汹涌澎湃、震撼人心。20 年代的他们创建了中国共产党，使中华民族自立于世界民族之林，这样奋发有为的气概，何尝不是受到伟大民族精神的号召？面对这千古未有的丰功伟业，我们的青年怎么了？对先贤和英烈竟是这样的漠视和无知。在道德滑坡中最可悲的就是对祖国观念的淡漠，虽然，时下文化节到处可见，弘扬传统文化成为时髦，但那只是商品，是广告，是文化搭台、经济唱戏。真正的文化效应该是立足于改善和提高国民素质，弘扬民族精神，光大传统美德，塑造一代新人。

修改稿：同学们，让我们慢慢地把时间的画卷推回到 19 世纪 20 年代，那是一个烽烟弥漫的年代，也是每一个热血青年捍卫祖国母亲的年代！一个偶然的机会，我看到了那个年代一名女大学生的日记。在日记中，她这样写道：祖国母亲饱经了太多的沧桑，我们有责任，更有信心去为我们伟大的母亲贡献自己的力量，贡献自己的青春。其那份对祖国真挚的感情毫无保留地宣泄纸面，是如此的汹涌澎湃，如此的震撼人心。他们是这样说的，

也更是这样做的！他们怀抱赤诚之心以生命谱写了一曲又一曲青春的赞歌。他们用睿智和胆略创建了中国共产党，他们也创造了历史的辉煌，是他们用染血的青春，使古老的中华民族重振雄风，再次傲然屹立于世界的东方！而支撑他们的，正是我们中华民族不败的民族精神和民族气节！

二、实训题

1. 演讲稿写作实训。

(1) 请以"言行、仪表"与个人的发展为主题设计演讲稿的标题。

要求：课堂中要求命题学生简单阐明选择某一标题的原因，其他学生对命题者的标题和理由进行评价，最后可选出最佳标题。

(2) 请以"和谐社会"为主题设计演讲稿的标题。

(3) 以"做一个真诚的我"为题，用三种不同的方法写作演讲稿的开头并演讲。

(4) 用场景营造的方法为《生命之树常青》写一个开头。

2. 记忆技巧实训。

(1) 用 3 分钟的时间记忆下列内容，并说说自己的记忆技巧。

面对生活 直面逆境

在这激情似火的盛夏，伴着缕缕金色阳光，三秦学子们齐聚一堂，用自信谱写豪迈，用魅力抒发胸怀，更用智慧、理性、希望展现大学生的风采！

站在这里，此时此刻，我心中依然在不断地鼓励自己。为什么？因为面对这次比赛，我一直深感压力与恐惧！我害怕失败，害怕失败后无法面对那一双双期待的眼睛。但是，我告诉我自己，面对生活，我需要这样一种心态：直面逆境，不做生活的屈服者！

说起逆境，我们大家的思维定式都会联想到一些大悲大苦的故事。故事中主人公的经历，总是常人无法想象和承受的。其实我们大家的生活并没有多少大坎坷、大痛苦；相反，我今天所要谈的逆境，就像前面我自己的例子一样，是我们大家生活中经常可以碰到的琐事与烦恼。

(资料来源："天天加油"网站)

(2) 课前要求学生以小组为单位，由组长准备 2~3 份篇幅短小、有一定信息容量的文摘类报纸(内容保密)。练习时，学生按学习小组就座，由组长向某一同学出示一个版面，请他默读 2~3 分钟，然后复述，并由小组成员打分。组长更换报纸版面，对其他同学测试。

复述要求：该版共刊登了哪些消息(复述标题)、消息刊登的版面位置(可用笔大致画图)。

评定：在限定时间内能基本复述者为合格，能准确还原者为良好，能准确背诵出文内重要句子者为优秀。

此训练项目也可在小组之间进行挑战赛。

(3) 教师任选一议论文稿，慢速朗读 3～5 行文字，连读两遍后，让学生复述文字内容。要求学生在听读时不得笔录。训练中，教师应注意引导学生一方面集中注意力，一方面放松情绪，消除心理障碍的干扰。

(4) 查找古今中外著名演说家的成才历史的资料，整理后在课堂上陈述。要求简明扼要、生动，有说服力。

3. 演讲身姿语实训。

(1) 观摩相关的演讲或辩论赛视频，对演讲身姿语形成一个感性的认识。

(2) 请几位学生上台演示，教师指出不足。学生可在座位上相互训练，指出彼此的不足加以改进。课后对镜自练。

(3) 课堂上每个学习小组出一名学生训练走步、登台、站定、扫视到开讲，可以向老师或某位同学询问一件事，作几句交谈，再走下讲台。演示完毕后，小组之间互评。

(4) 手势语模仿训练。观察你所喜爱的演说家、教师的手势，对镜进行模仿训练。

(5) 读下面的话，设计你认为合适的演讲手势动作。

① 祖国，你这神奇、美丽的国土，你的儿子又回到了你的怀抱！

② 朋友们，我们的事业是伟大的，我们的前途是光明的，我们有力量改变历史强加给我们的贫穷落后的现状，我们有自立于世界民族之林的能力。让我们为实现我们崇高的理想而一往无前地奋力拼搏吧！

③ 同志们，朋友们，请大家助我一"笔"之力投我一票吧，因为选我就等于选了你自己！

④ 同志们，听着窗外响起的阵阵春雷，我的心不由得一震，是啊，我们的屋内不也是春雷滚滚吗？干部聘任制度改革的春雷正在我们这块天空上震响，在这场竞争中也许我只是一个过客，但我要张开双臂，为春雷春雨的到来而欢呼！

4. 综合实训。

(1) 根据演讲要求熟悉下面的内容并当众演讲。

有一个词，我相信大家都听说过——支那。这是日本对中国的称呼，在日本人嘴里，中国就是支那，我们所有的中国人，都是支那人。那么支那到底是什么意思呢？起初我也不清楚，只知道这是自隋朝起，从天竺语摩诃至那中派生的一个对中国的称呼，词意并无褒贬。每次遇到日本人的时候，他们都会说："看，支那人来了。"他们当时说话的表情，我想我这一辈子都不会忘记。那是一种看到了怪物，看到了异类，看到了某种不洁净的东西，看到了一头猪混到人群里，才会表现出的轻蔑和鄙夷。于是我就去查字典，我不相信日本人的字典，我查的是荷兰人出的 1901 年的荷兰大百科通用辞典。我查到了，支那：中国的贬义称呼，常用于日本语，亦指愚蠢的、精神有问题的中国人。这就是支那的解释。人，不可不知耻。耻，有个人之耻，国家之耻。德守不坚，学识愚昧，身体衰弱，遭人白眼，乃个人之耻。纲纪扫地，主权外移，疆土日蹙，奴颜婢膝，乃国家之耻。我四万万同胞，如果人人为人所耻，则国家必为人所耻，一个国家被人耻笑，那么个人也将成为被别人耻笑的把柄。支那之耻，无有个人与国家之分，此乃我中华全体之奇耻大辱！

(资料来源：湖南一师校长孔昭绶《恰同学少年》中的演讲片段)

第五章 命题演讲

(2) 分析下面演讲稿的特色并演讲。

我们都是被上帝咬过的苹果

三年前的一个夜晚，我失去了这个世界上最亲最爱的人——我的母亲。当她在我的怀里闭上双眼的时候，我整个人都崩溃了。从那时起，我对生活充满了恐惧，觉得自己是世界上最不幸的人。后来，我离开了家乡和亲人，只身来到了宁波，开始了孤独的人生之旅。熟悉我的同事都知道我很脆弱，又多愁善感，写出来的文章更像是在泪水里泡出来的一样。那是因为，当时的我只能看到失望与孤独，看不到生活的希望和快乐。

我 26 岁生日的那个晚上，一位大连的好友在电话里向我讲了一个《被上帝咬过的苹果》的故事，那是我收到的最好的生日礼物。它教我重新开始了自己的人生，教我怎样看淡从前的痛苦经历，更教会了我如何在逆境中挑战自己的命运。

故事的大意是这样的：有一个小男孩，从小双目失明，他深为自己的缺陷而感到烦恼、沮丧，认定这是老天爷在处罚他，觉得自己是这个世界上最不幸的人了。后来，一位老人告诉他，"世上每个人都是被上帝咬过一口的苹果，我们的人生都是有缺陷的。有的人可能缺陷比较大，那是因为上帝特别喜爱它的芬芳，所以那一口咬得比较大而已。"男孩听了很受鼓舞，从此把失明看作是上帝的特殊偏爱，因为自己这只苹果比别的苹果更为芬芳，所以上帝特地咬了一大口！于是，他开始向命运挑战，开始了勤奋和拼搏的历程。若干年后，他成为了一个著名的盲人推拿师，为许多人解除了病痛，他的事迹也被写进了小学课本。

有人说，每个人都是上帝精心设计的一个作品，早已被上帝安排好了一切。也有人说，上帝是个吝啬鬼，决不肯把所有的好处都给一个人：给了你美貌，就不肯给你智慧；给了你金钱，就不肯给你健康；如果你是个天才，就一定要搭配些苦难。世界文化史上著名的三大怪杰：约翰·弥尔顿是个盲人，但却写出了精美绝伦的诗歌，世代流传；天才小提琴演奏家帕格尼尼是个哑巴，却谱出了美妙浪漫的音乐，被誉为 19 世纪"小提琴之王"和浪漫主义音乐的创始人；贝多芬，双耳失聪，却创作出世上最美妙的钢琴曲，成了让无数人敬仰的音乐大师。如果用《被上帝咬过的苹果》这个理念来解释，他们全都是由于上帝的特别偏爱，而被狠狠地咬了一大口啊！

把人生缺陷和苦难看成是"被上帝咬过一口的苹果"，这个理念太奇特了，尽管它有点自我安慰的阿Q精神。可是，人生不如意事十之八九，这个世界上谁不需要找点理由自我安慰呢？而且这个理由又是那么的幽默可爱。《被上帝咬过的苹果》的故事完全可以从某种意义上理解为，是情商决定了小男孩的命运。小男孩把那个《被上帝咬过的苹果》的故事作为了自己生活的动力，扫去了隐藏在心中的阴霾，给了自己顽强生活下去的勇气与信心。那份难能可贵的乐观精神，使他实现了自我超越，让自己成为了命运的主人。而正是那种看似自我安慰的"阿Q精神"，激励了这位生活的弱者，使他昂扬地向强者的领地迈进，一步一步走向了成功，最终改变了自己的命运。

我之所以喜欢这个"苹果"的故事，因为它一直在我失望、灰心的时候给我信心与勇气。每当受伤、难过的时候，我会擦干眼泪，告诉自己——"没有什么可以阻止我，一定

要坚强地走过去，一切都会好起来的。要知道，雨后的天空最为明丽，泪后的人生最具光灿。"失意的时候，我仍会笑着对每个身边经过的人道一声"您好"，仍会微笑着去迎接生命中的每一天。

认真品读过《情商决定命运》这本书后，我不得不承认自己以前是个"低情商者"，是情商决定了我以前的悲观命运，而现在，我要让情商来改变我以后的命运。透过"苹果"的故事，让我更加深刻地理解了情商对于人生命运的重要意义，让我学会了重新看待自己的人生，把握自己的命运，使我对生活充满了渴望与信心。

如果让我重新选择的话，我希望上帝咬我的那一口更大一些，因为那是上帝特别喜爱我这个苹果的芬芳，那么我的人生也将更加美好、更加精彩！

(资料来源：柳宛成. 万达集团"情商决定命运"主题演讲特等奖)

第六章 即兴演讲

演讲是一门艺术，而即兴演讲则是这门艺术中的精华，它同时也是衡量一个人口才的重要依据。它以其短小精悍的特点为人们所喜爱，成为人们工作、学习和生活中的一个重要组成部分。

第一节 即兴演讲概述

节目主持人杨澜在一次演出中，下台阶时摔了下来。但杨澜非常沉着地爬了起来，对台下的观众说："真是人有失足，马有失蹄呀。我刚才的狮子滚绣球的节目滚得还不熟练吧？看来这次演出的台阶不那么好下哩！但台上的节目会很精彩的，不信，你们瞧他们。"

杨澜这段非常成功的即兴演讲，以其敏捷的反应、幽默的语言和适时的话题转移，为自己摆脱了难堪，也显示出她非凡的口才，以至于她话音刚落，会场就报以热烈的掌声。

思考：你认为杨澜的这段话是否精彩？如果你是杨澜，你会作何反应？

即兴演讲最能真实地体现一个人的口语表达水平和演讲风格，它既需要演讲者具备多方面的知识素养，又需要演讲者具有敏捷的思维能力、快速的语言表达能力和应变能力。在日常工作和生活中，即兴演讲比命题演讲应用范围要宽广得多。

一、即兴演讲的概念

即兴演讲是指在特定场景和主题的诱发下，或者是自发或者是应他人要求立即进行的演讲，是一种不凭借文字材料进行表情达意的口语交际活动。

在现实生活中，各类聚会中表示欢迎、感谢、就职、哀悼等口语表达形式，都属于即兴演讲。即兴演讲能力已成为现代社会人才不可缺少的必备条件。

二、即兴演讲的特点

即兴演讲相对于命题演讲，具有如下几个特点。

(一)即兴发挥

即兴演讲一般都是在"三没有"的情况下进行的，即没有演讲稿，没有充分的时间进行思考和推敲措辞，没有修改讲话的回旋余地，因此即兴演讲往往需要演讲者临场出色发挥。演讲者必须凭借自身的经历、才能和知识底蕴，从眼前的事、时、物、人中找出出发点，将自己短时间之内形成和正在思索着的思想和观点立即用口语表达出来，并且必须一次成功。所以，即兴演讲大多是演讲者真实思想的流露，言为心声在这里得到了真实体现。

(二)篇幅短小

演讲者要以简洁、生动、形象的语言去征服听众，这是由即兴演讲的临场性这一基本特征所决定的。即兴演讲者事前多无准备，所以不容易长篇大论滔滔不绝。即兴演讲的场合多是现实生活中的一个场景，比如答辩、聚会、宴会等，大家需要的只是演讲者表达一下自己的心意、看法或者情感，不要求其做长篇报告。所以，即兴演讲不可能长，也不能长。

(三)使用面广

即兴演讲是指演讲者在事先无准备、事先没有拟稿的情况下进行的演讲活动，比如主持会议、答辩、欢迎、欢送、宴会祝酒、婚丧嫁娶、答记者问等均少不了即兴演讲。

三、即兴演讲的技巧

即兴演讲所涉及的范围十分广泛，但有时可作预测性准备，比如参加某项活动前先想一想，说什么，怎么说；有时则利用演讲前两三分钟的时间准备讲话的内容。

(一)审题

审题是即兴演讲十分重要的一环，决定着演讲内容能否围绕主题展开，以防止内容不着边际或大而空。如以《环境与成才》作为即兴演讲的题目，首先应该考虑"环境"这一概念在具体语境中的含义。成才的环境可分为"大环境"和"小环境"，作为演讲相对于听众的魅力而言，演讲者审题时应该将重点落在"小环境"上，否则内容容易"虚"，没有亲和力和说服力。

(二)选材

即兴演讲能否获得成功，选材是关键。一般情况下，演讲时我们一般选取最具说服力的、自己感受最深的、鲜为人知但易于理解的材料。

一般可以采用"选点法"，就地取材，选好与听众易于沟通的人或事物，往往能激起听众的共鸣。如郭沫若《在萧红墓前的5分钟讲话》：

年轻人之所以为年轻人，并不是单靠年纪轻，假如单靠年纪轻，我们倒看见有好些年纪轻轻的人却已经成了老腐朽、老顽固，甚至活的木乃伊——虽然还活着，但早已死了，而且死了几千年。反过来我们在历史上也看见有好些上了年纪的人，精神并不老，甚至有的人死了几千年，而一直都还像活着的年轻人一样。所以一个人年轻不年轻，并不是专靠

第六章 即兴演讲

着生理上的年龄，而主要的还是精神上的年龄。便是"年轻精神"充分的，虽老而不死；"年轻精神"丧失的，年虽轻而人已死了。

萧红是当时文坛一位才华横溢的女作家，她去世时年仅31岁，非常年轻，她的创作也处于高峰期，所以她的离去是文坛的一大损失。郭沫若的演讲从萧红"年轻"生命的消逝着手，饱含深情地评价了她短暂一生的辉煌，应该说抓住了演讲中的一个"点"，具有情感的煽动力。

具体在即兴演讲中，可以采用以下方法抓住演讲"点"。

(1) 以"物"为点。抓住某物在特定场合、特定时间下的象征意义，借题发挥。在上海市"钻石表杯"业余书评授奖大会上，有人即兴演讲如下：

今天，我参加"钻石表杯"业余书评授奖大会，我想说的一句话是：钻石代表坚韧，手表意味时间，时间显示效率。坚韧与效率的结合，这是一个人读书的成功所在，一个人的希望所在。谢谢大家。

这篇即兴演讲以物品的名称作为切入点，既抓住了产品的特点，也揭示了产品丰富的含义，很好地抓住了即兴演讲的主题和要点。

(2) 以"环境"为点。就是以会场的环境或周围某种氛围为点，引出演讲，表现主题。例如，一次上海新闻工作者协会主席王维同志出席上海市企业新闻工作者协会成立大会，大会是在上海第三钢铁厂新建的宽敞的俱乐部会议大厅召开的。他发表了如下的即兴演讲：

我来参加会议，没有想到有这么好的会场，这个会场不要说是上海市企业报记者协会成立大会，就是上海市记协成立大会也可以在这里召开。没有想到有这么多的企业报记者、编辑参加这个大会，它说明企业报的同仁是热爱自己的组织，支持这个组织的。没有想到，今天摆在主席台上的杜鹃花这么美丽。鲜花盛开寓意着企业报记者协会也会像这盛开的杜鹃花一样兴旺、发达……

（资料来源：彭红. 社交口才与礼仪[M]. 上海：华东师范大学出版社，2007.）

以对主办方所选择的会场及其环境的夸赞引出其对成立大会的祝贺与赞美之情，让听众感觉亲切、得体。

(3) 以"前者讲的内容"为点。要求当场从前面演讲者的演讲里捕捉话题，加以申引、发挥，讲出新意，给人启迪，难度较大。白岩松参加"做文与做人"的主题演讲，他前面西藏日报的记者白娟讲述了自己作为一个驻藏记者的自豪，也谈到了作为母亲因为工作不能与孩子在一起的心酸。演讲情真意切，十分感人。白岩松的开场白就以白娟的演讲为"点"：

"我是一个两岁孩子的父亲，我知道，在一个孩子一岁半到两岁之间，没有母亲在身边，对于母亲来说是怎样的一种疼痛。我愿意把我心中所有的掌声，都献给前面的选手。"

白岩松真诚美好的敬意赢得了全场热烈的掌声。开场白不仅激起观众感情的又一高潮，同时也为自己赢得了很高的起点。

(三)构思

即兴演讲的构思，一般使用连缀法，即通过联想把已经选好的人、事、物联系起来，并设法将其与演讲的主题契合。常用的有以下几种方式。

1. 并列式

并列式是指将总题分解成若干个分题，排比成篇，分析其中的关系，得出有意义的认识。如权红在《世界也有我们的一半》的即兴演讲中，谈了三个问题：一是女人没有获得自己的"一半"；二是女人本应有自己的"一半"；三是女人应争得自己的"一半"。这三个分题各自独立又互相连贯，共同阐明同一主题：世界也有我们的一半。这种组合方式可使演讲条理井然，听者也会获得一个清晰的印象。

2. 对比式

对比式是指将对立的两个点并立在一起，形成强烈的反差，从而深刻揭示演讲的主题。如新东方掌门俞敏洪的一次励志即兴演讲《人要像树一样活着》，就是通过树与小草的对比来揭示"我们该怎样活着，怎样让自己活得有意义"这样一个主题。

人的生活方式有两种，第一种方式是像草一样活着，你尽管活着，每年还在成长，但是你毕竟是一棵草，你吸收雨露阳光，但是长不大。人们可以踩过你，但是人们不会因为你的痛苦而产生痛苦；人们不会因为你被踩了而来怜悯你，因为人们本身就没有看到你。所以我们每一个人，都应该像树一样地成长，即使我们现在什么都不是，但是只要你有树的种子，即使你被踩到泥土中间，你依然能够吸收泥土的养分，自己成长起来。当你长成参天大树以后，遥远的地方，人们就能看到你；走近你，你能给人一片绿色。活着是美丽的风景，死了依然是栋梁之材，活着死了都有用。这就是我们每一个做人的标准和成长的标准。

3. 宝塔式

宝塔式是指用递进深入的方法把各点连缀起来，使之成为一个层层深入的整体。湖南师大党委副书记戴海同志在一次大学生晚会上的即兴讲话《矮子的风采》中：

……矮个儿怎样才能具有风采呢？我有几点心得可供参考。

第一，是要有自信。(略)

第二，不要犯忌讳。(略)

第三，把胸脯挺起来，但也用不着踮脚尖。(略)

第四，最重要的还是本人的德学才识，有修养，有风度，对社会有贡献，自然受人爱戴。

4. 串联式

串联式是指将讲话内容紧扣主题，按照事情发展的时间顺序将材料组织起来。

我的理想

小时候,我有一个最大的理想,就是希望拥有一双皮鞋!当然,一双皮鞋对于现代都市里的人来说算不了什么,可是对于我们那个僻远的农村来说,就意味着走出山外,意味着考上大学,意味着脱离农村的一切!

在我童年的记忆中,在村里的路上,有光洁的石板路和泥泞的土路,到了下雨的天气,牛粪猪粪被水冲刷,路上全是粪的气息。好多人光着脚走在山路上,山路因此而回肠,这时要是有一双草鞋就算很不错了,我们只能光着脚在雨中奔波,能够有一双皮鞋,这是可望而不可即的事情!

上了小学,我的外婆送给我一双手工做的布鞋;到了初中,父亲给我买了一双解放鞋;上了大学,我靠学生证加逃票做点小生意,维持着自己的学费,我给自己买了一双运动鞋,在学校里无论是学习还是运动,我都要跑在前面,争取第一!

今天我在都市里生活着,丢掉了草鞋,抛弃了布鞋,穿着西装打着领带,配上名贵的皮鞋,可是,我变得更加懒惰、无聊!我竟然没有了学习的动力!失去了上进的信心!

久违了!擦皮鞋的时候,我想到我的成长之路。一个时期一双鞋,简简单单一双鞋,我的命运发生了变化。我不能再这样了,我要穿着我的这双皮鞋,去征服脚下的一切困难!

这篇演讲稿将自己渴望一双皮鞋的经历与成长之路联系在一起,按照时间顺序组织起来,在演讲者看来,皮鞋是战胜困难的动力,是其前进的勇气和信心。全文条理清晰,主题分明。

5. 公式式

公式式是指按照一个公式去组织演讲的内容,这个公式是什么(谁)、为什么、怎么做,用英语可表达为 What、Why、How。比如:

尊敬的学校领导、老师、亲爱的同学们:

大家好!

我是来自××班的××,本人性格活泼开朗,处事沉着、果断,能够顾全大局。今天我很荣幸地站在这里表达自己由来已久的愿望:"我要竞选学生会主席。"我在这里郑重承诺:"我将尽全力完成学校领导和同学们交给我的任务,使学生会成为一个现代化的积极团体,成为学校的得力助手和同学们信赖的组织。"

我已经在团委会纪检部工作了近一年的时间,从工作中,我学会了怎样为人处世,怎样学会忍耐,怎样解决一些矛盾,怎样协调好纪检部各成员之间的关系,怎样处理好纪检部与其他部门之间的关系,怎样动员一切可以团结的力量,怎样提拔和运用良才,怎样处理好学习与工作之间的矛盾。这一切证明,我有能力胜任学生会主席一职,并且有能力把学生会发扬光大。

假如我当上了学生会主席,我要进一步完善自己,提高自己各方面的素质;要进一步提高自己的工作热情,以饱满的热情和积极的心态去对待每一件事情;要进一步提高责任

心,在工作中大胆创新,锐意进取,虚心地向别人学习;要进一步地广纳贤言,做到有错就改,有好的意见就接受,同时坚持自己的原则。

假如我当上了学生会主席,我要改革学生会的体制。真正地做到"优胜劣汰",做到"日日清,周周结",每周都对各部门的负责人进行考核,通过其部门的成员反映情况,指出他在工作中的优点和缺点,以朋友的身份与他商讨解决方案并制订出下阶段的计划。经常与他们谈心,彼此交流对生活、工作的看法,为把学生会工作做好而努力。开展主席团成员和各部长及负责人常作自我批评、自我检讨的活动,每月以书面材料的形式存入档案。我还将常常找各部门的成员了解一些情况,为做出正确的策略提供可靠的保证。还要协调好各部门之间的关系,团结一切可团结的力量,扩大学生会的影响及权威。

假如我当上了学生会主席,我将以"奉献校园,服务同学"为宗旨,真正做到为同学们服务,代表同学们行使合法权益,为校园的建设尽心尽力。在学生会利益前,我们坚持以学校、大多数同学的利益为重,决不以公谋私,努力把学生会打造成一个学生自己管理自己,高度自治,体现学生主人翁精神的团体。

我知道,再多灿烂的话语也只不过是一瞬间的智慧与激情,朴实的行动才是开在成功之路上的鲜花。我想,如果我当选的话,一定会言必行,行必果。

请各位评委给我一张信任的投票,给我一个施展才能的机会!

谢谢!

(资料来源:http://www.3lian.com/zl/2005/5-27/22516.html,略有删节)

这篇竞选学生会主席的演讲稿,主体部分就是按照公式法来组织的,分别回答了要竞选的职位是什么、为什么竞选这个职位、如果竞选成功会如何做三个方面的内容,逻辑清晰,观点鲜明。

当演讲者遇见某一演讲命题时,首先就要看它适合以何种思路或者模式展开,这样演讲的思路就比较清晰,材料也容易组织。

6. 结构精选模式

美国公共演讲专家理查德还为爱好演讲者提供了一个结构精选模式(见表 6-1),同样的构思,不同的表述,达到的效果却截然不同。

表 6-1 结构精选模式

提示语	喂,请注意	为什么要费口舌	举例子	怎么办
常规式	今天我要讲的内容是保障行人生命安全,减少交通事故	交通安全是很重要的,这不是可讲可不讲的问题……	造成交通事故的原因有如下几点:1. 2. 3	下面提几点原则性意见:1. 2. 3
精选模式	上星期四特地购买了450具晶莹闪亮的棺材,运到了我们的城市	不讲交通安全,那订购的 450 具棺材也许正等着你,等着我,等着我们的亲人……	通过一个个事例讲清每日每时会使我们送命的潜在因素	下面我想告诉大家,当……时应当……;当……时应当……;当……

(四) 表达

有了材料，有了良好的谋篇布局，接下来便是良好的表达。表达时我们可以考虑采用以下一些技巧。

1. 口语化

口语化即用自己熟悉的话，尽量避免深奥冷僻的字词；把单音节换成双音节，如"曾——曾经"、"已——已经"、"因——因为"、"应——应该"、"时——时间、时候、时刻、时分"等；少用或禁用不规范简称，如"垃圾协会——垃协"。

2. 问题化

问题化即将重点转化成问题。这样有助于引起听众的好奇心，激发听众的兴趣。

3. 细节化

演讲时特别是对具体场景的描述，注意多用动词描绘细节，这样演讲才可能生动感人。

4. 戏剧化

描述场景时还可多用对话，以突出演讲效果。

5. 简单化

即多用简单句(Kiss，Keep It Stupid and Simple)或者将长句换成短句。毛泽东《关于重庆谈判》中有一段演讲这样说："事情就是这样，他来进攻，我们就把他消灭了，他就舒服了。消灭一点，舒服一点；消灭得多，舒服得多；彻底消灭，彻底舒服。" 说来非常上口，易于听众理解和接受。

6. 排比化

演讲中排比句的使用有利于突出演讲的气势，烘托出高潮。

第二节　几种常见的即兴演讲

各位领导、各位同志：

　　大家好！

　　参加竞聘之前，我一直在想，我应不应该参加这次竞聘？思索再三，我想，我愿意把这次竞聘当成争取多尽一份责任的机遇，更愿意把这个竞聘过程当作我向各位老师学习、接受各位评判的一个难得的机会。因此，我是鼓着十二分的勇气，参加竞聘来的。

我知道，要成为一名合格的科研室干部不容易，要成为转型期的科研室干部更不容易。我之所以鼓起勇气参加科研室主任的竞聘，首先缘于我对教育科研事业的热爱和执着。我相信，一个人，只要他执着地爱自己的事业，他就一定能把他的事业做好。当然，也如各位所知，我也有过一些科研管理工作经历，积累了一些工作经验。有人说，经历是一笔财富，而我更愿意把自己的经历当作一种资源，一种在我今后的工作中可以利用、可以共享、可以整合的资源。

当然，我更清楚，成绩也好，经验也罢，它只能说明过去，并不能证明未来。

假如我能竞聘成功，我将努力扮演好以下几种角色。

一是以身作则，当好科研兴校的"领头雁"。（略）

二是立足本职，当好领导决策的"参谋者"。（略）

三是脚踏实地，当好教师科研的"服务员"。（略）

四是与时俱进，当好学校科研的"管理员"。（略）

五是甘为人梯，当好青年教师的"辅导员"。（略）

说到这里，我想起了阿基米德的一句名言："给我一个支点，我可以撬起整个地球。"但在这里，我不敢高喊这类豪言壮语，我只想表达一个愿望，那就是：给我一个舞台，我会为学校的发展尽一份责任。

（资料来源：《演讲与口才》、2004年第12期）

思考：常见的即兴演讲有哪些？各有一些什么技巧呢？

即兴演讲有很多种类，本节我们主要来探讨几种常见的即兴演讲的构思技巧。

一、竞聘演讲

竞聘演讲即是为求得自己所求的岗位，重点突出自身的优势，以引起听众对自己的认同并希望最终竞聘成功的演说。与一般的即兴演讲相比，竞聘演讲具有以下一些特点。

(一)目标明确

竞聘演讲区别于其他演讲的主要特征是目标明确。演讲者上台后就要鲜明地亮出自己所要竞聘的目标岗位，同时所组织的材料应该围绕竞聘成功的目的。

(二)精选优势

竞聘演讲的目的是求得自己所求的岗位，所以竞聘者不必谦虚，而是要突出自身的优势，特别是别人所没有的优势。即使是自身的不利因素，也要通过合理的方法将它转化为优势。如一位工人在一次竞聘厂长的演讲中这样转化自我的"劣势"：

"我一没有党票，二没有金灿灿的大学文凭，三没有丰富的阅历，我只是一个初涉人世的25岁的小伙子。你们有百分之百的理由怀疑我是否能担得起化肥厂厂长的重任。然而，同志们，朋友们，请你们仔细地想想，我们化肥厂长期处于瘫痪的状态，难道是因为历届的厂长没有党票、没有文凭、没有阅历吗？"

竞聘厂长，年轻、学历低、非党员，对于竞聘人来讲都是不利的因素，但小伙子并没有回避自己的劣势，而是把大家内心的怀疑讲出来，通过一个有力的反问很好地化解了人们心中的疑虑。

(三)主题集中

竞聘演讲一定要重点突出，根据竞聘岗位要求，围绕自己的优势展开阐述。

在一次校长竞聘演讲会上，一位竞聘人就由于谈得太面面俱到而让人产生了反感。他不仅详细介绍了自己大半生的经历，还罗列了与岗位目标关系不大的诸多事项。在谈及措施时，过于面面俱到，从学生学习、体育、德育到校办工厂，从教学，到教工生活，其措施几乎是"全方位"的。其结果是"无中心"。而另一位教师，就主要围绕教学这一学校的中心问题来谈自己的竞聘目标和措施，获得了广大教师的认可。

(四)措施务实

竞聘者在阐述自身优势和实现岗位目标的措施时一定要务实，否则难以说服听众。特别是措施，是竞聘演讲的核心，能显示出演讲者的诚信，所以更要注重其可行性。如下面这位学生会主席竞聘者，在表明了自己竞聘岗位的决心后，提出了行事原则和切实可行的措施，很有说服力。

假如我当选，我将进一步加强自身修养，努力提高和完善自身的素质，我将时时要求自己"待人正直、公正办事"，要求自己"严于律己、宽以待人"，要求自己"乐于助人、尊老爱幼"，等等。总之，我要力争让学生会主席的职责与个人的思想品质同时到位。

假如我就任此届学生会主席，我的第一件事就是召集我的内阁部长们举行第一次全体内阁会议，全面地听取他们的意见与建议，下放权力，实行承包责任制。我们将自始至终地遵循"一切为大家"的原则。在就职期间，我们将在有限的条件下，为我们自己的电视台、广播站建立必要的管理制度，设立师生信箱。我们将定期举行各种形式的体育友谊赛，使爱好体育的英雄有用武之地。爱好文艺的，校艺术团在欢迎你，我们将举办自己的艺术节以及中秋、圣诞大联欢。如有条件来个校园形象大使活动也不错，还有书画会、文学社、中学生论坛、社会实践(包括大家感兴趣的郊游活动)……总之，我们每个人都能在学生会找到自己的位置，我们的课余生活绝对能够丰富多彩！我们将与风华正茂的同学们在一起指点江山，发出我们青春的呼喊！我们将努力使学生会成为学校领导与学生之间的一座沟通心灵的桥梁，成为师生之间的纽带，成为敢于反映广大学生意见要求，维护学生正当权益的组织，新的学生会将不再是徒有虚名的摆设，而是有所作为的名副其实的存在！

(五)思路清晰

思路清晰表现在演讲的层次和实施措施的条理性上。

一般来讲，演讲可以采用的层次为：

(1) 说明竞聘的职务和缘由。

(2) 简单介绍自我的情况，摆出自我的优势。

(3) 提出竞聘的施政措施。在谈到具体的实施措施时，可分条列项详细阐明，以保证听众能清晰把握竞聘者的施政特点，并尽快做出自己的判断。

(4) 表明自己的决心和请求。

当然，在具体的演讲中，竞聘者可以根据具体情况对内容作调整。

二、礼仪致辞

致辞是指在正式场合，作为个人或集体的代表，向对方表示祝贺、欢迎、勉励、感谢或表决心等内容的一种语体，是人们表达感情和沟通思想的重要工具。随着社会经济的发展和人们文化生活的提高，礼仪致辞已从公务层面普及到民间，应用越来越广泛，如婚寿祝词、迎送演说、庆贺献词、聚会发言、追悼讲话等。

(一) 致辞的特点

与一般的即兴演讲及竞聘演讲相比，礼仪致辞具有以下特点。

1. 以情动人

礼仪致辞的主要功能是交流、增进人们的感情，所以，只有真情才能使演讲具有亲和力和感染力。

作家李准"三句话说哭常香玉"的故事，应该是一个十分典型的即兴的礼仪演讲。在表演艺术家常香玉舞台生活 50 年庆祝会上，著名演员谢添，让被誉为"语言大师"的作家李准用三句话把常香玉说哭。在一个喜庆的日子，用几句话让喜气洋洋的资深表演艺术家当众落泪，这个即兴讲话的难度很大。李准皱起眉头犹豫片刻，又摆手显出很为难的样子，但大家甚至常香玉也穷追不舍。最后李准说了下面一段话。

"香玉啊，今天多好的日子——咱们能有今天也真不容易。论起来，您还是我的救命恩人呢。记得我 10 岁那年跟父母逃荒到西安，没吃没喝，眼看成群的难民快要饿死了，忽听有人喊'大唱家常香玉放饭啦，河南人都去吃吧！'一下子涌上去许多人，我捧着一大碗粥，眼泪吧嗒吧嗒流不停，想：日后若能见着恩人，我得给她磕头。哪想到，文化大革命您也挨整，那天，您被押在大卡车里戴高帽挂牌子游街，我站在街头看了，心在滴血啊，我真想喊：让我来换换她吧！她可是大好人啊……"李准还没说完，常香玉已泪流满面。

李准把两个感人的情节片断连接在一起，用苦难时代中自己的亲身感受，突出对常香玉发自内心的感激之情，突出自己对常香玉的人品由衷的赞美之情，并表达了对常香玉蒙冤受屈时的不平之情和感恩之心，感染了常香玉。

2. 短小精悍

社交场合中的礼仪致辞切忌长篇大论，再美好的真情在喋喋不休中也会减弱它情感渲

染的魅力，会导致观众的审美疲劳。

总理先生，我要感谢您做的如此盛情和意味深长的讲话。此时此刻，通过电信的奇迹，在观看、在聆听我们的讲话的人数是空前的。也许，我们在这里的讲学不会长留于人们的心中，但我们在这里所做的事却能改变世界。

正如您在祝酒词中所说的，中国人民是伟大的人民，美国人民是伟大的人民。如果我们两国互相敌视，那么我们共同拥有的这个世界的前途就会暗淡无光。但是，如果我们能找到相互合作的共同立场，那么实现和平的机会就将无法估量地大大增加。

我们将给我们的孩子留下什么遗产呢？他们注定是要因为那些曾祸患旧世界的仇恨而死亡呢，还是因为我们缔造一个新世界的远见而活下去呢？

我们没有要成为敌人的理由。无论我们哪一方都不企图侵占对方的领土；无论我们哪一方都不企图控制对方；无论我们哪一方都不企图伸手去主宰这个世界。

毛主席写过："多少事，从来急；天地转，光阴迫。一万年太久，只争朝夕。"现在正是只争朝夕的时候了，是我们两国人民去攀登伟大事业的高峰，缔造一个新的、更美好的世界的时候了。

本着这种精神，我请求诸位同我一起举杯，为毛主席，为周总理，为能为全世界人民带来友谊与和平的中美两国人民之间的友谊，干杯！

这是尼克松于 1972 年访华时对周恩来总理讲话的答谢词，文章篇幅短小，却饱含谦虚与赞美之情，文辞简洁，情感含蓄，观点鲜明，既肯定了两国人民的友好情谊，也表明了对世界和平的基本立场，是答谢词中的经典之作。

3. 协调气氛

致辞的内容要考虑交际目的和氛围，同时要切合自己的身份并注意与受词人的关系。身份、关系不同，内容、措辞也就不同。如婚礼致辞中父母亲与单位领导在对新婚夫妇祝福时，应该注意使用适合自我身份的婚礼祝词，父母亲应立足父母与子女之情阐发对新婚夫妇的关爱和祝福，而领导应该以新婚夫妇的人品、工作表现为基点表达祝福。

(二)致辞的基本要求

致辞时要遵守以下几点基本的要求。

1. 注重称呼语，祝福语连用

礼仪致辞首先要体现对他人的一种尊重，因此在称呼时要注重用"敬称"，祝福语可以连用，甚至到不厌其烦的程度。如 2005 年 4 月胡锦涛会见国民党主席连战致欢迎词的开头的称呼："尊敬的连战主席和夫人，尊敬的吴伯雄副主席、林澄枝副主席、江丙坤副主席，尊敬的中国国民党大陆访问团的全体成员"，一连用了三个"尊敬的"以突出对对方的尊重敬仰之情。

2. 热情诚恳，充满感染力

礼仪致辞一般都是在场面比较隆重、气氛比较活跃的场合使用，因此在致辞时一定要注意做到热情诚恳，充满感染力。如下面这篇《老师们，节日好》的致辞，情真意切，非常容易打动人。

走过了夏天，迎来了秋天。在这金风送爽的季节，我们盼望，就像花蕾盼望绽放，就像孩子盼望过年，终于盼来了教师节。在这个让人仰慕的日子里，请允许我向全体老师表达我心中最最热诚的问候和祝愿——问候一声：辛勤培育我的老师们，你们辛苦了！祝愿一声：无悔奉献人生的老师们，你们节日好!

3. 言简意赅、风格多样

致辞属于即兴演讲，因此时间不能过长，有时甚至是寥寥几句。而不同场合，致辞也应该有所不同。如在婚礼上，我们可以说得风趣典雅一些，满载对新人的美好祈愿：

朋友们，新郎的名字叫海泉，新娘的名字叫涛。"海"、"泉"、"涛"三个字都与水有关，所以我们可以说，两位新人的名字就蕴含着一种缘分。此外，水还孕育了生命，蕴涵着生机，凡是有水的地方都会呈现出一派蓬勃的景象。这两个名字的结合，预示着他们的爱情，会像大海一样的深厚与深沉；预示着他们的婚姻，会像泉水一样的清澈与甘甜；预示着他们的家庭，会永远充满着生机与欢乐！

(三)几种常见的礼仪致辞

日常生活中，一般有如下几种比较常见的礼仪致辞。

1. 祝贺辞

祝贺辞包括一般性祝辞、纪念性祝辞、日常性祝辞和授奖辞等。

一般性祝辞如会议开幕、工程开工等。演讲时基本思路一般是：评价意义，希望顺利、成功。语言应热情有力，简洁明快。

纪念性祝辞一般是为了祝贺或怀念某个有纪念意义的日子。演讲的思路为：回忆过去，立足现在，展望未来。

日常性祝辞包括祝酒辞、新婚贺词等。因场面热闹、随意，所以一般无固定格式，表达时注意言辞美，格调清新高雅，传达美好的祝愿和真挚的情感。

授奖辞的内容一般包括得奖的原因、事迹，然后表示钦佩、祝贺和祝愿。

2. 迎送辞

宾客莅临和离去、学生入校和毕业、单位增添新成员和某人因工作需要调离，照例要集会，举行欢迎和送别仪式。无论是欢迎辞还是送别辞均应热情、诚挚，以互相勉励为主。

欢迎辞是对宾客的到来表示热烈欢迎。开头先道称谓，然后表示欢迎和感谢等；主体部分讲明来宾来访的意义，或述说主客双方的关系，或主客双方合作的成果等；结尾再次表示欢迎，或表示祝愿和希望。

欢送辞则是对离去者表示热情欢送。开头先称呼被送人的名称，然后表示热情欢送；主体部分讲清宾客来访期间所从事的工作、意义及主客双方合作的成绩；结尾再次表示欢

第六章 即兴演讲

送，以希望、祝愿之类的言语作结。

3. 感谢辞

感谢辞是对别人的欢迎、关怀、送别等表示感谢。一般开头讲明致辞的缘由和基础；主体部分选取最有说明性、说服力、充分表达情感的具体细节，进行有感受、有分析、有认识的表述，集中、全面表达友好的致谢；结尾部分概括、总结主体部分，并再次表达真诚的谢意。

本章知识技能目标鉴定题库

一、案例分析：欣赏并分析下列即兴演讲的特点

(1) 2003 年央视"年度经济风云人物"蒙牛乳业总裁牛根生致感谢辞。

首先，感谢我们的员工、团队，感谢合作伙伴，同时感谢他们辛勤的努力。第二，感谢所有的消费者的支持和厚爱。第三，感谢社会各界对我们的帮助和支持。作为我们自己做牛奶、做雪糕的行业能参加这样的评奖，能参加这样的盛会，而且能上讲台领奖，非常的激动。这不属于我个人的，也不属于企业的，属于成长很快的牛品行业。一杯牛奶强壮一个民族，这有一个误导，现在是三杯牛奶强壮一个民族，一杯是酸奶，一杯是牛奶，还有一杯是奶酪，希望在座的消费者多喝牛奶，身体健康。

(2) 贾平凹在女儿结婚典礼上的致辞。

我 27 岁有了女儿，多少个艰辛和忙乱的日子里，总盼望着孩子长大，她就是长不大。但突然间她长大了，有了漂亮，有了健康，有了知识，今天又做了幸福的新娘！我的前半生，写下了百十余部作品，而让我最温暖也最牵肠挂肚和最有压力的作品就是贾浅，她诞生于爱，成长于爱中，是我的淘气，是我的贴心小棉袄，也是我的朋友。我没有男孩，一直把她当男孩看，贾氏家族也一直把她当作希望之花。我是从困苦境域里一步步走过来的，我发誓不让我的孩子像我过去那样贫穷和坎坷，但要在"长安居大不易"。我要求她自强不息，又必须善良、宽容，二十多年里，我或许对她粗暴呵斥，或许对她无为而治，贾浅无疑是做到了这一点。当年我的父亲为我而欣慰过，今天，贾浅也让我有了做父亲的欣慰。因此，我祝福我的孩子，也感谢我的孩子。

女大当嫁，这几年里，随着孩子的年龄增长，我和她的母亲对孩子越发感情复杂，一方面是她将要离开我们，一方面是迎接她的又是怎样的一个未来？我们祈祷她能受到爱神的光顾，觅寻到她的意中人，获得她应该有的幸福。终于，在今天，她寻到了，也是我们把她交给了一个优秀的俊朗的贾少龙！我们两家大人都是从乡下来到城里，虽然一个原籍在陕北，一个原籍在陕南，但偏偏都姓贾，这就是神的旨意，是天定的良缘。两个孩子都生活在富裕的年代，但他们没有染上浮华的习气，成长于社会变型时期，他们依然纯真清明，他们是阳光的进步青年，他们的结合，以后的日子会快乐、灿烂！

在这庄严而热烈的婚礼上，作为父母，我们向两个孩子说三句话。第一句，是一副老对联：一等人忠臣孝子，两件事读书耕田。做对国家有用的人，做对家庭有责任的人。好读书能受用一生，认真工作就一辈子有饭吃。第二句话，仍是一句老话："浴不必江海，要之去垢；马不必骐骥，要之善走。"做普通人，干正经事，可以爱小零钱，但必须有大胸怀。第三句话，还是老话："心系一处。"在往后的岁月里，要创造、培养、磨合、建设、维护、完善你们自己的婚姻。

今天，我万分感激着爱神的来临，她在天空星界，在江河大地，也在这大厅里，我祈求着她永远地关照着两个孩子！我也万分感激着从四面八方赶来参加婚礼的各行各业的亲戚朋友，在十几年、几十年的岁月中，你们曾经关注、支持、帮助过我的写作、身体和生活，你们是我最尊重和铭记的人，我也希望你们在以后的岁月里关照、爱护、提携两个孩子，我拜托大家，向大家鞠躬！

(资料来源：中国农历文化网)

(3) 侯赛因·伊斯梅尔·侯赛因《中国人能够创造奇迹》(埃及)。

亲爱的朋友们，我的出生地——埃及的金字塔与你们的长城相距万里，但是，我从未觉得自己是中国土地上的陌生客，是中国人中的外国人。每当我离开北京时，心中总怀有深深的眷恋和强烈的回返之感。在我与中国的一切之间，与中国有关的一切之间，出现了一种奇怪的关系，使我于1997年7月1日之前背上行囊，前往香港，以把它的回归深深地镌刻在我的记忆之中；也是这种关系，使我非常珍重在1999年10月1日与你们同在，置身于你们中间；还是这种关系，会在今年12月把我带向澳门，目睹其投向中国怀抱的回归。我真诚地希望能在不远的将来，与你们同庆台湾问题的解决，使中国大家庭得以团圆。就是这种关系，使我在谈起中国时，如我们的一些朋友所说的那样，感情同中国人一样深厚。

(4) 中国国家主席习近平2015新年贺词。

时间过得真快，2014年就要过去了，2015年正在向我们走来。在这辞旧迎新的时刻，我向全国各族人民，向香港特别行政区同胞和澳门特别行政区同胞，向台湾同胞和海外侨胞，向世界各国和各地区的朋友们，致以新年的祝福！

2014年是令人难忘的。这一年，我们锐意推进改革，啃下了不少硬骨头，出台了一系列重大改革举措，许多改革举措同老百姓的利益密切相关。我们适应经济发展新常态，积极推动经济社会发展，人民生活有了新的改善。12月12日，南水北调中线一期工程正式通水，沿线40多万人移民搬迁，为这个工程作出了无私奉献，我们要向他们表示敬意，希望他们在新的家园生活幸福。这一年，我们着力正风肃纪，重点反对形式主义、官僚主义、享乐主义和奢靡之风，情况有了很大改观。我们加大反腐败斗争的力度，以零容忍的态度严惩腐败分子，显示了反腐惩恶的坚定决心。这一年，我们加强同世界各国的合作交往，主办了北京亚太经合组织领导人非正式会议，我国领导人多次出访，外国领导人也大量来访，这些活动让世界更好认识了中国。

为了做好这些工作，我们的各级干部也是蛮拼的。当然，没有人民支持，这些工作是难以做好的，我要为我们伟大的人民点赞。

第六章　即兴演讲

　　这一年，我们通过立法确定了中国人民抗日战争胜利纪念日、烈士纪念日、南京大屠杀死难者国家公祭日，举行了隆重活动。对一切为国家、为民族、为和平付出宝贵生命的人们，不管时代怎样变化，我们都要永远铭记他们的牺牲和奉献。

　　这一年，我们也经历了一些令人悲伤的时刻。马航MH370航班失踪，150多名同胞下落不明，我们没有忘记他们，我们一定要持续努力、想方设法找到他们。这一年，我国发生了一些重大自然灾害和安全事故，不少同胞不幸离开了我们，云南鲁甸地震就造成了600多人遇难，我们怀念他们，祝愿他们的亲人们都安好。

　　新年的钟声即将敲响。我们要继续努力，把人民的期待变成我们的行动，把人民的希望变成生活的现实。我们要继续全面深化改革，开弓没有回头箭，改革关头勇者胜。我们要全面推进依法治国，用法治保障人民权益、维护社会公平正义、促进国家发展。我们要让全面深化改革、全面推进依法治国如鸟之两翼、车之双轮，推动全面建成小康社会的目标如期实现。

　　我国人民生活总体越来越好，但我们时刻都要想着那些生活中还有难处的群众。我们要满腔热情做好民生工作，特别是要做好扶贫开发和基本生活保障工作，让农村贫困人口、城市困难群众等所有需要帮助的人们都能生活得到保障、心灵充满温暖。

　　我们要继续全面推进从严治党，毫不动摇转变作风，高举反腐的利剑，扎牢制度的笼子，在中国共产党领导的社会主义国家里，腐败分子发现一个就要查处一个，有腐必惩，有贪必肃。

　　我们正在从事的事业是伟大的，坚韧不拔才能胜利，半途而废必将一事无成。我们的蓝图是宏伟的，我们的奋斗必将是艰巨的。全党全国各族人民要团结一心，集思广益用好机遇，众志成城应对挑战，立行立改破解难题，奋发有为进行创新，让国家发展和人民生活一年比一年好。

　　中国人民关注自己国家的前途，也关注世界的前途。非洲发生了埃博拉疫情，我们给予帮助；马尔代夫首都遭遇断水，我们给予支援，许许多多这样的行动展示了中国人民同世界人民同呼吸、共命运的情怀。当前世界仍很不安宁。我们呼唤和平，我真诚希望，世界各国人民共同努力，让所有的人民免于饥寒的煎熬，让所有的家庭免于战火的威胁，让所有的孩子都能在和平的阳光下茁壮成长。

　　谢谢大家。

　　在这里，我谨代表中国政府和中国人民，对世界各国人民今年以来给予我们的大力支持和热情帮助，表示衷心的感谢！

　　2009年对中国人民来说是一个具有历史意义的年份。60年前，中华人民共和国的成立揭开了中华民族发展历史新纪元。60年来，中国的面貌发生了历史性变化，中国同世界的关系也发生了历史性变化。在新的一年里，我们将坚定不移地高举中国特色社会主义伟大旗帜，以邓小平理论和"三个代表"重要思想为指导，深入贯彻落实科学发展观，立足扩大内需保持经济平稳较快增长，加快发展方式转变和结构调整提高可持续发展能力，深化改革开放增强经济社会发展活力和动力，加强社会建设，加快解决涉及群众利益的难点、热点问题，促进经济社会又好又快发展。我们将坚持"一国两制"、"港人治港"、

"澳人治澳"、高度自治的方针，同广大香港同胞、澳门同胞一道促进香港、澳门长期繁荣稳定。我们将坚持"和平统一、一国两制"的方针，牢牢把握两岸关系和平发展的主题，加强两岸交流合作，切实为两岸同胞谋福祉、为台海地区谋和平，维护中华民族根本利益。

当前，世界正处在大变革、大调整之中，国际形势总体上保持稳定，但国际金融危机仍在快速扩散和蔓延，世界经济增长明显减速，国际热点问题此起彼伏，世界和平与发展面临各种严峻挑战。加强国际合作，共同应对挑战，是世界各国人民的共同愿望，也是维护国际形势稳定、促进各国共同发展的必由之路。借此机会，我愿重申，中国将始终不渝走和平发展道路，始终不渝奉行互利共赢的开放战略，积极发展同世界各国的交流合作，积极参与国际社会应对国际金融危机的努力，致力于促进世界经济增长、促进人类文明进步，继续同世界各国一道推动建设持久和平、共同繁荣的和谐世界。

此时此刻，世界各地仍有不少民众遭受着战火、贫困、疾病、灾害等苦难。中国人民对他们的不幸遭遇深表同情，将继续向他们提供力所能及的帮助。我们衷心希望，世界各国相互支持、相互帮助，共同促进世界和平、稳定、繁荣，让各国人民过上和平美好的生活。

最后，我在北京祝大家在新的一年里幸福安康！

(5) 国际奥委会主席罗格在第 29 届夏季奥林匹克运动会闭幕式上的致辞。

今晚，我们即将走到 16 天光辉历程的终点。这些日子，将在我们的心中永远珍藏，感谢中国人民，感谢所有出色的志愿者，感谢北京奥组委。

通过本届奥运会，世界更多地了解了中国，中国更多地了解了世界，来自 204 个国家和地区奥委会的运动健儿们在光彩夺目的场馆里同场竞技，用他们的精湛技艺博得了我们的赞叹。

新的奥运明星诞生了，往日的奥运明星又一次带来惊喜，我们分享他们的欢笑和泪水，我们钦佩他们的才能与风采，我们将长久铭记再次见证的辉煌成就。

在庆祝奥运会圆满成功之际，让我们一起祝福才华洋溢的残奥会运动健儿们，希望他们在即将到来的残奥会上取得优秀的成绩。他们也令我们备感鼓舞，今晚在场的每位运动员们，你们是真正的楷模，你们充分展示了体育的凝聚力。

来自冲突国家竞技对手的热情拥抱之中闪耀着奥林匹克精神的光辉。希望你们回国后让这种精神生生不息，时代永存。

这是一届真正的无与伦比的奥运会，现在，遵照惯例，我宣布第 29 届奥林匹克运动会闭幕，并号召全世界青年四年后在伦敦举办的第 30 届奥林匹克运动会上相聚，谢谢大家！

(6) 北京奥组委主席刘淇在第 29 届夏季奥林匹克运动会闭幕式上的致辞。

尊敬的胡锦涛主席和夫人，尊敬的罗格主任和夫人，尊敬的各位来宾，女士们、先生们、朋友们，第 29 届奥林匹克运动会已经胜利地完成了各项任务，在北京奥运会即将落

第六章 即兴演讲

下帷幕的时刻，我谨代表北京奥组委向国际奥委会、向各国际单项体育组织、各国家和地区奥委会、向所有为本届奥运会做出贡献的朋友们表示衷心的感谢！

在过去的 16 天中，来自世界 204 个国家和地区的运动员弘扬奥林匹克精神，在公平的竞争环境中顽强拼搏，展示了高超的竞技水平和良好的竞赛风貌，创造了骄人的运动成绩，共打破 38 项世界纪录，85 项奥运会纪录。当凯旋的号角吹响的时候，让我们向取得优异成绩的运动员表示热烈的祝贺！

二、实训题

1. 每人掏出一张小纸片各写一个词，选出三个，连成一段话。要求：如示例一样，不要纯粹为了连成一段话而连成一段话，注意内容的真实性及意义。

【例】

春天、衣服破了、环境保护

人的衣服破了，可以补，也可以处理掉，换新衣服。地球母亲的衣服是臭氧层，现在也破了一个大洞。这件衣服补起来很难，更无法处理掉换新的。所以我们必须注意环境保护，不然再让臭氧层破坏下去，地球必然受到严重的伤害，地球上将永远没有春天。

2. 扩句成篇。可以小组为单位完成，每位同学说一句，连句成篇。要求：每句之间有连贯性，语意顺畅。

(1) 在商品经济的大潮下，金钱并非万能，至少有钱不等于幸福。

(2) 勤工俭学，有利于提高学生素质，应该提倡。

(3) 学生"下海"，利少弊多，不宜提倡。

(4) "机不可失，时不我待"，"莫等闲白了少年头"。

3. 2 分钟自我介绍式的演讲，事先准备 3~5 分钟时间，然后上台演讲。

4. 请为自己选择一个竞选角色(班长、团支书或其他职务)，然后进行即兴的竞聘演讲。

5. 请为你自己的同学聚会拟定一份主持辞。(时间 2 分钟)

6. 在不同的节日针对不同的受体，即兴说一段话。如母亲(父亲)节对父母说，教师节对老师说(以前的和现在的)，新年对家人、朋友、同学的祝福，中秋节班会上的祝福等。

7. 你参加同学的生日宴会，大家都是平时的好友，场面豪华，菜肴昂贵，你很想劝大家勤俭节约，如果请你即兴致辞，你打算如何发言？要求即兴演讲，有明显的临时性，更有现场气氛。请以小组为单位进行现场模拟练习，然后每个小组推选 1~2 名代表在全班演讲。

8. 根据下列话题，稍作准备后立即进行演讲。

(1) 很难想象人类失去了爱，世界会变成什么样子？是回到茹毛饮血的原始状态，抑或只是一个个行尸走肉，如同禽兽。一位义工朋友说：我们都一样需要爱与被爱，纯粹而简单。另一位义工朋友说：感激成长中有大家的支持和照顾，心中时时被感动与幸福所填

147

满,时间不会冲淡这份长存的友情,因为"爱"每天都在。爱是什么?请以"我们一样需要爱"为题作即兴演讲。

(2) 有人说:富家不用买良田,书中自有千钟粟;安居不用架高楼,书中自有黄金屋;娶妻莫恨无良媒,书中自有颜如玉;出门莫恨无人随,书中车马多如簇。培根说:"知识就是力量。"也有人说:"知识改变命运。"对否?错否?请以"知识真的能够改变命运吗"为题作即兴演讲。

(3) 不借助其他工具,任何人都无法看到自己的头顶。对自身认知的不完整,让我们容易自以为是、骄傲自满,以为极限已至,再无超越之可能。"人最难超越的高度是自己",但不是不可超越。曾子曰:"吾日三省吾身。"荀子曰:"君子性非异也,善假于物也。"深刻自省与虚心纳谏相结合,可以使我们不断进步。请以"人最难超越的高度就是自己"为题作即兴演讲。

(4) 山高人为峰。当我们经过奋勇攀登,站在高山之巅时,一座新的山峰拔地而起,一个新的高度应运而生。这个高度等于山峰原本的海拔加上人类的身高,这座新的山峰注定要比曾经的山峰更加巍峨!山峰化作人脚下的根基,人的高度决定了山峰新的高度,这一刻,人比山更高!山峰是基石,是成功必需的客观条件,个人的努力才是决定结果的根本因素。没有辛苦付出,人类永远不可能战胜艰难险阻;只要勤奋努力,我们一定能征服任何一座高山,战胜任何一次挑战。大步向前,万里关山只等闲。请以"没有比人更高的山"为题作即兴演讲。

(5) 这是一首歌:昨天所有的荣誉,已变成遥远的回忆;勤勤苦苦已度过半生,今夜重又走入风雨;我不能随波浮沉,为了我挚爱的亲人;再苦再难也要坚强,只为那些期待眼神;心若在梦就在,天地之间还有真爱;看成败人生豪迈,只不过是从头再来。请以"从头再来"为题作即兴演讲。

三、优秀即兴演讲欣赏

(1) 《君子爱财,取之有道》

我们所处的时代是一个物欲横流的时代,钱虽不是万能的,但没钱却是万万不行的。敢问天下何人不需要财?要生存,就得有财。事实上,我们不仅需要财,我们甚至还很爱财。这并没有错,甚至是一国经济发展的动力所在。

根本的问题是这财如何得来。我想古人的一句话恰恰能对这一问题作最好的回答——君子爱财,取之有道。

然而,一些人却通过以钱谋私、假公济私、中饱私囊;通过制假贩假、坑蒙拐骗、巧取豪夺;通过拐妇贩婴、偷鸡摸狗、杀人越货、走私贩毒等卑劣的手段来发不义之财。在咱们中国台湾省的陈水扁,打着民主自由的旗帜,干着贪污腐败的勾当,全家总动员,各种捞钱的手段应有尽有,被揭发后,依然能颠倒黑白、强词夺理、强奸民意,不肯下台。如此另类的官场,玩弄政治权术手段之高明,不可不堪称世界奇迹,也成中国官场的笑柄。

第六章 即兴演讲

难道这些就是我们追求财富的方式？难道我们在获取财富的过程中，就只有一条路吗？不，决不。我们应该行一种有道的途径，这种途径在何方呢？谁能告诉我们呢？

其实就在这里，这个讲台，在这短短的七天的时间里，站在这讲台的一个人已经明明白白地把路告诉我们了，这个人就是每天给我们讲课不喝一口水的老师。从老师的身上，我们看到了什么是为人师表，什么是君子之风，什么是君子取财之道。老师通过传授知识，用智慧、汗水和辛勤，获得了微薄酬劳。这就是取财之道。不管我们从中收获的是微薄之利，还是巨额财富，我们都能取之而心安理得。我们应该追求的就是这种因自己的智慧和汗水而收获的取财方式。在这短短的七天的时间里，我们在课堂上，始终可以听得出老师在用自己的人格魅力，潜移默化地向我们传授一种理念——做人的理念：做一个真诚的人；一种方法——取财的方法：以自己的智慧和汗水去取财的方法。

我相信，只要我们切实体会到了这七天老师用人格向我们传达的理念，为了实现自己的人生价值，在将来的人生旅途上，在追寻财富的过程中，我们必定会做到：君子爱财，取之有道。

(资料来源：中华演讲网)

(2)《四海之内皆兄弟——在第二届"理解与友谊国际文学奖"授奖仪式上的答谢词》(韩素音)

首先，要感谢大家，感谢所有的中国朋友，感谢所有那些我尚无缘识别，但也许要阅读这篇演讲稿的人们，感谢伟大的卓越的中国人民及其领导人。几乎 40 年来，是他们鼓舞着我的工作。不但鼓舞着我写作，也鼓舞着我行医；不但鼓舞着我行医，也鼓舞着我研究人生。今天，如同我 21 岁时一样，我发现我的根在中国。4 天之前，初度七十有八，感觉依然如故。

我是一个十分幸运的女性，因为我的工作，无论是作为一个医生，一个作家，一个演讲者，一个经济学、社会学和政治学的学者，还是作为人妻、作为人母，现在又作为祖母和曾祖母，所有这些工作之所以成为可能，那是因为有了你们，我的朋友们——伟大的中国人民。

由于我本人是中西合璧的混血儿，介乎两种文化之间，因而一贯地认为，促进世界上各民族之间的相互理解，乃是十分自然的事。思考方法之歧异，不应导致仇恨和排斥，而是应该学习和努力理解。我身体力行，只是遵循着中国古代哲学而已：四海之内皆兄弟也。

第七章 辩 论

我国古代思想家墨子曾说:"夫辩者,将以明是非之分,审治乱之纪,明同异之处,察明实之理。处利害,决嫌疑。"也就是说,辩论的作用就在于划清是非的界限,探察世道治乱的标准,判断区别事物同异的根据,权衡利害得失,解决存在的疑惑。当代社会,科学技术日新月异,文明程度不断提高,人们的社会交往和思想交流日趋频繁,研究辩论之道,总结辩论规律,掌握辩论技巧,对于每一个人来说,都是大有益处的。

第一节 辩 论 概 述

鲁迅在厦门大学研究院任教时,校长林文庆常克扣办学经费、刁难师生。一次,林把研究院的负责人和教授都找来开会,提出要将经费再减掉一半,大家听后纷纷反对,可是又说服不了林。林怪声怪调地说:"关于这件事不能听你们的,学校的经费是有钱人拿出来的,只有有钱人,才有发言权!"说完后,林洋洋得意地往后一摊,在场的人都怔住了,面面相觑,无话反驳。突然,鲁迅"啊"地站起来,从口袋里摸出两个银币,"啪"的一声放在桌上,铿锵有力地说:"我有钱,我也有发言权!"鲁迅借林的话随机应变,冷不防的反驳使林措手不及。接着鲁迅慷慨陈词,大谈经费只能增不能减的道理,一款一项,有理有据,林文庆被驳得哑口无言。

(资料来源:21世纪新逻辑研究中心网)

思考:在人们的日常社会生活中,辩论有怎样的用途?参加辩论有什么作用?

在人们的日常社会生活中,辩论有着广泛的用途。参加辩论可以明辨是非,提高人们的思想认识水平,还能锻炼思维的条理性和敏捷性,培养和提高口头表达能力。

一、辩论的概念

所谓辩,就是辩解、辩驳、辨析;论,就是议论、论述。辩论,就是双方站在相互对立的立场上,用一定理由来说明自己对事物或问题的见解,揭露对方的矛盾,以求明辨是非、分清曲直的一种口语交际过程。"辩"强调的是从反面来批驳对方观点的错误性,"论"强调的是从正面立论,证明己方观点的正确。在辩论过程中,"辩"是中心,"论"为"辩"服务。

辩论可以分为自由辩论与专题辩论两类。自由辩论是指没有事先的组织,没有事先确定的专题题目，大家自由发言，发表对某件事的不同看法。日常生活中的辩论多属此类。专题辩论有基本的形式，有明确的目的性，如外交论辩、法庭论辩、论文答辩等。亚洲大专辩论会则属此类。

二、辩论的特点

与讨论、谈判等口语表达方式相比，辩论具有以下一些特点。

(一)双边性

辩论是双边活动，辩论中存在着持不同意见的双方或多方，至少要有两人参加。有不同意见的双方或多方存在才能实现思想交锋，如果只有单一方面只能是议论。

(二)对立性

如果没有针锋相对的"辩"的过程，辩论就失去了存在的意义。因此辩论双方的观点必须是对立的，或是或非，针锋相对。

(三)严密性

观点全面、论据充分真实、逻辑严密周到，这是辩论获胜的基本要求。辩论双方必须遵循基本的逻辑定律、社会公理、科学规律等是非真伪标准和价值取向。

(四)应变性

没有机敏的思维，就很难做出迅速判断，也就很难在唇枪舌剑中取胜。

三、遵循的原则

辩论应遵守如下一些基本原则。

(一)辩德原则

辩论是对真理的探询与追求，因此辩论中首先要坚持理胜为上，以理服人。同时辩论双方的地位是平等的，因此在辩论过程中，辩论双方都要尊重对方的人格，不能揭人隐私，嘲笑他人的生理缺陷等。曾有辩手声称在辩论赛中可以不遵循本条原则，理由是揭人隐私、嘲笑缺陷可以激怒对手，使其在盛怒之下思维失控，言语表述漏洞频现，利于己方反攻获胜。而现实中，这样的取胜又能获得多少喝彩？因此，在辩论赛培训中，教练会要求辩手不说"对方篡改了我方命题"，也不说"偷换"，而说"改变"，以体现对对方的一种尊重。

(二)逻辑原则

逻辑是辩论最有力的武器。在辩论中必须遵循基本的逻辑定律。

1. 同一律

在同一思维过程中，每一个思想都有其确定性，即在思维过程中，使用有确定内涵和外延的概念。

2. 矛盾律

在同一思维过程中，一个思想的肯定和否定不能同时是真的，其中必有一个是假的。如一个克里特岛人认为"所有的克里特岛人说的话都是谎话"就违反了矛盾律。

3. 排中律

在对抗性的观点中，必有一方是正确的，不能出现对抗性的观点同真或同假的情况，否则就失去了辩论的意义。如一个人判断"这朵花是真的"不对，"这朵花是假的"也不对，就违反了排中律。

(三)充足理由原则

辩论要求论证严密，论据充足、典型、真实。例如：在菜市场里，菜场的营业员建议顾客买点鲜笋，顾客认为笋没有营养。营业员说："谁说的，笋要是没有营养，吃竹子的熊猫怎么长得那么胖？"就违反了充足理由原则。

(四)反诡辩原则

在论辩中，要杜绝用一些以偏概全、貌似正确的"逻辑"进行辩论的所谓"辩论技巧"，平时我们将之称为"诡辩"。春秋战国时期的公孙龙在其《白马论》中提出的主要命题"白马非马"，即犯了诡辩的错误。下例亦是指如此。

我国古代没有照相技术，所以科举考试时，为了避免冒名顶替，考生必须填写清楚自己的外貌特征，以便考官在考堂上查对。相传在明朝时，有个考生填写自己的面貌特征时，其中有一项写了"微须"。考官巡堂时看到这个考生脸部有一点胡须，便怒道："你冒名顶替，考单上明明写着没有胡须嘛！"考生十分诧异，申辩道："我明明写着有一点点胡须，怎么就没有呢？"考官说："'微'即没有。范仲淹《岳阳楼记》有'微斯人吾谁与归'，说的就是没有先天下之忧而忧、后天下之乐而乐的人，我跟谁一道呢？"考生反驳说："古书上说'孔子微服而过宋'，这里微服就是不暴露官员身份的装束，如果'微'只作'没有'讲，难道说孔子脱得赤条条的到宋国去吗？"

第二节 辩论的技巧与礼仪

辩论的成功与失败，材料很重要，但辩论的技巧与礼仪同样重要。

一、辩论的逻辑技巧

辩论应遵循一定的逻辑，我们应主要把握如下几种逻辑技巧。

第七章 辩论

(一)把握要点

在辩论中,对于己方所持的观点,要进行细致的分析,把握辩题最重要的立论点,展开阐述。同时要善于抓住对方辩题的最薄弱环节,攻击才能见效。这也要细致耐心地进行逻辑分析。

一次亚洲大学生辩论会上,中国内地的大学生与香港大学生的决赛中,香港方的观点是发展旅游事业好,并问中国的学生是否赞同。若直接赞成或反对,都将使自己陷入被动局面,中国学生采用的是从最佳角度切入的方式,提出如果不分时间、环境,盲目地发展旅游事业则是有害的。

此案例中,中国内地学生根据辩题,以十分严密的逻辑确立了己方的立论,有利于后面展开辩题的阐述。

(二)抓住漏洞

在辩论过程中,如果一方由多人组成,那么出现观点的矛盾是不可避免的;即使是同一个人,在辩论中,也往往会出现自相矛盾的现象。一旦出现这样的情况,就应当马上抓住,竭力扩大对方的矛盾,扩大对方的观点裂痕,迫使对方陷入窘境,使之自顾不暇,无力进攻。

一次,林肯得知他青年时代的好友、已经去世的老阿姆斯特朗的儿子小阿姆斯特朗被人诬告图财害命,并且已被法庭判定有罪。出于友情,林肯决定为小阿姆斯特朗提请复审。林肯首先查阅了法院的全部卷宗,然后又到案发现场进行了实地勘察。经过勘察,林肯发现法庭据以定罪的主要证据是虚假的。本案中的关键人物是证人艾伦,他在陪审团面前发誓说:1857年10月18日夜11时,他曾亲眼看见威廉和一个名叫梅茨克的人殴斗,当时皓月当空,月光下他看见威廉用枪击毙了梅茨克。按照法庭的惯例,林肯作为被告的辩护律师与原告的证人艾伦进行了对质。

林肯:你发誓你看见的是被告?

艾伦:是的。

林肯:你在草堆后面,被告在大树下,相距二三十米,能看清吗?

艾伦:看得很清楚。因为月光很亮。

林肯:你肯定不是从衣着等方面辨认的?

艾伦:我肯定看清了他的脸,当时月光正照在他脸上。

林肯:你能肯定是晚上11点吗?

艾伦:完全可以肯定。因为我回屋看了时钟,那时是11点15分。

林肯:你担保你说的完全是事实吗?

艾伦:我可以发誓,我说的完全是事实。

林肯(对众人):我不能不告诉大家,这个证人是个彻头彻尾的骗子。

接着林肯出示了美国的历书,证明10月18日午夜前3分钟,即当晚10点57分,月亮已经落下看不见了。这个铁的事实已明白无疑地说明艾伦是在说谎。林肯依此做了激动人心的辩护:"证人发誓说他于 10 月 18 日晚 11 点钟在月光下看清了被告阿姆斯特朗的脸,但历书已证明那天晚上是上弦月,11 点钟月亮已经下山了,哪来的月光?退一步说,就算证人记不清时间,假定稍有提前,月亮还在西边,而草堆在东大树在西,月光从西边照过来,被告如果脸朝大树,即向西,月光可以照到脸上,可是由于证人的位置是在树的东面的草堆后,那他就根本看不到被告的脸;如果被告脸朝草堆,即向东,那么即使有月光,也只能照着他的后脑勺,证人怎么能看到月光照在被告脸上,而且能从二三十米的草堆处看清被告的脸呢?"

此案例中,林肯抓住了艾伦的证据漏洞,进行了无懈可击的辩驳,艾伦最后承认自己是被人收买来陷害被告的,小阿姆斯特朗被当庭释放。

(三)引"蛇"出洞

在辩论中,当正面进攻效果较差时,可以采取迂回的方法,从看来并不重要的问题入手,诱使对方发表观点,然后找到一个缺口,瓦解对方的防线。

有一次,作家刘绍棠在南开大学作文艺理论讲座,有位女同学提问:"刘老师,我不同意您关于作家创作时即使对于真实的东西,也是有所写有所不写的观点。既然是真实的,就是存在的,存在的就应该表现,这才叫'实事求是'。实事求是不是毛泽东思想的基本观点吗?"刘发现提问的是个非常漂亮的女孩,于是就说:"那好,我可以回答你的问题,不过我要先看看你学生证上的照片。"女同学迷惑不解。刘说:"我想看看你学生证上是否贴着长疮时照的相片。""刘老师,您真逗,谁会在脸上长疮时去拍照片呢?""这就对了,你不会在长疮时去拍照,更不会将长疮的照片贴在学生证上。这说明你对自己是看本质的,因为你是漂亮的,长疮时的不漂亮只是暂时的,它不是你真实的面目,你不愿意贴这样的照片想法是公正的。共产党有这样那样的问题,需要批评,但有很多事情是有特殊原因的,涉及很多方面的问题,应由党内采取措施去改正。可你非要将它揭露出来,这岂不是将长疮的照片贴在共产党的工作证上吗?为什么你对自己那么公正,对别人却不公正呢?"刘的精彩论辩使那位女同学心服口服。

此案例中,刘绍棠没有正面回答女生的问题,而是从要求看女生的照片这样一件与问题无关的事情出发,一步步诱使对方发表观点,最终证明了自己的观点。

二、辩论的语言表达技巧

在语言表达方面,我们应掌握如下几种辩论技巧。

(一)明确概念

辩论时,要对一些基本的概念进行有利于自己的明确界定,为自己的辩论争取优势。

比如,1993 年国际大专辩论赛剑桥大学与复旦大学关于"温饱是否是谈道德的必要条件"的辩论,双方所使用的一个很重要的方法就是从解释基本概念"道德"着手。一开始,剑桥大学一辩首先就是界定词语:"温饱是人最基本的衣食需要,而谈道德是指推行

道德。温饱是谈道德的必要条件就是说,我们不能脱离温饱而空谈道德……什么是道德?有人说,道德是判断是非好坏的价值标准。……什么是道德?有人说,道德是人的行为准则。"接着,辩手就在此基础上立论并提出问题。复旦大学一辩也是从概念入手:"道德是调节人们行为的规范,由社会舆论和良心加以支持。众所周知,谈道德实际包括个人修养、社会弘扬和政府倡导三层含义。"

关于道德的概念很多,很难以唯一的概念去界定,在辩论中要对最基本的概念作有利于自己的阐释。

(二)排比增势

将句式相同或相似的语句连续使用,以增强论辩的气势。

鲁迅的《友邦惊诧论》中这样说:

"日本帝国主义的军队强占了辽吉,炮轰关东,他们不惊诧;阻断铁路,追炸客车,捕禁官吏,枪毙人民,他们不惊诧;中国国民党统治下的连年内战,空前水灾,卖儿救穷,砍头示众,秘密杀戮,电刑逼供,他们不惊诧;在学生的请愿中有一点纷扰,他们就惊诧了!好个国民党政府的'友邦人士',是些什么东西!"

(三)逐一反驳

逐一反驳是指针对对方的说法一条条反驳。此技巧务求条理清晰。

冯玉祥任陕西督军时,得知有两个外国人私自到终南山打猎,打死了两头珍贵的野牛。冯玉祥把他们召到西安,责问道:"你们到终南山行猎,和谁打过招呼?领到许可证没有?"

对方答:"我们打的是无主野牛,用不着通报任何人。"

冯玉祥听了,带着气愤说:"终南山是陕西的辖地,野牛是中国领土内的东西,怎么会是无主呢?你们不经过批准私自行猎,就是犯法行为,你们还不知罪吗?"两个外国人狡辩说:"这次到陕西,贵国的外交部发给的护照上,不是准许带猎枪吗?可见我们行猎已经得到贵国政府的准许了,怎么是私自行猎呢?"

冯将军反驳说:"准许你们携带猎枪,就是准许你们行猎吗?若准许你们携带手枪,难道就可以在中国境内随意杀人吗?"

其中一个外国人不服气,继续狡辩说:"我在中国 15 年,所到的地方没有不准打猎的,再说,中国的法律也没有外国人在境内不准打猎的条文。"

冯将军冷笑着说:"没有外国人不准打猎的条文,不错。但难道有准许外国人打猎的条文吗?你 15 年没遇到官府的禁止,那是他们都睡着了。现在我身为陕西的地方官,我没有睡着,我负有国家人民交托的保土卫利之责,就非禁止不可。"

至此,两个外国人只能承认错误。

针对两个外国人罗列的理由,冯玉祥一一进行反驳,致使对方无言以对。

(四)以牙还牙

在对方言辞的引导下,立即找到一个相似的,却对己方有利的事实出来,并回敬。此技巧要求辩手平时注意增加知识的储备量,并在辩论中保持冷静。

明朝初年,某地有知府姓曹,自称是三国时期曹操的后代。一日,曹知府去戏院看戏,正逢演《捉放曹》。扮演曹操者姓赵名生,演技高超,把曹操的奸诈、阴险表演得惟妙惟肖。曹知府见自己的祖先被侮辱,不禁大怒,当即派公差传赵生进府治罪。公差欲带赵生,赵生不知其故,公差以实情相告,赵生听后,微微一笑,胸有成竹地随公差进了府。

曹知府见赵生昂然而来,拍案喝道:"下等贱民,见本官为何不跪?!"

赵生瞪眼反问:"大胆府官,既知曹丞相前来,怎不降阶而迎?!"

曹知府气得脸色铁青:"你,你,谁认你是丞相?你是唱戏假扮的!"

赵生冷笑一声:"哼,大人既知我是假扮者,那又为何当真,要派人带我进府治罪呢?"

曹知府张口结舌,无话可说,连忙赔礼道歉,送走赵生。

(五)取喻说理

将抽象的化为具体,将深奥的理论说得浅显,让平淡无奇的语言变得生动,这是辩论中比喻可以起到的作用。

1988年,复旦队参加的一场辩论赛,支持的辩题是"儒家思想不能抵御西方歪风":"从事实上看,儒家思想也没能抵御住西方的歪风。我们说抵御当然是指有效的抵御,就像穿一件棉袄可以御寒,要以你不感到冷为前提。可是儒家思想是一件美丽的丝绸衣服,在西方歪风冰天雪地人人自危的时候,它是起不到抵御作用的。"

以棉衣和丝绸衣服的浅显比喻,说明在一个道德人人自危的环境中,儒家思想所能起到的道德拯救作用是有限的。

(六)转移话题

在辩论中,一方不可能永远处于主动,当受到论敌的围困,碰到一些棘手的问题时,不要勉强去回答。不妨转移话题,将对方的注意力吸引到另一个侧面,使自己处于比较主动的位置。

孟子去见梁惠王,梁惠王问:"夫子前来,给我国会带来很大的利益吧?"孟子答道:"您为什么定要说利益呢?只要讲仁义就行了。"

这里,在批评对方的同时巧妙引入自己的话题,轻捷隐秘,不露痕迹。

(七)两难诘问

从对方的辩答或提问中,抽出一个说法或问题进行诘问,可以挫败对方的锐气。

如在"思想道德应该适应还是超越市场经济"的辩论中,论辩双方谈到雷锋精神时的诘问。

反方：……我问雷锋精神到底是无私奉献精神还是等价交换精神？

正方：对方辩友这里错误地理解了等价交换，等价交换就是说，所有的交换都要等价，但并不是说所有的事情都是在交换。雷锋还没有想到交换，当然雷锋精神更谈不上等价了。

反方：那我还要请问对方辩友，我们的思想道德的核心是为人民服务的精神，还是求利的精神。

正方：为人民服务难道不是市场经济的要求吗？

第一回合反方有备而来，设定了一个语言陷阱。如果正方以定势思维被动答问，就难以处理反方预设的"二难"：选择前者，则刚好证明了反方"思想道德应该超越市场经济"的观点；选择后者则有悖事实，更是谬之千里。但是，正方辩手却跳出了反方"非此即彼"的设定，反过来单刀直入，从两个选项中抽出"等价交换"，以强烈的反击推翻了它作为预设选项的正确性。最后又以反问来求得辩论中的主动权。

(八)巧语反击

辩论中根据前一人的话语顺水进行巧妙的反击，并营造一种发人深省的幽默效果。

当林肯正在擦他自己的皮鞋时，一个外国外交官向他走来。

"怎么？总统先生，您竟擦自己的鞋子？"

"是的。"林肯回答，"那么您擦谁的鞋子？"

三、辩论的礼仪

辩论也要遵守如下一些基本的礼仪规范。

(一)理礼双赢

辩论赛既要赢"理"，又要不失"礼"，这样才能征服对方的心，从而收到最佳效果。

抗美援朝时期，一位美国记者采访周总理，看到他使用美国派克钢笔，趁机借题发挥："请问总理阁下，你们堂堂的中国人，为什么还要用我们美国生产的钢笔呢？"提问显然不怀好意。可是周总理却依然笑容可掬，彬彬有礼地说："提起这支笔呀，那可说来话长了。这不是支普通的笔，是一个朝鲜朋友抗美的战利品，作为礼物送给我的。我无功不受禄，就想谢绝。哪知那朋友说，留下做个纪念吧！我觉得有意义，就收下了这支贵国的钢笔。"周总理的话，绵里藏针，有理有礼，美国记者搬起石头砸了自己的脚，又有哑巴吃黄连之苦衷。

(二)冷静清醒

辩论中一定要保持冷静的思考和清醒的头脑，防止失态，以免辩论演化为争吵。日常

生活中经常见到辩论因为过于激烈而导致"火冒三丈"。即便对方出言不逊，你也一定要保持风度，这样在心理上就获得了优势。

美国总统大选的最后一场电视辩论在纽约长岛的霍夫斯特拉大学举行，麦凯恩和奥巴马围绕美国的经济与医疗保障问题展开了激烈的辩论。麦凯恩一改以前辩论不涉及个人的做法，将火力集中于与越战时期美国国内的激进分子阿耶斯"说不清、道不明"的关系，以及攻击奥巴马的竞选队伍在选举人登记上进行舞弊。此外，麦凯恩还指责奥巴马的税收政策。一句话，麦凯恩在这场辩论中以一系列犀利的火力对准奥巴马，让后者穷于应对，甚至在慌乱或急躁中铸成大错。但奥巴马没有表现出急躁和失态。他依然以一贯的冷静和镇定，逐条对麦凯恩的指责加以反驳、解释，并适时将辩论主题拉回到经济议题。针对人身攻击，奥巴马如此回应："在接下来的三周内我不在乎自己成为麦凯恩攻击的靶子，但美国人不能容忍再来四年失败的经济政策。"奥巴马冷静、清醒，展现出良好的风度，反衬着麦凯恩这位饱经风霜的老者显得更为局促不安，甚至有些愤世嫉俗的形象。诚如《华盛顿邮报》一篇文章所言，在面临逆境时，人们往往更需要的是安慰与信心。人们需要的是一个给他们带来信心和希望的充满魅力的领导人，而不是一个愤世嫉俗、喋喋不休地对他人进行人身攻击的领导人。

(三)机智巧妙

无论是日常辩论还是赛场辩论，机智巧妙的回答不仅会化解辩论中过于直露的锋芒，同时也会使辩论成为一个令人愉悦的过程。

有一次，一个外国记者问陈毅："你们是用什么武器打下美国先进的高空侦察机的？""这属于国防机密，"陈毅机智地说："我们是用竹竿将它摘下来的。"

赛场辩论

一、赛场辩论概述

(一)赛场辩论的概念

赛场辩论是有组织地按照一定的规则、一定的程序所开展的竞赛活动。赛场辩论不像法庭辩论、外交辩论那样有明显的对错是非曲直之分，而是仁者见仁，智者见者。因此，赛场辩论的主题力求中性，不容易作简单的是非判断，这样才有辩的必要与可能。双方选手的立场都是由抽签决定的，辩论过程中根据辩题组织辩手，按照辩论程序展开辩论，其胜负一般由评委根据辩论双方的表现进行综合评价。赛场辩论以培养机辩能力、培养辩才为目的。它起源于由英、美等国的专家与学者发起和组织的"国际雄辩运动"。

(二)赛场辩论的特点

(1) 演练性。赛场辩论的主要目的，是通过比赛来训练与检验双方的能力和技巧。辩论的结果，胜方观点不一定代表真理，而败方的观点不一定是谬误。

(2) 程序性。辩论比赛为体现竞赛的公平合理化，必须事先制定一套严格的比赛规则，其中包括辩题的选择，双方人数的限制，辩论程序、时间的规定，赛场主席、评判员的聘请以及评分的标准等。

(3) 攻防性。辩论要讲究攻防的平衡。在辩论中辩护是防守，反驳就是进攻。只讲防守，忽视对对方观点的反驳；或者只讲进攻，一味被对方牵制，最终都会失去自己的阵地。

二、赛场辩论前的准备

(一)全方位审题

辩论是争论辩题，辩题是整个辩论的核心，因此明确辩题是辩论的先决条件。任何参加辩论的人，都希望本方发言能够立论严谨，论证严密，在辩论中最终取胜。要实现这一目标，在辩论前就必须进行尽可能周密的审题，对论题进行多层次、多角度的考察，做到有备无患。全方位审视辩题，有以下两种方法比较常用。

1. 限制法。这是指辩题对本方不利时，对辩题巧妙地做出一些限制的方法。比如"中学生异性交往利大于弊"这一论题明显对反方不利，因为中学生异性交往的利弊问题，在现代人的观念中几乎无须论证，如果否认利大于弊，几乎是不可思议的。"穷则思变"，面对这样一个被动的处境，反方在战略上对辩题作了巧妙的限制，将原来的辩题变为"中学生异性交往任其发展必定弊大于利"。运用限制法时，一定要使限制恰当巧妙，一方面要在限制辩题后，使本方游刃有余、口若悬河、滔滔不绝；另一方面，又要限制得天衣无缝，让人感觉没有任何改变辩题的痕迹。

2. 定义法。定义就是为某个词做出确切的规定，古代称之为"正名"。定义法就是指为辩题中某些关键字眼做出有利于己方的规定，从而变不利为有利，在辩论中争得主动。例如，在1986年亚洲大专辩论会上，辩论双方抽到了"外来投资能够确保发展中国家经济高速增长"这一辩题。从命题上看，正方处于不利地位。对此，正方巧释题眼，别开新意，开场就摆出"确保"并不是指"百分之一百地保证"，并通过例证说明，为己方论点开辟了广阔的活动舞台，牢牢把握了辩论场上的主动权，并最终获胜。怎样定义论题呢？一般来说有如下几种方法：一是查询相关辞书，二是诉诸某些理论权威的著作，三是依据某种理论定义概念。

(二)多方面搜集材料

在一场辩论中，材料是构成命题和辩词的依据，没有材料，命题就会成为无源之水，辩词也就言之无物，是难以让人信服的。古往今来，大凡论坛上的辩论家，都是一些学识渊博、智能超群的人。在与别人的论辩中，他们能从各个方面援引证据，从不同角度阐发事理，用渊博的知识论证自己所说的道理，批驳对方的不正确说法，引申主题思想，给人以启迪和诱导。所以，辩论前的材料搜集工作要做得尽可能广泛一些，宁滥毋缺，有备无患。凡是有助于全面、深入阐述辩题的材料，都应该广为搜集，以备不时之需，否则在构思辩词的时候就会捉襟见肘。比如，在1993年的首届国际华语大专辩论会上，反方复旦大学队与正方剑桥大学队就辩题"温饱是谈道德的首要条件"唇枪舌剑，势均力敌。后来，反方多处引经据典，佐证观点，增强了可信度，显示了势不可当的雄辩威力。

(三)保证论辩的逻辑性

论辩必须具有严密的逻辑思路，在进行逻辑思维时人们的思想前后必须保持同一。首先，在论辩的准备阶段，辩论的双方都要明确己方的理论基点；其次，要明确理论基点和各个分论点及其间的逻辑关系；最后，要明确论证方法。论点、论据和论证是论辩的三大基本要素，只有这三个方面都准备好了，才能够保证辩论的最后胜利。

三、赛制介绍

目前比较通用的赛制是三对三团体辩论赛，比赛由队员陈词、盘问、自由辩论、总结陈词四部分组成。

(一)辩论赛程序(由辩论会主席执行)

1. 队员入场。
2. 介绍参赛队及其所持立场。
3. 介绍参赛队员。
4. 介绍评委。
5. 比赛开始。
6. 评委点评。
7. 观众自由提问，评委点评评分。(同时进行)(可选议程)
8. 宣布比赛结果。
9. 辩论赛结束。

(二)具体的辩论程序

1. 陈词阶段
   (1) 正、反方一辩发言。
   (2) 正、反方二辩发言。
2. 盘问阶段
   (1) 反方三辩提问。
   (2) 正方三辩回答、提问。
   (3) 反方二辩回答、提问。
   (4) 正方二辩回答、提问。
   (5) 反方一辩回答、提问。
   (6) 正方一辩回答、提问。
   (7) 反方三辩回答。
3. 自由辩论阶段
   由正方首先发言，然后反方发言，正反方依次轮流发言。
4. 总结阶段
   (1) 反方三辩总结陈词。
   (2) 正方三辩总结陈词。

(三)辩论赛规则

时间：全场总计用时30分钟。

1. 陈词共 12 分钟
(1) 正、反方一辩发言各 3 分钟。
(2) 正、反方二辩发言各 3 分钟。
2. 盘问阶段共 4 分钟
(1) 提问用时 10 秒，回答用时 20 秒。
(2) 各队累计用时 2 分钟。
3. 自由辩论阶段共用时 10 分钟，每方用时 5 分钟
4. 总结陈词阶段共用时 4 分钟，每方用时 2 分钟

辩论规则：

1. 盘问规则
(1) 每个队员的发言应包括回答与提问两部分。回答应简洁，提问应明了(每次提问只限一个问题)。
(2) 对方提出问题时，被问一方必须回答，不得回避，也不得反驳。
2. 自由辩论规则
(1) 自由辩论发言必须在两队之间交替进行，首先由正方一名队员发言，然后由反方一名队员发言，双方轮流，直到时间用完为止。
(2) 各队耗时累计计算，当一方发言结束，即开始计算另一方用时。
(3) 在总时间内，各队队员的发言次序、次数和用时不限。
(4) 如果一队的时间已经用完，另一队可以放弃发言，也可以轮流发言，直到时间用完为止。放弃发言不影响打分。
3. 辩论中，各方不得宣读事先准备的稿件或展示事先准备的图表，但可以出示所引用的书籍或报刊的摘要。
4. 比赛中，辩手不得离开座位，不得打扰对方或本方辩手发言。

本章知识技能目标鉴定题库

一、案例分析

1. 分析伽利略的辩论策略。

伽利略是哥白尼太阳中心说的支持者，他写了《关于两种世界体系的对话》来宣传日心说。该书的出版惹怒了教会，一年后伽利略被罗马宗教法庭传讯，宣布该书为禁书，并将伽利略监禁在家中。晚年他又写了《两种新科学的对话》，以三人对话的形式对统治人们头脑一千多年的亚里士多德的理论进行反驳，书中代表亚里士多德的是辛普利丘，代表伽利略的是萨尔维阿蒂，还有那个心地善良、勤学好问、持中立态度的沙格列佗。下面是"关于地球是静止的还是运动的？"一段辩论。

萨：亚里士多德说，地心说的一个极可靠的证明是"我们看到，竖直向上抛出的东西，即使抛到极大的高度，总是会原路返回。"他论证说，如果地球在运动，这种情况就

不会发生，因为抛出物在向上或向下运动这一时间离开了地球，由于地球是旋转的，抛出点要向东移动很长一段路，而这段路就是抛出物的落地点与抛出点的相隔距离。

辛：是的，当船停泊不动时，石块落到桅杆脚下，但是当船行驶时，石块则落在离开原点较远的地方，其距离相当于石块落下这一段时间内船向前行驶的距离。如果船的行程很快，这段距离有好几码远。

萨：请问你有没有做过这种实验。

辛：我从未做过，但我深信不疑。

萨：实验将证明不论船停泊还是以任何速率运动，石块总是落在船上同一个位置。所以，同样的道理对地球也成立，从石块总是垂直落到塔底这一事实根本无法推断地球究竟是运动的还是静止的。

2. 分析下列谈判中所涉及的辩论的语言技巧。

中日双方就 FP 汽车质量问题进行谈判。我方首先表明"FP 汽车有质量问题"，对方则避重就轻，用模糊语言进行搪塞，说："有的车子车架偶有裂纹……"我方反驳不是裂纹，而是裂缝和断裂"，并拿出照片给对方。日方忙改口："偶有一些裂缝和断裂"我方紧逼："请不要用'偶有'、'一些'此类用语。对方最后不得不承认汽车有质量问题。

3. 请分析下列材料中所运用的辩论技巧。

(1) 冯梦龙在《古今谭概》中讲述了这样一件事：一个名叫瞿永令的人，他母亲迷信思想相当严重，一天到晚不停地念"南无阿弥陀佛"。瞿永令与之争辩多次，无论是讲大道理，还是用具体事实论证都毫无用处。于是，他想出一个办法，就是不停地喊娘。老太太听烦了，就责备儿子不该不停地喊她。瞿永令马上接着说，"既然不停地喊娘，娘不高兴，佛爷要是听见有人不停地喊他，就会更加生气。"这样一讲，老太太心悦诚服，接受瞿永令的劝说，减少了念佛的次数。

(2) 有一次，衣衫褴褛的庄周正坐在岸边的柳树下聚精会神地钓鱼，身后边来了两个峨冠博带的人，他一点也没觉察。过了一会儿，其中一个人发话了："对不起，老夫子，打扰您了，我俩是楚威王的钦差，奉命前来恭请您进宫总揽国务。"

庄周似乎压根就听不见，他一边继续钓鱼，一边漫不经心地说："听说楚国有只神龟，已经死了三千多年，楚王毕恭毕敬地将它的尸骨藏在盖有丝巾的竹箱里，供奉在庙堂上。你们说，这只乌龟是愿意丢下遗骨取贵于庙堂呢，还是愿意活在泥水里自由自在地摇尾游弋呢？""当然愿意在泥水中无拘无束地生活喽！"

庄周接着说："既然如此，就请二位回宫去吧！因为我要像栖息在泥水中的乌龟那样逍遥地度过残生。"

(3) 传说，古代有一位国王，定了两种处决犯人的方法：绞刑和杀头。行刑前，国王允许每个犯人说一句话，并根据这句话的真伪选择施刑的方式——如果犯人说的话是正确的，他将被送上断头台；如果他的话是错误的，他将被送上绞刑架。

国王颇为自己的发明得意。可有一天，他的得意被一位囚犯的回答打碎了。那位死囚在行刑前对刽子手叹道："看来我一定会被绞死了。"这句话倒使国王作了大难，如果把囚犯送上绞刑架，那囚犯的话就是正确的，按国王的原则就应该送他上断头台；但如果把

第七章 辩论

他送上断头台，囚犯的话又成了错误的，按国王的原则又该送他上绞刑架。聪明的囚犯就抓住了国王行刑办法中的破绽，把一个两难推理送给了国王。最后，国王无可奈何，下令该囚犯免死。

(4) 普罗泰戈拉是古希腊著名的论辩家，收费招生传授雄辩术。有一个叫爱瓦梯尔的学生跟他学习法庭辩论术。双方订有合同，规定爱瓦梯尔分两次交付学费，开始学习时交一半，另一半待学成毕业后第一次出庭打官司打赢了再付。但毕业后爱瓦梯尔迟迟不去帮人打官司，老师等得不耐烦了，就向法院起诉向爱瓦梯尔索取另一半学费。普罗泰戈拉对爱瓦梯尔说："如果我打赢了官司，按法院判决你要给我另一半学费；如果我打输了官司，按合同规定你也要给我那一半学费(两个假言判断推理，似乎老师都有理)。"不料学生爱瓦梯尔对他的老师说："只要你到法院告我，无论我的官司打输打赢，我都不会再付您那一半学费了。因为如果我胜诉了，按照法院判决，我决不会付钱给您了；如果我败诉了，按合同规定，我也不会付钱给您了。"

(5) 古时有个国王，自吹听遍了世上所有的故事。有一天，他向全国发了一道诏示：谁能讲一个国王没有听过的故事，国王就把独生女儿嫁给他，并赐给他很多钱。消息一传出，天天都有人跑来给国王讲故事，可国王总是摇摇头："唉，早听过了。"讲故事的人无可奈何。

一天，一个农夫来到国王跟前说："我讲一个绝妙的故事，我敢保证，您一定没听过。"

国王看着这个穷农夫，根本没把他放在眼里。只听农夫不慌不忙地讲道："很久很久以前，您的祖父欠了我祖父一大笔钱，到了您父亲手上，这钱连本带利就欠得更多了。到了您手上您不但欠我比您父亲更多的钱，还欠我一个女人。"农夫讲完，脸上堆着笑问道："陛下，这个故事你听过没有呢？"国王脸色骤变，懊悔不迭。但他的许诺早已家喻户晓，为了维护国王的威信，他只好把独生女儿嫁给了农夫，并赐给农夫很多钱。

(6) 从前，有个叫丘浚的人去逛庙，庙里的老和尚见他十分寒酸，就对他格外冷淡。这时，恰好有一个地方官吏也来逛庙，老和尚见了，马上满脸堆笑，热情招待，恭敬备至，把丘浚撂在一旁不予理睬，丘浚十分不满。等这位官吏走了以后，丘浚质问老和尚："为什么对当官的这样恭敬，对我冷若冰霜？"

"你不懂，按我们佛门的规矩，恭敬就是不恭敬，不恭敬才是恭敬！"老和尚急忙辩解说。

丘浚听罢，哈哈大笑，猛然间抄起一根木棒，照老和尚的头猛打，打得老和尚抱头哇哇直叫。等众人拦住丘浚，老和尚问道："你为何打人？"

丘浚一本正经地说："既然你说恭敬就是不恭敬，不恭敬才是恭敬，那么我打你就是不打你，不打你才是打你了！"

老和尚满面羞惭，无言以对。

(7) 1982年秋，在美国洛杉矶举行了一次中美作家会议。在宴会上，美国诗人艾伦·金斯伯格请我国作家蒋子龙解个怪谜："把一只五斤重的鸡装进一个只能装一斤水的瓶子里，您用什么办法把它拿出来？"蒋子龙略加思索，便回答说："您怎么放进去的，

163

我就怎么拿出来。您显然只凭嘴一说就把鸡装进了瓶子,那么我就用语言这个工具再把鸡拿出来。"金斯伯格说:"你是第一个猜中这个谜语的人。"

(8) 一天晚上,萧伯纳被邀去参加一个为救济会筹募基金的晚会。这个晚会的主持人是一位奇丑无比的女士,萧伯纳首先就去请她跳舞,女士因为事出意外,欢喜若狂。舞会中女士对萧伯纳说:"你怎么赏光同我跳舞呢?不嫌我长得不美吗?"萧伯纳狡黠地一笑,说道:"你忘了吗?今晚是救济晚会呀,我正为救济服务呢!"

(9) 唐庄宗李存勖是个昏庸无道的君主,他极爱打猎。有一次,他带领人马杀气腾腾地来到中牟县打猎。中牟县令闻讯赶紧前来接驾。县令跪在庄宗马前,为民请命,希望在打猎时不要践踏农民的庄稼。庄宗大怒,呵斥县令道:"你给我滚开!"伶官敬新磨见势不妙,便带领他的演唱人员把县令捉至庄宗面前,斥责他说:"你身为县令,难道不知道我们的天子好打猎吗?"县令低着头说:"知道。"伶官说:"既然知道,你为什么要放纵你的百姓种田来向皇帝交纳赋税?为什么不让你的百姓饿着肚子把田让出来给君主打猎?你说,你该当何罪?"说完,便恳请庄宗杀掉县令。其他伶人也一起唱和道:"请君王让我们把他杀掉!"庄宗听后置之一笑,要大家放了县令。

二、请用有说服力的语言反驳下列错误说法

1. 一位大嫂问一位大龄女青年:"你长得不丑,怎么不早点找个男人结婚呢?"

女青年笑了笑说:"_____。"

2. 某厂竞选厂长,一位年轻的竞选人对年已50岁的对手说:"你该尽享儿孙绕膝的天伦之乐了!当厂长,你不会像咱年轻人那么得心应手。"

这位50岁的对手说:"_____。"

3. 顾客:"卖肉的,把你的肉割两斤给我!"

卖肉的:"_____。"

4. 某人头戴一顶破旧的帽子,有人取笑他:"你脑袋上那东西是什么玩意儿?"

那人回答道:"_____。"

5. 电车上一位先生给一位女士让座,她大大咧咧地坐下。先生故意凑过去,问:"您刚才说了什么?"女士说:"我没有说什么呀!"先生说:_____。

6. 一位牧师接到一封信,上面写了两个大字:"蠢材"。他拿给别人看,说:"_____。"

7. 一位戴耳环的售票员在电车上卖票。售票员:"哎,那戴鸭嘴帽儿的,买票!"

乘客:(票已买过)"_____。"

8. 英国某记者采访我国作家梁晓声。

英记者:"没有文化大革命就产生不了像您这样的一代中青年作家,那么,在您看来,文化大革命是好还是坏?"

梁晓声:"_____。"

9. 地主:"天亮了,还不起来干活?"

第七章 辩论

长工："我在捉虱子，捉好了起来干活！"

地主："天这么黑你能捉到虱子？"

长工："＿＿＿＿＿＿＿＿＿＿＿＿＿＿＿＿＿＿＿＿？"

10. 一位药剂师经常到附近书店看书。他选了一本书，想买又拿不定主意，就问营业员。

药剂师："你说说这本书有趣吗？"

营业员："我不知道，药剂师先生！"

药剂师："书店营业员应该对每本书有所了解。"

营业员："＿＿＿＿＿＿＿＿＿＿＿＿＿＿＿＿＿＿＿＿。"

11. 假定你是下面这位老师，请你批评教育这位做错事的大学生。

大学生折了校园里的花，悠闲自在地走着。

老师：你为什么要折花？让它长着不好看吗？

大学生：因为我爱花。

老师：古人说，爱花人不折花。可见你不是真正的爱花。

大学生：老师，周敦颐在《爱莲说》中说："晋陶渊明独爱菊。"看来陶渊明是爱菊的吧？

老师：当然。

大学生：可是，陶渊明有"采菊东篱下，悠然见南山"的诗句。他自己都说折了菊花，能说他不爱菊吗？

老师：＿＿＿＿＿＿＿＿＿＿＿＿＿＿＿＿＿＿＿＿＿＿＿＿＿。

12. 假定你是小区物业管理员小李，请你用有说服力的语言反击老张的话。

小李：最近邻居们反映你在阳台上养鸽子影响了大家，强烈要求你不要再养了。

老张：我在自家的阳台上养鸽子，是我的自由，谁也无权干涉！

小李：＿＿＿＿＿＿＿＿＿＿＿＿＿＿＿＿＿＿＿＿＿＿＿。

本篇知识技能目标综合鉴定题库

一、请选择下列任一话题进行即兴发言

1. 成人与成才二者是怎样的关系？结合实例说明自己的观点。
2. 不同地域、不同背景、不同习惯的同学之间该如何相处？
3. 怎样面对学习、生活中遇到的挫折？
4. 你认为我们是否应有感恩之心？感恩于谁？
5. 你最崇拜的人是谁？"名人"还是自己？
6. 假如你是老师，你希望自己会是怎样一位老师？你会如何教育自己的学生？
7. "言行、仪表"与个人的发展。
8. 如今继续提倡"勤俭、节约"作风是否已过时？
9. 在各种资料、媒体中常讲张扬个性，你认为我们该张扬什么样的个性？
10. 三轮车工人方尚礼自己生活得如乞丐，却将自己蹬车收入的35万多元用来资助失学儿童；他病重时，社会捐助给他治病的钱，也被他捐给了希望工程。你对方尚礼的这种行为有何评述？请发表个人见解。
11. 有人说："高尚是卑鄙者的通行证！卑鄙是高尚者的墓志铭！"你同意这句话吗？
12. 文明应不应该用法律来规范？
13. 谈谈"超级女生"对社会和文明的影响。
14. 导致不文明行为出现的自身原因与环境原因的关系。
15. 合作与竞争哪个更能使文明进步？
16. 网络文明应不应该迎合大众？
17. 有很多人把错误归罪于科学，你怎样认为？
18. 谈谈经济发展与文明的关系。
19. 民族融合的过程并不全是如春天般的温暖，血雨腥风与文明的交融总是交织在一起的。你如何看待这个问题？
20. 就"八荣八耻"谈谈怎样做一个文明的大学生。
21. "祭祀"与"航天"有某种近似的内涵，这是人类文明的"周期"，也是人类文明的"脉络"。说说你对此的见解。
22. 谈谈"勿以恶小而为之，勿以善小而不为"。
23. 媒体与现代文明。
24. 如果你失去了今天，你不算失败，因为明天会再来。如果你失去了金钱，你不算失败，因为人的价值不在钱袋。如果你失去了文明，你是彻彻底底的失败，因为你已经失去了做人的真谛。谈谈你对这句话的理解。
25. 谈谈奥林匹克精神与人类文明。
26. 你是怎样看待传统文明与现代文明的？

27. 有人认为"大丈夫当扫除天下,安事一屋"?但也有人认为"一屋不扫,何以扫天下",就寝室文明问题说说你的观点。

28. 如何看待奥斯卡与文明?

二、以下是近年来比较热门的大学生辩论赛的辩题,请你至少选取其中五个辩题,从正反两方的观点思考问题,应该如何分析辩题、构建框架、赢得比赛?选择一组题目进行课堂辩论。

1. 温饱是谈道德的必要条件
2. 艾滋病是医学问题,不是社会问题/艾滋病是社会问题,不是医学问题
3. 人性本善/人性本恶
4. 女性比男性更需要关怀/男性比女性更需要关怀
5. 治愚比治贫更重要/治贫比治愚更重要
6. 愚公应该移山/愚公应该搬家
7. 信息高速公路对发展中国家有利/信息高速公路对发展中国家不利
8. 金钱追求与道德追求可以统一/金钱追求与道德追求不能统一
9. 社会秩序的维系主要靠法律/社会秩序的维系主要靠道德
10. 知难行易/知易行难
11. 各国政府应该全面禁烟/各国政府不应该全面禁烟
12. 复制人类,利多于弊/复制人类,弊多于利
13. IQ诚可贵,EQ价更高/EQ诚可贵,IQ价更高
14. 艺术商品化利大于弊/艺术商品化弊大于利
15. 国际网络应该受管制/国际网络不应该受管制
16. 先天遗传比后天环境重要/后天环境比先天遗传重要
17. 真理越辩越明/真理不会越辩越明
18. 网络使人们更亲近/网络使人们更疏远
19. 成功的作品应该拍续集/成功的作品不应该拍续集
20. 电脑必将取代书本/电脑不会取代书本
21. 足球比赛引进电脑裁判利大于弊/足球比赛引进电脑裁判弊大于利
22. 都市化有利于人类发展/都市化不利于人类发展
23. 发展知识经济自然科学比社会科学更重要/发展知识经济社会科学比自然科学更重要
24. 美是客观存在/美是主观感受
25. 青春偶像崇拜利大于弊/青春偶像崇拜弊大于利
26. 应先成家后立业/应先立业后成家
27. 爱情是自私的/爱情是无私的
28. 人类将毁于科技/人类不会毁于科技
29. 经济发展和环境保护能够并行/经济发展和环境保护不能并行
30. 信息传播发展会打击本土文化/信息传播发展不会打击本土文化

31. 以成败论英雄是可取的/以成败论英雄是不可取的
32. 个人利益和群体利益可以两全/个人利益和群体利益不可以两全
33. 钱是万恶之源/钱不是万恶之源
34. 网络是虚幻的/网络不是虚幻的
35. 家庭比事业更重要/事业比家庭更重要
36. "代沟"的主要责任在长辈/"代沟"的主要责任在晚辈
37. 广告有利于大众消费/广告不利于大众消费
38. 爱比被爱更幸福/被爱比爱更幸福
39. 科技的发展会促进人的全面发展/科技的发展会抑制人的全面发展
40. 顺境更有利于人的成长/逆境更有利于人的成长

知识目标

- 熟悉并掌握商务交往礼仪的基本要求。
- 熟悉并掌握基本的求职礼仪规范与口语表达要求。
- 熟悉并掌握基本的谈判礼仪知识与口语表达要求。
- 熟悉并掌握基本的营销服务礼仪与口语表达要求。
- 熟悉并掌握基本的酒店服务礼仪与口语表达要求。
- 熟悉并掌握基本的文秘接待礼仪与口语表达要求。

技能目标

- 能根据掌握的商务礼仪进行案例分析。
- 能根据掌握的商务礼仪进行简单的商务接待。
- 能根据掌握的求职礼仪规范和表达要求进行求职。
- 能根据掌握的营销礼仪规范与表达要求进行营销。
- 能根据掌握的酒店服务礼仪与表达要求进行酒店服务。
- 能根据掌握的文秘接待礼仪与表达要求进行文秘接待。
- 能根据掌握的谈判礼仪与表达要求进行简单的商务谈判。

第三篇　商务实践

第八章 商务交往礼仪

　　1995年3月，在丹麦的哥本哈根召开了联合国社会发展世界首脑会议，出席会议的有近百位国家元首和政府首脑。3月11日，与会的各国元首与政府首脑合影。照常规，应该按礼宾次序名单安排好每位元首、政府首脑所站的位置。首先，这个名单怎么排，究竟根据什么原则排列？哪位元首、政府首脑排在最前？哪位元首、政府首脑排在最后？这项工作实际上很难做。丹麦和联合国的礼宾官员只好把丹麦首脑（东道国主人）、联合国秘书长、法国总统以及中国、德国总理等安排在第一排，而对其他国家领导人，就任其自便了。好事者事后向联合国礼宾官员"请教"，答道："这是丹麦礼宾官员安排的。"向丹麦礼宾官员核对，回答说："根据丹麦、联合国双方协议，该项活动由联合国礼宾官员负责。"

　　国际交际中的礼宾次序非常重要，在国际礼仪活动中，如安排不当或不符合国际惯例，就会招致非议，甚至会引起争议和交涉，影响国与国之间的关系。在礼宾次序安排时，既要做到大体上平等，又要考虑到国家关系，同时也要考虑到活动的性质、内容，以及参加活动的成员的威望、资历、年龄，甚至其宗教信仰、所从事的专业和当地风俗等。礼宾次序不是教条，不能生搬硬套，要灵活运用、见机行事。有时由于时间紧迫，无法从容安排，只能照顾到主要人员。

（资料来源：马保奉. 外交礼仪浅谈. 中国铁道出版社，1996）

思考：在商务交往中我们应该遵循怎样的礼仪规则呢？

　　交际能力是现代领导者的基本能力，按照美国行为学家梅奥的说法，交际沟通能力是现代领导者的第一能力。而商务礼仪是正式的商务交往中的沟通技巧和交往艺术，它强调沟通，重在互动，即要相互理解。因此，在商务交往中，主要可以归纳为三个问题：一是意图，即在交往中想要达到的目的；二是行动，即为实现交往目的所采取的行为；三是途径，即为达到目的所通过的方式、方法。

一、称呼礼仪

　　称呼指的是人们在日常交往应酬中，所采用的彼此之间的称谓语。在商务交往中，选择正确、适当的称呼，反映着自身的教养、对对方尊敬的程度，甚至还体现着双方关系发展所达到的程度和社会风尚，因此对它不能随便乱用。

在商务交往中，选择称呼要合乎常规，应庄重、正式、规范。

(一)职务性称呼

职务性称呼是指以交往对象的职务相称，以示身份有别，敬意有加。这是一种最常见的称呼。职务性称呼一般有三种情况：直接称职务、在职务前加上姓氏、在职务前加上姓名。最后一种一般适用于极其正式的场合。

(二)职称性称呼

职称性称呼是指对于具有职称者，尤其是具有高级、中级职称者，在工作中直接以其职称相称。可以只称职称，或在职称前加上姓氏。在十分正式的场合，可以在职称前加上姓名。

(三)行业性称呼

行业性称呼是指在工作中，有时可按行业进行称呼。对于从事某些特定行业的人，可直接称呼对方的职业，如老师、医生、会计、律师等；也可以在职业前加上姓氏、姓名。

(四)性别性称呼

性别性称呼是指对于从事商界、服务性行业的人，一般约定俗成地按性别的不同分别称呼"小姐"、"女士"或"先生"。"小姐"是称未婚女性，"女士"是称已婚女性。

(五)姓名性称呼

姓名性称呼即在工作岗位上称呼姓名，一般限于同事、熟人之间。可以直呼其名；只呼其姓，但在姓前加上"老、大、小"等前缀；只称其名，不呼其姓，通常限于同性之间，尤其是上司称呼下级、长辈称呼晚辈，在亲友、同学、邻里之间，也可使用这种称呼。

二、宴请礼仪

宴请是现代商务活动中机关单位、团体组织为联络感情、沟通信息而采用的一种常见的礼仪社交活动。

(一)宴请的形式

常见的宴请形式有宴会、招待会、茶会和工作餐四种。

1. 宴会

宴会(Banquet 或 Dinner)为正餐，坐下进食，由招待员顺次上菜。宴会有国宴、正式宴会和便宴之分。按举行的时间，宴会又有早宴(早餐)、午宴和晚宴之分，其隆重程度、出席规格以及菜肴的品种与质量等均有区别。一般来说，晚上举行的宴会较之白天举行的更为隆重。

(1) 国宴(State Banquet)是国家元首或政府首脑为国家的庆典，或为外国元首、政府首脑来访而举行的正式宴会，因而规格最高。宴会厅内悬挂国旗，安排乐队演奏国歌及席间乐。席间致辞或祝酒。

(2) 正式宴会(Banquet，Dinner)除不挂国旗、不奏国歌以及出席规格不同外，其余安排大体与国宴相同。有时也安排乐队奏席间乐。宾主均按身份排位就座。在许多国家，正式宴会十分讲究排场，在请柬上注明对客人服饰的要求。外国人对宴会服饰比较讲究，往往从对服饰规定中体现宴会的隆重程度。正式宴会对餐具、酒水、菜肴道数、陈设，以及服务员的装束、仪态都要求很严格。通常菜肴包括汤和几道热菜(中餐一般用四道，西餐用二或三道)，另有冷盘、甜食、水果。外国宴会餐前上开胃酒。常用的开胃酒有：雪梨酒、白葡萄酒、马丁尼酒、金酒加汽水(冰块)、苏格兰威士忌加冰水(苏打水)，另上啤酒、水果汁、番茄汁、矿泉水等。席间的佐餐用酒，一般多用红、白葡萄酒，很少用烈性酒，尤其是白酒。餐后在休息室上一小杯烈性酒，通常为白兰地。我国在这方面的做法较简单，餐前如有条件，在休息室稍事叙谈，通常上茶和汽水、啤酒等饮料。如无休息室也可直接入席。席间一般用两种酒，一种甜酒，一种烈性酒。餐后不再回休息室座谈，也不再上饭后酒。

(3) 便宴，即非正式宴会，常见的有午宴(Luncheon)、晚宴(Supper)，有时也有早上举行的早餐(Breakfast)。这类宴会形式简便，可以不排席位，不作正式讲话，菜肴道数也可酌减。西方人的午宴有时不上汤，不上烈性酒。便宴较随便、亲切，宜用于日常友好交往。

(4) 家宴，即在家中设便宴招待客人。西方人喜欢采用这种形式，以示亲切友好。家宴往往由主妇亲自下厨烹调，家人共同招待。

2. 招待会

招待会(Reception)是指各种不备正餐较为灵活的宴请形式，备有食品、酒水和饮料，通常都不排席位，可以自由活动。常见的招待会有以下几种。

(1) 冷餐会(自助餐)(Buffet，Buffet-dinner)。这种宴请形式的特点是：不排席位，菜肴以冷食为主，也可用热菜，连同餐具陈设在菜桌上，供客人自取。客人可自由活动，可以多次取食。酒水可陈放在桌上，也可由招待员端送。冷餐会在室内或在院子里、花园里举行，可设小桌、椅子，客人自由入座；也可以不设座椅，站立进餐。根据主、客双方的身份，招待会的规格、隆重程度可高可低，举办时间一般在中午十二时至下午二时、下午五时至七时左右。这种形式常用于官方正式活动，以宴请人数众多的宾客。

国内举行的大型冷餐招待会，往往用大圆桌，设座椅，主宾席排座位，其余各席不固定座位，食品与饮料均事先放置桌上，招待会开始后，自动进餐。

(2) 酒会，又称鸡尾酒会(Cocktail)。这种招待会形式较活泼，便于与会人员广泛接触交谈。招待品以酒水为主，略备小吃。不设桌椅，仅置小桌(或茶几)，以便客人随意走动。酒会举行的时间较灵活，中午、下午、晚上均可。请柬上往往注明整个活动延续的时间，客人可在其间任何时候到达和退席，来去自由，不受约束。

鸡尾酒是用多种酒配成的混合饮料。酒会上不一定都用鸡尾酒，但通常用的酒类品种较多，并配以各种果汁，不用或少用烈性酒。食品多为三明治、面包托、小香肠、炸春卷等各种小吃，以牙签取食。饮料和食品由招待员用托盘端送，或部分放置小桌上。

近年来，国际上举办大型活动采用酒会形式逐渐普遍。庆祝各种节日、欢迎代表团访问，以及各种开幕、闭幕典礼，文艺、体育招待演出前后往往举行酒会。自 1980 年起，我国国庆招待会也改用酒会形式。

3. 茶会

茶会(Tea Party)是一种简便的招待形式，举行的时间一般在下午四时左右(也有上午十时举行)。茶会通常设在客厅，不用餐厅，厅内设茶几、座椅，不排席位。但如果是为某贵宾举行的活动，入座时，要有意识地将主宾同主人安排到一起，其他人随意就座。茶会，顾名思义是请客人品茶。因此，茶叶、茶具的选择要有所讲究，或具有地方特色。一般用陶瓷器皿，不用玻璃杯，也不用热水瓶代替茶壶。外国人一般用红茶，略备点心和地方风味小吃。也有不用茶而用咖啡者，其组织安排与茶会相同。

4. 工作用餐

工作用餐按用餐时间可分为工作早餐(Working Breakfast)、工作午餐(Working Lunch)、工作晚餐(Working Dinner)。工作用餐是现代国际交往中经常采用的一种非正式宴请形式(有的时候由参加者各自付费)，利用进餐时间，边吃边谈问题。在代表团访问中，往往因日程安排不开而采用这种形式。此类活动一般只请与工作有关的人员，不请配偶。双边工作进餐往往排席位，尤以用长桌更便于谈话。如用长桌，其座位排法与会谈桌席位安排相仿。

(二)宴席的桌次安排

按国际惯例，桌次高低以离主桌位置远近而定，右高左低，有左、中、右之别时，中尊，右高，左低。桌数较多时，要摆桌次牌，既方便宾、主，也有利于管理。宴会可以用圆桌，也可以用长桌或方桌。一桌以上的宴会，桌子之间的距离要适当，各个座位之间也要距离相等。

大型的团体宴请中，主桌(序号 1)一般居中或位于最前面，如图 8-1 所示。

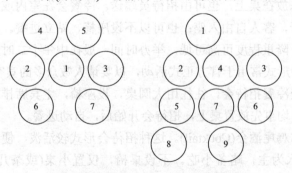

图 8-1 大型团体宴请中主桌的位置图

图 8-1 为一般团体宴请的桌次分布,图 8-2 为小型宴会的桌次分布,序号为 1 的是主桌。

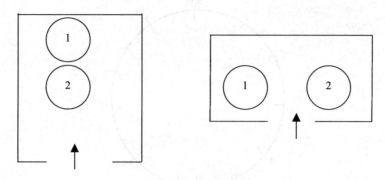

图 8-2　小型宴会的桌次分布

注:纵向安排两桌宴请时,主桌一般安排在房间的内侧。横向安排两桌宴请时,主桌遵循左侧为大的原则,放在房间的左边。

(三)宴请的座位安排

正式宴会,一般都事先排好座次,以便参加宴会者对座位胸有成竹,入席时井然有序。一些非正式的小型宴会,有时只确定好主座,其他客人可随意落座。安排座位时,应注意以下几点。

1. 确定主座

餐桌上,以面对正门的正中那个座位为主位。主位通常是主人或主客坐的。如果不是在包房里,而是在大厅里吃饭,则主位应该是最不易受打扰的位置,比如离上菜位最远处。相反的,靠过道或上菜位一般是地位最低的人坐的,比如助理或陪同人员。如图 8-3 所示为中餐座次的排列。

2. 以右为尊

餐桌中除主座外,主位右手边的座位尊于左手边。依次往下,离主位越远位次越低,同等距离,则右高左低。

3. 方便交流

在遵照礼宾次序的前提下,尽可能使相邻就座者便于交谈。例如,在身份大体相同时,把从事同一专业的人或者使用同一语种的人排在邻近。主人方面的陪客,应尽可能插在客人之间坐,以便同客人接触交谈,避免自己人坐在一起。客人间关系紧张者,应尽量避免把座次排在一起。

4. 夫妇不相邻原则

按西方的习惯,女主人可坐在男主人对面,男主人的右侧是第一女主宾,左侧是第二女主宾。女主人的右侧是第一男主宾,左侧是第二男主宾。男女依次相间而坐,如图 8-4

所示。

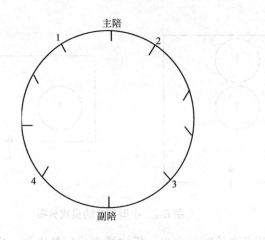

图 8-3 中餐座次的排列

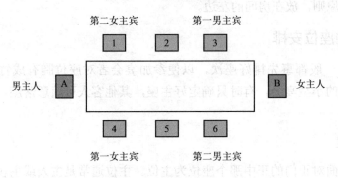

图 8-4 西餐座次的排列

三、次序礼仪

次序礼仪是商务活动中，特别是重要的礼仪场合，体现参与者身份、地位、年龄等的差别，给予某些公众以必要的尊重，或者为了体现所有参与者一律平等，而按一定的惯例和规则对出席者进行排列的礼仪规范。

(一)对等关系的次序礼仪

如果礼仪活动的双方或多方的关系是对等的，则排列方法有以下四种。

1. 依字母顺序排列

按参加单位或个人名称的英文或其他字母顺序排列。例如，以汉语拼音字母(A～Z)的顺序排列汉字。排列时，先以单位或个人名称汉字拼音的第一个字母为依据确定汉字的顺序；第一个字母相同的，再按第二个字母排序，以此类推。拼音字母完全相同的，再按声调即阴平、阳平、上声、去声的顺序排列。要注意的是在排序中，只能以一种语种为依据，中间不能以其他语种参与排序。

2. 依汉字的笔画排列

一般用于名称是汉字的单位或个人。首先按照名称的第一个字的汉字笔画数目的多少为排列次序，笔画少的字在前，笔画多的字在后；同笔画的汉字，再按部首或起笔笔形分先后(按照点、横、竖、撇、捺、弯钩……的顺序)排列；如果汉字第一笔相同则按第二笔，以此类推。其次，如果名称的第一个字相同，则按名称的第二个字排列，依此类推。如果出现人的姓有双字或多字的，则单字在前，双字或多字的在后。

3. 依抵达与回复的时间先后排序

这常见于运动队、代表团等的安排。回复时的先后主要指邮戳或申请日期，抵达时的先后指到达活动的时间先后，二者的使用依照具体情况来确定。

4. 由抽签来确定

比如一些运动比赛，或者涉及参与者密切的利益关系而又不适用前三种次序的排列方法的，则可采用此种形式确定。

(二)不对等关系次序礼仪

如果礼仪活动的双方或多方的关系是不对等的，则按以下情况排列。

1. 主席台位次礼仪

前后排座位上，坐前排者为上，次之是第二排，再次为第三排，依此类推。同一排座位上，当座位数为奇数时，居中者为上，次之为两侧，居中者的左侧为上，右侧为下，以此类推；当座位数为偶数时，排名前两位的领导居中就座，其中最重要的领导排在居中座位的左侧，次重要的领导排在居中座位的右侧，其他以次类推。

签字仪式台位的安排，一般是签字双方主人在左边，客人在主人的右边。双方其他人数一般对等，按主客左右排列。

2. 行走与就座礼仪

两人并行，右为大，左为次之。二人前后行，前为大，后次之；三人前后行，前者为大，后者次之，依此类推。

陪同客人参观访问，陪同人员走在客人的右前方，趋前二三步为宜，遇到转弯、上下楼梯、出入大门时，陪同人员应以手示意。参观访问完毕后应送客人到驻地或客人的自定目的地，然后才能道别。

在室内就座时，面对门的中间位置就座者为尊者。

3. 商务轿车乘坐礼仪

假如主人同行开车，主人旁边的位置是尊位，然后是右后位，左后位，后中间位；如果由驾驶员开车，则驾驶员的右后方为大，中间次之，左更次之，前排司机旁的座位最次，一般由陪同或接待人员坐。但是，如果接待重要客人，比如说接待政府要员、外宾、重要企业家，这时的上座是司机后座，因为该位置隐秘性好，安全系数最高。

假如乘坐面包车，则司机后排为尊，由前向后，由左而右排列，司机后面靠窗的位子为主座；假如乘坐商务车，则司机后排为尊，离门近者为主座(司机后面右边靠门的座位为主座)，由前向后，由右往左，离门越近，位置越高；假如乘坐大巴车，则是离门近者为主座，由前向后，由右往左，离门越近，位置越高。

假若接待两位客人，接待人员或主人应当先开后排右边车门，让尊者先上，然后快速绕道去左侧开门，让另一位客人从左边上车。

四、馈赠礼仪

俗话说："礼轻情义重。"在日常生活中，人们常以送礼来表达情谊。在商务交往中，商务礼品也起着同样的作用。它可以在见面时送，也可以是分别时送。它们一般不迎合收礼人的个人爱好，却要与收礼人的职业和地位相符。有时它们甚至可以是标准统一的，因此，商务礼既是礼节性的，又是公务性的。

(一)馈赠的时机与场合

在商务活动中，一般在下列时机与场合馈赠礼物比较合适。

(1) 一般在双方开始谈生意之前或结束时送礼物，很少在商业交易中送礼。到他人工作之处或到对方居所向其赠送礼品时，应在见面之处把礼物赠予对方。

一般来说，商务礼品在香港和讲英语国家是必不可少的，但在法国、西班牙一般是不送礼的。在日本，商务交往中不送礼品被认为是破坏礼仪规范。在挪威，普通的礼物如酒和巧克力，在第一次见面时是可以接受的。在日本，一般第一次见面就送礼。假如你先送了礼物，他们会觉得没有面子，因此，可以让日本人先送礼。第一次去阿拉伯国家，一般不送礼。在拉丁美洲，商务活动中一般不送礼。

(2) 当自己以东道主身份接待来宾时，通常是在对方告辞之前向对方赠送礼品，也可在告别宴会上或到其下榻处赠送。

(3) 常规的赠送时机，如庆典活动、节假日等。

(二)馈赠礼品的选择

那么，一般选择什么样的礼品进行馈赠呢？

1. 礼品定位

(1) 公司的主打产品、宣传画册、企业标志或建筑模型等都是很好的正式礼品。

(2) 在重大活动中，以公司的名义正式向外界赠送礼品，要突出礼品的纪念性。

2. 针对西方人士的礼品选择

(1) 玉饰。

(2) 蜡染或真丝服饰。

(3) 景泰蓝。

(4) 绣品等。

(三)馈赠时应注意的问题

在向对方馈赠礼品时，要注意以下问题。

(1) 要对礼品进行必要的装饰。
(2) 包装之前，应除去礼物上的价格标签。
(3) 正常情况下，正式礼品应由赠送者交给受赠对象，而不应让对方自取。
(4) 假如要给几个人送礼，应同时在场时送。职位最高的人一般最先得到礼物。
(5) 赠送时向对方说明礼品本身的寓意、含义。

(四)馈赠禁忌

馈赠礼品要遵守各个国家、民族的风俗习惯和禁忌。

1. 送礼不能违反宗教禁忌

在中东地区，最好不要给穆斯林送酒或猪肉制品。在印度，不要送用牛皮制作的礼品，因为印度教认为牛是神圣的。

2. 我国内地的一些馈赠禁忌

在我国，看望病人不能送盆花，因为盆花有根；看望老人不能送钟，因为"钟"与"终"谐音；友人之间忌送伞，因为"伞"与"散"谐音；乌龟虽然长寿，却有"王八"的俗名，也不宜做礼品相送。

3. 港台馈赠禁忌

在港台风俗中，丧事后以毛巾送吊丧者，非丧事一律不能送毛巾；以剪刀相送会使对方有威胁之感；甜果是祭祖拜神专用之物，送人会有不祥之感；港台话中"雨伞"音同"给散"，若送雨伞会引起对方误解；扇子是夏季用品，台湾俗称"送扇无相见"；台湾的居丧之家习惯不蒸甜食，不裹粽子；香港人青睐红木制作的小型棺材摆件，寓意为"升官发财"。

商务送花小常识

1. 品种

中国人喜爱黄菊，但千万不要将其送给西方人，因为在西方，黄菊代表死亡，仅供丧葬时用。中国人喜欢荷花，可是在日本，它也代表死亡。

在我国广东、海南、港澳地区，送人金橘、桃花，会令对方笑逐颜开；而以梅花、茉莉、牡丹花送人，则必定会招人反感。

虽然送花在许多国家都流行，但在埃及、日本，只有求婚时或在疾病和死亡的场合才送花。

2. 颜色

一般而言，红色表示热情，白色表示纯洁，金黄色表示富丽，绿色表示青春与朝气，蓝色表示欢乐、开朗与和平，紫色表示高贵。在法国、德国、澳大利亚和瑞士，红玫瑰只送给情人。在意大利、法国和比利时，菊花要用于葬礼。在德国，送黄色和白色的菊花也是错误的行为。而在巴西，紫色菊花象征死亡。

3. 数量

在中国，喜庆活动时送花要送双数，意即"好事成双"；在丧葬仪式上送花则要送单数，以免"祸不单行"。在西方国家，送人的鲜花则讲究单数。

有些数字，由于读音或其他原因，在送花时也是忌讳出现的。日本人将数字"4"与"死亡"联系在一起，在捷克、波兰、意大利、澳大利亚和德国，送花一般要送单数，因为他们喜欢不对称。在欧洲大部分地区，12朵花意味着"买一打便宜"，而13代表坏运气，所以最好不要做这两种选择。

（资料来源：中国温州商会网）

商务送礼小贴士

- 特别选择受礼者想要的东西才是最好的礼物。
- 最好的礼物是意外的。
- 最好的礼物是一个忠诚的友谊表示。
- 最好的礼物表示一种幽默感。
- 最好的礼物就是不会超出你的预算的东西。
- 最好的礼物可以流露出高贵的考究和思想。

本章知识技能目标鉴定题库

一、根据你所掌握的商务礼仪知识回答下列问题

1. 商务礼仪的内容是什么？
2. 商务礼仪中人际交往的基本问题是什么？
3. 如果你要去找一位交往对象谈话，从礼仪角度上讲，要做的第一件事是什么？
4. 陪着客人出入电梯时，陪同者与客人宜孰先孰后？
5. 双方打电话结束时，应该谁先挂机？
6. 与人打交道常常需要使用尊称，但是你知道为什么要使用尊称吗？
7. 商务交往中，究竟如何使用尊称比较妥当？
8. 商务交往中，询问对方的籍贯要注意什么呢？
9. 假定有一个商务酒会，请问穿着打扮方面最应该注意什么？

第八章　商务交往礼仪

10. 在日常的商务工作中，对一般商务人员的穿着打扮有什么要求？

11. 商务沟通中达到圆满结局需要注意哪些要点？

12. 从人际交往的角度看，男女最大的区别是什么？

13. 双排座轿车的上座应该是哪个位置？

14. 商务交往中难免会与外国人打交道，当外国客人向你赠送礼物时，你应该怎么办？

15. 商务交往中，假定你要请客人吃饭，你认为头等大事是什么？

16. 如果你的客人信仰伊斯兰教，那么在餐桌上，你认为最不应该出现的东西是什么？

提示：从尊重对方的角度考虑，猪肉是绝对不应有的，这是大家都知道的。另外，一是不能有酒，《古兰经》多次提到戒烟戒酒；二是不能有动物的血液，因为他们认为血液是肮脏之物；三是不能有猫、狗、驴的肉。

17. 你陪客人聊天时，你认为最佳的话题是什么？

18. 餐桌礼仪中的五个禁忌是什么？

提示：一是让菜不夹菜。真正有教养的人只向别人介绍菜，但不给别人夹菜，因为你不知道对方是否喜欢吃。

二是祝酒不劝酒。一般情况下，一个地方灌酒的程度与这个地方的物质文明和精神文明发展的程度成反比，经济发达地区没有灌酒的习惯。

三是入口不吐。除非万不得已，进入口中的东西就不要吐出来，因为这是很失礼的行为。

四是不在餐桌上整理服饰。在商务交往中，有教养的人是不当着客人的面整理服饰和做小动作的。

五是吃东西不出声。"礼出于俗，俗化为礼"，自古以来，东方雅文化都有这种要求。

19. 与不太熟悉的人聊天、谈话时要注意什么？

20. 在商务交往中，从谈话的形式讲，有哪几个应当纠正或注意的问题？

21. 在正式的商务会谈中，有哪些内容不适宜谈？

22. 商务交往中的一些基本要求是什么？

提示：在商务交往中必须遵守的三个基本要求是尊重为本、善于表达、形式规范。

23. 商务交往中强调自尊自爱，那么自尊自爱包括哪些内容？

24. 在商务交往中为什么必须注意尊重对方？

25. 从表达自己的诚意考虑，如果你想送人一件礼物，什么礼物效果最好？

提示：在商务交往中要善于表达自己的诚意，否则就不会达到预期的效果。因此，你送的礼物不在于贵而在于到位，在于你送的礼物是否方便他向别人展示。所以礼物的选择不仅要让人喜爱，而且要适当和有意义，要注意和"行贿"相区别，一定是他易于向别人展示的东西。

26. 在商务礼仪中，斟茶、倒酒的标准顺序是什么？

二、案例分析与实训题

1. 参加宴请时，如不慎将酒水或汤汁溅到异性身上，以下哪种做法不符合礼仪？
(1) 立刻表示歉意。
(2) 亲自为其擦拭。
(3) 请服务员帮忙。

2. 请问西餐礼仪中禁酒者如何在大家喝酒的情况下得体地应对，用何饮料代替呢？

3. 一位西欧颇有身份的女士来华访问，下榻北京一家豪华大酒店。酒店以贵宾的规格隆重接待：总经理在酒店门口亲自迎接，从大堂入口处到电梯走廊，都有漂亮的服务员夹道欢迎、问候，贵宾入住的豪华套房里摆放着鲜花、水果……西欧女士十分满意。陪同入房的总经理见女士兴致很高，为了表达酒店对她的心意，主动提出送一件中国旗袍，她欣然同意，并随即让酒店裁缝给她量了尺寸。总经理很高兴能送给尊敬的女士这样一件有意义的礼品。

几天后，总经理将赶制好的鲜艳、漂亮的丝绸旗袍送来时，不料这位洋女士却面露愠色，勉强收下，后来离店时却把这件珍贵的旗袍当作垃圾扔在酒店客房的角落里。总经理大惑不解，经多方打听好不容易才了解到，原来这位洋女士在酒店餐厅里看到女服务员都穿旗袍，误以为那是女侍者特定的服装款式，主任赠送旗袍，是对自己的不尊敬，故生怒气，将旗袍丢弃一边。总经理听说后啼笑皆非，为自己当初想出这么一个"高明"的点子而懊悔不已。

分析这位总经理的错误是什么。你了解哪些西方服务禁忌？

(资料来源：马保奉. 外交礼仪浅谈. 中国铁道出版社，1996)

4. 国内某家专门接待外国游客的旅行社，有一次准备在接待来华的意大利游客时送每人一件小礼品。于是，该旅行社订购制作了一批纯丝手帕，是杭州制作的，还是名厂名产，每个手帕上都绣着花草图案，十分美观大方。手帕装在特制的纸盒内，盒上有旅行社的社徽，显得是很像样的小礼品。中国的丝织品闻名于世，料想会受到客人的喜欢。

旅游接待人员带着盒装的纯丝手帕，到机场迎接来自意大利的游客。欢迎词致得热情、得体。在车上接待人员代表旅行社赠送给每位游客两盒包装甚好的手帕，作为礼品。没想到车上一片哗然，议论纷纷，游客显出很不高兴的样子。特别是一位夫人，大声叫喊，表现极为气愤，还有些伤感。旅游接待人员心慌了，好心好意送人家礼物，不但得不到感谢，还出现这般景象。中国人总以为送礼人不怪，这些外国人为什么怪起来了？

(资料来源：王连义. 怎样做好导游工作. 中国旅游出版社，1993)

第九章 服务接待礼仪

进入 21 世纪以来，随着市场经济的迅猛发展，可供选择的同类产品越来越多元化，企业制造足够多的产品这一历史使命已经完成，顾客购买的已不仅仅是商品本身。商品的质量、销售人员的态度、随之相关的服务是现在顾客选择购买的新标准。所以，现代企业只有在服务上下功夫，才能在同行业中获得持续、较强的核心竞争力。因此，越来越多的企业开始把其服务水平提高到战略高度来对待，致力于打造高标准、高品位、人性化的服务品牌。

第一节 服务礼仪概述

G先生入住一家五星级酒店，头天晚上 11 时左右曾委托总台李小姐叫醒，但李小姐未能准时叫醒客人，从而耽误了航班，引起了客人的投诉。下面是大堂副理(A)与客人(G)的一段对话。

A：G先生，您好！我是大堂副理(A)，请告诉我发生了什么事？
G：什么事你还不知道？我耽误了飞机，你们要赔偿我的损失。
A：你不要着急，请坐下来慢慢说。
G：你别站着说话不腰疼，换你试试。
A：如果这件事发生在我身上，我肯定会冷静的，所以我希望你也冷静。
G：我没你修养好，你也不用教训我。我们没什么好讲的，去叫你们经理来。
A：叫经理来可以，但你对我应有起码的尊重，我是来解决问题的，可不是来受你气的。
G：你不受气，难道让我这花钱的客人受气？真是岂有此理。
A：……

(资料来源：http://blog.tianya.cn)

思考：大堂副理在处理客人投诉时有什么问题？

服务礼仪是人们依据服务行业的特点，在长期职业活动中形成的合情合理的言行、约定俗成的规范、文明高雅的接待礼节。它是社会礼仪准则与规范在服务工作中的运用和体现，它的发展变化受时间、地点的影响和制约。

服务礼仪具体是指服务人员在其工作岗位上，通过言谈、举止、行为等，对客户表示尊重和友好的行为规范和管理。具体来看，它对服务人员提出了包括服务意识、服务技巧、语言规范、仪容礼仪在内的四大要求。

一、服务意识：三A法则

态度决定一切，对于服务人员来说这点非常重要。服务人员首先要树立牢固的服务意识。服务界有句至理名言：顾客就是上帝。它要求服务人员尊重服务对象，设身处地为服务对象着想，尽最大的努力使其满意。为此，服务礼仪提出了"三A法则"，即：接受(Accept)、重视(Attention)、赞美(Admire)。它提示服务人员如何向服务对象表示尊重，提供优良的服务。

(一)接受

服务人员应充分表现出热情友善、耐心积极的服务态度来接受服务对象，给对方以亲切、主动、宾至如归的感受。对于服务对象而言，服务态度有时比服务技巧更重要。我们经常在商场看到这样的情形：顾客为了买到称心如意的商品，不仅会仔细询问，同时还会要求服务人员拿出各种各样的商品以供挑选。如果服务人员始终尽心尽责微笑着提供优质服务，即使最终顾客没有买到心仪的产品，但是服务人员全程展现出的接受顾客、耐心服务顾客的优质态度，也会给顾客留下深刻的印象，从而为下一次的购买奠定基础。但是，如果服务人员在服务过程中表现出怕麻烦、嫌弃甚至抱怨顾客的态度，结果也是可想而知的。

(二)重视

让服务对象感受到服务人员的尊重与重视，除了满腔的服务热情外，服务人员还需要在服务的细节和技巧上下功夫。

(1) 记住服务对象的姓名。姓名是一个人独有的标记，牢记顾客的姓名意味着对他的重视。在服务行业中，每天会迎来许多顾客，从事酒店行业的服务人员能够记住入住和就餐顾客的姓名，从事销售行业的服务人员能够在顾客再度光临的时候说出"某某先生，欢迎再度光临"的欢迎词，对顾客来说是件令人感动的事情。

(2) 用尊称。每个顾客一般都有一个自己的社会定位，服务人员可以使用恰当甚至可以略微拔高的尊称来称呼服务对象，这样在传达重视态度的同时会使对方心情愉快。比如，当服务人员知道服务对象是企业的重要干部时，可以称呼他为"某经理"或"某总"；是担任政府一定行政级别的，可以称为"某处"或"某主任"；从事教学工作的，可称呼"某老师"或"某教授"；等等。

(3) 重视客人的特别爱好。不同的顾客会有不同的性格和爱好，服务人员应细心地留意和记忆，以便再度服务时可以提供贴心的服务。

案例 9-1

一次,某位客人在酒店用餐时因为胃不好,要求把绿茶换成红茶。当他再度来到这家酒店用餐时,服务人员细心地端上了一杯红茶,令他记忆深刻。

【点评】

服务的质量充分体现在细节之中,只要用心观察,就会注意到顾客的喜好。服务人员按照顾客的习惯提供贴心的服务,更能使顾客产生深刻的印象。

(4) 仔细倾听。认真倾听顾客的话,并适时给予反馈,同样表现了对他的尊重。

案例 9-2

乔·吉拉德向一位顾客推销汽车,谈判交易的过程比较顺利。当客户正要付款时,另一位推销员跟乔·吉拉德谈起了昨天的足球赛,乔·吉拉德一边跟这位推销员谈着足球,一边伸手去接顾客的付款。不料顾客却突然掉头而去,连车也不买了。

【点评】

乔·吉拉德后来才明白,客户在付款时,谈起了自己家儿子考上大学一事,而自己却和同伴谈的是球赛。乔·吉拉德与成功失之交臂充分说明了服务过程是双方情感的充分交流,要让客户觉得受到重视,就必须学会聆听客户的心声。

(三)赞美

每个人都愿意听到别人对自己的赞美,服务人员对顾客的赞美不仅是一种接受和重视,同时也是一种肯定。在进行赞美的时候要注意符合人的心理需求。

首先是适当赞美。在服务过程中,服务人员应选择合适的机会表达赞美之情,使赞美显得自然,更容易被顾客所接受。而不要喋喋不休地赞美不停,这样会让人感到肉麻和虚假。

其次是恰当赞美。服务人员应根据服务对象的实际情况给予赞美,不能脱离实际,信口开河。

二、服务技巧

服务人员在具体的服务工作中应学会运用以下技巧。

(一)了解客人的需求

服务人员在为客人提供服务的时候应学会察言观色,认真观察顾客的关注点,通过与顾客的双向沟通，准确掌握顾客的需求，提供合适的信息。比如，为客人提供点餐服务的人员在顾客翻阅菜单的同时注意他在不同菜品上停留的时间，可以选择合适的时机推荐餐馆的特色菜，也可以与顾客进行交流，了解他的消费期望，以提供适当的菜色，较好地满足客人的需求。

(二)服务要适度、周到

在服务中，服务人员应热情待客，但是也要适当把握热情的尺度。在商场我们也经常会遇到这样的销售人员，当顾客逛到柜台前拿起某种产品时，"热情"的销售人员会带来大串的问题和大段的介绍，这会让顾客感到一种被纠缠的压力，被迫离开。

当业务繁忙的时候，服务人员要学会"接一顾二招呼三"的技巧，即接待先到的顾客时，兼顾后到的顾客，留意他们到达的顺序和要求，分别给予不同的招呼。实在抽不开身时，也要微笑着向后到的顾客点头致意或说一声"对不起，请稍等"，使每一个顾客都能感受到被尊重和被关心。

案例分析

案例 9-3

"欢迎光临 ONLY！请随便看看。"刚走进这家彰显青春时尚的服饰店，几位服务人员就异口同声热情地招呼着。如果顾客多看哪件衣服几眼，服务员立刻会介绍这款衣服的风格，并建议试穿，而且"姐"前"姐"后，热情得让人有些招架不住。一旦你动了心，想试穿其中一件，那么如果你愿意，服务员会帮你挑选其他款式的衣服，不厌其烦地一件件递到试衣间，不断夸你穿着有气质，简直是"魔鬼"身材。

【点评】

服务人员过分热情会给顾客造成心理上的压力，感觉受到了纠缠，并且会产生急于离开、摆脱这种令人局促的场面的想法。服务不单单是一种商业行为，也涉及顾客的心理，不温不火的服务才能得到顾客的认可。

(三)客人永远是对的

当客人提出意见和要求时，服务人员应放弃自我，冷静耐心地应对，把面子留给客人。一般发生纠纷时，客人往往会情绪激动，措辞激烈，服务人员作为企业的代言人，一定要克制自己的情绪，不要打断客人或者进行辩解，让客人把内心的不满充分表达出来。如果客人提出的要求是合理的，同时也在权限范围内，应给予快速解决；如果要求不够合理或者超出了自己的权责范围，也不能一口回绝，而应适当地表示理解，并及时地反馈给上级领导。

三、语言规范

服务人员应注意规范自身的语言运用，这主要表现在如下几方面。

(一)得体地使用服务用语

(1) 问候用语——亲切:"您好、"大家好"、"下午好"等。忌:打探隐私的问候语。

(2) 迎送用语——真诚:"欢迎光临"、"欢迎再次光临"、"请您走好"、"再见"等。忌:不闻不问。

(3) 请托用语——谦逊:"请问"、"请稍候"、"请让一下"、"请多关照"、"拜托"等。忌:带有命令意味的话语。在服务时,"请"是一种礼貌,更是一种姿态,暗示服务人员良好的素质。

(4) 致谢用语——真挚:谢谢别人的好意和帮助是一种文明的标志,更是感恩的表现,常用语有"谢谢您对我们工作的配合与支持"、"我们工作的顺利开展是与您的支持分不开的"等。忌:不及时地表达谢意,给人被忽略之感。

(5) 征询用语——客气:"请问"、"劳驾"、"我能……"等。忌:无所谓的态度。

(6) 应答用语——及时:"您好!这里是……"、"请问您有什么事情?"、"是的"、"好的,我明白您的意思"、"我会尽量按照您的要求去……"等。忌:冷淡敷衍的语气。

(7) 祝贺用语——真心:"节日快乐"、"恭喜……"、"祝贺您……"等。忌:例行公事的表述。

(8) 推托用语——委婉:"对不起,同志!请您……"、"我请示一下领导……"等。忌:一口就给予拒绝。

(9) 道歉用语——诚恳:"对不起"表达的是站在顾客的角度去想问题,为顾客打消烦躁情绪留下了空间,代表语有"打扰了"、"抱歉"、"多多包涵"等。忌:无声无息,不及时表达。

(二)不要使用辩解性的语言

服务人员的本职就是为顾客提供服务,因此其语言应充分传达出亲切、人性化的信息。在客人面前永远不能说"这不是我们的责任"、"这是我们的规定"、"你不懂"、"你错了"等辩解性的或者具有否定信号的话语,这些语言只会让问题变得更加严重。

(三)用客人熟悉的语言与之交流

面对使用不同地方方言的客人,服务人员尽可能使用常用语言如普通话与之交流,不要用自己的方言,以免给客人带去不便。如果客人不熟悉普通话,而使用的方言恰好是服务人员所熟悉的,那以使用客人熟悉的方言交流为宜。接待外宾时,则以国际通用的英语与之交流。

四、仪容礼仪

服务人员的形象定位:仪表端庄、整洁。具体要求如下。

(一)仪容

在仪容方面,服务人员应注意以下几点。

(1) 头发:服务人员的头发应经常清洗,保持清洁并有形,可适当使用摩丝或啫哩水定型。不得采用过于新潮的发型。男销售人员的头发不宜太长。

(2) 指甲:指甲不得太长,应经常洗剪。女销售人员涂指甲时应使用淡色的指甲油。

(3) 胡子:销售人员一律不得蓄留胡子,并应每天修剪干净,不得留有不净须根。

(4) 口腔:保持口腔的口气清新,上班前不得喝酒或者吃有异味的食品,不得过分吸烟。

(二)着装

服务人员的服装应保持清洁,不追求修饰,具体要求如下。

(1) 男销售人员一律穿统一定做的西装、衬衫并打领带,女销售人员穿统一定做的套装、衬衫,所有销售人员在销售现场一律穿皮鞋。

(2) 衬衫必须每天更换,并保持领子和袖口的清洁。

(3) 领带应保持清洁挺括,不得肮脏、破损或者歪斜、松弛。

(4) 每天擦皮鞋,保持鞋面清洁,不得穿带鞋钉的皮鞋。

(三)化妆

男服务人员不得过分化妆;女服务人员应适当化妆,以示对他人的尊重,但应注意以下几点。

(1) 选择适当的化妆品和与自己的气质、脸型、年龄等特点相符合的化妆方式,选择合适的发型来增添自己的魅力。

(2) 不化过浓的妆,不使用香味浓烈的香水。

(3) 不在公共场合化妆、整理头发、整理衣服、照镜子等,更不得在男士面前化妆,化妆、补妆都应在更衣室内进行。

(4) 不借用他人的化妆品。

(四)体态

体态语言是人们在交际时,运用面部表情、眼神以及身体的动作和姿势来传递信息,表达感情的一种非语言。服务人员在体态上有其自身的职业要求。

(1) 手姿:服务人员在服务中手势不宜过多,幅度不宜过大。要求自然优雅、规范适度、落落大方。忌在宾客面前拉拉扯扯,或在宾客背后指指点点;讲到自己时,用手指着自己的鼻尖,在讲别人时,用手指点别人;手势动作过快,手舞足蹈;在客人面前掏鼻孔、剔牙、挖耳朵、抓头皮、打哈欠、搔痒等。

(2) 步态:服务人员走路的步态要端正、轻盈、稳健、充满活力,体现一种动态美。女子的步态要轻盈有节奏,展示出曲线美;男子的步态要稳健,充满阳刚之气。忌急跑步

第九章 服务接待礼仪

或脚跟用力着地而发出声响；行走路线弯曲甚至东张西望；抢道而行，不打招呼，不致歉意；与人并行，勾肩搭背。

(3) 站姿：忌弯腰驼背，摇头晃脑，东倒西歪；倚在椅、门、墙上或靠在宾客座椅背上；把脚踏在凳上或在地面上蹭来蹭去；乱踢地面上的东西。

(五)表情

表情是人们在交际时面部的变化，是人们体态语言的一种表现形式，是思想感情的外露。它具有沟通感情和传递信息的作用。

对服务人员眼神的要求是：炯炯有神，体现出热情、礼貌、友善、诚恳；服务人员在服务时，精神集中，注视宾客，走路、站立时双目平视，不左顾右盼。

表情上忌讳绷着脸、表情冷漠、眼睛无神、无精打采、眼神变化过快或凝视对方、双眉紧锁、嘴唇紧闭、放声大笑、毫无顾忌、表情失常等。

会说话的"手"

手是传情达意最有力的手段，正确、适当地运用手势，可以增强感情的表达。手势是接待工作中必不可少的一种体态语言。有的接待人员在服务过程中，表现出的手势运用不规范、不明确，动作不协调，手势寓意含混等现象，给宾客留下漫不经心、不认真、接待人员素质不高等印象。

不同手势的含义如下。

(1) "O"形手势。即圆圈手势，19世纪流行于美国。"OK"的含义在所有讲英语的国家是众所周知的，但在法国"O"形手势代表"零"或"没有"；在日本代表"钱"；在一些地中海国家用来暗示一个男人是同性恋者；在中国这个手势用来表示"零"。

(2) 翘大拇指手势。在英国、澳大利亚、新西兰等国，翘大拇指代表搭车，但如果大拇指急剧上翘，则是侮辱人的信号。在表示数字时，他们用大拇指表示"5"。在中国，翘大拇指是积极的信号，通常是指高度的赞扬。

(3) "V"形手势。第二次世界大战期间，英国首相温斯顿·丘吉尔推广了这个手势，表示胜利，非洲大多数国家也如此。但如果手心向内，在澳大利亚、新西兰、英国则是一种侮辱人的信号，代表"up yours"。在欧洲各地它也可以表示数字"2"。

(4) 塔尖式手势。这一手势具有独特的表现风格，自信者、高傲者往往使用它，主要用来传达"万事皆知"的心理状态，是一种消极的人体信号。

(5) 背手。英国皇家的几位主要人物以走路时昂首挺胸、手背身后的习惯而著称于世。显然这是一种拥有至高无上的权威、自信或狂妄态度的人体信号。将手背在身后还可起到一定的"镇定"作用，使人感到坦然自若，还会赋予使用者一种胆量和权威。

(资料来源：职业餐饮网)

第二节　服务接待礼仪

天地公司的初萌是一位新员工,她在前台负责接待来访的客人和转接电话,还有一个同事小石和她一起工作。每天上班后一到两个小时之间是她们最忙的时候,电话不断,客人络绎不绝。一天,有一位与人力资源部何部长预约好的客人提前20分钟到达,初萌马上通知人力资源部,部长说正在接待一位重要的客人,请对方稍等。初萌转告客人说:"何部长正在接待一位重要的客人,请您等一下。请坐。"正说着电话铃又响了,初萌匆匆用手指了一下椅子,赶快接电话。客人稍有不悦。小石接完电话,赶快为客人送上一杯水,与客人闲聊了几句,以缓解客人的情绪。

(资料来源:http://www.gtcfla.net)

思考:初萌在接待中有哪些不妥的行为?

迎来送往等接待工作,是服务工作中的一个重要环节。做好接待工作可以给对方留下良好的第一印象,是每一位服务人员责无旁贷的事。因此,我们有必要详细了解一下有关服务接待的一些基本礼仪规范。

一、接待用语礼仪

服务人员在接待活动中一定要使用规范的接待用语。

(一)接待常用语

接待常用语一般有:"欢迎"、"请您稍等一下"、"谢谢!欢迎下次再来"、"实在对不起,让您久等了"、"感谢您的光临,请走好"、"对不起,您要找的××不在,有需要我帮忙的吗?"、"没关系,我将尽力而为",等等。

(二)接待用语的注意点

在使用接待用语时应注意以下几点。

1. 多用祈使句

如:"对不起,请您等一下好吗?""对不起,请您先等一会儿,总经理正在开会,几分钟后能见您。"

2. 多用肯定句

如:"对不起,现在总经理很忙,但是陈副经理刚好没有预约,您想不想与我们陈副

经理谈一下?"

3. 拒绝要委婉,态度要诚恳

如:"实在很抱歉,我们主任正在主持一个重要的会议,不能接见客人。您能否改一个时间,再与他见面?若可以,我将尽快给您安排。"

4. 恰当使用负正法

譬如:"如果您能推迟到明天再谈,可能让你今天白跑一趟,但是,明天总经理会有更充裕的时间同你们商讨具体的细节"和"虽然明天总经理有更充裕的时间跟您商讨具体的细节,但是,今天这一趟得让您白跑"比较,前一句比后一句更加能让人接受。

5. 耐心倾听

由于对象不同,时间、场合不同,因此接待人员要善于观察宾客的表情,耐心倾听宾客的心声,从而使自己的话能说到点子上,达到良好的服务效果。

二、迎宾礼仪

见到客人的第一时间,应该马上做出如下动作,我们简称为"3S":Standup(站起来)、See(注视对方)、Smile(微笑)。最初的迎客语言有:"你好,欢迎您"、"您好,我能为您做些什么?"、"您好,希望我能帮助您"。具体的应做到如下环节。

(一)做好信息资料工作

接待要做到"知己知彼",了解对方的背景,包括对方的年龄、性别、身份、来访目的、可能提出的问题、来访时间长短,甚至可包括对方所在国家的政治、经济、地理、历史情况、对外政策、领导人情况等。若是外宾,则要掌握外宾的礼仪特征和习俗禁忌,并把它变成书面文字呈送有关人员,还要提供外交资料作为参阅。

(二)确定迎送规格

根据来宾的背景资料,按照与客人对口、对等的原则,确定级别相当的人员或组织出面迎送。如果由于其他原因,级别相当的人员或组织不能出面,可灵活变通为职位相称者或副职人员代替,但要向客人解释,说明原因,表示歉意。

(三)热情迎宾

客人下车时,接待人员应一手拉门,一手挡在车门框上沿,以免客人的头部碰撞到车顶门框。下雨天时要撑伞迎接,以防客人被雨淋湿。尤其是遇到老、弱、病、残、幼客人,要特别主动地帮忙,倍加关心。客人下车后,应主动上前握手问候,并作相应介绍或自我介绍,表示欢迎。

接待员应主动帮助客人提行李(但不要拿客人公文包或手提包),同时要尊重宾客的意愿。宾客的行李物品要轻拿轻放,对贵重和易碎物品,要倍加小心。

接待团体宾客时,应连续向宾客点头致意和多次重复问候语。问候时注意力要集中,眼睛注视着宾客。宾客先问候致意的,要及时还礼。

三、送客礼仪

服务人员在送别客人的时候要注意以下几点。

(一)真情告别

宾客离去时应施礼感谢光临并致告别语,如"祝您旅途愉快,欢迎下次再来!""祝您一路平安,同时希望我们合作愉快!"等。

(二)热情周到

帮助宾客确认所携带的行李物品,帮助宾客小心提送到车上。帮宾客关车门时,用力要恰到好处,不能太重,也不能太轻,太重会惊吓客人,太轻车门会关不上。还要注意不要让宾客的衣服裙裤被车门夹住。

(三)规范合礼

关好车门后,不能马上转身就走,在宾客的车辆启动时,要面带微笑,挥手告别,目送车子离开后才能离开。

四、接打电话礼仪

服务人员在接听、拨打电话时也有一定的礼仪规范要遵守。

(一)接听电话礼仪

服务人员在接听电话时应遵守如下礼仪规范。

1. 接听及时

接听电话时,以铃响三声左右拿起话筒为宜。铃声响三次以上应向来电者真诚地表示歉意:"对不起,让您久等了。"

2. 应对热情

接通电话后,要先问候,如"您好",随后应自我介绍,并聚精会神地接听电话。说话时要面带微笑,使声音听起来更为热情。语调要平稳、安详。切忌不理不睬、慢慢吞吞。

3. 尽快回复

如果遇到需查询的事项,应请对方稍等或记下联络方法,尽可能及时答复。切忌敷衍了事或让人久等。

4. 礼貌用语

遇到打错的电话，应以礼明示，切忌冷言恶语。通话结束后，应礼貌致意，并等对方挂机后再挂断。

5. 准确传达

代转、代接电话时，应慎重热情，对转达内容要认真、准确地做好笔录，以免误事。

(二)拨打电话礼仪

服务人员在拨打电话时应遵守如下礼仪规范。

1. 选择恰当的时间

不要在他人的休息时间打电话，一般中午、晚上十点之后、早上七点以前以及用餐时间都不适合打电话。

2. 通话时间合理

讲话内容精练简洁，打电话时尽可能将通话时间控制在3分钟之内。

3. 先作自我介绍

打电话的一方在接通电话后应简单介绍一下自己，如"您好！我是天地公司的初萌。请问王先生在吗？"切忌劈头直问："喂，你是谁？"

需要留言时要说清自己的姓名、单位名称、电话号码、回电时间、转告的简要内容等。如："你好！我是陈经理办公室的初萌。陈经理要和岳青女士商量一下有关产品计划的事宜。"在对方记下这些内容后，千万不要忘记问："对不起，请问您怎么称呼？"要将对方告知的姓名用笔记下来，以备查找。

4. 拨错号码主动致歉

如果发现打错电话，应马上道歉，态度要诚恳，切忌强词夺理和默默挂断。结束通话前应核实是否号码错误。

5. 语速快慢适当

在打电话时切忌放"连珠炮"或吞吞吐吐。在传达日期、数字、字母等关键信息时应反复核对。

本章知识技能目标鉴定题库

一、根据所学服务礼仪知识回答下面问题

1. 服务人员在工作场合端坐时，两手、两腿、两脚应如何摆放？
2. 服务人员在岗位上服务与接待时忌讳哪几种眼神？

3. 服务人员的行走路线是如何规定的？服务人员上下楼梯的要求有哪些？

4. 什么是体态语言？服务人员在工作中行为举止上的忌讳有哪些？

二、案例分析

1. 阅读下面的案例，指出服务员不合礼仪规范之处。

在某地一家饭店餐厅的午餐时间，来自台湾地区的旅游团在此用餐。当服务员发现一位 70 多岁的老人面前是空饭碗时，就轻步走上前，柔声说道："请问老先生，您还要饭吗？"那位先生摇了摇头。服务员又问道："那先生您完了吗？"只见那位老先生冷冷一笑，说："小姐，我今年 70 多岁了，自食其力，这辈子还没落到要饭吃的地步，怎么会要饭呢？我的身体还硬朗着呢，不会一下子完的。"

2. 分析下面案例出现错误的主要原因是什么。如果你是餐厅经理，该如何做？

某日华灯初上，一家饭店的餐厅里客人满座，服务员来回穿梭于餐桌和厨房之间，一派忙碌景象。这时一位服务员跑去向餐厅经理汇报，说客人投诉有盘海鲜菜中的蛤蜊不新鲜，吃起来有异味。

这位餐厅经理自信颇有处理问题的能力和经验，于是不慌不忙地向投诉客人的餐桌走去。一看，那不是熟主顾老食客张经理吗！他不禁心中有了底，于是迎上前去一阵寒暄："张经理，今天是什么风把您给吹来了，听服务员说您老对蛤蜊不大对胃口……"这时张经理打断他说："并非对不对胃口，而是我请来的香港客人尝了蛤蜊后马上讲这道菜千万不能吃，有异味。变了质的海鲜，吃了非出毛病不可！我可是东道主，自然要向你们提意见。"餐厅经理接着面带微笑，向张经理进行解释，蛤蜊不是鲜货，虽然味道有些不纯正，但吃了不会要紧的，希望他和其余客人谅解、包涵。

不料此时，在座的那位香港客人突然站起来，用手指着餐厅经理的鼻子大骂起来，意思是，你还笑得出来，我们拉肚子怎么办？你应该负责任，不光是为我们配药、支付治疗费而已。这突如其来的兴师问罪，使餐厅经理一下子怔住了！他脸上的微笑一下子变成了哭笑不得。到了这步田地，他揣摩着如何下台阶，他在想，总不能让客人误会刚才我面带微笑的用意吧，又何况微笑服务是饭店员工首先应该做到的。于是他仍旧微笑着准备再作一些解释，不料，这次的微笑更加惹起了那位香港客人的恼火，甚至于流露出想动手的架势，幸亏张经理及时拉拉餐厅经理的衣角，示意他赶快离开现场，否则简直难以收场了。

事后，这一微笑终于使餐厅经理悟出了一些道理来。

3. 下例中小王应该怎么接待这位先生？

小王是某某公司董事长的秘书。上午 10 点左右，董事长有事外出，告诉秘书小王大约 20 分钟后回来，有什么事情让小王自行应付。小王只好一边处理文件，一边注意周围的情况。不一会，一位先生走了进来，说道："小姐，你好！我找你们的董事长。"

4. 下例中这位女服务员的问题出在哪里？

一天中午，一位住在某饭店的国外客人到饭店餐厅去吃饭，走出电梯时，站在电梯口的一位女服务员很有礼貌地向客人点点头，并且用英语说"先生，您好！"客人微笑地回

第九章 服务接待礼仪

道:"你好,小姐。"当客人走进餐厅后,引位员发出同样的一句话:"您好,先生。"那位客人微笑着点了一下头,没有开口。客人吃好午饭后,顺便到饭店的庭院中去溜溜,当走出内大门时,一位男服务员又是同样的一句话:"您好,先生"这时客人下意识地只是点了一下头了事。等到客人重新走进内大门时,劈头见面的仍然是那个服务员,"您好,先生"的声音又传入客人的耳中,此时这位客人已感到不耐烦了,默默无语地径直去乘电梯准备回房间休息。恰好在电梯口又碰见那位女服务员,自然又是一成不变的套话:"您好,先生。"客人实在不高兴了,装作没有听见的样子,皱起了眉头,而这位女服务员却丈二和尚摸不着头脑!

5. 下例中,服务小姐为什么要用婉转的语言对待顾客?这样说有何好处?

"小姐!你过来!你过来!"一位顾客高声喊,指着面前的杯子,满脸寒霜地说:"看看!你们的牛奶是坏的,把我的一杯红茶都糟蹋了!"

"真对不起!"服务小姐赔着不是,"我立刻给您换一杯。"新红茶很快就准备好了,碟旁跟前一杯一样,放着新鲜的柠檬和牛奶。小姐轻轻放在顾客面前,又轻声地说:"我是不是能建议您,如果放柠檬,就不要加牛奶,因为有时候柠檬酸会造成牛奶结块。"那位顾客的脸一下子红了,匆匆喝完茶,走出去了。

有人笑问服务小姐:"明明是他土,你为什么不直说他呢?他那么粗鲁地叫你,你为什么不还以颜色?"

"正因为他粗鲁,所以要用婉转的方式对待;正因为道理一说就明白,所以用不着大声,"小姐说,"理不直的人,常用气壮来压人,理直的人要用气和来交朋友。"

第十章　营销口才与营销接待礼仪

营销工作是一种主要靠语言表达来促成交易的商务活动，所以，口才艺术是现代营销中最常用、最基础的技能。若想成为市场营销中的佼佼者，掌握良好的口才艺术必不可少。礼仪，又称礼节和仪式。对营销人员来说，礼仪不但是社交场合的一种"通行证"，而且还是体现其修养水平和业务素质的一种标志。懂得各种礼仪并将它们恰当地运用到工作与生活中去，是营销人员的基本素养之一。

第一节　营销概述

有一个奶制品专卖店，里面有三个服务人员：小李、大李和老李。当您走近小李时，小李面带微笑，主动问长问短，一会儿与你寒暄天气，一会儿聊聊孩子的现状，总之聊一些与买奶无关的事情。小李的方式就是礼貌待客。而大李呢，采取另外一种方式，他说："我能帮您吗？""您要哪种酸奶？""我们对长期客户是有优惠的，如果气温高于30℃，您可以天天来这里喝一杯免费的酸奶。您想参加这次活动吗？"大李的方式是技巧推广式。老李的方式更加成熟老到，他和你谈论你的日常饮食需要，问你喝什么奶，是含糖的还是不含糖的？也许你正是一位糖尿病人，也许你正在减肥，而老李总会找到一种最适合你的奶制品，而且告诉你如何才能保持奶的营养成分。老李提供的是个性化的沟通模式。

（资料来源：阿里巴巴商人论坛）

思考：你最认同哪种营销模式？为什么？

营销，狭义地理解是营销组合中的人员推销，即由营销人员直接与潜在的顾客接触、洽谈，介绍商品，进行说服，促使其采取购买行动的活动。广义地说，则不仅仅限于商品交换，人们在社会生活中，通过一定的形式传递信息，让他人接受自己的意愿和观念，都属于推销。因此，从这一含义上理解，每一位成功的人都是一名优秀的营销员。从婴儿的微笑到政治家的雄辩演说，都可看成是推销。

一、营销的特点

从实现商品服务、销售的意义上说，营销是指推销人员通过说服和帮助促使潜在顾客采取购买行动的活动过程。它包括推销人员、推销对象和推销品三个要素。营销过程，既是一个营销人员向顾客传递信息并由买主向卖主反馈信息的双向沟通过程，也是一个营销人员向顾客提供技术与咨询服务以及双方情感交流的过程。因此，营销具有以下特点。

(一)特定性

推销必须先确定谁是对产品有特定需求的潜在顾客，然后再有针对性地向推销对象传递信息并进行说服。

(二)灵活性

影响市场环境和营销对象需求的不确定因素很多，营销人员必须灵活运用推销原理和技巧，以及恰当的推销策略和方法。

(三)说服性

这是营销活动的核心。推销员必须运用自己所掌握的知识以及商品的特点、优点，耐心地进行说服和劝说，并最终导致顾客采取购买行动。

(四)双向性

营销是销售人员与顾客之间信息传递与反馈的双向沟通过程。推销人员向顾客提供有关商品、市场、企业和服务等有关信息，同时，也观察顾客的反应，调查、交流顾客对企业产品的要求。

(五)互利性

销售的目的是帮助人们获得想要的东西。成功的推销应对交易双方都有利，让推销对象感到购买有利于满足需求，给自己带来多方的利益。

二、营销的原则

在营销过程中，营销人员应遵守如下一些基本原则。

(一)尊重顾客原则

在推销的过程中，必须坚持以顾客为中心。首先必须尊重顾客，尊重顾客的人格和价值观。杜绝"你是否买得起"、"可能你没钱买"等语言。

在推销过程中尊重顾客必须做到以下几点。

1. 善于赞美顾客

用贴切的语言称赞顾客是打开推销之门的有效方式。赞美顾客时，可利用各种话题来展开，如相貌、衣着、学识、见解、孩子、亲人、朋友、家庭和事业等。

案例分析

案例 10-1

詹姆斯·亚当森是纽约超级座椅公司的董事长,当他得知著名的乔治·伊斯曼为了纪念母亲,要建造伊斯曼音乐学校和尔伯恩剧院时,很想得到这两座建筑物座椅的订单。然而,伊斯曼只答应和他晤面 5 分钟。"我从未见过这样漂亮的办公室,如果我有一间这样的办公室,我也一定会埋头工作的。"亚当森是这样开始谈话的。他又用手摸摸一块镶板,说:"这不是英国橡木吗?条纹跟意大利的稍有不同。""是的,"伊斯曼回答,"这是一位对木材特别有研究的朋友替我选的。"接着伊斯曼就带他参观整个办公室,兴致勃勃地介绍房间的设计比例、色彩和手艺。5 分钟吗?一小时过去了,两小时过去了,他们愉快的谈话还在继续。最后,亚当森终于从伊斯曼那里得到了满足。这是自然的,因为亚当森给了伊斯曼以满足。

(资料来源:http://zyj621728.blog.163.com)

【点评】

在这个案例中,詹姆斯·亚当森正是从恰如其分的赞美入手而赢得了合作的成功。

2. 保持谦恭

营销是让顾客接受你的产品,而不是去超越、战胜顾客。因此在推销过程中要做到不顶撞、不发怒、不强辩。

案例分析

案例 10-2

有一个叫亚力森的西屋公司推销员,他费了很大的劲儿,才卖了两台发动机给一家大工厂的工程师。他决心要卖给他几百台发动机,因此几天后又去找他。没想到那位工程师说:"亚力森,你们公司的发动机太不理想了。虽然我需要几百台,但我不打算要你们的。"亚力森大吃一惊,问:"为什么?""你们的发动机太热了,热得我的手都不能放上去。"亚力森知道,跟他争辩是不会有好处的,急忙采用另一种策略。他说:"史密斯先生,我想你说的是对的,发动机太热了,谁都不愿意再买。你要的发动机的热度,不应该超过有关标准,是吗?""是的。"——亚力森得到了第一个"是"。"电器制造公会的规定是:设计适当的发动机可以比室内温度高出华氏 72 度,是吗?""是的。"——亚力森又得到了第二个"是"。"那你的厂房有多热呢?""大约华氏 75 度。""这么说来,72 度加 75 度一共是 147 度。把手放在华氏 147 度的热水塞门下面,想必一定很烫手,是吗?"亚力森得到了第三个"是"。紧接着他提议说:"那么,不把手放在发动机上行吗?""嗯,我想你说得不错。"工程师赞赏地笑起来。他马上把秘书叫来,为下一个月开了一张价值 35 000 美元的订单。

第十章 营销口才与营销接待礼仪

【点评】

在本例中,亚力森面对史密斯的不合作态度,并没有直接采取强辩的方法,而是采用迂回的提问法,最终水到渠成,完成了推销任务。

(资料来源:360口袋网)

3. 了解顾客的需要

了解顾客的需要,是每一位营销员都应做的事。很多情况下,了解顾客的需要可从提问入手。营销员可通过开放式与闭锁式提问相结合的方式来获取相关信息,最终达到了解顾客真实需求的目的。

案例分析

案例 10-3

销售员:陈先生,你目前住哪儿?(开放式,找需求)

陈先生:徐家汇。(有钱)

销售员:是不是自己的房子?(闭锁式)

陈先生:是,十多年前买的公寓,当时是为了小孩上学方便。(老,十年前就有钱,图方便)

销售员:小孩和你住一起?(人口,大小)

陈先生:三个孩子都在国外定居,现在只有老伴和我一起住。(更有钱)

销售员:十多年前,是不是都没有电梯?(故意问,"引导",自己的优点让别人说)

陈先生:是啊!(引导,让对方说"是")

销售员:每天爬四层楼会不会让夫人和您感觉不方便。(找出对方的缺点、伤口,撒盐巴)

陈先生:蛮辛苦的。

销售员:每天买好的菜要提到四楼吃力吗?(继续撒盐,让对方说"是")

陈先生:哪提得动,都是分开几次拿上去的。

销售员:那不是要上下好几次,年龄大骨质疏松,上上下下不是伤膝关节吗?(早就知道,这是年纪大的人特别是女性的通病,因为贫血、缺钙)

陈先生:对呀!我太太就有这个问题。

销售员:年龄大,身体难免会有毛病,十多年前当时当然适合你。目前除上下楼不方便以外,不知还有什么让你觉得和原先居住条件不一样的?(总结,开放式询问)

陈先生:原先这里很安静,现在很吵,没公园,想散步都不行。

销售员:陈先生,如果住的地方有电梯,空气又好,是不是能改善你和夫人目前住的问题?(确认,开始收网)

陈先生:那当然了。

销售员:徐家汇越来越热闹,白天晚上都一样,空气越来越差,要解决进出不方便非要有电梯对不对?(确认)

陈先生：对呀！
销售员：要选空气好，避免气喘对不对？（确认）
陈先生：是的，这非常重要。
销售员：是不是下决心要换个环境……（是的，是的，是的，惯性）

（资料来源：广东培训网）

【点评】

这个案例告诉我们，销售员出色地运用提问的技巧，顺利地获得了顾客的信息，这样才能有的放矢，为后续的推销做好准备。

(二)互利互惠原则

互利互惠是指在推销过程中，推销员要以交易能为双方带来较大的利益或为双方减少损失为目标。推销人员不能从事伤害一方或给一方带来损失的推销活动，如引诱、欺骗等，这样才能赢得回头客。

(三)推销使用价值观念原则

使用价值观念是顾客对商品所能提供的效用的认识。推销商品的使用价值观念，就是向顾客推销商品的效用，帮助顾客认识商品的真实效用。顾客只有在认识了商品的使用价值以后，才能最终做出购买决定。一个推销员要成功地向顾客推销使用价值观念，首先必须熟悉所推销的商品，同时要能深层次地发掘商品的使用价值，不仅要认识到商品能为顾客提供的直接效用，而且还要认识商品能为顾客带来的间接效用。

(四)人际关系开路原则

俗语说："三分人情七分生意。"人际关系开路是指推销员在推销商品时，应缩短与顾客的心理距离，建立买卖双方和谐的人际关系，为商品打开广阔的销路。

三、推销人才的素质

推销是一门艺术，需要推销人员巧妙地融知识、天赋与才干于一身，在推销中灵活运用多种推销技巧。推销员素质的高低，直接关系到推销工作的绩效。统计资料表明，一个优秀的推销员和一个普通的推销员的工作能力的差距可高达 300 倍左右。目前许多国家都成立了推销员培训中心，这也充分显示了推销员素质的重要作用。

一般来说，推销员的素质由思想道德素质、业务素质和个人素质三方面构成。

(一)思想道德素质

思想道德素质包括强烈的事业心、良好的职业道德和正确的经营思想。
爱因斯坦说："只有热爱才是最好的老师。"只有热爱、入迷，才会成功，而这正来源于强烈的事业心。当然推销员还必须具有良好的职业道德，良好的职业道德是成为一名优秀的推销员的根本保证。

第十章 营销口才与营销接待礼仪

(二)业务素质

推销员首先应具有现代推销观念,其次,还要有丰富的专业知识。推销员要掌握的知识是非常广泛的。专业知识的积累就意味着素质和能力的提高。这些知识包括企业知识、产品知识、用户知识、市场知识等。再次,还必须具有一定的推销基本功,如用职业的方式去开拓业务。随时随地有意识地寻求各种与推销有关的信息(放着顾客不理,去参加推销培训班),要有吃苦耐劳的精神,要有足够的勇气去开拓新客户,要懂得用客户去发展客户等。也可用公关的方式接触顾客。诚心诚意地待顾客,使顾客愿意同你见面,听你推销。因此要尊重顾客,尽量避免与顾客争吵等。作为推销员,还应具有察言观色的能力,明了顾客所想所求,判断顾客的性格、爱好及购买力等。推销员在商谈中,还要学会抓住时机,把握推销的进度,"欲速则不达"。另外,推销员还必须具有熟练的推销技巧。合格的推销员应具备这样的条件:高度的职业敏感,善于找出顾客的真正所需;善于接近顾客,取得顾客的信任;有效地克服顾客购买时的心理障碍;善于交谈,正确处理顾客的各种异议;善于把握成交的时机;热心为顾客服务等。

(三)个人素质

个人素质是指推销员自身具有的条件和特点。推销员在推销产品的同时,也在推销自己。个人素质包括以下内容。

1. 良好的语言表达能力

这是胜任推销工作的基本条件。语言表达能力是指推销员运用有声语言及行为语言准确传达信息的能力。推销员的每一次推销过程都会使用陈述、提问、解说、说服、倾听等多种语言技巧,使顾客认识到他想要解决的问题及想要获得的感受。

2. 勤奋好学的精神、广泛的兴趣

推销员要学会接触各种各样的顾客,并与他们建立联系,接近他们,说服他们,而共同的兴趣、爱好是缩短人际交往距离的重要因素。因此,推销员必须具备勤奋好学的精神,培养自己广泛的兴趣。

3. 良好的心理素质

真正的推销是在被拒绝以后才开始的,因此,推销员要正确对待顾客的拒绝,时时记住告诉自己:虽然我不喜欢自己的某些行为,但我依然喜欢自己。

第二节 营 销 口 才

在美国零售业中,有一家很有知名度的商店,它就是彭奈创设的"基督教商店"。

彭奈对"货真价实"的解释并不是"物美价廉",而是什么价钱卖什么货。他有个与众不同的做法,就是把顾客当成自己的人,事先说明货品等次。关于这一点,彭奈对他的店员要求非常严格,并对他们施以短期训练。

彭奈的第一家零售店开设不久,有一天,一个中年男子到店里买搅蛋器。

店员问:"先生,您是想要好一点的,还是要次一点的?"那位男子听了后显然有些不高兴:"当然是要好的,不好的东西谁要?"

店员就把最好的一种"多佛"牌搅蛋器拿了出来给他看。男子看了问:"这是最好的吗?"

"是的,而且是牌子最老的。"

"多少钱?"

"120元。"

"什么!为什么这样贵?我听说,最好的才六十几块钱。"

"六十几块钱的我们也有,但那不是最好的。"

"可是,也不至于差这么多钱呀!"

"差得并不多,还有十几元一个的呢。"男子听了店员的话,马上面现不悦之色,想立即掉头离去。

彭奈急忙赶了过去,对男子说:"先生,你想买搅蛋器是不是,我来介绍一种好产品给你。"

男子仿佛又有了兴趣,问:"什么样的?"

彭奈拿出另外一种牌子来,说:"就是这一种,请你看一看,式样还不错吧?"

"多少钱?"

"54元。"

"照你店员刚才的说法,这不是最好的,我不要。"

"我的这位店员刚才没有说清楚,搅蛋器有好几种牌子,每种牌子都有最好的货色。我刚拿出的这一种,是这种牌子中最好的。"

"可是为什么比多佛牌的差那么多钱?"

"这是制造成本的关系。每种品牌的机器构造不一样,所用的材料也不同,所以在价格上会有出入。至于多佛牌的价钱高,有两个原因,一是它的牌子信誉好,二是它的容量大,适合做糕点生意用。"彭奈耐心地说。

男子脸色缓和了很多:"噢,原来是这样的。"

彭奈又说:"其实,有很多人喜欢用这种新牌子,就拿我来说吧,我用的就是这种牌子,性能并不怎么差。而且它有个最大的优点——体积小,用起来方便,一般家庭最适合。府上有多少人?"

男子回答:"5个。"

"那再适合不过了,我看你就拿这个回去用吧,保证不会让你失望。"

彭奈送走顾客,回来对他的店员说:"你知道不知道你今天的错误在什么地方?"

那位店员愣愣地站在那里,显然不知道自己的错误。

第十章　营销口才与营销接待礼仪

"你错在太强调'最好'这个观念。"彭奈笑着说。"可是,"店员说,"您经常告诫我们,要对顾客诚实,我的话并没有错呀!"

"你是没有错,只是缺乏技巧。我的生意做成了,难道我对顾客有不诚实的地方吗?"

店员摇摇头。彭奈又说:"除了说话的技巧外,还要摸清对方的心理,他一进门就要最好的,对不?这表示他优越感很强,可是一听价钱太贵,他不肯承认他舍不得买,自然会把不是推到我们做生意的头上,这是一般顾客的通病。假如你想做成这笔生意,一定要变换一种方式,在不损伤他优越感的情形下,使他买一种比较便宜的货。"

彭奈在 80 岁自述中,幽默地说:"在别人认为我根本不会做生意的情形下,我的生意由每年几万元的营业额增加到 10 亿元,这是上帝创造的奇迹吧。"

(资料来源:张盛《读者》.2007 年 3 月)

思考:是什么导致了不同的营销结果?

销售追求的是结果,没有成交,再好的销售过程也很难体现其价值。但是在具体的营销过程中,总不能轻易让顾客接受你的销售行为。所以,在营销过程中,销售人员的口才与表达技巧成为营销行为能否成功的关键。

一、与顾客打招呼的技巧

营销员同顾客打招呼,是柜台语言的重要方面。顾客一进门,营销员就应判断应不应向顾客打招呼,什么时机,用什么方式打招呼。

(一)分析顾客的不同目的

对专程前来购物并有明确的购物目标的顾客,营销员应主动打招呼。对前来逛逛看看的顾客,不应太过于主动热情地迎上去打招呼,否则容易使顾客感到有需要立即表态的威胁,觉得不自在。

(二)掌握恰当的时间

向顾客打招呼是一门艺术,微妙之处在于时间掌握得恰到好处,招呼早了顾客尴尬,招呼晚则怠慢了顾客。广州南方大厦的《文明礼貌服务规范化条例》对售货员应在什么时候打招呼作了明文规定,如:顾客在柜台前停留时;当顾客在柜台前慢步寻找商品时;当顾客抚摸商品时;当售货员与顾客的目光相遇时,都是售货员打招呼的良好机会。

(三)运用不同的句式

比较下列四句营销员见到顾客的第一句话:
"您要买什么?"/"您要什么?"/"您要干什么?"/"您要看什么?"

其中第三句极不礼貌,含审问口气;第二句有乞讨意味,也不妥;第一句一下子把双

方置于买卖关系之中，使人际关系紧张；第四句问得最得体，一是您要看什么，我就给你拿什么，尊重顾客，二是不强迫对方买，顾客无心理负担。

二、商品介绍技巧

营销员的口才集中体现在介绍商品上。商品在品质、品种、等级、规格、花型、色泽、款式等方面各有不同，营销员不能事无巨细、面面俱到地介绍，而应根据不同商品、不同顾客作重点介绍。具体应做到以下三点。

(一)根据商品特点介绍

商品按购买方式的不同，可分为日用商品、选购商品和特殊商品；按经济周期，又可分为试销商品、畅销商品和滞销商品。日用商品一般价格低，消耗快，不需挑选，人们对商标、厂家没有特殊偏爱，通常就近购买，属于习惯性购买。选购商品一般价格比较高，顾客购买或是看中了商品的某一优点，或是听了别人的介绍，或者从众购买，属冲动性消费。这时营销员要抓住顾客的瞬间心理，着重对商品的价格、质量、式样或行情进行介绍。特殊商品就是一些为了满足消费者的某些特殊偏爱的高档商品。顾客对商品的商标、厂家和商品的使用性能有较多的知识，在购买前一般都有预定的计划，属计划性购买。即使顾客不购买，营销员也要热情、耐心地介绍，这样能为顾客以后来买打下基础。

而对试销的商品，营销员在介绍时要突出其"新"，并宣传这个厂家的优秀商品，以名牌产品带动新产品。对畅销商品要介绍畅销的行情，突出本商品的商标和厂牌，树立商品和企业的市场形象。对滞销商品则应突出介绍其价格低廉，主要吸引那些寻求廉价商品的顾客。

(二)针对顾客特征介绍

不同年龄、性别、职业、阶层、民族等的人群有其不同的心理特征。如年轻人的好奇，老年人的念旧；女同志重价钱，男同志重质量。同是女青年，青年工人好艳丽，知识分子爱淡雅……这些心理都可促使顾客决定买与不买。因此向年轻人介绍服饰时，应突出其款式新颖，说"这是今年才流行的最新式样"；对老年人，则应介绍其质地精良，做工精细。因此，营销员在介绍商品时要注意与顾客的心理特征相吻合。

(三)抓住顾客心理介绍

人们不但会因为年龄、职业、阶层、民族等因素而形成其固定的心理品性，而且会因具体的时空、人事等因素产生瞬间心理，它也会导致顾客突然改变购物决定，营销员说话时必须抓住这种心理。

(1) 提醒法。即提醒顾客注意某个时间、事情。

(2) 介绍法。如对外地顾客说话时，可从介绍产品的地方特色入手。

(3) 分析法。从分析顾客的特点出发寻求顾客的需求。如："您这么高大的身材，穿

第十章 营销口才与营销接待礼仪

这件衣服太紧了,颜色也老气些,您看那件,怎么样?"

(4) 鼓动法。如果某件商品有很多人买,营销员不妨趁热打铁,抓住这种心理,吆喝几句,把周围的顾客吸引过来。这种方法对女顾客特别奏效。

三、赢得顾客信任的说话技巧

顾客对商品、商店、营销员的信任感对其购买行为有很大影响,而这种信任感又常常取决于营销员的说话。营销员不能老盯着商品说话,不能老把自己和顾客限于买卖关系中,而应着眼于更为复杂的人际关系,以不同的身份说话。

(一)以服务员的身份说话

1. 注意敬语和委婉语的应用

如"您好"、"谢谢"、"再见"等礼貌敬语的运用,常常能获得顾客的好感,沟通双方的感情,促成买卖。对顾客的缺陷和忌讳应用委婉语,不宜直说。例如,不能对女孩子说:"你这么胖,我们店里没有这么大的尺码。"

2. 善于接纳顾客的意见

顾客购物时,总是要追求两个目的,既想价廉,又求物美。当两者不能统一时,他可能提出看法,这时营销员不能反驳,和顾客形成对立,而应当采纳顾客的意见,然后再舍一端取另一端,加以说明。例如顾客说:"怎么这么贵啊。"如果回答"嫌贵就别买"或"还贵呀,那种更贵",就会引起顾客的反感,打消购买的念头。这时不妨说:"贵是贵点,但您看这质量,这样式,一等品。花钱还不是买个地道货。您说是不是?"这样就会使顾客感到此物确实值得买。

案例分析

案例 10-4

有位农村大娘去商店买布料,售货员小陈迎上去打招呼:"大娘,您买布吗?您看这布多结实,颜色又好。"不料,那位大娘听了并不高兴,反而嘀咕起来:"要这么结实的布有啥用,穿不坏就该进火葬场了。"对大娘这番话,小陈不能随声附和,但不吭声又等于默认了。略一思索,小陈便笑眯眯地说:"大娘,看您说到哪儿去了。您身子骨这么结实,再穿几百件也没问题。"一句话说得大娘心头发热,不但高高兴兴买了布,还直夸小陈心眼好。

【点评】

这位农村大娘开始不想买的原因是自身存有自卑心理——担心自己的身体状况。售货员小陈用"身子骨这么结实"这句赞美之语,去掉了大娘的自卑心;用"再穿几百件"这句幽默之语,引得大娘心里高兴,并且话说到了点子上,简单的只言片语便使得这位大娘心情愉快地购买了布料。

(二)以权威的身份说话

在买卖过程中,顾客对售货员怀有双重心理:一方面有戒心,怕营销员是老王卖瓜,自卖自夸,甚至怕被欺骗;另一方面也有信任感,认为营销员懂商品,懂行情。营销员应针对顾客的信任心理,以权威的身份说话,最终坚定顾客的信心,促成买卖。

四、几种常用的营销表达方式

在营销过程中,主要有如下几种常用的表达方式。

(一)分析法

大部分的人在作购买决策的时候,通常会了解三方面的事:第一个是产品的品质,第二个是产品的价格,第三个是产品的售后服务。营销人员要在这三个方面轮换着进行分析,打消顾客心中的顾虑与疑问,促成购买的实现。如:"××先生,那可能是真的,毕竟每个人都想以最少的钱买最高品质的商品。但我们这里的服务好,可以帮忙进行××,可以提供××,您在别的地方购买,没有这么多服务项目。您还得自己花钱请人来做××,这样又耽误您的时间,又没有节省钱。还是我们这里比较恰当。"

(二)询问法

当你把产品介绍完毕,本来对你的产品饶有兴趣的顾客,可能会显得勉为其难。通常在这种情况下,很可能是你还没有弄清楚(如某一细节),或者顾客有难言之隐(如没有钱、没有决策权),所以可利用委婉的询问将原因弄清楚。如:"先生,我刚才是不是哪里没有解释清楚,所以您需要考虑一下?"

(三)假设法

向顾客说明假如马上成交,顾客可以得到什么好处(或快乐);如果不马上成交,有可能会失去一些到手的利益(将惋惜),利用人的患得患失迅速促成交易。如:"某某先生,一定是对我们的产品很感兴趣。假设您现在购买,可以获得××(外加礼品)。我们一个月才来一次(或才有一次促销活动),现在有许多人都想购买这种产品,如果您不及时决定,可能会失去机会。"

(四)直接法

通过判断顾客的情况,直截了当地向顾客提出疑问,尤其是对男士购买者存在钱的问题时,直接法可以激将他、迫使他付账。如:"××先生,说真的,会不会是钱的问题呢? 或您是在推脱吧,想要躲开我吧?"

(五)比较法

(1) 与同类产品进行比较。如:"市场××牌子的××钱,这个产品比××牌子便宜

多啦,质量还比××牌子的好。"

(2) 与同价值的其他物品进行比较。如:"××钱现在可以买 a、b、c、d 等几样东西,而这种产品是您目前最需要的,现在买一点儿都不贵。"

(3) 与产品以前的价格作比较。例如:"这个价格跟以前相比已经是最低了,您要想再低一些,我们实在没有办法了。"

(六)拆散法

将产品的几个组成部件拆开来,一部分一部分来解说,每一部分都不贵,合起来就更加便宜了。

(七)平均法

将产品的价格分摊到每月、每周、每天,计算出每天使用的成本和使用的总时间。这种方式对一些高档服装销售最有效。买一般服装只能穿多少天,而买名牌可以穿多少天,平均到每一天的比较,买贵的名牌显然划算。如:"这个产品你可以用多少年呢?按××年计算,××月××星期,实际每天的投资是多少,你每花××钱,就可获得这个产品,值!"

(八)赞美法

聪明人透露一个诀窍:当别人都卖出,成功者购买;当别人都买进,成功者卖出。现在决策需要勇气和智慧,许多很成功的人都是在不景气的时候建立了他们成功的基础。通过赞美让顾客不得不为面子而掏腰包。如:"先生,一看您就知道平时很注重××(如仪表、生活品位等),不会舍不得买这种产品或服务的。"

(九)例证法

举前人的例子,举成功者的例子,举身边的例子,举一类人的群体共同行为例子,举流行的例子,举领导的例子,举歌星偶像的例子,让顾客向往,产生冲动、马上购买。如:"某某先生,××人××时间购买了这种产品,用后感觉怎么样(有什么评价,对他有什么改变)。今天,你有相同的机会,做出相同的决定,你愿意吗?"

五、应对拒绝的营销表达技巧

一般在营销过程中,顾客在听完你的产品介绍后,会以各种理由拒绝购买产品。在推销的过程中,顾客总是下意识地提防与拒绝别人,所以销售员要坚持不懈、持续地向顾客进行推销。同时如果顾客一拒绝,销售员就撤退,顾客对销售员也不会留下什么印象。一般来讲,顾客的心理无外乎以下几种情况。

(一)顾客说:我买这个东西有啥用呢

分析产品不仅可以给购买者本身带来好处,而且还可以给周围的人带来好处。购买产品可以得到上司、家人的喜欢与赞赏，如果不购买，将失去一次表现的机会，这个机会对购买者又非常重要，失去了，是很可惜的。尤其对一些公司的采购部门，可以告诉他们竞争对手在使用，已产生什么效益，不购买将由领先变为落后。

(二)顾客说：市场不景气

市场景气不景气是一个大环境，单个人是无法改变的，对每个人来说在短时间内还是按部就班，一切"照旧"。这样将事情淡化，将大事化小来处理，就会减少宏观环境对交易的影响。如："这些日子来有很多人谈到市场不景气，但对我们个人来说，还没有什么大的影响，所以说不会影响您购买××产品的。"

(三)顾客说：太贵了

交易就是一种投资，有得必有失。单纯以价格来进行购买决策是不全面的，光看价格，就会忽略品质、服务、产品附加值等，这对购买者本身是个遗憾。如："您认为某一项产品投资过多吗？但是投资过少也有它的问题所在，投资太少，使所付出的就更多了，因为您购买的产品无法达到预期的满足(无法享受产品的一些附加功能)。"

(四)顾客说：能不能便宜一些

提醒顾客现在假货泛滥，不要贪图便宜而得不偿失。如："为了您的幸福，优品质高服务与价格两方面您会选哪一项呢？你愿意牺牲产品的品质只求便宜吗？如果买了假货怎么办？你愿意不要我们公司良好的售后服务吗？××先生，有时候我们多投资一点，来获得我们真正想要的产品，也是蛮值得的，您说对吗？"

(五)顾客说：别的地方更便宜

在这个世界上很少有机会花很少钱买到最高品质的产品，这是一个真理，告诉顾客不要存有这种侥幸心理。不说自己的优势，转向客观公正地说别的地方的弱势，并反复不停地说，摧毁顾客的心理防线。如："我从未发现那家公司(别的地方的)可以最低的价格提供最高品质的产品，又提供最优的售后服务。我××(亲戚或朋友)上周在他们那里买了××，没用几天就坏了，又没有人进行维修，找过去态度还不好。"

(六)顾客说：根本没打算买这个东西

将产品可以带来的利益讲给顾客听，催促顾客进行预算，促成购买。如："××先生，我知道一个完善管理的事业需要仔细地编预算。预算是帮助公司达成目标的重要工具，但是工具本身须具备灵活性，您说对吗？××产品能帮助您公司提升业绩并增加利润，你还是根据实际情况来调整预算吧！"

(七)顾客说：它真的值那么多钱吗

作购买决策就是一种投资决策，普通人是很难对投资的预期效果做出正确评估的，都是在使用或运用过程中逐渐体会、感受到产品或服务给自己带来的利益。既然是投资，就

第十章　营销口才与营销接待礼仪

要多看看以后会怎样，现在也许只有一小部分作用，但对未来的作用很大，所以它值。如："您是位眼光独到的人，您现在难道怀疑自己了？您的决定是英明的，您不信任我没有关系，您也不相信自己吗？"

在营销中，重要的是决心，巧妙的是方法。销售员在日常推销过程中，有意识地利用这些方法进行现场操练，达到熟能生巧的程度，而当顾客出现某种心理时，营销员就能及时捕捉，并很快做出对策。

你具备优秀营销员的基本条件吗？

测试说明

从以上的学习中我们对自己各方面的素质及能力都有了较为充分的认识，那么你是否具备了优秀营销员的基本条件呢？下面的测试题可以给你一个满意的答复。

测试题

1. 当你叩开一家客户的大门时，客户告诉你他不需要这种产品，这时你会：（　）
   a. 无奈地告辞　　　　　　　　b. 问清楚他为什么不需要
   c. 赖着不走　　　　　　　　　d. 弄清原因，下次再来
2. 通常你是如何看待你所推销的产品的？（　）
   a. 一种普通的产品　　　　　　b. 比其他同类产品有多种优点
   c. 没有人会对这种产品感兴趣　d. 一种很好的产品
3. 你的一位客户突然向你大发脾气，遇到这种情况时你会：（　）
   a. 不去理会它　　　　　　　　b. 弄清原因，然后恰当解决
   c. 尽快平息他的愤怒　　　　　d. 同他大吵一顿
4. 你通常如何处理在去拜访客户路上的时间？（　）
   a. 欣赏路边的风景　　　　　　b. 唱首歌以放松自己
   c. 思考如何才能说服客户　　　d. 脑子很乱，什么也不想
5. 当你设定一个工作计划时，你希望这个计划能够：（　）
   a. 有趣，并要和其他人一块实施　b. 取得预期成果就行
   c. 计划性强　　　　　　　　　d. 能产生有价值的新成果
6. 在参加较为盛大的宴会时，你一般是：（　）
   a. 只与熟悉的人谈话　　　　　b. 找个僻静的地方独自坐着
   c. 与许多人甚至陌生人交流　　d. 和大多数人打招呼
7. 你对自己的哪种品格比较满意？（　）
   a. 埋头苦干　　b. 热情张扬　　c. 机智沉稳　　d. 幽默风趣
8. 在会议上，你对一些问题迷惑不解时会：（　）
   a. 站起来提出　　　　　　　　b. 等一会看有没有别人提出

c. 会后私下提出　　　　　　　　d. 默不作声

9. 你在拜访客户时通常如何装扮自己？（　）

　　a. 穿运动装　　　　　　　　　b. 穿西服打领带
　　c. 用大手镯装扮自己　　　　　　d. 视时令及需求而定

10. 你对自己人际交往能力的评价是什么？（　）

　　a. 非常强　　　b. 比较强　　　c. 一般　　　d. 很差

评分标准

题号	选项				题号	选项			
	a	b	c	d		a	b	c	d
1	1	3	2	4	6	2	1	4	3
2	2	4	1	3	7	1	2	4	3
3	2	4	3	1	8	4	3	2	1
4	2	3	4	1	9	2	3	1	4
5	1	3	2	4	10	4	3	2	1

点评

本套题共计 40 分，如果你的得分在：

33 分以上，你完全具备了优秀营销员的基本条件，能够从容地应付营销中的各种问题。

27～32 分，你的基本素质同样很出色，能解决多种突发性问题，再多多磨炼，就可以成为一名优秀的营销员。

21～26 分，你的测试结果差强人意，平时要多注意提高自身的综合素质。

20 分以下，你距优秀营销员的要求还有一定的差距，建议多磨炼一段时间。

第三节　营销接待礼仪

情景导入

　　一天，住在某大饭店的日本母女俩到饭店的商场部来选购货品。她们来到针织品柜台前，目光集中在羊毛衣上面。服务员小刘用日语向她们打招呼，接着热情地把不同款式的毛衣从货架上取下来让客人挑选。当小刘发现客人对选购什么颜色犹豫不决时，便先把一件灰色的毛衣袖子搭在那位中年母亲的肩上，并且说："这件淡雅色的毛衣穿起来更显得文静苗条。"接着拉过镜子请她欣赏。同时她又拿起一件粉色的毛衣对母亲旁边的女儿说："这件毛衣鲜艳而不俗气，很适合你的年龄穿。"母女俩高兴地买了下来，另外还挑选了六件男女羊毛衫准备带回日本给家人和亲友。

　　随后那位中年母亲把小刘拉出柜台，让她陪着一起到其他柜台看看，小刘对旁边站柜台的同事打了个招呼，便欣然同意为她们母女当参谋。这时那位日本母亲说："我想买两

方砚台送给我热爱书法的丈夫。"于是她们来到工艺品柜台前,母亲指着两方刻有荷花的砚台对小刘说:"这两方砚台大小也正合适,可惜的是造型……"客人的话立刻使小刘想到,在日本荷花是用来祭奠死者的不吉之物,看来只有向她推荐别种造型的砚台。于是小刘与工艺品服务员商量以后,回答说:"书画用砚台与鉴赏用砚台是不一样的,对石质和砚堂都十分讲究,一般以实用为主。您看,这方鱼子纹歙砚,造型朴实自然,保持着砚石自身所固有的特征,石质又极为细腻,比方荷花砚更好,而且砚堂平阔没有雕饰,用这样的砚台书写研墨一定能得心应手,使用自如。"服务员小张将清水滴在三方砚台上,请客人自己亲自体验这三方砚石在手感上的差异。最后,客人满意地买下了这方鱼子纹歙砚,并连声向小刘和小张道谢,还拉着小刘的手说:"你将永久留在我的记忆中。"

(资料来源:华夏天下服务联盟网)

思考:上述案例告诉我们优秀的商场服务员应具备哪些素质和能力?

对业务人员来说,礼仪不但是社交场合的一种"通行证",而且还是体现其修养水平和业务素质的一种标志。礼仪有多种表现形式,不同场合,不同的对象,有不同的礼节和仪式要求,因而懂得各种礼仪并将它们恰当地运用到工作与生活中去,是业务人员的基本条件之一。

那么,作为一名营销人员,应该了解哪些礼仪内容呢?

一、营销礼仪的含义

礼仪在营销活动中的运用即为营销礼仪,也就是营销人员在营销活动中为表示尊敬、善意、友好等一系列道德、规范、行为及一系列惯用形式。

二、营销礼仪的作用

在营销过程中,讲究规范的营销礼仪具有如下几方面作用。

(一)提高修养

在人际交往中,礼仪往往是衡量一个人文明程度的准绳。也就是说,通过一个人对礼仪运用的程度,可以察知其教养的高低、文明的程度和道德的水准。因此,营销人员学习礼仪,运用礼仪,有助于提高自身的修养和文明程度。

(二)塑造形象

个人形象,是一个人仪容、表情、举止、服饰、谈吐、教养的集合,而礼仪在上述诸方面都有自己详尽的规范。因此营销人员学习礼仪,无疑将有益于他们更规范地设计个人形象、维护个人形象,更充分地展示良好的教养与优雅的风度。

(三)提高效益

对企业来说,营销礼仪是企业价值观念、道德观念、员工整体素质的整体体现,是企业文明程度的重要标志。让顾客满意,为顾客提供优质的商品和服务,是良好企业形象的基本要求。营销礼仪服务能够最大限度地满足顾客在服务中的精神需求,使顾客获得物质需求和精神需求满足的统一。以礼仪服务为主要内容的优质服务,是企业生存和发展的关键所在。它将通过营销人员的仪容仪表、服务用语、服务操作程序等,使服务质量具体化、系统化、标准化、制度化,使顾客得到一种信任、荣誉、感情、性格、爱好等方面的满足,从而给企业带来巨大的经济效益。

(四)促进交往

古人云:"世事洞明皆学问,人情练达即文章。"这句话,讲的其实就是交际的重要性。一个人只要同其他人打交道,就不能不讲礼仪。运用礼仪,除了可以使营销人员在交际活动中充满自信、胸有成竹、处变不惊之外,其最大的好处就在于:它能够帮助营销人员规范彼此的交际活动,更好地向交往对象表达自己的尊重、敬佩、友好与善意,增进人际间的了解与信任。

三、营销礼仪的准则

营销人员在运用营销礼仪时应遵循如下一些基本原则。

(一)区分主客立场

在营销接待中,要懂得随时照顾客人,从细节上表达体贴客人的心意。例如:接待时,走在来宾的左前方为其引领方向;在转弯处、楼梯间及进出电梯时都应放慢脚步;上楼梯时应让顾客走在前方,下楼梯时则让顾客走在后方,以便随时给予保护;等待客人,进电梯时先让顾客进入,出电梯时则相反。

(二)遵守时间和秩序

商场上最看重的莫过于守时了,与客户相约一定要守时。商业行为强调精、准、快,但不能因此争先恐后而不讲次序,反而更应注重排队礼貌。

(三)相互尊重

在营销活动中,良好的介绍礼仪是尊重他人的第一步。营销人员接到别人的名片后要仔细收好,并将其放在腰部以上位置,小心不要污损或是拿来玩耍。给别人名片时,记住要清楚地复诵一遍自己的名字,以免对方误念。交换名片的适当时机是用餐前或用餐后,而不宜在用餐中交换;开会也是一样,不宜在会间交换。拿到别人的名片后要对它的内容表示感兴趣,不可连看也不看就收进皮夹里,那是很不礼貌的行为。同时要尊重他人的隐私,不可为了营销活动的成功而侵害他人的隐私。

(四)商量解决

在营销商谈的礼仪中,商量是一门艺术。当我们有求于人的时候,不论是上司或部下都宜采用询问商量的口气,如多用"可不可以"或"好不好",给对方考虑的时间及空间。

四、营销接待礼仪

营销人员应遵循如下一些具体的礼仪规范。

(一)事先准备

收集营销对象的各种资料,包括姓名、年龄、文化层次、需求状况、职业、收入水平、家庭情况等信息,以便因人而异进行推销。确定好营销对象后,提前预约,以选择合适的时间和地点拜访对方,为成功营销创造良好的氛围。如果没有预约,则应向客户表示歉意,确认对方有空后,再说明来意。

(二)仪表举止

营销人员的仪表和举止直接影响到营销的结果,在与营销对象见面前,必须确保个人仪容干净大方、衣着整洁得体。美国著名时装设计师约翰·T. 莫洛伊曾经为工商企业界人士写过一本名为《衣着使你成功》的书,其中有一部分专门讨论推销员的衣着问题。莫洛伊特别指出,尽管不同行业的推销员可能需要不同的衣着,但是大体上说来,推销员的穿着仍然应以稳重大方、整齐清爽、干净利落而且合乎企业形象或商品形象为基本原则。

营销人员在与客户交往过程中应表现出彬彬有礼、不卑不亢的举止,给对方留下良好的印象。在客户的家中或办公室见面时,不要随便翻阅桌上的书籍,也不要不经允许乱动室内的陈列物。客户未就座前,不要先坐下,客户起身时,也应同时起立。坐定后,要注意保持优雅的坐姿,不要跷二郎腿,同时避免不雅的举止。

(三)语言得体

对营销人员来说,文雅得体的语言是非常重要的。与客户交流时,应面带微笑,语气温和,语调平静,语速适中,吐词清晰;要把握交流的节奏和时机,切忌自我吹捧、长篇大论。在推销产品时,应实事求是客观地做出评价,并能站在客户的立场上分析产品的长处和短处,不能欺骗或者糊弄客户。在与其他产品进行比较时,不可为了美化自己的产品而贬低其他产品。

(四)保持联系

稳定的客户群建立在营销人员与客户之间相互信任、密切联系的基础上。每次成功地实现销售任务后,营销人员应对使用产品的客户进行跟踪服务,掌握客户使用产品的情况

和意见,并及时给予反馈。同时也可根据客人的需要,提供新产品建议,有效传达企业的信息。也可针对客户的特别纪念日送上祝福,以拉近与客户的距离。

美国著名时装设计师约翰·T.莫洛伊在《衣着使你成功》中为推销员提出的一些着衣标准如下。

一、穿戴服饰的原则

1. 上衣和裤子、领带、手帕、袜子等最好能相配。而且式样应以中庸为主,不能太流行,也不宜太老式。

2. 衣服颜色不可太鲜艳夺目,素色会使人感觉清爽。

3. 衣服大小要合身,太宽太窄均不宜。

4. 穿着要与所处的季节相配。夏天穿淡色,冬天穿深色。若冬天穿件白色短棉袄,会使人觉得太寒碜;夏天若穿黑西服,打黑领带,会给人以压迫感。

二、因地制宜,根据不同的场合来选择不同的服饰

1. 访问办公室的客户与访问工厂的客户所穿的服装应不同。前者适宜穿西装领带,后者适宜穿夹克。

2. 对于男推销员来说,应该穿正统西服或轻便西式上装。女营销员绝不可穿轻佻的奇装异服,或是穿过分暴露的服装。

3. 代表个人身份或宗教信仰的标记最好不要佩带(如社团徽章、宗教标记等),除非推销员十分准确地知道自己所拜访的对象与自己具有同一种身份或信仰。

4. 绿色服饰不适宜营销员穿戴。

5. 不要佩戴太多的饰品或配件。大戒指、手镯等都是绝对禁忌的物品。

6. 可以佩戴某一种能代表公司的标记,或者穿上某一种与产品印象相符合的衣服,使顾客加深对本公司和产品的联想。

7. 可能的话,推销员可以携带一个大方的公事包。

8. 要带一支比较高级的圆珠笔、钢笔或铅笔。

9. 打条质地良好的领带很必要。

10. 尽可能不要脱去上装,这样可能会削弱推销员的尊严。

11. 推销员在拜访顾客之前,应该对镜自照,检查一下领带是否已整齐,扣子是否扣好,衣服是否干净挺括,皮鞋是否已经擦亮,鞋带是否已经系好。

莫洛伊认为,成功的穿着是营销人员走向成功之路的第一步。

第十章　营销口才与营销接待礼仪

本章知识技能目标鉴定题库

一、案例分析

1. 用你学过的知识分析服务员小李在服务过程中的不当之处。

宾馆气派豪华、灯红酒绿的中餐厅里，客人熙熙攘攘，服务员小姐在餐桌之间穿梭忙碌。一群客人走进餐厅，引位员立即上前，把客人引到一张空桌前，让客人各自入座，正好十位，坐满一桌。

服务员小李及时上前给客人一一上茶。客人中一位像是主人的先生拿起一份菜单仔细翻阅起来。小李上完茶后，便站在那位先生的旁边，一手拿小本子，一手握支笔，面含微笑地静静地等待先生点菜。那位先生先点了几个冷盘，接着有点犹豫起来，似乎不知点哪道菜好。停顿了一下，便转向小李说："小姐，请问你们这儿有些什么海鲜菜肴？""这……"小李一时有点回答不上来，"这就很难说了，本餐厅海鲜菜肴的品种、档次各有不同，价格也不同，再说不同的客人口味也各不相同，所以很难说哪个海鲜菜肴特别好。反正菜单上都有，您还是看菜单自己点吧。"小李的一席话说得似乎头头是理，但那位点菜的先生听了不免有点失望，只得应了一句："好吧，我自己来点。"于是，他随便点了几个海鲜和其他一些菜肴。

当客人点完菜肴后，小李又问道："请问先生要什么酒水和饮料？"客人答道："一人来一罐青岛啤酒吧。"接着客人又问："饮料有哪些品种？"小李一下子来了灵感，忙说道："本餐厅最近进了一批法国高档矿泉水，有不冒汽的 evian 和 perrier 以及冒汽的 perrier 两种。""矿泉水？"客人听了感到意外，看来矿泉水不在他考虑的饮料范围内。"先生，这可是全世界最有名的矿泉水呢。"客人一听，觉得不能在朋友面前丢了面子，便问了一句："那么哪种更好呢？""那当然是冒汽的那种好了！"小李越说越来劲。"那就来10瓶冒汽的法国矿泉水吧。"客人无可选择地接受了小李的推销。

服务员将啤酒、矿泉水打开，冷盘、菜肴、点心纷纷端上来，客人们在主人的盛情下美餐了一顿……

最后，当主人结账时一看账单，不觉大吃一惊，原来一千四百多元的总账中，10瓶矿泉水竟占了350元。他不由得嘟囔一句："矿泉水这么贵呀！""那是世界上最好的法国名牌矿泉水，卖35元一瓶，是因为进价就要18元呢。"收银员解释说。"原来如此，不过刚才服务员可没告诉我价格呀。"客人显然很不满意，付完账后便很快离去。

2. 分析以下情景并思考或小组讨论，小孙在接待顾客的过程中存在什么问题，你能给他什么忠告？

一名穿着讲究、看上去很内行的顾客走进商店。

促销员小孙：您好！我能为您做些什么呢？

顾客：我想买一个便携式录音机。

小孙：我们这里有一种最新款的，具有您需要的各种功能——自动翻面、降噪、电脑选面、数字环绕立体声耳机以及适应性更强的可充电电池。它只卖 500 元，来，您试一试。

顾客：嗯，是不错。不过，我打算买来送给我儿子做礼物。

小孙：我保证您儿子会喜欢它的。

顾客：我也这样认为，不过我儿子刚刚 9 岁。我能看一下那边 230 元的那种吗？

小孙：当然可以。我想对于你 9 岁的儿子来讲它的功能也足够了。

顾客：声音怎么样？

小孙：不如贵的那台，您不妨试一试。

顾客：听起来不错。

小孙：您不想要一台小型激光唱机吗？

顾客：不了。我只想要这台 230 元的。

小孙：您不再看看其他的产品了？

顾客：现在不了，我还有别的事情。

小孙：我们商店所有的商品都是一年保修的。

3. 分析以下这种接近顾客的语言技巧好在哪里。

美国的一位推销女士总是从容不迫、平心静气地向顾客提出三个问题："如果我送给您一套有关个人效率的书籍，您打开书会发现十分有趣，您会读一读吗？""如果您读了之后非常喜欢这些书，您会买下吗？""如果您没有发现其中的乐趣，您可以把书重新塞进这个包里给我寄回，行吗？"后来这三个问题被该公司全体推销人员所采用，成为标准的接近方法。

4. 根据营销原则，分析下面案例中他们两个谁的话对，为什么？

一位对推销品性能非常熟悉的推销员向推销经理汇报时说："对顾客的每一点异议，我都进行了反驳，并且把事实和数据都告诉了他。我还对他说，这些反对意见是毫无根据的。我们大概谈了 3 个小时，可以说所有的问题都涉及了。直到最后阶段，顾客还是认为他是正确的。我们几乎花了整整 1 个小时讨论防震问题，而这又偏偏是个次要问题。然后我就告辞，再拖延下去也是白白浪费时间。"推销经理听完了他的申述，生气地说："你早就该告辞了，在业务洽谈进行到 15 分钟时，你就该离开那儿了。"推销员对经理的话感到迷惑不解："我不能认输呀！"

5. 分析以下案例中乔·吉拉德成功的原因。

记得曾经有一次一位中年妇女走进乔·吉拉德的展销厅，说她想在这儿看着车打发一会儿时间。闲谈中，她告诉乔·吉拉德她想买一辆白色的福特车，就像她表姐开的那辆，但对面福特车行的营销人员让她过一个小时后再去，所以她就来这儿看看。她还说这是她送给自己的生日礼物："今天是我 55 岁生日。"

"生日快乐！夫人。"乔·吉拉德一边说，一边请她进来随便看看，接着出去交代了一下，然后回来对她说："夫人，您喜欢白色车，既然您现在有时间，我给您介绍一下我们的双门式轿车——也是白色的。"

正谈着，女秘书走了进来，递给乔•吉拉德一打玫瑰花。乔•吉拉德把花送给那位妇女："祝您长寿！尊敬的夫人。"

显然她很受感动，眼眶都湿了。"已经很久没人给我送礼物了。"她说，"刚才那位福特营销人员一定是看我开了部旧车，以为我买不起新车，我刚要看车他却说要去收一笔款，于是我就上这儿来等他。其实我只是想要一辆白色车而已，只不过表姐的车是福特，所以我也想买福特。现在想想，不买福特也一样。"

最后她在乔•吉拉德这儿买了一辆雪佛莱，并开了一张全额支票，其实从头到尾乔•吉拉德的言语中都没有劝她放弃福特而买雪佛莱的词句。

二、判断以下的促销员用语哪些是错误的，哪些是正确的

1. 对不起，给您添麻烦了，您愿意让我们为您换一个热水器吗？
2. 衬衫都在那边，你自己看。
3. 小姐，你都试了十几件裙子了，你到底打算要哪一件呀？
4. 这是目前为止我所知道的最好的解决办法，你还有什么更好的建议？
5. 大爷，这个收音机操作简单，能满足您的要求，价格也实惠，你试试看，效果怎么样？

三、从下面顾客的动作或话语中，你能听出顾客的潜台词吗

1. 顾客故意发出一些响声，如咳嗽、清嗓子、把单据弄得沙沙作响。
2. 你似乎什么都知道。
3. 我们买不起这种产品。
4. 我们以前用过了这种产品。
5. 你们的电话不是占线就是打不通。

四、实践题

1. 假如你是销售经理，某日下午你接到了某大型企业采购部陈部长的电话(以前一直没有能约见的)，要你立刻到机场去见面，商谈有关 GSM 入网的事。他在电话中声明，他有急事去北京，你认为这是一个难得的机会，你终于在他登机前 20 分钟赶到机场。他向你表明，若你能供应最最优惠的价格，他愿意跟你签一年的合同，且全部 500 个 CDMA 转 GSM。在这种情况下，你该怎么办？

2. 向西湖边的游人推销荷叶，每张荷叶的价格是 2 元。也可以设置这样的情境：炎热的天气，有一家三口(父母及一个 8 岁男孩)、一对老年夫妻、一对情侣。问：你选择向哪一对推销，为什么？怎么切入？

要求：一人演游客，一人演推销员。游客要极力设置难题不买，推销员则尽力说服游客购买。推销员要设置问题，尽可能多地获取顾客的资料，如是不是杭州人，纯粹游玩还是出差路过，等等。

3. 我想买一辆车，怎样判断我的购买能力、购车的欲望的强烈度等，怎样展开话题。

4. 每人在台上向大家介绍一种商品或一种服务，最好有实物展示，有校内外推销经验的同学可介绍自己的推销经验。

要求：商品介绍要全面清楚，且能突出优势，激发兴趣；经验介绍突出推销的过程。

5. 请你留心身边的商贩是如何推销自己的商品的，并对他们的推销词加以收集。

第十一章　酒店口才与酒店接待礼仪

　　酒店是为旅客提供住宿和餐饮服务的场所，以旅客至上、服务周到、文明有礼为服务宗旨，拥有相对完善的服务设施并追求相对丰厚的经济回报。酒店从业人员的一言一行都代表着企业的形象，对客人能否进行优质的服务直接影响到酒店的声誉。因此很多大型的酒店为了提升自身的形象和塑造品牌，除了在硬件上不断提高完善以外，对员工软实力的培训也是不遗余力。中国旅游饭店业协会发布的《中国饭店行业服务礼仪规范》就是对酒店服务的一种基本规范。

第一节　酒店接待口才

　　在一个风雨交加的夜晚，一对夫妻来到一家小旅店求宿，但是由于天气问题，房间都订完了。看着这对寻遍所有旅店无所得的夫妇，值班的小伙子伸出帮助之手："今天晚上我值班，所以我的值班房可以留给你们，虽然没有客房那么舒适，但是如果不嫌弃，还是可以将就的。当然，不需要花钱。"

　　三年之后，小伙子收到一封装有机票的信，邀请他去纽约参加一个酒店的开幕仪式。令人吃惊的是，这家酒店就是那对雨夜求宿的夫妇的产业，他们希望小伙子能够做这家酒店的总经理："我们为你建造了它，因为你是最理想的员工。"

（资料来源：《职场》，2006.3）

　　思考：案例中的这位小伙子是如何赢得成功的机会的？在酒店接待中，酒店服务员又该怎样与顾客沟通？

　　无论何种服务行业，上门的人都是顾客或潜在的顾客。消费者在消费金钱的同时，想要获得的是优质的服务。作为接待人员在接待过程中需要秉承的原则，就是努力营造一个宾至如归的氛围，让消费者获得他所需的最大满足。从酒店接待口才方面讲，服务人员首先应做到文明用语和文明服务。

一、酒店服务语言的原则

　　酒店服务人员在语言表达方面应遵循如下一些基本原则。

(一)主动

主动,就是要求服务人员在顾客需要某种服务而尚未开口提出时,能够抢先一步予以提供。主动服务是做好服务工作至关重要的前奏曲,对顾客的主动服务会赢来顾客的好感和信任。

(二)热情

热情服务是酒店行业的又一重要原则。但应注意热情要适度,热情过头,效果会适得其反,只有适度的热情才能在心理上给顾客一种舒适的享受。

(三)真诚

真诚是要求服务人员在整个服务过程中,对顾客始终抱有一颗以诚相待的人道之心、祝福之心,表达出一种善良的情感。

(四)尊重

"顾客是上帝",对顾客的尊崇首先应体现在对顾客的尊重上。不以衣帽取人,不挑剔、不厌烦,对顾客的正当要求,服务员要无条件满足。

(五)灵活

服务员在服务过程中要做到灵活机变。服务工作的目的是为顾客排忧解难,同时实现应有的效益,因此面对在服务过程中可能或将要发生的矛盾激化现象,服务人员应该能够控制局势,充分运用灵活的语言,平息可能或将要爆发的争论,并合情合理地解决。

二、酒店服务语言的要求

酒店服务人员在语言表达方面应做到如下几点。

(一)清晰准确

清晰准确是口语表达最基本的要求,在服务语言中尤为重要。具体就是说话清楚,信息完整,形式规范。

(二)简明扼要

服务员的语言要简明扼要,突出重点,意思明确。

(三)态度亲切

服务人员要以顾客为主,说话和气,态度耐心周到,亲切自然。

三、酒店服务语言的技巧

与其他类型的服务工作一样,酒店服务工作也有一些行业语言表达技巧。

第十一章 酒店口才与酒店接待礼仪

(一)酒店服务常用语

在酒店服务中，有如下一些常用语。

1. 称谓语

要使用正确的称谓语，用词文雅。如"先生"、"小姐"、"女士"、"太太"等。

2. 礼貌语

服务人员在日常工作中，要根据时间、场合、对象的不同，使用不同的礼貌用语。

(1) 欢迎用语：如"欢迎光临"、"欢迎您来这里入住"、"欢迎来到这里用餐"、"请这边走"等。

(2) 问候用语：如"您好"、"早上好"、"下午好"、"晚上好"、"晚安"等。

(3) 应答用语：如"不必客气"、"没关系"、"是的"、"好的"、"谢谢您的好意"、"马上就来"等。

(4) 询问用语：如"我能为您做些什么吗？"、"请问还需要什么吗？"、"如果您不介意，我可以……吗？"、"可以开始上茶吗？"、"可以整理房间吗？"等。

(5) 道歉用语：如"请原谅"、"实在对不起"、"请不要介意"、"打扰您了"、"对不起/很抱歉，这是我们工作的疏忽"等。

(6) 告别用语：如"再见"、"希望能再见到您"、"请慢走"、"欢迎下次光临"、"祝您一路平安"等。

(7) 答谢语："谢谢您的夸奖"、"谢谢您的建议"、"多谢您的合作"等。

(8) 指路用语："请随我来"、"请这边走"、"请从这里乘电梯"、"请往左边拐"等。

(9) 婉转推脱语：如"承您好意"、"可是……"、"对不起"、"我不能离开"等。

(10) 基本礼貌用语10个字："您好"、"请"、"谢谢"、"对不起""再见"。

(11) 常用礼貌用语11个词："请"、"您"、"谢谢"、"对不起"、"请原谅"、"没关系"、"不要紧"、"别客气"、"您早"、"您好"、"再见"。

(二)酒店服务忌语

在酒店服务工作中，有所谓"酒店服务四忌语"，它们是：

(1) 不尊重客人的蔑视语；

(2) 缺乏耐心的烦躁语；

(3) 自以为是的否定语；

(4) 刁难他人的斗气语。

在酒店服务工作中，以上四种忌语千万不能讲，否则必会影响酒店的形象。

(三)酒店服务谈话技巧

对于服务人员而言,与客人谈话是不可避免的,因此掌握好与客人谈话的礼节和方法是十分重要的。

1. 巧说恭维,真诚得体

每一个人都喜欢听恭维话,正如著名的幽默大师马克·吐温所说:"我接受了人家愉快的称赞后,能够光凭着这份喜悦生活两个月。"由此可见,选择恰当的时机用得体的语言去恭维别人、赞美别人,会使人与人之间充满温馨与快乐。作为酒店服务人员,在对客人说恭维话的时候一定要恳切、适度、真诚,这样才能收到比较好的效果,否则可能会适得其反。如:

在一次宴会上,达尔文恰好和一位年轻美貌的女士并排坐在一起。"达尔文先生"美貌的女士带着戏谑的口吻向科学家提出疑问,"听说你断言,人类是由猴子变来的。我也是属于你的论断之列吗?""那当然喽!"达尔文看了她一眼,彬彬有礼地回答道,"不过,您不是由普通的猴子变来的,而是由长得非常迷人的猴子变来的。"

(资料来源:金城. 现代生活礼仪. 广州出版社,2006)

案例分析

案例 11-1

2月15日,下午2:23,有一位客人(胡先生)在广州大厦的大堂吧等人,但是那位客人却迟迟未来。大堂的环境虽然优雅、温馨,胡先生却有些坐立不安,毕竟此次生意的成败关系到公司的兴衰。

"先生,请您把脚放下来,好吗?"服务员小林一边添加开水一边委婉地轻声提醒他。胡先生这才发现自己竟不经意地把脚搁在对面的椅子上摇晃,此时引起了其他客人频频注视。本来长久的等待已令胡先生极为烦躁,未加思索,他带了怨气盯着服务员一字一句地说:"我偏不放下,你能拿我怎么办?"

有片刻的沉默,服务员笑了笑:"先生,您真幽默,出这样的题目来考我。我觉得您蛮有素质的。"说完,她面带微笑转身离开,并且始终没有回头。稍后,胡先生弯腰借弹烟灰的刹那,把脚放了下来。

(资料来源:http://www.canyin168.com/Print.aspx? id=7622)

【点评】

上述材料中服务员小李面对客人的无理挑衅并没有动怒,而是以恰到好处的巧妙恭维缓解了紧张的气氛,又及时地离开,给宾客一个台阶下,客人最后把脚放下来了。小李依靠自己的语言艺术不仅维护了酒店的形象,又给客人留足了面子。

2. 机智幽默,灵活风趣

遇到难以回答的问题或产生分歧的时候,最好的办法是运用敏捷的思维用机智幽默的

第十一章 酒店口才与酒店接待礼仪

语言来回答对方的问题。机智幽默的运用,可以缓和紧张的局面,可以使大家快乐。

一次盛宴招待会上,服务员倒酒时,不小心将啤酒洒到一位宾客那光光的秃头上。服务员吓得脸都变了色,全场人都手足无措,目瞪口呆。没想到这位客人却诙谐地说:"老弟,你以为这种酒能治疗脱发吗?"在场的人闻声大笑,尴尬局面一下子被打破了。宾客的幽默向大家展示了自己的大度胸怀,又巧妙地为服务员摆脱了窘境,使招待会能愉快地继续下去。

再如,一位"头头"对下属说:"我急需 4 份报表,请立即复印,快一点!"下属立即动手,按动了快速复印的按钮,印了 14 份报表。"头头"说:"真笨!我用不着这么多!"下属只好笑着说:"真对不起!可是您已经急到这种程度了。"两人都笑了起来。这个幽默顿时缓解了紧张的空气。

同时,作为酒店服务人员要注意,如果你的幽默含有批评、讽刺、恶意的攻击、挖苦的意味,这些话还是不说为妙。

3. 掌握策略,巧妙应对

对于一些比较难缠的顾客或应对一些比较难以回答的问题,就应该掌握一些基本的回答策略。

如酒店房间内的物品被客人拿走,这是常有的事,当你发现某住客拿走了房间中比较贵重的诸如电视遥控器之类的物品,而该客人正在结账,我们可以采用以下的应对策略,使客人交出酒店之物品,使酒店不受损失,而且不至于令客人感到难堪。

(1) 婉转地请客人提供线索帮助查找。
(2) 请客房服务员再次仔细查找一次。
(3) 告知客人物品确实找不到,会不会是来访的朋友或亲戚拿走了;或是收拾行李时太匆忙而夹在里面了。
(4) 客人不承认则耐心向客人解释宾馆的规定,请求赔偿。
(5) 客人若确实喜欢此物品,可设法为其购买。

案例 11-2

一天上午,酒店大堂结账处有许多客人正在结账,1108 房间的刘先生也来到前厅结账,这时结账处接到楼层服务员报告:"1108 房间少了两个高档衣架。"收银员小陈立即微笑着说:"刘先生,您的房间少了两个衣架。"谁知客人好像早已有所准备,立刻否认带走了衣架。收银员小陈马上意识到出了问题,便立即通知了大堂副理。大堂副理在前厅处找到了刘先生:"刘先生您好,麻烦您过来一下好吗?"客人随着大堂副理来到了大厅的僻静处。"刘先生,您没拿衣架,那么有没有可能是您的亲朋好友来拜访您时顺便带走了?"大堂副理婉转地向客人表述酒店要索回高档衣架的态度。

刘先生说:"没有,我住店期间根本没有亲友来过。"

"请您再回忆一下,您会不会把衣架顺手放到别的地方了?"大堂副理顺势提醒刘先生,"以前我们也曾发现过一些客人住过的房间衣架、浴巾、浴袍之类的不见了,但他们后来回忆起来或是放在床上,或被被子、毯子遮住,或裹在衣服里带走了,您能否上去再看看,会不会也发生类似情况呢?"大堂副理干脆给了他一个明确的提示。

刘先生:"一个破衣架,你们真麻烦,咳,还是我上去找一下吧。"客人觉得越是拖延下去对自己越没有什么好处,便不耐烦地说。

大堂副理:"您可以让我帮您看管一下您的箱子吗?"

刘先生:"不用,不用,"刘先生忙摇着头,说着便匆匆地提着箱子上了电梯,大堂副理和收银员会意地相互看了一眼。

不一会儿,刘先生下来了,故作生气状地说:"你们的服务员也太不仔细了,衣架明明就掉在沙发后面嘛!"大堂副理知道客人已经把衣架拿出来了,就不露声色很有礼貌地说:"实在对不起,刘先生,麻烦您了。"为了使客人不感到尴尬,大堂副理还很真诚地对客人说:"刘先生,希望您下次来还住我们酒店!我们随时欢迎您的再次光临,谢谢!"

(资料来源:http://hi.baidu.com/i%B5%C4feel/blog/item/c6f41403f96fa98fd43f7c5f.html)

【点评】

在服务工作中,我们时常会遇到爱贪小便宜的顾客,两个衣架本是小事,但如果处理不好,就容易使客人难堪,伤害到他们的尊严和面子,进而也会影响到酒店的形象。作为酒店管理人员或服务员,我们要善于从客人的角度去考虑问题,绝不能当面指责他们。本案例中当客人感知到自己的行为已被酒店察觉之后,还是不想"因小失大",在酒店给予机会的情况下,客人最终还是主动将衣架拿了出来。服务人员在不得罪客人的前提下维护了酒店的财产,这是一种较为常见且明智的做法。

(四)文明服务注意事项

酒店应当向客人提供文明服务,应着重注意如下几点。

1. 尊重客人的风俗习惯

与客人交谈时,不适宜向客人询问或避免询问有关客人隐私和风俗习惯方面的问题,具体如下。

(1) 有关客人的年龄、体重,尤其是女宾的年龄、体重方面的问题。

(2) 有关客人的薪水、财产问题。

(3) 有关客人的婚姻状况。

(4) 有关客人的身体状况。

(5) 有关客人馈赠礼品价值方面的问题。

(6) 有关客人信仰的宗教忌讳方面的问题。

(7) 有关客人民族习惯与风俗忌讳的问题。

(8) 有关客人国家政治敏感或令其感到屈辱的问题。

2. 不主动与客人握手

如果客人伸出手与你握手时，可按握手礼节的要求进行。

3. 举止得体大方

能用语言讲清的，尽量不要用手势，在指点方向等不得已的情况下应抬手臂伸手掌，不宜用手指指指点点；不应在口中咀嚼食物和乱丢果皮；不应当客人的面打哈欠、打喷嚏、咳嗽，在情急之下可用手或手帕捂嘴，侧身为之并道歉；忌当客人面抓头挠耳、挤眉弄眼、挖鼻剔牙等，也不宜手舞足蹈、前仰后合；不做说悄悄话状，也不凑身靠近客人听他说话，保持适当的身体距离与良好姿态。

4. 表情亲切自然

表情要亲切、自然，不宜流露着急、不屑一顾、鄙弃的表情。

5. 进退有序

讲话完毕要退后一步然后转身离开，以示对宾客的尊重，不应扭头就走。对方的讲话没听清时，可以再问一次，如发现有误时，应该进一步解释。

6. 多用敬语、谦语

生硬而难听的话，不仅会刺伤对方，对自己也无益，同时也表现出自己不懂礼仪，缺乏教养，格调低下。因此，说话时要尽量采用与人商量的口气，避免使用主观武断的词语；说话时要尽量采取自谦的口吻，吐字清晰，嗓音悦耳。这样不但有助于表达，而且可以给人以亲切感。

第二节　酒店接待礼仪

一辆的士在江苏南通大饭店的店门口刚停住，饭店拉门员小陈便主动迎上前去开车门，但坐在车内的一位香港客商并不急着下车。他手里拿着一张一百元面额的港币，等待司机找零钱。

司机说："请您付人民币或外币兑换券好吗？我们不收港币。"

拉门员小陈便问司机："车费一共要多少？"

司机回答说："人民币56元就够了。"

当时小陈身穿制服，口袋里没有钱可以付。他本来心里想自己又不是管换钱的，管我什么事，后来又想到这事涉及饭店的声誉，于是他便请客人坐在车内稍等片刻，然后急忙奔到总台说明原委，由他个人担保向总台暂支人民币60元付清了车款，然后有礼貌地对客人说:"等您办好入住手续,兑换人民币以后再还我不迟。"客人感到很满意,大步走进了饭店。

(资料来源: http://blog.163.com/yes_fh/blog/static/5197822720071012849881/)

思考:上述案例中,拉门员小陈体现了怎样的酒店服务理念?

酒店接待礼仪属于职业礼仪的一种,它是指在酒店服务工作中形成的,并得到共同认可的礼仪规范。其目的是使客人有宾至如归的感觉,从而更好地树立个人和酒店的形象。西方酒店业认为服务就是 SERVICE(本意亦是服务),而每个字母都有着丰富的含义,具体如下。

S——Smile(微笑):其含义是服务员应该对每一位客人提供微笑服务。

E——Excellent(出色):其含义是服务员将每一服务程序、每一微小服务工作都做得很出色。

R——Ready(准备好):其含义是服务员应该随时准备好为客人服务。

V——Viewing(看待):其含义是服务员应该将每一位客人都看作是需要提供优质服务的贵宾。

I——Inviting(邀请):其含义是服务员在每一次接待服务结束时,都应该显示出诚意和敬意,主动邀请客人再次光临。

C——Creating(创造):其含义是每一位服务员应该想方设法创造出热情服务的氛围。

E——Eye(眼光):其含义是每一位服务员始终应该以热情友好的眼光关注客人,使客人时刻感受到服务员在关心自己。

一、酒店接待原则

酒店服务最大的特点就是直接性,由服务人员面对面地为顾客服务。因此,在酒店接待工作中应遵守如下一些基本的礼仪原则。

(一)礼貌服务原则

酒店员工要为客人提供优质的服务,不仅要帮助客人解决食、宿、行、游、购、乐等方面的实际问题,而且也要在心理上使客人保持愉快的心情,给他们留下好印象,吸引他们再次光临。因此,酒店从业人员要坚持礼貌服务的原则,表现出热情、诚恳、和蔼、耐心,要善于调节自己的情绪,做到微笑服务。

礼貌服务还要求酒店工作人员不断提升自身的素质和能力,面对来自四方的宾客,能从顾客的风俗礼仪习惯出发进行互动接待,为宾客提供最真诚的礼貌服务。

(二)客人至上原则

"客人至上"强调的是永远把客人放在第一位,客人处在高于一切、重于一切的位置。因此,在酒店服务中要急客人之所急,想客人之所想,认认真真地为客人办好每件

事。酒店的生存与发展，完全依赖于客人对酒店的信任与支持，而这首先来自于酒店为客人提供的服务。

(三)热情主动原则

酒店服务人员应自觉把服务工作做在客人提出要求之前，时时刻刻为顾客提供方便。酒店所给予客人的关怀，并不仅仅局限于"客来有人迎，进房有人引，用餐有人领，购物有人荐，有事有人办，客走有人送"这一类具体环节的操作上，更要在为客人所提供的服务中注入感情色彩，对客人进行温馨的关怀。

(四)双赢原则

双赢原则是指酒店服务最终要达到酒店和客人双方都成为赢家的原则。酒店事情无大小，任何一个小的细节如果处理不好都会给酒店的形象带来负面影响。在酒店业有一个公式，即 100-1=0。酒店员工必须懂得你永远不能战胜客人，如果你觉得"战胜"了客人，那并不是胜利，而是失败。如果酒店的每项服务都让客人满意，那么他就会感到被尊重和满意，酒店的形象就会大大提升，从而达到酒店和客人的双赢。

二、酒店环境礼仪

消费者在酒店停留的时间短则几天，长则数月，乃至几年，所以，酒店服务人员一定要营造一个良好的酒店环境。酒店环境有外部环境和内部环境之分，外部环境主要是建筑物周围的环境，如地理位置、交通等；内部环境主要是指客房、餐厅以及客人可能涉足的场所，如大厅、走廊、电梯等。所谓酒店的环境礼仪，是指酒店的环境应使客人产生舒心、愉悦的感觉。

(一)整洁

酒店环境以整洁为第一要素，整洁的环境能使客人对酒店马上产生好感。酒店应时刻保持窗明几净、地面清洁、房间各处一尘不染，使客人有良好的第一印象。

(二)安静

酒店的环境应尽可能地保持安静，避免噪声，以免影响客人的正常休息。

(三)氛围

建筑装饰、光照色彩、背景音响、内部陈设、空间的营造、酒店主色调等因素共同构成了酒店的环境氛围。良好的环境氛围既能满足人的生理需求，也能满足人的心理需求，使人产生和谐、雅致、独特的感受。

三、酒店服务礼仪

现代企业都十分重视树立良好的形象，酒店也不例外。酒店形象取决于两个方面：一是提供的产品与服务的质量水平，二是员工的形象。服务人员的一言一行都代表着企业形象。

(一)仪表仪容

在员工形象中，员工的仪表仪容是最重要的表现，在一定程度上体现了酒店的服务形象，而服务形象是酒店文明的第一标志。一个管理良好的企业，必然在其员工的仪表仪容和精神风貌上有所体现。著名的希尔顿饭店董事长唐纳·希尔顿所提倡的"微笑服务"就是一条管理酒店的法宝。泰国东方大酒店曾两次被评为"世界十大饭店"之首，其成功的秘诀就在于把"笑容可掬"作为一项迎宾规范，从而给光临该店的游客留下了美好的印象和回忆。由此可见，酒店员工的仪表仪容是酒店一个不可忽视的重要因素。酒店服务人员的仪表仪容主要包括以下一些方面。

1. 整洁的制服

制服的美观、整洁既突出了员工的精神面貌，也反映了企业的管理水平和卫生状况。工作制服有统一的规范要求，不能随意修改。要注意领子和袖口的洁净，注意保持制服整体的挺直。每天上岗前，要细心检查制服上是否有菜汁、油渍，扣子是否齐全、有无松动，衣裤是否有漏缝和破边等。制服应合体，着装时应遵守一些基本着装规范，如："四长"(衣至虎口、袖子至手腕、裤子至脚面、裙至膝盖)、"四围"(领围可插入一指，衣服的胸围、腰围、臀围以衬一件羊毛衫为宜)；不卷袖口、裤脚；衬衣下摆系入裤内，衬衣里面的内衣要单薄，不宜把领圈和袖口露在外面；保持皮鞋光洁，男员工穿深色袜子，女员工穿肉色丝袜等；要佩戴好工号牌，无论是哪一个部门的员工，均应把工号牌端正地佩戴在左胸上方。

2. 修饰过的容貌

外貌修饰是个人仪表美的重要组成部分。对酒店员工来说，适当的外貌修饰，会使自己容光焕发，充满活力。酒店服务对员工的容貌有一定的要求，以朴素大方、淡雅自然为原则，杜绝浓妆艳抹、过分招摇。作为酒店员工，乌黑亮丽的秀发、端庄文雅的发型，能给客人留下美的感觉，并反映出员工的精神风貌和健康状况。头发要洁净、整齐、无头屑、不染发、不做奇异发型。男性不留长发，女性不留披肩发，也不用华丽的头饰。无眼屎、无睡意、不充血、不斜视。眼镜端正、洁净明亮，不戴墨镜或有色眼镜。女性不画眼影，不用人造睫毛等。

3. 注意个人卫生

在工作岗位上，酒店员工要注意保持身体清洁，服装要保持整洁、合身。做到勤洗头、勤洗澡、勤修指甲、勤修面，忌讳身体有异味，皮肤表层或指甲内有污垢。注意保持口腔清洁，防止口腔异味。在工作前，不要饮酒，不要食用葱、蒜、韭菜等有异味的食物，以免引起他人反感。注意勤换衣袜，尤其要注意保持领口、袖口、上衣前襟等易脏处的清洁。

第十一章 酒店口才与酒店接待礼仪

(二)仪态

酒店服务不仅要求服务员有良好的仪表仪容，还要求服务员有良好的仪态。行为举止作为精神的反映，是礼仪美的重要因素，也是礼仪沟通和传达的主要方式。

1. 恰当的手势

手势是一种有效的动作语言，恰当的手势常给人以优雅、含蓄、彬彬有礼之感。所以在接待服务中，手势语的使用一定要规范和适度。使用手势时应注意动作不宜过大；介绍某人或给对方指示方向时，应掌心向上，四指并拢，大拇指张开，以肘关节为轴，前臂自然上抬伸直。在任何情况下，不可用拇指指自己的鼻尖或用手指指点他人。熟悉同样的一种手势在不同国家、地区的不同含义，不可乱用而造成误解。

酒店服务人员应注意纠正一些错误手势，如：端起双臂、双手抱头、摆弄手指、手插口袋、十指交叉、双手叉腰、随意摆手、指指点点、搔首弄姿等。在餐饮服务中，一般不用手习惯性地抚摸头、鼻子、嘴、眼镜等，这会给客人不卫生的感觉。另外，在递送或接取客人的物品时，在可能的情况下，以双手递接最佳；不方便双手并用时，也要采用右手，以左手递物通常被视为失礼之举。

2. 自然的表情

真心实意的微笑是服务人员的基本功，酒店服务员在工作中要始终保持自然、友善的表情，微笑服务，带给宾客舒心的感觉。

(三)接待规范

规范的服务既是对客人的尊重，也是酒店服务质量的保证。客人来到酒店消费，酒店服务人员要将他们当成自己的亲人一样看待，关心客人，让客人感觉舒心、放松。比如当客人进驻客房后，为了体现酒店对对方的关心，总台接待员应代表酒店打一个电话询问客人："您觉得这间客房合适吗？"、"您还有什么要求？"、"需要我们为您做一些什么？"，等等。对于对方的要求或意见，应尽可能地加以满足和解决。

案例 11-3

4月4日上午，房务中心的同事都去做体检了，受房务中心领班的委托，我在房务中心接听电话。突然一个特别的电话被我接了。是7026房间的客人打过来的，他说，他朋友头晕得很，心里很不舒服，体温也很高，以为我们这边是医务室，便向我们这边请求援助，也要借体温计。我对客人的情况非常同情，也非常着急，我回答客人，我们这边是房务中心，不是医务室，如果需要的话我们可以帮她联系外面的医生过来。客人说不用了，可能过一段时间就好了。说来也巧，今天早上很忙，一个人接电话都有点忙不过来，江苏的一个团队现在刚好也在退房。时间过得好快，一下子就过了十几分钟，通知退房的都差不多了，稍微一停顿下来，我的脑海里就浮现出刚才那位 7026 的客人诉说的情景，现在不知道怎么样了。我立即叫一个服务员在我们的医药箱里找找，看还有没有风油精或清凉油，房务中心的潘娟将药箱翻了一遍，终于找到了一瓶清凉油。我又叫她再准备一份精美的水果，给 7026 的客人送去，以示我们对客人的关心，或许这瓶清凉油能为客人带来一丝舒服感。后来，我将这件事情告诉了大堂副理，吴副理也随后到客人的房间看望客人，并看能否有什么帮得到客人。后面我听我们的服务员说，客人好像好了很多，客人对我们的评价很好，说我们对他们的关心就像他的亲戚朋友一样时刻关心着他，并表示感谢。

(资料来源：http://www.hoteljob.cn/a/20090107/1396906.shtml)

【点评】

上述材料中的酒店服务人员虽然并不是医务室的工作人员，但是当客人出现身体不适的情况时，她能够主动地对客人嘘寒问暖，关心客人，想客人之所想，急客人之所急，送药物、水果，使客人有了宾至如归的感觉，博得了客人的好评，提升了酒店的形象。

每个人的生活习惯不尽相同，因此对于不同的客人，酒店应给予不同的照顾。对待初次投宿的客人，客房服务员应主动为其排忧解难；对待常来常往的客人，照顾的重点是要适合其生活习惯；对待老年人、残疾人，除了在其行动时要给予照顾外，还应在其他方面加以关照，例如可以派出专人陪同对方外出、代为购买所需商品、派人将其送上飞机或车船，等等。对需要特殊照顾，特别是有不同的宗教信仰和民族习惯的客人，应尽量满足他们的要求。

中国饭店行业服务礼仪规范（试行）

前言

本规范是对《中国旅游饭店行业规范》的深化和补充，适用于在中国境内开办的各种类型的饭店，含宾馆、酒店、度假村等。

本规范由中国旅游饭店业协会发布并负责解释。

本规范主要起草人：王伟、蒋齐康、许京生、徐锦祉、张志军、段建国、景晓莉、梁英、付钢业。

本规范于 2007 年 10 月 11 日发布，自发布之日起试行。

总则

第一条 为全面提升中国饭店行业员工的整体素质和服务水平，塑造文明礼貌的职业形象，培养爱岗敬业的职业道德，以礼仪促规范，中国旅游饭店业协会依据《星级饭店访查规范》和《中国旅游饭店行业规范》，特制定《中国饭店行业服务礼仪规范》(以下简称《规范》)。

第二条 《规范》所指饭店，是指在中国境内开办的各种类型的饭店，含宾馆、酒

第十一章　酒店口才与酒店接待礼仪

店、度假村等（以下简称"饭店"）。

第三条　《规范》所称服务礼仪，是指饭店员工在岗服务全过程中应具备的基本素质和应遵守的行为规范，包括仪表规范、仪态规范、见面常用礼仪规范、服务用语规范及不同岗位服务礼仪规范等。

第四条　《规范》应成为饭店员工自觉实践行业服务礼仪的基本原则。

第一篇　基本礼仪规范

第一章　仪表规范

第五条　饭店员工应容貌端正，修饰得体，衣着整洁美观。

第六条　饭店员工应保持面部洁净、口腔卫生。女员工可以适度化妆以符合岗位要求。

第七条　饭店员工应保持头发干净，长短适宜，发型符合岗位要求。

第八条　饭店员工应保持手部清洁，指甲长短适宜，符合岗位要求。在不违反具体岗位要求的情况下，女员工可以涂无色指甲油。

第九条　饭店员工应统一着装。工装干净整洁、外观平整、搭配合理，并符合饭店形象设计要求。

第十条　饭店员工应佩戴胸卡。胸卡应标明饭店标志、所在部门、员工姓名等。从事食品加工工作的员工可将胸卡内容绣在上衣兜口处。鼓励有条件的饭店为具备外语、手语接待技能的员工佩戴特殊胸卡。

第十一条　饭店员工佩戴饰品应符合岗位要求。饰品应制作精良，与身份相符。

第十二条　从事食品加工工作的员工应佩戴专用的工作帽、口罩、手套等，不应涂指甲油。从事食品加工工作的员工和工程部员工应穿无扣服装，不佩戴任何饰物。

第二章　仪态规范

第十三条　饭店员工应体态优美，端庄典雅。

第十四条　饭店员工站立时，应头正肩平，身体立直，应根据不同站姿调整手位和脚位。

第十五条　饭店员工入座应轻稳，上身自然挺直，头正肩平，手位、脚位摆放合理，应合理使用不同坐姿。

第十六条　饭店员工下蹲服务时，应并拢双腿，与客人侧身相向，应合理使用不同蹲姿。

第十七条　饭店员工应行走平稳，步位准确，步幅适度，步速均匀，步伐从容。

第十八条　饭店员工使用引领手势时，应舒展大方，运用自然得体，时机得当，幅度适宜。

第十九条　饭店员工应合理使用注视礼和微笑礼。与客人交流时，宜正视对方，目光柔和，表情自然，笑容真挚。

第三章 见面常用礼仪规范

第二十条 饭店员工自我介绍时，应目视对方，手位摆放得体，介绍实事求是。介绍他人时，手势规范，先后有别。

第二十一条 饭店员工与客人握手时，应明确伸手的顺序，选择合适的时机，目视对方，亲切友善。把握握手的力度，控制时间的长短，根据不同对象做到先后有别。

第二十二条 饭店员工行鞠躬礼时，应面对受礼者，自然微笑，身体前倾到位。行礼时，应准确称谓受礼者，合理使用礼貌用语。

第二十三条 饭店员工应在不同场合向客人施行不同的致意礼。行礼时，次序合理，时机得当，自然大方。

第四章 服务用语规范

第二十四条 饭店员工应遵守公认的语言规范，应针对不同的服务对象使用不同的服务语言，服务用语应符合特定的语言环境。

第二十五条 饭店员工为客人服务时应使用对方易懂的语言，使用规范的服务用语，称谓恰当，用词准确，语意明确，口齿清楚，语气亲切，语调柔和。

第二十六条 鼓励饭店员工掌握和运用外语、手语，为不同需求的群体更好地提供语言服务。

第二篇 通用服务礼仪规范

第五章 对客通用服务礼仪规范

第二十七条 饭店员工迎送客人时，应选择合理的站位，站立端正，微笑着目视客人。正确使用肢体语言和欢迎、告别敬语。用客人姓名和尊称称呼客人。

第二十八条 接打电话时，应讲普通话及相应的外语，发音清晰，语速适中，音量适宜，力求通过声音传递愿意为客人服务的信息。电话铃响 10 秒内应及时接听电话，先自我介绍，并致以诚挚的问候。结束通话时应向客人真诚致谢，确认客人已完成通话后再轻轻挂断电话。

第二十九条 饭店员工应合理设定和使用手机振动或铃声。铃声应与工作身份相匹配，音量适宜，内容健康向上。

第三十条 向客人递送登记表格、签字笔、找零等物品时，应使用双手或托盘，将物品的看面朝向客人，直接递到客人手中。递送带尖、带刃的物品时，尖、刃应朝向自己或他处。递送时，应正确使用肢体语言和礼貌用语。

第三十一条 递赠名片时，应将名片的看面朝向对方，用双手直接递到对方手中。收受名片时，应双手捧收，认真拜读，礼貌存放。递接名片时，应正确称谓对方，及时致谢。

第三十二条 如果在接待服务场所，服务人员多次与同一位客人相遇，应使用不同的问候语。在走廊遇到客人或必须从客人面前通过时，应缓步或稍停步，向旁边跨出一步，礼貌示意客人先行。

第三十三条 进出有客人的房间时，服务人员应站立端正，平视门镜，敲门并通报身份。见到客人时应礼貌问候。离开房间到门口时，应面对客人退出房间。开关房门动作应

第十一章　酒店口才与酒店接待礼仪

轻缓。

第三十四条　引领客人出入无人服务的电梯时，引导者应先入后出。在电梯轿厢内，引导者应靠边侧站立，面对或斜对客人。中途有其他客人乘电梯时，引导者应礼貌问候。出入有人服务的电梯时，引导者应后入先出。

第三十五条　客人有任何合理需求时，服务员应尽力满足，不能满足时，应帮助客人通过其他途径解决。

第六章　处理特殊情况服务礼仪规范

第三十六条　受条件制约，饭店无法满足客人要求时，应向客人表示理解和同情，并婉拒客人。

第三十七条　接待投诉客人时，应诚恳友善，用恰当的方式称呼客人。倾听客人说话时，应目视客人，及时将投诉事项记录下来。对客人愿意把问题告诉自己表示感谢，把要采取的措施及解决问题的时限告诉客人并征得客人同意。事后及时回访，确认投诉得到妥善处理。

第三十八条　当出现火灾等紧急情况时，服务人员应根据饭店突发事件处理程序及时处理。处理时，应保持镇静，语气坚定，语调平缓。应安抚客人，向客人传递安全的信息。接到上级的疏散命令后，应疏散有序，忙而不乱。

第三十九条　当客人受伤或突发疾病时，服务人员应根据饭店突发事件处理程序及时处理。处理时，应保持镇静，适时安抚客人。

第四十条　饭店紧急停电时，服务人员应镇静自若，及时向客人说明停电的原因和来电的时间。应及早安抚受到惊吓和被困在电梯内的客人，并真诚道歉。

第三篇　前厅服务礼仪规范

第七章　机场、车站、码头

迎送客人服务礼仪规范：

第四十一条　饭店应制作接机、接站标志牌。标志牌应制作规范，符合饭店的形象设计。接站、送站车辆的规格应符合客人事先的要求。

第四十二条　接站人员应提前到达指定地点迎候客人，平稳举拿标志牌，抬头挺胸，站姿端正，微笑着目视出站口。

第四十三条　见到客人应主动问候，应正确称呼客人的姓名或职务，应得体地进行自我介绍。

第四十四条　为客人提拿行李时，应轻拿轻放、保证完好，应尊重客人的意愿提供行李服务。

第四十五条　为客人引路时，接送人员应与客人保持适当的距离，应根据客人的性别、职位、路况和环境等因素选择合适的站位和走位。

第四十六条　接站、送站车辆应按照交通法规的规定合理停放，停靠位置应方便客人上下车。

第四十七条　接送人员应根据不同车辆选择合理的站位，迎送客人上下车。安排座位应符合座次礼仪并照顾客人的意愿。开关车门动作应轻缓，应适时为客人护顶，且护顶时应尊重客人的宗教信仰。

第四十八条 与客人告别时，接送人员应保证客人的行李准确完好，应根据客人的走向随时调整站位，微笑着注视客人，祝客人一路平安。客人走出视线后再转身离开。

第八章 行李服务礼仪规范

第四十九条 门童应选择合理站位，站立端正，随时迎候客人。

第五十条 车辆驶近饭店大门时，门童应主动迎上前去，用规范的手势引导车辆停靠在方便客人上下车和行李运送的地方。下雨时，应带着雨伞迎候在无雨棚区域下车的宾客。为客人打开车门时，应站在车门一侧为客人护顶、撑伞。

第五十一条 车辆停稳后，门童应按照座次礼仪拉开车门。如果客人乘坐的是出租车，应等客人付账后再拉开车门，微笑着注视客人，亲切地问候客人。

第五十二条 客人上下车时，门童应适时为客人护顶，且护顶时应尊重客人的宗教信仰。

第五十三条 装卸行李时，应轻拿轻放，数量准确，摆放有序，并得到客人的确认。应保证随身行李不离开客人的视线范围。

第五十四条 引领客人前往接待台进行入住登记时，行李员应用外侧手提拿行李，在客人侧前方行走，时常用规范的手势示意客人前行的方向。

第五十五条 客人办理入住登记手续时，行李员应站在一米以外，站姿端正，注视客人，随时等候为客人服务。

第五十六条 引领客人去客房时，行李员应靠边侧前行，并与客人保持适当的距离。

第五十七条 到达客房后，行李员应按照客人的要求摆放行李。行李的正面应朝上，提手应朝外。应让客人确认行李的数量和完好状态。

第五十八条 离开客房到门口时，行李员应面对客人退出客房，与客人告别，轻轻关上房门。

第五十九条 客人离店需要行李服务时，行李员应准时为客人提拿行李，并将行李整齐地摆放在客人指定的地点。

第九章 入住登记、结账服务礼仪规范

第六十条 接待员、收银员见到客人应主动问候。获知客人姓名后，应用姓氏或尊称称呼客人。

第六十一条 接待员介绍饭店产品时应实事求是，用恰当的语言，站在客人的角度，为客人提供参考建议。

第六十二条 回答客人询问时，应有问必答，态度和蔼。对不了解的事情，应向客人表示歉意，表现出愿意帮助客人的意愿，并提供后续服务。

第六十三条 对住店客人和非住店客人应一视同仁，对客人的光临应致以真诚的谢意，感谢客人提问，欢迎客人再次光临。

第六十四条 收费结账时，服务员应耐心细致、准确快捷。用现金结账的，应让客人核实收付金额，保证账目准确。

第六十五条 收银员应将账单、发票装入信封，用双手呈递给客人，请客人确认

第十一章　酒店口才与酒店接待礼仪

无误。

第六十六条　结账完毕，收银员应真诚地向客人表示感谢，欢迎客人再次光临，目送客人离开。

第十章　总机服务及商务中心服务礼仪规范

第六十七条　话务员接打电话时，应使用普通话或相应的外语。发音清晰，语调柔和，语速适中，音量适宜，语言简练，表述准确，耐心倾听。

第六十八条　电话铃响10秒内，话务员应及时接听电话，先问候客人并报饭店名称。

第六十九条　转接电话时，如果无人接听或电话占线，话务员应及时告知来电者，并主动提供留言服务。

第七十条　转接外线电话时，话务员应保护住店客人的私人信息。

第七十一条　提供叫醒服务时，话务员应保证在预定的时间准时叫醒客人。叫醒的语言应简练，语音甜美柔和。

第七十二条　商务中心提供打印、复印服务时，应将客人的文件码放整齐，注意文件保密、迅速、准确服务。向客人递送文件时，应微笑着注视客人用双手递送。

第四篇　客房服务礼仪规范

第十一章　客房清洁及维修服务礼仪规范

第七十三条　清洁客房或进行简单客房维修时，应选择在客人外出时进行，并尊重客人的住宿习惯。进入客房前应按铃三次并报告本人身份，等候客人开门或确定房内无人再用工作钥匙开门。清洁房间时应开启客房房门。如需当着客人清洁客房，应尽量避免打扰客人，并严格按操作标准提供迅速、快捷的服务。提供相关服务时，应尊重客人隐私和住宿习惯，不翻看客人的文件，不对客人的物品和活动表示好奇。一般不宜改变客人物品的摆放位置。

第七十四条　饭店装修或维修客房时，应用敬启信或通告的方式真诚地向客人致歉，感谢客人的理解和支持，并及时为客人提供附加值服务。

第七十五条　维修人员应着装干净，维修物品应摆放有序。提拿动作轻缓，尽量不影响客人休息。给客人造成不便时，应主动向客人致歉。维修时，宜使用维修专用物品和设备，不应随意使用客房物品和设备。

第七十六条　维修完毕，维修人员应主动清扫维修垃圾，及时通知客房部整理客房，使客房尽快恢复原状。客房部应及时回访客人，对给客人造成的不便再次向客人致歉。

第十二章　客房其他对客服务礼仪规范

第七十七条　饭店应按客人要求和相关程序提供擦皮鞋服务，遵守承诺，按时送还。

第七十八条　客人需要洗涤或熨烫衣服时，客房服务员应及时收取客衣，并按时送还，按规定将洗好或熨烫好的衣物挂放整齐。

第七十九条　客人租借用品时，饭店应热情受理。服务员应向客人礼貌申明相关租借规定。如果无法提供租借用品，应主动提供建议，尽量帮助客人解决问题。

第八十条　提供房内免费饮品服务时，应尊重客人的需求和偏好，按时将有免费标志的饮品送至客房。

第十三章　客房送餐服务礼仪规范

第八十一条 送餐车应干净整洁，符合卫生要求。车轮转动灵活，推动方便，无噪声。餐具应与食物匹配，干净、整齐、完好。

第八十二条 送餐员应站在离餐车一定距离处介绍菜品。送餐完毕，祝客人用餐愉快。

第八十三条 送餐时，如遇客人着装不整，送餐员应在门外等候，等客人穿好衣服后再进房送餐。

第十四章　公共区域清洁服务礼仪规范

第八十四条 公共区域卫生间应干净无异味。服务员见到客人应礼貌问候，适时回避。因清洁工作给客人带来不便时，应向客人致歉。客人离开时，服务员应主动为客人开门。

第八十五条 清洁公共区域时，服务员应保持专业的工作状态，步履轻盈，动作熟练。遇到客人应暂停工作，礼貌问候，礼让客人。客人在工作区域谈话时，清洁员应礼貌回避。

第八十六条 使用清洁设备时，服务员应保证设备整洁完好，不乱堆乱放。提拿工具应注意避让客人，提拿方式安全、得当，并符合礼仪规范。

第十五章　特殊情况客房服务礼仪规范

第八十七条 住店客人生病时，饭店应派人及时探访，应真诚询问客人状况，按工作程序及时提供必要的帮助。探访人应把握探望时间，尽量不打扰客人休息。

第八十八条 客人财物在客房内丢失时，饭店应派人及时到达现场，安抚客人，表示同情，及时为客人提供帮助，并尽快将调查、处理结果通知客人。

第八十九条 客人损坏饭店物品时，饭店应派人及时到达现场，首先查看客人是否受伤，然后再检查物品的损坏情况。及时修补或更换被损坏物品，查明物品损坏原因，根据实际情况处理索赔事宜，做到索赔有度。

第九十条 员工损坏客人物品时，饭店应派人及时到达现场，赔礼道歉，安抚客人，然后认真查看物品损坏状况。分清责任后，应就员工的过失再次向客人诚恳致歉，及时与客人协商赔偿事宜，跟踪处理结果。

第五篇　餐饮服务礼仪规范

第十六章　餐前服务礼仪规范

第九十一条 客人到餐厅用餐，领位员应根据不同客人的就餐需求安排合适的就餐座位并祝客人用餐愉快。引领入座应一步到位，手势规范，走位合理，步幅适度。

第九十二条 餐厅应备足酒单、菜单，保证其整洁完好。领位员应选择合理的站位，目视客人，用双手呈递酒单、菜单。服务的次序应符合中西餐就餐程序。

第九十三条 客人入座后，餐厅服务员应选择合理的站位，按次序为客人铺放口布。铺放动作应轻巧熟练，方便客人就餐。

第九十四条 向客人推荐菜品时，应使用规范的手势，尊重客人的饮食习惯，适度介绍酒水。

第十一章 酒店口才与酒店接待礼仪

第九十五条 书写菜肴订单时，服务员应站立端正，将订单放在手中书写。下单前，应向客人重复所点菜品名称，并询问客人有无忌口的食品，有些西式菜品还应征求客人对生、熟程度的要求。

第十七章 餐间服务礼仪规范

第九十六条 厨房出菜后，餐厅应及时上菜。传菜时应使用托盘。托盘干净完好，端送平稳。传菜员行走轻盈，步速适当，遇客礼让。

第九十七条 西餐的上菜速度应与客人的用餐速度相适宜。热菜和冷菜应分别放入经过加热或冷却处理的餐盘中。

第九十八条 值台服务员应根据餐桌、餐位的实际状况，合理确定上菜口。上菜时，应用双手端平放稳。跟配小菜和作料的，应与主菜一并上齐。报菜名时应吐字清晰、音量适中。

第九十九条 摆放菜肴应实用美观，并尊重客人的选择和饮食习惯。

第一百条 所有菜肴上齐后，应告知客人菜已上齐，并请客人慢用。

第一百零一条 需要分菜时，服务员应选择合理的站位，手法熟练，操作卫生，分派均匀。

第一百零二条 服务员应以尽量少打扰客人就餐为原则，选择适当的时机撤盘。撤盘时，应遵循饭店相关工作程序，动作轻巧，规范到位。

第一百零三条 为客人提供小毛巾服务前，应对毛巾进行消毒，保证毛巾温度、湿度适宜，无异味。服务员应随时巡台，及时撤下客人用过的毛巾。

第一百零四条 客人抽烟时，服务员应用饭店配备的专用器具及时为客人提供点烟服务。划燃火柴和熄灭火柴应远离客人。如果用打火机点烟，应事先调好火苗的大小。

第一百零五条 服务员应根据实际情况，以不打扰客人为原则，为抽烟客人适时更换烟灰缸。服务时，应使用托盘，先征询客人意见，得到许可后再服务。

第一百零六条 餐厅服务员应随时观察客人用餐情况，适时更换骨碟。更换骨碟时，应使用托盘，先征询客人意见，得到许可后再服务。操作手法应干净卫生，撤换线路和新骨碟的摆放位置应方便客人用餐。

第十八章 酒水服务礼仪规范

第一百零七条 服务员应尊重客人的饮食习惯，根据酒水与菜品搭配的原则，向客人适度介绍酒水。下单前，应重复酒水名称。多人选择不同饮品的，应做到准确记录，服务时正确无误。

第一百零八条 斟倒酒水前，服务员应洗净双手，保证饮用器具清洁完好，征得客人同意后，按礼仪次序依次斟倒。斟酒量应适宜。续斟时，应再次征得客人同意。

第一百零九条 服务酒水时，服务员应询问客人对酒水的要求及相关注意事项，然后再提供相关服务。

第一百一十条 服务整瓶出售的酒品时，应先向客人展示所点酒品，经确认后再当众开瓶。斟倒饮料时，应使用托盘。

第一百一十一条 调酒员面客服务时，应做到操作卫生，手法娴熟。客人间谈话时，调酒员应适时回避。客人对所调制的酒水不满意时，应向客人致歉，争取为客人提供满意的服务。

第一百一十二条 服务热饮或冷饮时，应事先预热杯具或提前为杯子降温，保证饮品口味纯正。服务冰镇饮料时，应擦干杯壁上凝结的水滴，防止水滴滴落到桌子上或客人衣服上。服务无色无味的饮料时，应当着客人的面开瓶并斟倒。

第十九章 明档制作服务礼仪规范

第一百一十三条 厨师明档制作前，应按规定穿好工装、戴好工帽和口罩，保证灶面清洁卫生，作料容器干净整洁。

第一百一十四条 制作时，厨师应尊重客人的意愿，严格按配量烹饪，做到手法熟练，操作卫生。

第一百一十五条 服务时，一般应遵循先点先做的原则。

第一百一十六条 受到客人称赞时，应真诚致谢，并主动征求客人对菜品的意见。

第二十章 宴会自助餐服务礼仪规范

第一百一十七条 宴会自助餐台设计应突出主题，造型新颖，餐台布局实用美观。摆放菜点时，应按照人们的就餐习惯，按就餐顺序依次摆放。

第一百一十八条 客人用餐时，服务员应及时巡视，随时添加餐具、食品和饮料，适时提供更换烟灰缸服务和添加饮料服务。

第一百一十九条 服务员应随时保持餐桌整洁，适时撤走客人用过的餐具。撤餐具时，应礼貌示意，征得客人同意。

第二十一章 餐后结账服务礼仪规范

第一百二十条 服务员应随时留意客人的用餐情况，客人示意结账时，应及时提供服务。账单应正确无误，呈递动作标准、规范。

第一百二十一条 客人付账时，服务员应与客人保持一定距离，客人准备好钱款后再上前收取。收取现金时应当面点验。结账完毕，服务员应向客人致谢，欢迎客人再次光临。

第一百二十二条 结账后客人继续交谈的，服务员应继续提供相关服务。

第二十二章 特殊情况用餐服务礼仪规范

第一百二十三条 接待要求比较特殊的客人时，服务人员应耐心、诚恳。客人对服务工作提出意见和建议时，应真诚地向客人致谢。提供后续服务时，应保证服务态度和服务质量的一致性。

第一百二十四条 有急事的客人用餐时，服务员应提供迅速便捷的服务，向客人介绍容易制作、符合口味的菜品，告知客人每道菜品所需的制作时间，并做好随时结账的准备。

第一百二十五条 如服务员因工作原因导致客人衣物污损，应真诚地向客人道歉并立即报告上级。饭店在征求客人意见后，应及时为客人提供免费洗衣服务，并尽快将洗好的衣物送还客人。

第十一章　酒店口才与酒店接待礼仪

第六篇　康乐服务礼仪规范

第二十三章　康乐服务通用服务礼仪规范

第一百二十六条　见到客人，服务员应礼貌询问客人准备消费的项目，请客人出示消费卡或房卡。收递物品应用双手，不方便用双手时，应用右手。

第一百二十七条　更衣室服务员应按递物礼仪向客人递送更衣柜钥匙，提醒客人妥善保管钥匙。

第一百二十八条　服务员应用规范的手势为客人指引更衣室方向。客人进入更衣室后，更衣室服务员应微笑致意、主动问好，用规范的手势为客人指示更衣柜的位置。客人更衣时，服务员应适时回避。客人更衣完毕，服务员应提醒客人妥善保管钥匙。

第一百二十九条　服务员应在不影响客人的情况下，做好浴室的清洁工作。

第一百三十条　康乐场所提供饮品服务时，服务员应按照礼仪规范呈递饮品单。服务饮品前应洗手。端送饮品或撤换用过的餐具时应使用托盘。服务员应随时留意活动场所的动静，及时回应客人需求。

第二十四章　康体服务礼仪规范

第一百三十一条　康体游乐场所未开场前，服务员应主动问候客人，耐心回答客人的询问，并做到准时开场。如因超员需要限制游玩人数时，服务员应向客人做好解释工作，并对客人的配合表示感谢。

第一百三十二条　服务员应随时巡视场地，主动为儿童和年纪较大的客人提供服务和帮助。救生员应随时观察场所内的状况，发现客人违反安全规定时，应礼貌劝阻。

第一百三十三条　服务员进行场内的清洁消毒工作时，应尽量避免打扰客人。

第一百三十四条　健身教练和球类项目服务员在对客服务时，应主动进行自我介绍，应准确称呼常客的姓名。

第一百三十五条　指导客人训练或给客人作陪练时，应随时注意观察和掌握客人锻炼情况，及时做好提醒和服务工作。

第一百三十六条　服务员应向客人耐心介绍桑拿浴、温泉浴的洗浴方法和注意事项。对于无人陪同的年长客人或初次消费的客人等，应特别关注客人的安全。

第二十五章　娱乐服务礼仪规范

第一百三十七条　客人较多时，服务员应主动疏导客人，使用规范的手势，礼貌地为客人引路。

第一百三十八条　客人玩游艺机时，服务员应主动提供换币服务。对于初来的客人，服务员应主动指导操作方法，介绍游戏规则。

第一百三十九条　游艺机出现故障时，服务员应真诚地向客人致歉，并及时给客人调换。

第一百四十条　在卡拉OK厅和舞厅，为客人服务酒水和小食品时，应根据服务场地的实际情况，采用正确的服务方式，避免遮挡客人视线。服务员应主动为客人提供查找歌名和点歌服务。

第一百四十一条　服务员应适时为客人提供饮品服务，根据需要更换烟灰缸、撤换杯具，不断巡视，随时满足客人的服务需求。

第一百四十二条 在客人接受服务期间，服务员应减少不必要的服务干扰。临近营业时间结束时，服务员应以礼貌的方式提醒客人，并继续提供服务，直至客人结账离去。

第七篇 其他对客服务礼仪规范

第二十六章 会议服务礼仪规范

第一百四十三条 服务员为客人倒水时，应站位合理，手法熟练，操作卫生，倒水量适宜，端放茶杯动作轻巧。

第一百四十四条 重要会议使用贵宾接待室的，服务员应提供敬茶服务。敬茶时应使用托盘，按照礼仪次序依次服务。端放茶杯动作轻巧。如果茶几较低，服务员应单腿弯曲采用蹲式服务，蹲姿应优雅大方。

第一百四十五条 服务员应随时留意会场状况，及时回应客人需求。

第一百四十六条 会场应设专职清洁员负责卫生间的保洁和服务工作。

第一百四十七条 会场衣帽间应有明显的标志牌，衣架干净完好、数量充足。客人存放衣服时，服务员应礼貌问候，按递物礼仪递接存衣牌，并提醒客人妥善保管贵重物品。拿取客人外衣时，不倒拿，不拖擦。

第一百四十八条 会议间歇，与会客人到休息区休息时，清洁员应暂停工作，适时回避。遇客问候，随时礼让。

第一百四十九条 饭店应为客人提供车辆进出登记服务、计时收费服务和车位预留服务。停车场管理员应礼貌问候客人，并用规范的手势引导车辆。

第二十七章 营销服务礼仪规范

第一百五十条 饭店营销部门的工作人员定期拜访客户时，应提前预约，着装整洁，主动进行自我介绍。与客人交谈时，应认真聆听，及时回应，并将手机调至静音状态。结束交谈时，应向客户礼貌致谢，对占用客户的宝贵时间表示歉意。

第一百五十一条 宴请客户时，应提前到达就餐地点迎候客人。点菜时，应尊重客户的饮食习惯，不铺张浪费。

第一百五十二条 带领客户参观饭店时，应提前准备，有序安排，引领礼仪应规范、到位。介绍饭店时，应实事求是，关注客户兴趣，把握时间，适时结束参观。

第一百五十三条 营销人员在办公室接待来访客人时，应热情友好，落落大方。倒水、递名片、握手应符合礼仪规范。

第一百五十四条 营销部预订员接听客人预订电话时，应根据客人需求推荐合适的产品，做到热情友好、善解人意。预订员收发业务信函时，行文应规范，称谓准确，回复及时，文字简练，通俗易懂。

第一百五十五条 接待大型旅游团队时，负责协调关系的饭店相关营销人员，应提前做好接待准备工作，及时和领队、导游沟通，尽量节约客人出行时间。

第一百五十六条 饭店若安排人员提供拍照、摄像服务时，应遇客礼让，提拿摄像器材规范到位，不妨碍客人行走和交谈。

第一百五十七条 饭店有外事接待活动时，应派专人协调各项事宜。与客方会见、会

第十一章　酒店口才与酒店接待礼仪

谈时，主方与会人员身份应与客方与会人员身份对等，座次安排符合礼节。交谈时，主方应认真聆听，积极回应。宴请客方时，应尊重客方的饮食习惯，菜量适宜，避免浪费。主方敬酒布菜时，应把握尺度。主方与会人员就餐时应优雅大方，符合就餐礼仪。

第二十八章　商品销售服务礼仪规范

第一百五十八条　营业员应微笑问候前来浏览商品的客人，随时准备为客人服务。

第一百五十九条　为客人服务时，营业员应善于观察客人的眼神和表情，把握时机向客人展示商品。介绍商品应实事求是，不夸大其词。递送商品应符合递物礼仪规范。

第一百六十条　回答客人询问时，应亲切自然，有问必答。无法回答客人问题时，应向客人真诚致歉，并提供其他咨询途径。

第一百六十一条　对购物客人和非购物客人，营业员应一视同仁，不厚此薄彼。

第一百六十二条　营业时间快结束时，营业员应继续耐心提供服务，直到客人满意离开。

第一百六十三条　接待退、换货的客人时，服务人员应真诚友善，按退货制度热情、快捷地为客人办理退货手续。

第二十九章　残疾人服务礼仪规范

第一百六十四条　问候肢体残疾客人时，服务员应亲切友好，表情自然。客人乘坐轮椅的，服务员应保证与客人目光平视。问候盲人客人时，服务员应在一定距离处通过声音提示让客人及时辨听周围情况。提示时，语气柔和，语调平缓，音量适中。问候聋哑客人时，服务员应微笑着注视客人，通过眼神向客人传递平等、友好的信息。

第一百六十五条　为肢残客人提供引领服务时，应走最短路线，做到走平路时适当关注，走坡路时适当帮助。引领盲人客人行走时，应事先征得其同意。向盲人客人指示方向时，应明确告诉客人所指人或物相对于客人的方位，不使用指向性不明的表述。

第一百六十六条　引领残疾客人乘坐电梯时，引导者应适当关注肢残客人，积极帮助盲人客人。引领盲人客人上下楼梯或乘坐自动扶梯时，引导者应先一步上下，然后回身照应客人。引领过程中，引导者应不断通过声音提示和放缓脚步的方式，及时提醒盲人客人前面的路况。

第一百六十七条　引领盲人客人入座时，应把客人带到座椅旁，让客人自己调整桌椅间距离。

第一百六十八条　引领盲人客人乘车时，引导者应告诉其车辆停靠的位置相对于客人的方位。开关车门、帮客人上下车、给客人护顶等，都应有声音提示。引导者与客人同车的，应向客人描绘沿途景色。

第一百六十九条　给残疾客人办理入住登记手续时，服务员应主动协助残疾客人，优先、迅速办理入住手续。给残疾客人排房时，应尽量安排较低楼层或其他方便出行的无障碍客房。

第一百七十条　残疾客人到餐厅用餐，服务员应将客人引领至方便出入且安静的餐位。为肢残客人服务时，餐具和食品应就近摆放。为盲人客人服务时，服务员应阅读菜单，并细致解释，帮助客人逐一摸到餐具的摆放位置。上菜时，应向盲人客人描述菜肴的造型和颜色，告诉客人食物放置的相对位置，并随时帮助客人。

第三十章 其他对客岗位服务礼仪规范

第一百七十一条 饭店保卫工作人员应着工作装上岗，站姿端正，配饰齐全。

第一百七十二条 采购员在接待供应商时，应谦和有礼、热情大方。与客人交谈时，应将手机调至静音，认真倾听对方谈话。交谈结束后，应礼貌送别。

第一百七十三条 车队司机应保证车辆干净整洁。接送客人时，应着装规范，提前到达，站立迎候，适时提供行李服务和护顶服务。应遵章守法，安全驾驶，按时将客人送达指定地点。客人到达目的地后，应提醒客人带齐物品，对客人乘坐本车表示感谢，目送客人离开后再上车。

第一百七十四条 饭店总值班经理对客人应礼貌热情，对员工应关心体贴。应以身作则，言而有信。巡视检查员工工作时，应尊重员工劳动成果，应为下级排忧解难。处理各类突发事件和疑难问题时，应镇静自如，反应迅速，措施得当。

(资料来源：http://www.canyin168.com)

本章知识技能目标鉴定题库

一、案例分析

1. 阅读下面的案例，并分析哪些环节体现了酒店服务接待礼仪规范。

王小姐和她的朋友乘坐的出租车刚刚停在国际大酒店大堂门口，面带微笑的门童立刻迎上前去，并躬身拉门问候道："欢迎光临！"王小姐和她的朋友们谈笑风生地走下了出租车，当门童正准备关门时，忽然发现前座上遗留了一部漂亮的手机，于是扭头对正准备进酒店的王小姐说："小姐，您是否遗忘了手机？"王小姐一听，停止了说笑，忙说："哎哟，是我的手机，谢谢，谢谢。"门童将手机递还给客人，同时又写了一张小条子递给王小姐，这张小条上写着这辆出租车的号码，然后门童迅速引领客人走进酒店大堂。

王小姐来到前厅接待处，接待员礼貌地问候道："你们好，欢迎光临国际大酒店，请问有没有预订？"王小姐说："我们早在十天前已经预订了一个三人间。"接待员随即请王小姐出示证件，并熟练地查阅预订，立即为客人填写了入住登记表上的相关内容，并请王小姐预付押金和签名，最后说："小姐，你们住在 1501 房，这是你们的房卡与钥匙，祝你们入住愉快。"在王小姐办理入住登记手续时，行李员谦恭地立在她们的身后，为客人看护着行李箱。

行李员带着客人刚来到 1501 房间的门口，客房服务员便迅速走了过来，笑容可掬地躬身说："你们好，欢迎光临，请出示房卡"，"请这边走"。服务员来到 1501 房门口敲门并报"Housekeeping、Housekeeping、Housekeeping"，王小姐诧异地说："不是没有人吗？""这是我们的服务规范。"客房服务员打开房门后，开始介绍客房设施与服务，行李员将客人的行李放到了行李架上，同时发现客人将西装脱下随手扔在了床上，便走过去将客人的西装挂进了壁橱。客房服务员和行李员询问道："王小姐，还有何需要帮

第十一章 酒店口才与酒店接待礼仪

助？"王小姐高兴地说："不用了，谢谢你。""祝你们在本酒店居住愉快！"然后两位服务员告辞退出。

王小姐和她的朋友经过了一天的旅行，已经非常疲惫了。当她们躺在柔软的床上，听着悠扬的音乐，欣赏着舒适豪华的室内装潢，回忆着进入酒店的整个过程时，王小姐满意地对朋友们说："这真是星级酒店的服务啊！我们要的不就是这种感觉吗？"

（资料来源：http://www.canyin168.com/Print.aspx?id=11794）

2. 分析下面这名服务人员的言行有哪些不妥之处。

一天上午，某公司在一家五星级酒店的多功能会议厅召开会议。其间，该公司职员李小姐来到商务中心发传真，发完后李小姐要求借打一个电话给总公司，询问传真稿件是否清晰。

"这里没有外线电话。"商务中心的服务员说。

"没有外线电话稿件怎么传真出去的呢？"李小姐不悦地反问。

服务员："我们的外线电话不免费服务。"

"我已预付了20元传真费了。"李小姐生气地说。

服务员："我收了你的传真费，并没有收你的电话费啊？！更何况你的传真费也不够。"

李小姐说："啊，还不够？到底你要收多少呢？开个收据我看一看。"

"我们传真收费的标准是：市内港币10元/页；服务费港币5元；3分钟通话费港币2元。您传真了两页应收港币27元，再以1：1.08的比价折合成人民币，我们要实收人民币29.16元。"服务员立即开具了传真和电话的收据。

李小姐问："传真收费还有电话收费是根据什么规定的？"

"这是我们酒店的规定。"服务员出口便说。

李小姐："请您出示书面规定。"

"这不就是价目表嘛。"服务员不耐烦地回答说。

李小姐："你的态度怎么这样？"

"您的态度也不见得比我好呀。"服务员反唇相讥。

李小姐气得付完钱就走了。心想：五星级服务，难道就是这样的吗？

（资料来源：http://blog.sina.com.cn/s/blog_5d603f1d0100bfwj.html）

3. 你从下面这则故事中受到了哪些启发？

在一家涉外宾馆的中餐厅里，正是中午时分，用餐的客人很多，服务小姐忙碌地在餐台间穿梭着。

有一桌的客人中有好几位外宾，其中一位外宾在用完餐后，顺手将自己用过的一双精美的景泰蓝食筷放入了随身带的皮包里。服务小姐在一旁将此景看在眼里，不动声色地转入后堂，不一会儿，捧着一只绣有精致花案的绸面小匣，走到这位外宾身边说："先生，您好，我们发现你在用餐时，对我国传统的工艺品——景泰蓝食筷表现出极大的兴趣，简直爱不释手。为了表达我们对您如此欣赏中国工艺品的感谢，餐厅经理决定将您用过的这双景泰蓝食筷赠送给您,这是与之配套的锦盒,请笑纳。"

这位外宾见此状,听此言,自然明白自己刚才的举动已被服务小姐尽收眼底,颇为惭愧。他只好解释说,自己多喝了一点,无意间误将食筷放入包中,感激之余,更执意表示希望能出钱购下这双景泰蓝食筷,作为此行的纪念。餐厅经理也顺水推舟,按最优惠的价格,记入了主人的账上。

聪明的服务小姐既没有让餐厅受损失,也没有令客人难堪,圆满地解决了事情,并收到了良好的交际效果。

(资料来源:http://blog.tianya.cn)

4. 下例中客人为什么感到不悦?

一天中午,一位住在某饭店的国外客人到饭店餐厅去吃饭。走出电梯时,站在电梯口的一位女服务员很有礼貌地向客人点点头,并且用英语说:"先生,您好!"客人微笑着回道:"你好,小姐。"当客人走进餐厅后,引位员发出同样的一句话:"您好,先生。"那位客人微笑着点了一下头,没有开口。客人吃好午饭后,顺便到饭店的庭院中去遛遛,当走出内大门时,一位男服务员又是同样的一句话:"您好,先生。"这时客人下意识地只是点了一下头了事。等到客人重新走进内大门时,劈头见面的仍然是那个服务员,"您好,先生"的声音又传入客人的耳中,此时这位客人已感到不耐烦了,默默无语地径直去乘电梯,准备回房间休息。恰好在电梯口又碰见那位女服务员,自然又是一成不变的套话:"您好,先生。"客人实在不高兴了,装作没有听见的样子,皱起了眉头,而这位女服务员却丈二和尚摸不着头脑!

这位客人在离店时,写给饭店总经理的一封投诉信,其中写道:"……我真不明白你们饭店是怎样培训员工的?在短短的中午时间内,我遇到的几位服务员竟千篇一律地简单重复一句话您好,先生,难道不会使用其他的语句吗?"

(资料来源:http://blog.163.com/bing353@yeah/blog/static/9408137620088108334 9535/)

5. 下面这个案例中大堂倪副理对待两位客人的做法体现了哪些服务接待礼仪规范?

夏日,南京某饭店大堂,两位外国客人向大堂副理值班台走来。大堂倪副理立即起身,面带微笑地以敬语问候,让座后两位客人忧虑地讲述起他们心中的苦闷:"我们从英国来,在这儿负责一项工程,大约要三个月,可是离开了翻译我们就成了睁眼瞎,有什么方法能让我们尽快解除这种陌生感?"小倪微笑着用英语答道:"感谢两位先生光临指导我店,使大厅蓬荜生辉,这座历史悠久的都市同样欢迎两位先生的光临,你们在街头散步的英国绅士风度也一定会博得市民的赞赏。"熟练的英语所表达的亲切情谊,一下子拉近了彼此间的距离,气氛变得活跃起来。于是外宾更加广泛地询问了当地的生活环境、城市景观和风土人情。从长江大桥到六朝古迹,从秦淮风情到地方风味,小倪无不一一细说。外宾中一位马斯先生还兴致勃勃地谈道:"早就听说中国的生肖十分有趣,我是1918年8月4日出生的,参加过第二次世界大战,大难不死,一定是命中属相助佑。"

说者无心,听者有意,两天之后就是8月4日,谈话结束之后,倪副理立即在备忘录上作记录。8月4日那天一早,小倪就买了鲜花,并代表饭店在早就预备好的生日卡上填

第十一章 酒店口才与酒店接待礼仪

好英语贺词，请服务员将鲜花和生日贺卡送到马斯先生的房间。马斯先生从珍贵的生日贺礼中获得了意外的惊喜，激动不已，连声答道："谢谢，谢谢贵店对我的关心，我深深体会到这贺卡和鲜花之中隐含着许多难以用语言表达的情意。我们在南京逗留期间再也不会感到寂寞了。"

（资料来源：同程网）

6. 下面案例中的酒店在管理与服务上存在着什么漏洞？在酒店服务中我们应遵循哪些服务接待礼仪？

一天深夜 3 点 10 分，两位面容倦怠的客人来到前厅接待处。

"先生，您好，欢迎光临。请问需要什么房间？"接待员微笑着询问。

顾客："我们需要一间普通标准间，快点、快点，困死了。"

接待员："我们有豪华标准双人间，498 元一间，还有普通三人间 588 元一间。"

顾客："我说过了要普通标准间。"略显疲惫的客人不耐烦地说。

接待员："真对不起，标准间刚刚卖完，只有一间，豪华标准双人间刚刚退房，也非常适合你们。十分抱歉，楼层服务员现在正在清扫，请你们稍等片刻。"

顾客："不行，刚才机场代表告诉我们是有房间的！"客人不禁皱起了眉头。

接待员："是有的，但请稍等一会儿，我们马上清理出来，请您在大堂吧略坐片刻，我们会通知您的。"

客人看了看接待员，不悦地走向大堂吧。接待员赶紧催促客房中心立即清扫普通标准间。15 分钟后，其中的一位客人来到接待处。

顾客："小姐，到底有没有房间，我们坐了 3 个多小时的飞机，真的很累，想休息……"

接待员："马上就好，请你们再耐心地等一会儿。"接待员连忙安慰客人。

客人又回到座位上，耐着性子等候。接待员立刻又打电话到客房中心询问有没有做好那间双人房，客房服务员却说："有一间豪华标准间做好了，其他房间还没有。"

接待员："你们在干什么呢，做房间那么慢，你们不知道客人等得多焦急。"

服务员："房间总得一间间做吧，哪有那么快。"说完就挂断了电话。

接待员无可奈何地放下话筒。

过了 15 分钟，两位客人再次走向接待处，七嘴八舌地高声责问接待员："你们到底有没有房间？把我们骗到这儿，根本没房，我们不在你们这儿住了。"说完，便向门外走去。这时，大堂副理走了过来想留住客人，可没等他说话，客人就劈头盖脸地说："你不用多说，我们已经在这里白等了半个多小时了。"说完便愤然离去。

（资料来源：http://chendong0.88ht.com/archives/2008/5873.html）

二、实践题

1. 假如你是服务员小张，此时你会怎么办？

某饭店中餐厅，几位客人点好菜后，又点了两瓶啤酒，其中一位女宾问服务员小张："小姐，这啤酒是多少度？"小张从吧台取来一瓶，说道："11°"。女宾一听说太高了，不要。另外一位客人说："这11°不是酒精度，而是麦芽浓度，真正的酒精度是这里，3.5°。"小张站在一旁感到特别不自在。

2. 如果客人刚离开客房时，经你查房，发现少了一条浴巾，你应如何与客人交涉并挽回酒店的损失？

3. 当你在工作时，一客人缠着你聊天，你应如何处理？

策略提示：询问客人是否有事需要帮忙；礼貌地向客人解释，工作时间不便长谈；如客人不罢休，可借故暂避。

4. 如果客人进入客房后，打电话说他不喜欢这间房，要求转房，你应如何处理？

策略提示：了解客人不喜欢的原因以及他喜欢什么样的房间；条件允许，则按客人的要求帮其转房并更改资料；不能满足客人要求的，则向其道歉，并解释原因；做好交班，为客人留意其喜欢的房间类型，一有空出，立即帮他转房。

5. 一位非住客请我们转交一包物品给一位有预订而尚未到达的客人，应如何处理？

策略提示：了解物品的详情，违禁品、贵重物品则谢绝；请客人写下委托书，包括物品的名称、数量、取物人、联系地址等；在客人的订单上留言；客人到达时，及时通知他领取物品，并写下收条。

6. 一外宾订了你酒店一间房，计划住一个星期，并已付了全部房费。客人入住三天后因故回国，但他要求不退房，说他公司的另一位同事会在今天续住此房，你将如何处理？

策略提示：可以答应客人的要求，但请其写下书面证明，注明同事的姓名；请该住客付清自己的杂费，并确认其同事的杂费及逾期房租由谁付；问他的信件如何处理；其同事来时，办理登记手续，说明费用如何付；更改资料，原住客的资料一般都要保留。

7. 一位张先生带人来住，他订了两间房，但其朋友迟些时候才能到。张先生说两间房的费用都由他自己来付，他想帮朋友登记并帮他拿钥匙，你应如何处理？

策略提示：向张先生解释，登记卡要求本人填写和签名；安排张先生入住，可预分其朋友的房号；请张先生在登记资料上注明其朋友的费用由他付；其朋友入住时，在其登记资料上注明费用由张先生付。

8. 某位客人寄存了五件行李在宾馆，但遗失了行李寄存卡的提取联，现他要求取回自己的行李，当时客人没有带证件，但能详细说出行李情况，你应如何处理？

策略提示：请客人回去拿了证件后再来领取；如果客人一时拿不到证件，又赶着取行李，应该请其出示信用卡，核实签名并复印；请客人再填一张入住登记卡，与原来的进行核对；此外还要核对其寄取行李的时间，以及行李的详情与记录是否一致；核对无误后，请客人写下收条。

9. 遇到刁难的客人怎么办？

策略提示："客人总是对的"，对于刁难的客人也应以礼相待；注意听客人的问题，分析其刁难的原因；尽力帮助客人解决难题；如客人的要求与宾馆规定相悖，则要耐心解释。如是无理要求，则婉转地拒绝。

(3～9题，资料来源：http://www.jinjiang.gov.cn)

第十一章　酒店口才与酒店接待礼仪

10. 学生分组模拟，三个同学为一组，第一个同学模拟日本、韩国、印度的游客；另一个同学模拟酒店前厅接待工作人员，最后一个同学模拟酒店餐厅服务人员。编一个故事，内容须涉及亚洲各国人民的宗教信仰、礼貌礼节、节庆习俗、饮食习惯和忌讳。

11. 学生分组模拟，三个同学为一组，第一个同学模拟美国、加拿大、英国、法国、德国的游客；另一个同学模拟酒店前厅接待工作人员，最后一个同学模拟酒店餐厅服务人员。编一个故事，内容须涉及欧美各国人民的宗教信仰、礼貌礼节、节庆习俗、饮食习惯和忌讳。

三、礼仪知识问答题

1. 简答学习、践行职业服务礼仪应体现哪些基本要求。

答：①爱岗敬业、尽职尽责。②诚实守信、优质服务。③仪容端庄、着装整洁。④语言文明、态度温和。

2. 常规服务的人际直接服务距离是多少？

答：根据具体情况确定与服务对象的距离，一般以 0.5～1.5 米之间为宜。

3. 常规服务的人际展示服务距离是多少？

答：服务人员为服务对象进行操作示范时，人际展示服务距离以 1～3 米为宜。

4. 常规服务的人际引导服务距离是多少？

答：服务人员为服务对象引导带路时，一般行进在服务对象左前方 1.5 米左右最为合适。

5. 常规服务的人际待命服务距离是多少？

答：服务人员在服务对象未要求提供服务时，应与对方自觉保持 3 米以上的距离，但要在服务对象的视线之内。

6. 酒店服务礼仪要求中的礼貌迎送指的是什么？

答：客到有请、客问必答、客走道别。在迎送客人或与客人交流时，面带微笑，真诚礼貌，恰当地使用尊称和各种手势。

7. 餐馆服务礼仪要求中的尊重客人的选择指的是什么？

答：顾客点餐时，不反复推荐客人不点的菜肴、酒水等。尊重顾客的宗教、民族习惯，对于第一次来就餐的顾客，主动询问是否有忌口或其他的用餐习惯。

8. 服务行业文明用语有哪些分类？

答：通常分为问候用语、迎送用语、请托用语、致谢用语、征询用语、应答用语、赞赏用语、祝贺用语、婉拒用语、道歉用语 10 类。

9. 酒店服务礼仪要求中的尊重私密指的是什么？

答：不能对外泄露客人的任何信息；不能乱动、乱翻客人的物品；不私自使用专供客人使用的电话、电梯、洗手间等设施。

10. 酒店服务礼仪要求中的着装规范指的是什么？

答：上班时按规定着工作制服，男女员工都应做到端庄大方，切忌奇装异服和出格

打扮。

11. 简答餐馆服务有哪些礼仪要求。

答：①讲究个人卫生。②熟悉菜肴酒水。③尊重客人的选择。④服务热情细致。

12. 餐馆服务礼仪要求中的讲究个人卫生指的是什么？

答：着装整洁、无污损，并使自己的头部、手等部位保持清洁。为顾客提供服务时，做到举止得体、自然。

13. 餐馆服务人员为顾客提供服务时的次序原则是什么？

答：在为顾客提供服务时，遵循先女宾后男宾、先客人后主人、先长辈后晚辈、先儿童后成人等原则。

14. 酒店服务有哪些礼仪要求？

答：①着装规范。②语言恰当。③礼貌迎送。④主随客便。⑤尊重私密。

15. 客房服务员进房敲门时有哪些礼节要求？

答：进房间前，服务员必须先敲门，应用中指关节缓缓而有节奏地进行，用力适中，每次敲三下(门铃次数相同，要二短一长)，听清客人答复或确信房间无人后方可进入房间，进后，无论客人是否在房间，都不应将房门关严。遇有下列情况的处理方法。

(1) 敲门后，房间无人答话，但进入房间后发现客人在卫生间，要立即道歉，退出房间，关好房门。

(2) 如客人在房间，要立即礼貌地向客人征询是否可以进房，或提供所需服务。

(3) 如发现客人正在睡觉或正在更衣，要立即道歉，退出房间，并关好房门。

切忌下列不礼貌之举。

(1) 敲门用力过大或用手掌反复拍门。

(2) 进入房间前从门缝或锁孔向里窥视，或耳贴房门倾听。

(3) 敲门后不经客人允许或不敲门突然进房。

(4) 进房后采用就座方式与客人谈话。

(5) 进房后关闭房门(尤其是住女宾的房间)。

16. 饭店员工服饰清洁的基本要求是什么？

答：

(1) 衣裤无污垢、无油渍、无异味，尤其是领口、袖口要保持干净。

(2) 员工每日上岗前要检查制服上是否有菜汁、油渍、污垢，若发现不清洁立即换洗。

(3) 员工：要备有一套制服，以便替换洗涤，同时要注意清洁保管。

17. 如何做到制服合身，穿着制服规范？

答：

(1) 要注意四个长度适中：衣袖至手腕，衣长至虎口，裤长至脚面，裙长至膝盖。

(2) 要注意四围大小松紧适度：领围以插入一指大小为宜，上衣的胸围、腰围和裤裙的臀围以穿一套内衣裤的松紧为宜。

(3) 内衣不能外露，不挽袖卷裤，不漏扣、掉扣。

第十一章 酒店口才与酒店接待礼仪

(4) 领带、领结、飘带与衬衫领口的吻合要紧凑，不可系歪。

(5) 工号牌要佩戴在左胸的正方。

(6) 戴好岗位帽子和手套。

(7) 衣裤均不起皱、烫平、裤线笔挺，保持平整、挺括。

(8) 制服款式简练、高雅、端庄，穿着利落，线条自然流畅，便于接待服务。

18. 对饭店员工穿着西服时的衣袋有何要求？

答：

(1) 西装上衣外侧下面的衣袋只作装饰用，不可装物品，不然会使西装上衣变形。

(2) 西装上衣外侧左胸部的小衣袋，只可插放折叠好的装饰手帕并使手帕外露。

(3) 票夹、名片夹、记事本和笔可放在上衣内侧的衣袋里，但西装上衣内侧的衣袋里不可装过多、过重的物品。

(4) 裤袋尽量不装物品，以求臀位合适，裤型美观，要装也不要装得过多、过重。

19. 对饭店员工的工鞋和袜子的穿着何要求？

答：

(1) 工鞋、袜子是工作服饰的一部分，必须按规范要求穿着。

(2) 皮鞋应及时擦干净，上光打亮，破损的鞋应及时修理或弃之不穿。

(3) 男员工的袜子的颜色一般是黑色，不可穿浅色或花色袜子；女员工应穿着与肤色相近的丝袜，要求袜口不可露在裙子外面，丝袜有跳丝、破损的要更换。

20. 饭店员工工号牌佩戴的基本要求是什么？

答：

(1) 饭店员工的工号牌是饭店各部门的标志，它可体现对客人的尊重，使其易辨认区分各个部门，以便获得应有的服务，满足其信任感。

(2) 饭店员工佩戴工号牌上岗是对自身职业的肯定和自豪，并增强责任感和义务感。

(3) 工号牌应端正地佩戴在左胸上方，饭店员工每日上岗前，自觉戴好。工号牌有损坏时，要及时更换；岗位有变化时，也要及时更换。

21. 饭店对员工头发、面部、手部、口腔清洁卫生有何要求？

答：

(1) 头发要适时梳理，不可有头皮屑。养成周期性洗头的习惯，一般每周至少洗 1~2 次。定期修剪头发，一般 1 个月修剪一次，并保护头发，使其富有弹性。不可染黑色以外的颜色，不可烫发。

(2) 每日早晚要洗脸，消除附在面颊和颈部的污垢、汗渍等不洁之物，使其容光焕发，显示活力。男子胡须要剃净，鼻毛应剪短，不留胡子。女子化淡妆，不浓妆艳抹，避免使用气味浓烈的化妆品和香水。

(3) 手的清洁反映一个人的修养和卫生习惯，要随时清洗双手，使之处于干净状态。要经常修剪和清洗指甲，不准留长指甲，不准涂有色的指甲油。

(4) 保持口腔卫生是与客人交际的先决条件，要做到每日早晚科学地刷牙，饭后漱口，以清除牙缝内的饭渣，防止牙石沉积。上班前不可饮酒，忌吃葱、蒜、韭菜等有刺激味的食品。

22. 客房服务在称呼、问候、应答、谈话、迎送、操作上的礼节概念分别是什么？

答：

(1) 称呼礼节是指服务人员在日常服务工作中与宾客谈话或沟通信息时应恰当使用的称呼。

(2) 问候礼节是指服务人员在日常服务工作中根据时间、场合和对象的不同，运用不同的礼貌语言向宾客表示的亲切问候和关心。

(3) 应答礼节是指服务人员在日常服务工作中回答宾客问话时的礼节。

(4) 谈话礼节一般是指饭店的管理人员与宾客说话时的礼貌用语和行为规范。

(5) 迎送礼节指的是饭店服务接待人员在迎接宾客时的礼节。

(6) 操作礼节是指饭店服务接待人员在各自的岗位上和日常服务工作中的礼节。操作礼节的主要内容体现在各工作、各岗位的操作程序与标准之中。

23. 接转内部电话时的接听要求有哪些？

答：接转内部电话是指接转由外部(包括本地与长途)挂进饭店的电话。接转这些电话时，除按电话服务基本要求进行操作外，还应注意以下事项。

(1) 接转电话要准确，切勿接错，尤其是深夜，更不能因错接而干扰客人。

(2) 按客人客房的电话铃时，要注意按铃方式，铃声响过一阵，引起接话人的注意后，要稍停片刻，给人一个去拿电话筒的时间。

(3) 如果该客房电话铃响无人去接，不能告诉对方说"他出去了"，应该说："××客房没有人接，请稍后再拨。"

(4) 打给住客的电话，要核实住客，如果是，应征得住客同意，方可接转。否则，要向挂电话的人婉拒。

(5) 如果是挂电话查询住客时，也要征询客人的意见，经同意后才告诉挂电话者。住客及房号要保密，一般不许告诉外人。

(6) 客人如果不在客房或表示不能听电话时，可将挂电话人的姓名及电话内容记下来告诉客人。

24. 在受理接挂长途电话时的接听要求有哪些？

答：没有直拨电话系统的饭店，服务员在受理接挂长途电话时，应注意以下几项。

(1) 受理为住客接挂长途电话时，必须先问清住客的姓名、客房号码，以及受话人的姓名、电话号码和单位，然后说"请稍等"，迅速为客人接挂长途。

(2) 电话接通后，迅速接到客人客房，请客人讲话。客人讲完后，告诉客人通话时间。

(3) 客人通话后，总机人员要及时将电话的收费单转交给前台收款处，为客人记账，或请客人付款。

(4) 几位客人同时要挂长途电话时，要一一做好登记，妥善安排。

25. 在受理电话问讯服务时的接听要求有哪些？

答：对客人的问讯，应尽可能地满足客人的要求，绝不能以"不知道"一推了事。

第十一章　酒店口才与酒店接待礼仪

（1）客人通过电话问讯有关预订客房事宜时，要及时与客房预订或接待处联系，及时答复客人。

（2）如果客人通过电话了解饭店服务项目及设施、市区景点及电话号码、地址等，要尽可能热情地给客人介绍。

（3）要从对方的立场出发，服务员对有急事的人要迅速回答，对于说话啰唆的客人不要性急，要耐心。

26. 在受理电话叫醒服务时的接听要求有哪些？

答：电话叫醒服务是饭店对客服务的一项重要内容，它涉及客人计划和日程安排，特别是早晨叫醒服务往往关系到客人的航班和车次，所以千万不能弄错和贻误叫醒时间，否则会给饭店和客人带来不可弥补的损失。

（1）凡是客人申请叫醒的，均要将客人的房号、叫醒时间记录在表(住客叫醒登记表)上，并向客人重复一次委托内容。

（2）叫醒客人时，要有礼貌地先用普通话再用英语重复说："早晨好，现在时间是早上××点钟。"如果5分钟或10分钟后无人接电话，要去敲门，直到叫醒客人为止。

（3）有时客人被电话叫醒后又会睡着，服务员在叫醒客人时，如觉得客人的回答不太可靠，应过5分钟后再叫醒一次，以确认客人是否起床。

（4）对迟醒的客人要告诉他："先生/小姐，按叫醒时间您已经晚了××分"，并将客人晚起的时间登入档案，以防日后客人投诉时，作为解释的依据。

（5）使用自动叫醒系统的饭店，当客人通过电话申请叫醒后，到了预订时间，客人的电话机将自动响铃，拿起耳机即可听到提醒语音；如果响铃时间已达一分钟而无人接电话时，铃声即自动终止；过5分钟后，再次响铃一次，如果第二次响铃仍无人接听，则要前去敲门叫醒客人。

（6）叫醒服务要讲究技巧，清晨客人睡得正香，叫醒客人的电话铃应轻、短，如果这种温雅的方式不见效时，才可逐步提高铃声的音量并延长时间。叫醒时应使用客人听得懂的语言，使客人在早起时有一种愉快的心情。

27. 当自己在接听电话而又有客人来到面前时怎么办？

答：

（1）当自己在听电话而有客人来到面前时，服务员要点头示意，以示与客人打招呼让客人稍等之意。

（2）尽快结束通话，以免让客人久等，产生厌烦情绪。

（3）放下听筒后，首先要向客人道歉："对不起，让您久等了"。

（4）不能因为自己正在听电话，而客人来到面前也视而不见、毫无表示，冷落客人。

28. 客房服务员在楼层服务过程中经常要注意的礼仪事项有哪些？

答：

（1）在语言上首先应当熟记和掌握本部门的专业用语和常用的饭店服务用语；其次是要熟练地掌握礼貌用语，"请"字当先，"谢"字随后，"您好"不离口，才能使客人感到亲切和温暖；第三是要掌握一门外语，特别是英语，才能为外国客人提供良好的服务。

(2) 在仪容仪表上，客房服务员上下班不能穿带钉子的鞋，女服务员不得穿高跟鞋和凉鞋，一是为了安全，二是不能因皮鞋声扰乱了楼面的宁静。最好是穿布鞋，既便于操作又无响声。女服务员上班时不能佩戴项链、耳环、手镯及戒指等饰物，因为既不便于操作（如铺床），又跟工作性质不协调。

(3) 在行为举止上，如遇新客人入住时，应立即表示欢迎与问好；与客人面对面行走时，应让道并问好；站立时应挺胸抬头；在工作间、客房或走廊时，都应做到走路轻、说话轻和动作轻；应以饱满、微笑的面容与客人接触，没有偏见地热情接待每一位客人。

29. 特定情况下客房服务员礼节规范的具体表现形式有哪些？

答：

(1) 为客人指示方向时：①拇指弯曲，紧贴食指，另四指并拢伸直；②手臂伸直，指尖朝所指方向；③男员工出手有力，女员工出手优雅；④不可用一个手指为客人指示方向。

(2) 站立着迎客时，男员工可以：①两眼正视前方，头微上仰，挺胸收腹；②两手自然交叉于背后；③客人到达楼层时，双手从背后往前移，做出为客人服务的准备姿势；④双脚分开，与肩同宽或比肩略宽。女员工可以：①两眼正视前方，头微上仰，挺胸收腹；②两手交叉于腹前，右手掌搭在左手背上，两手的虎口靠拢，指尖微曲；③双脚并拢。

(3) 站立着回答客人问题时：①目光停留在客人眼睛和双肩之间的三角区域；②与客人相距 60～100 厘米之间；③跟客人距离太近，一则侵犯客人的隐私权，二则会使客人产生压力感，特别是给个子矮的客人造成心理压力；④跟客人距离太远，一则需大声说话，造成喧哗，二则显得疏远。

(4) 引领客人行走时：①随时问候客人，不可左顾右盼，摇晃肩膀或低头看地；②双手肘关节不弯曲，摆动幅度平行；③男员工的足迹在前方一线两侧，女员工的足迹在前面一条直线上；④略用脚尖的力量点地，落地重心在脚拇指和食指之间的关节上，使人觉得富有韵律和弹性，但不要给人以操练的感觉；⑤遇到拐弯时要放慢步子示意；⑥步速随客人而快而慢。

(5) 在楼道迎面遇到客人时：①靠右边行，右脚向右前方迈出半步；②身体向左边转；③右手放在腹前，左手指引客人前进的方向；④30 度鞠躬并问候客人。

(6) 在楼道遇到客人从背后过来时：①停步，然后身体向左边转向客人，再向旁边稍退半步；②左手放在腹前，右手指引客人前进的方向；③30 度鞠躬并问候客人。

(7) 送走客人时：①走在客人的后侧；②向前方伸手指引客人入门口或楼梯口的方向，手举的高度在肩膀和腰部之间；③跟客人道别。

(8) 需要称呼客人时：①男士一般称先生（对社会地位高的女士亦可称先生），未婚妇女称小姐，已婚妇女称太太；②对于无法确认是否已婚的西方妇女，不管其年纪多大，只能称小姐；③不知道客人的姓氏时，可称"这位先生/这位小姐"；④称呼第三者不可用"他/她"，而要称"那位先生/那位小姐"；⑤只有少数社会名流才能称"夫人"；⑥对客人称"你的先生/你太太"是不礼貌的，应称"刘先生/林太太"。

(9) 客人需要助臂服务时：①下台阶或过往光滑的地面时，应对老者、女士予以助

第十一章　酒店口才与酒店接待礼仪

臂；②助臂一般只是轻扶客人的肘部；③以左手助客人右臂；④步速随客人而快而慢。

(10) 给客人递送账单或票据时：①上身前倾，账单文字正对着客人；②若客人签单，应把笔套打开，笔尖对着自己，然后以右手递给客人。

(11) 接受或递送名片时：①用双手接受或呈送；②接过对方名片时，同时念出名片上对方的头衔和姓名；③要将对方的名片放入名片夹中收存，不可随意丢放；④若未带名片，要向对方表示歉意。

(12) 因工作需要与客人一同乘电梯时：①电梯门开时，用手压住电梯感应电眼，以不使电梯门关闭；②另一只手引导客人进入电梯；③进入电梯后，应站立于指示板前，为客人按欲去的层数；④若中途比客人先离开电梯，就对客人说声"对不起"或"再见"；⑤让女宾客先出入电梯。

(13) 客房需要摆放鲜花时：①不可给客人摆放全部是白色的鲜花；②祝贺或慰问时，不可送石竹、杜鹃花或黄菊；③一般情形可用康乃馨或剑兰花。

(14) 客人打电话要找自己的上级或同事而他们又不在现场时：①可以对客人说"他现在不在办公室，我能帮您的忙吗？"②告诉客人要找的人现在何处及客人要找的人的电话号码，请对方往那里挂电话；③给对方准确的上级或同事回来的时间，请其再挂电话过来；④留下对方的号码，待要找的人回来时挂给对方；⑤为对方提供留言服务。

(15) 面对客人出现不礼貌的行为时：①客人出现不礼貌行为的情况不多，我们首先要分清客人当前不礼貌的行为是属于什么性质的；②如果是客人向服务员掷钥匙、讲粗话、吐口沫等，我们必须忍耐，保持冷静和克制的态度，不能和客人发生冲突，并根据情况，主动先向客人赔礼道歉，只要我们态度谦虚诚恳，一般有理性的客人都会为自己不礼貌的行为而过意不去；③如果是对女服务员态度轻浮，甚至动手动脚，女服务员态度要严肃，并迅速回避，男服务员应主动上前应付；④如果情节严重或客人动手打人，则当事人应保持冷静和克制，绝对不能同客人对打起来，应马上向部门经理和保安报告，由他们出面，根据客人不同的态度给予适当的教育，同时将详情用书面形式向上汇报，并将事情经过及处理情况做好记录备查。

(16) 遇到客人发脾气谩骂自己时：①服务员礼貌地接待宾客，是自己应尽的责任和义务，即使挨了客人的骂，也应同样做好接待工作；②当客人发脾气骂你时，要保持冷静的态度，认真检查自己工作的不足之处，待客人平静后再作婉言解释与道歉，绝对不能与客人争吵或谩骂；③如果客人的气尚未平息，应及时向领导汇报。

(17) 当客人向我们提出批评意见时：①客人向我们提出批评意见，大多数都出于对我们企业的爱护，是善意的，如果客人批评的是我们自己，服务员应虚心听取，诚意接受，对自己的不足之处表示歉意，并马上改正；②如果客人是一时误解提出意见，则要看适当的时机做耐心细致的解释，争取客人的理解，切不可在客人未讲完之前急于辩解；③如果客人批评的是他人或其他部门，服务员同样要虚心接受，在客人的眼里，饭店的每一位员工都代表着饭店，我们切不可事不关己，高高挂起，对客人的批评漠不关心，或推卸责任。

(18) 在服务中自己心情欠佳时：①在工作中，不论自己的心情好坏，对客人均要热情

253

有礼；②有些人可能在上班前碰到一些事情，以致心情很不愉快，但不管在什么情况下，都应该忘记自己的私事，把精力投入到工作中去，要经常反问自己在服务中是否做到了面带笑容和给人留下愉快的印象；③只要每时每刻都记住"礼貌"两字，便能够在服务过程中把握好自己的言行，给客人提供优质、文明的服务。

第十二章 谈判口才与谈判礼仪

有一位妈妈把一个橙子给了邻居的两个孩子,这两个孩子便讨论起来如何分这个橙子。两个人吵来吵去,最终达成了一致意见,由一个孩子负责切橙子,而另一个孩子选橙子。结果,这两个孩子按照商定的办法各自取得了一半橙子,高高兴兴地拿回家去了。第一个孩子把半个橙子拿到家,把皮剥掉扔进了垃圾桶,把果肉放到果汁机里榨果汁喝。另一个孩子回到家把果肉挖掉扔进了垃圾桶,把橙子皮留下来磨碎了,混在面粉里烤蛋糕吃。从上面的情形我们可以看出,虽然两个孩子各自拿到了看似公平的一半,然而,他们各自得到的东西却未物尽其用。这说明,他们在事先并未做好沟通,也就是两个孩子并没有申明各自的利益所在。没有事先申明价值导致了双方盲目追求形式上和立场上的公平,结果,双方各自的利益并未达到最大化。谈判就是一个让双方利益达到最大化的过程。

第一节 谈 判 口 才

我国从日本 s 汽车公司进口了大批 fp-148 货车,使用时普遍发生严重的质量问题,致使我国蒙受了巨大经济损失。为此,我国向日方提出索赔。

谈判一开始,中方简明扼要地介绍了 fp-148 货车在中国各地的损坏情况以及用户对此的反映。中方在此虽然只字未提索赔问题,但已为索赔说明了理由和事实根据,展示了中方谈判的威势,恰到好处地拉开了谈判的序幕。日方对中方的这一招早有预料,因为货车的质量问题是一个无法回避的事实,日方无心在这一不利的问题上纠缠。日方代表为避免劣势,便不动声色地说:"是的,有的车子轮胎炸裂,挡风玻璃炸碎,电路有故障,铆钉震断,有的车架偶有裂纹。"中方觉察到对方的用意,便反驳道:"贵公司代表都到现场看过,经商检和专家小组鉴定,铆钉非属震断,而是剪断,车架出现的不仅仅是裂纹,而是裂缝、断裂!而车架断裂不能用'有的'或'偶有',最好还是用比例数据表达,这样更科学、更准确……"日方代表淡然一笑说:"请原谅,比例数据尚未准确统计。""那么,对货车质量问题贵公司能否取得一致意见?"中方对这一关键问题紧追不舍。"中国的道路是有问题的。"日方转了话题,答非所问。中方立即反驳:"诸位已去过现场,这种说法是缺乏事实根据的。""当然,我们对贵国的实际情况考虑不够……""不,在设计时就应该考虑到中国的实际情况,因为这批车是专门为中国生产的。"中方步步紧逼,日方步步为营,谈判气氛渐趋紧张。中日双方在谈判开始不久,就在如何认定货车质量问题上陷入僵局。日方坚持说中方有意夸大货车的质量问题:"货车质量的问题不至于到如

此严重的程度吧?这对我们公司来说,是从未发生过的,也是不可理解的。"此时,中方觉得该是举证的时候了,并将有关材料向对方一推说:"这里有商检、公证机关的公证结论,还有商检拍摄的录像。如果……""不!不!对商检公证机关的结论,我们是相信的,我们是说贵国是否能够做出适当让步。否则,我们无法向公司交代。"日方在中方所提质量问题的攻势下,及时调整了谈判方案,采用以柔克刚的手法,向对方踢皮球。但不管怎么说,日方在质量问题上设下的防线已被攻克了,这就为中方进一步提出索赔价格要求打开了缺口。随后,双方对 fp-148 货车损坏归属问题上取得了一致的意见。日方一位部长不得不承认,这属于设计和制作上的质量问题。初战告捷,但是我方代表意识到更艰巨的较量还在后头,索赔金额的谈判才是根本性的。

随即,双方谈判的问题升级到索赔的具体金额上——报价、还价、提价、压价、比价,一场毅力和技巧较量的谈判竞争展开了。中方主谈代表擅长经济管理和统计,精通测算,他翻阅了许多国内外的有关资料,甚至在技术业务谈判中,他也不凭大概和想当然,认为只有事实和科学的数据才能服人。此刻,在他的纸笺上,在大大小小的索赔项目旁,写满了密密麻麻的阿拉伯数字。这就是技术业务谈判,不能凭大概,只能依靠科学准确的计算。根据多年的经验,他不紧不慢地提出:"贵公司对每辆车支付加工费是多少?这项总额又是多少?""每辆车 10 万日元,共计 5.84 亿日元。"日方接着反问道:"贵国报价是多少?"中方立即回答:"每辆 16 万日元,此项共计 9.5 亿日元。"精明强干的日方主谈人淡然一笑,与其副手耳语了一阵,问:"贵国报价的依据是什么?"中方主谈人将车辆损坏后各部件需如何修理、加固、花费多少工时等逐一报价。"我们提出的这笔加工费并不高。"接着中方代表又用了欲擒故纵的一招:"如果贵公司感到不合算,派员维修也可以。但这样一来,贵公司的耗费恐怕是这个数的好几倍。"这一招很奏效,顿时把对方将住了。日方被中方如此精确的计算所折服,自知理亏,转而以恳切的态度征询:"贵国能否再压低一点。" 此刻,中方意识到,就具体数目的实质性讨价还价开始了。中方答道:"为了表示我们的诚意,可以考虑贵方的要求,那么,贵公司每辆出价多少呢?""12 万日元。"日方回答。"13.4 万日元怎么样?"中方问。"可以接受。"日方深知,中方在这一问题上已做出了让步。于是,双方很快就此项索赔达成了协议,日方在此项费用上共支付 7.76 亿日元。

然而,中日双方争论索赔的最大数额的项目却不在此,而在于高达几十亿日元的间接经济损失赔偿金。在这一巨大数目的索赔谈判中,日方率先发言。他们也采用了逐项报价的做法,报完一项就停一下,看看中方代表的反应,但他们的口气却好似报出的每一个数据都是不容打折扣的。最后,日方统计可以给中方支付赔偿金 30 亿日元。中方对日方的报价一直沉默不语,用心揣摩日方所报数据中的漏洞,把所有的"大概"、"大约"、"预计"等含糊不清的字眼都挑了出来,有力地抵制了对方所采用的浑水摸鱼的谈判手段。

在此之前,中方谈判班子昼夜奋战,液晶体数码不停地在电子计算机的荧光屏上跳动着,显示出各种数字。在谈判桌上,我方报完每个项目的金额后,还讲明这个数字测算的依据,在那些有理有据的数字上,打的都是惊叹号。最后,我方提出间接经济损失费 70

第十二章 谈判口才与谈判礼仪

亿日元!

日方代表听了这个数字后,惊得目瞪口呆,老半天说不出话来,连连说:"差额太大,差额太大!"于是,进行无休止地报价、压价。

"贵国提的索赔额过高,若不压半,我们会被解雇的。我们是有妻儿老小的……"日方代表哀求着。老谋深算的日方主谈人使用了哀兵制胜的谈判策略。

"贵公司生产如此低劣的产品,给我国造成多么大的经济损失啊!"中方主谈接过日方的话头,顺水推舟地使用了欲擒故纵的一招:"我们不愿为难诸位代表,如果你们做不了主,请贵方决策人来与我们谈判。"双方各不相让,只好暂时休会。这种拉锯式的讨价还价,对双方来说是一种毅力和耐心的较量。因为谈判桌上,率先让步的一方就可能被动。

随后,日方代表急用电话与日本 s 公司的决策人密谈了数小时。接着谈判重新开始了,此轮谈判一接火就进入了高潮,双方舌战了几个回合,又沉默下来。此时,中方意识到,己方毕竟是实际经济损失的承受者,如果谈判破裂,就会使己方获得的谈判成果付诸东流;而要诉诸法律,麻烦就更大。为了使谈判已获得的成果得到巩固,并争取有新的突破,适当的让步是打开成功大门的钥匙。中方主谈人与助手们交换了一下眼色,率先打破沉默说:"如果贵公司真有诚意的话,彼此均可适当让步。"中方主谈为了防止由于己方率先让步所带来的不利局面,建议双方采用"计分法",即双方等量让步。"我公司愿意付 40 亿日元。"日方退了一步,并声称:"这是最高突破数了。""我们希望贵公司最低限度必须支付 60 亿日元。"中方坚持说。

这样一来,中日双方各自从己方的立场上退让了 10 亿日元,双方比分相等,谈判又出现了转机。双方界守点之间仍有 20 亿日元的逆差。(但一个界守点对双方来说,都是虚设的。更准确地说,这不过是双方的一道最后的争取线。该如何解决这"百米赛路"最后冲刺阶段的难题呢?双方的谈判专家都是精明的,谁也不愿看到一个前功尽弃的局面)几经周折,双方共同接受了由双方最后报价金额相加除以2,即 50 亿日元的最终谈判方案。

除此之外,日方愿意承担下列三项责任。

1. 确认出售给中国的全部 fp-148 型货车为不合格品,同意全部退货,更换新车;
2. 新车必须重新设计试验,精工细作,制作优良,并请中方专家检查验收;
3. 在新车未到之前,对旧车进行应急加固后继续使用,日方提供加固件和加固工具等。

一场罕见的特大索赔案终于公正地交涉成功了!

(资料来源:中日索赔谈判中的议价沟通与说服.http://blog.sina.com.cn/s/blog_4a2f3985010006hq.html)

思考:什么是谈判?谈判中应怎样进行沟通?应该遵循一些什么礼仪原则?

一次成功的商务谈判并不是一定要表现出雄辩的口才,关键在于拥有共同的目标,相互感觉到彼此的诚意和互惠互利。大多数人并不具备也无须具备语惊四座的特殊才能,但

可以通过掌握一些谈判的技巧，遵循一定的礼仪法则，从而准确、明白地表达自己的想法，成为商务活动中的大赢家。

一、谈判概述

谈判是一种旨在通过交流和磋商寻求解决问题的途径的一种活动，它能够化解冲突，提供解决问题的最佳选择。那么到底什么是谈判？谈判要遵循哪些原则呢？

(一)谈判的概念

美国著名的谈判专家荷伯·科恩说："世界是一张巨大的谈判桌，每个人都有可能成为谈判者。"从广义上讲，谈判是我们每个人日常生活中不可缺少的活动，不论你是否喜欢，我们都是坐在谈判桌上的谈判者。日常生活中，谈判无处不在。在农贸市场买东西时讨价还价；骑自行车闯红灯，交通警察过来干涉，你跟他解释；孩子要买游戏机，你说考双百就买；夫妻为买家用电器而争论……凡此种种，每个人都会遇到，这些都是在不知不觉中进行的谈判。

狭义的谈判是两方或两方以上的个人和组织，为了消除意见分歧，改变彼此关系，谋求共同利益和契合利益而进行的交换看法和磋商协议的交往活动。谈判既包括那些正式场合的国际谈判、贸易洽谈，同时也包括各种非正式场合的协商和交涉。

(二)谈判的性质

谈判是有关方面就共同关心的问题互相磋商，交换意见，寻求解决的途径和达成协议的过程。其性质如下。

1. 合作性

谈判的前提是参与者都存在尚未满足的欲望和要求。要想通过对方使自己的需要得到满足，就必须把谈判当作与参与者之间的合作过程。谈判的目标是各方都获益。

2. 竞争性

谈判既有合作性，又有竞争性。谈判过程中竞争的作用体现为一个整体化的过程，是协调谈判人员行为的一种抗衡。谈判人员可以通过竞争来衡量和估计自己与对方对抗的能力和手段，通过竞争使他们各自得到相应的报偿。

3. 沟通性

谈判是人们沟通思想认识的一种交际方式。谈判的参与者都是一个个具体的人，随着谈判交流的逐渐加深，谈判者的思想、感情会发生变化。在这个过程中就需要双方尽量正确地表达自己的思想，消除误解，尽力免除冲突。

(三)谈判的原则

在谈判中必须遵守如下一些原则。

1. 平等互利原则

谈判双方在法律地位上享有的权利、义务应一律平等。不论组织规模大小、实力强弱都要坚持平等原则，使谈判双方都能获得利益。因此谈判中既要避免出现你赢我输或你输我赢，一方侵占另一方利益的结局，又要避免出现你输我输，双方你争我夺、两败俱伤情况的发生。谈判应该追求你赢我胜、互惠互利的结果。

2. 友好协商原则

在谈判中，谈判双方应在平等互利的基础上，经过相互充分协商，达成一致。无论是对方有无诚意，还是条款存在争议，只要有一线希望，遵循友好协商的原则都会促使谈判得到满意的结局。谈判往往是在冲突中实现谈判双方各自的目标，因此切忌草率中止。

3. 依法办事原则

谈判不仅关系到谈判双方的利益，还涉及国家整体的利益。遵纪守法，当事人的权益才能受到保护。在谈判及合同签订的过程中，必须遵守国家的法律、法规及政策。此外，谈判还应遵循国际法则及尊重对方国家的有关法规。与法律相抵触的谈判，即使出于双方的自愿并且意见一致，也是不允许的。

4. 时效性原则

所谓时效性原则，就是要保证谈判的效率和效益的统一。公关谈判要在高效益中进行，尽量避免不必要的拖延，在谈判中抓住一切有利的机会，迅速达成协议。

5. 最低目标原则

在谈判中，遵循最低目标原则是谈判获得成功的基本前提。也就是说，谈判双方在不违背总体经济利益的原则下，按照双方的意愿各自可作适当的让步。从心理学角度看，初次接触与合作，人们最忌讳的是过高的要求和苛刻的条件。只有在相互交往、加深了解之后，信任程度才会逐步加深，才能引发出诱人的合作前景。所以，谈判只要达到了最低目标就是成功的。

二、谈判的策略

参加谈判的人员都必须具有一定实力，否则就很难应付个别意想不到的情况。谈判实力除了谈判者的声誉、影响、市场环境、竞争条件和社会地位、权利等以外，口才也是一个重要的因素。它是谈判双方获得信息的一个重要手段，可以使双方达到更好的沟通和交流，并借以说服对方，以达到更好的谈判效果。

(一) 寓理于情建信任

谈判的目的是要达成共识。如果谈判气氛僵硬，彼此不信任，谈判就难以顺利进行。因此，赢得对方的友好和信任是谈判的基石。所以，谈判首先要"动之以情"。谈判一开始，就可以用一些轻松的话题等方式拉近双方的距离。至于以何种方式"以情化人"，要根据谈判对手的性格特点有针对性地选择。

案例 12-1

1972年2月，美国总统尼克松访华，中美双方将要展开一场具有重大历史意义的国际谈判。为了创造一种融洽和谐的谈判环境和气氛，中国方面在周恩来总理的亲自领导下，对谈判过程中的各个环节都做了精心而又周密的准备和安排，甚至对宴会上要演奏的中美两国民间乐曲都进行了精心的挑选。在欢迎尼克松一行的国宴上，当军乐队熟练地演奏起由周总理亲自选定的《美丽的亚美利加》时，尼克松总统简直听呆了，他绝没有想到能在中国的北京听到他如此熟悉的乐曲，因为，这是他平生最喜爱的并且指定在他的就职典礼上演奏的家乡乐曲。敬酒时，他特地到乐队前表示感谢，此时，国宴达到了高潮，而一种融洽而热烈的气氛也同时感染了美国客人。一个小小的精心安排，赢得了和谐融洽的谈判气氛，这不能不说是一种高超的谈判艺术。美国总统杰弗逊曾经针对谈判环境说过这样一句意味深长的话："在不舒适的环境下，人们可能会违背本意，言不由衷。"

(资料来源：方其. 商务谈判——理论·技巧·案例. 人民大学出版社，2008)

【点评】

由上例可见，要争取对方的信任，可通过谈判桌建立亲密关系，并为谈判的取胜赢得筹码。

(二)利益分割起决定

谈判要以情动人，但切不可以情代理，即完全用感情来取代常理。谈判真正的决定因素是利益的分割，感情沟通只是辅助作用，切不可化次为主。如果运用不当，尤其是针对那些分析型或理智型的人，一旦被识破很有可能引来对方的反感，起到完全相反的作用。

战国四公子之一的孟尝君在选择身边的人时，曾问三个食客会如何为他弥补过失。第一个舍人回答说愿用生命来报答知遇之恩，虽听起来感人却难免有讨好之嫌，不免令人厌恶；第二个人身体力行，以颂扬孟尝君的美名为己任，说得过于夸大。而最后一人则娓娓道来有情有理，恰为舍人之职、孟尝君之需，对于像孟尝君这样理智的君王，固然不会忽视这种细水长流、平淡却永恒的君臣之义的。所以前两个舍人都犯了以情代理的错误。

识破对手的"感情谎言"，保持冷静的思维，也是维护己方利益至关重要的一点。比如，可以多注意对手的表情变化、语言的前后差别，以及一些细小不自然的地方。

(三)以利代理求所需

谈判中利益是第一位的，在谈判桌上，任何一方的最终目的都是在可能的范围内使自己的利益最大化。值得注意的是，这里的利益最大化并非狭义地指金钱最大化。通常情况

下，人有六种期待交换的资源：爱、金钱、服务、商品、地位和信息。每一种资源的价值都取决于对方对其的需求紧迫性和获得的难易程度。如果对方觉得你所持有的资源对他没有什么吸引力，坐下来谈判的可能性就很小。若可以及时根据对方的言行判断对方真正的需求，那么在此基础上加以利用，因势利导，也就掌控了谈判最大的主动权。

案例 12-2

一家服装店的老板向他的供货商申请 30 天的付款期(一般发货后即付款)，供货商老板在与服装店老板交谈的过程中察觉其在现金流转上遇到了一些麻烦，他似乎只能在卖掉货物后才能调动现金支付。供货方于是答应了他的要求，但要求其还需支付货款 30 天的利息(高于银行贷款利率)。向银行贷款必然来不及，服装店老板于是就答应了供货方的要求。

(资料来源：谈判圣经.P97)

【点评】

任何一件事物或者行为，都有与之相联系的利益。依循对方的需求加以满足，再借此获得自己想要的东西，就算达到了谈判"共赢"的最佳效果。上例当属此类。

(四)以退为进谋更大

在谈判中，可先退一小步，消除对手的心理戒备，使其放松警惕，然后再想法儿进一大步；或者也可以"以退为进"。但要注意，"退"只是表面的、形式上的；"进"则是内在的、本质的。即指给对方一些表面的好处，而己方相对攫取一些对自己极为有利、实惠性更强的好处。

战国时秦王苦于楚国的使者都能言善辩，自己总被其弄得无话可说。大臣甘茂向他建议不要采用那些能言善辩人的意见，而应采用那些徒有其表、懦弱无能的人的意见，对方自然会起用那些不善辩的使者，从而便可制服对方了。可见甘茂的意见避免了秦王与强者的正面交锋，而和弱者谈判，自己才能掌握主动权。

三、谈判的口才技巧

谈判是实力与智慧的较量，学识与口才的较量。在口才方面，谈判者可以运用如下语言技巧。

(一)提问技巧

问话的作用在于取得自己所不知道的信息，或希望对方提供自己尚不知道的资料，或要求对方澄清我方尚未弄明白的问题，或是借此表达发问人的感受，或是提醒对方注意到某些重要的问题，为对方的思考提供新的思路等。有的问话还有利于终结话题。举例如下："您的意思是否是说……？"、"您有什么想法？"、"您有什么打算？"等一类表达了问话人探索的语气；"本协议，你们是今天实施还是到明天实施？"这是将自己的意见抛给对方，使对方在一个很小的范围内进行选择；"这些货物，是本月中旬运到还是下旬运到？"这种提问方式属于强迫选择式，给人态度很坚决的印象。提问时，应注意语气要缓和，措辞要得体，不要显得专横跋扈、强加于人。如果你只想了解一般情况，则提出一连串的问题请对方回答即可，如："能否请你们在质量、价款、运输各个方面谈谈意见呢？"还有一种有强烈暗示作用的问话，如："如果你方违约，我方就有权要求赔偿经济损失，是不是？"

(二) 答复技巧

答复更趋向于承诺，是谈判中最重要的方面之一。答复不准确，就会给自己造成极大的被动。所以，答复时应掌握好以下技巧。

1. 答复前深思熟虑

答复恳切明确，有利于确定互利互惠的合作关系。如果对方提出的问题是自己始料不及的，千万不要随口答复。为了使自己获得一个充分的思考时间，或者获得一个内部商量的机会，可以用"记不清"、"资料不全"或"这个问题我们尚未进行认真的思考"等为由，拖延答复。对于有些问题，当不能答或不便于答时就不可勉强作答，可采取回避方法。如果能用一个幽默的方式回避一下，则更有利于打破僵局。

对方提出询问，或是为了了解问题的真正实质，或是为了获得确切的数据、数值，或是为了说定甚至说死我方到底要承担什么样的义务。对于这些问题，答复时要采取极为慎重的态度，说错了就要承担责任。

2. 谈判中要有标底

谈判中，目标是很难取得完全一致的。因此，在谈判时，要确立自己的目标，同时也要估计对方的目标。要准备在较高的标底的基础上一点点让步，最后才能接近自己的标底。不可一开始就交出标底，否则就没有讨价还价的余地了。

3. 对谈判给予正面评价

不管结果如何，谈判都会给参与的双方带来一定的积极成果。所以，谈判结束时切勿以否定的话来结束谈判。不满意时，可以重新谈判或推迟订立合同的时间，但不必全盘否定。

(三) 说服技巧

说服的目的是要设法让对方改变当初的想法而接受自己的意见，因此在谈判中说服要做到以下几点。

1. 向对方表示友善

只有让对方感到亲切、可信，对方才更容易接受你的忠告。

2. 讲明利弊得失

谈判的目的无非是获利，如果对方感到有利可图，或者觉得不会失去利益，或者能更少地失去利益，就会十分重视这种意见，就更容易接受建议。

3. 坦率说明己方利益

使对方认为自己所提要求合情合理。

4. 强调双方利益一致

谈判中，正是这种双方利益一致性，才促使双方坐到谈判桌前直至签订协议。

(四)辩论的技巧

一般来说，在准备阶段设计谈判程序时，要努力避免辩论。但为了证明自己的立场，为了维护自身的合理要求，有时也不得不进行某种辩论。一旦提出不同的看法，就要论证自己立场的科学性和正确性，就要说明自己意见的事实根据或法律依据。

针对对方没有根据的指责，要正当反驳。反驳时，可指出对方的论点不正确，不合法律规定或不合国际惯例，或不合原合同的规定；可指出对方的论据不可靠，或是不充分，或是根本就没有事实根据；可指出对方的论点和论据之间没有逻辑联系，推导不科学。

谈判时，一般原则问题不妥协、枝节问题不纠缠；要抓住要点，切中要害；至于小问题，能含糊就含糊，能妥协就妥协。

辩论时措辞要准确、锋利，但不能伤害对方，特别不要刻薄讽刺，也不能断章取义，歪曲对方的原意，更不能蛮不讲理。说话时要从容不迫、有条不紊、有分寸，态度要客观公正，要仪表庄重、举止自然。

(五)叙述的技巧

阐述己方的立场和意见时，务必做到以下几点。

1. 明确易懂

要使对方明白自己的意思，对较为深奥晦涩的词语，要加以解释。

2. 重点突出

绝对不能远离主题去叙述一些无关紧要的事情。

3. 准确到位

对于谈判中涉及的实质性内容切忌信口乱说，要讲出精确的数值，如价格、税率、质量规格等。

第二节 谈判礼仪

我国知识产权代表团首次赴美谈判时，纽约好几家中资公司都"碰巧"关门，忙于应付所谓的反倾销活动。美方企图以此对我代表团造成一定的心理压力。在谈判中，有时候，谈判对手往往会设置一些不利处境，以干扰和削弱对方的谈判力。比如，座位阳光刺眼，看不清对手的表情；会议室纷乱嘈杂，常有干扰和噪声；疲劳战术，连续谈判；并在对方疲劳和困倦的时候提出一些细小但比较关键的改动让你难以觉察。

思考："不善待对手"的做法不符合马斯洛需求理论中的生理需求，那么在谈判中我们应遵循一些什么礼仪规范？

谈判礼仪是商务礼仪的一个重要组成部分。它是在一定场合举行的具有既定程序、业已社会规范化了的商务活动。

一、谈判准备阶段的礼仪

谈判开始前，必须制定谈判活动在进行形式上的规则，以约束谈判的双方，确保谈判活动的正常进行。

(一)谈判时间的确定

谈判时间的选择直接影响着谈判的效果。确定谈判的时间，主要包括谈判开始的时间、每次谈判的时长、谈判的次数及每次谈判中间休会的时间等。在选择时间时应尽量避开身心低潮、工作效率较低的时间段，如身体不适时、夏天的午饭后、"逢魔之时"(指傍晚 4～6 时，这段时间是人一天的疲劳在心理上和生理上都已达到了顶峰，心情焦躁疲惫)等。

(二)谈判地点的确定

由于商务谈判的场所要求较为严肃、安静，同时相比其他动物，人类更有一种"场地优势感"，所以，谈判的场所通常是双方轮流安排或设立在中立的第三方处。如果在己方场所谈判，则要安排对方的食宿，努力为对方创造一个良好、舒适的环境，以尽地主之谊。

谈判地点还包括环境的选择与布置。一般来说，谈判场所要具备起码的灯光、取暖、通风和隔音条件。整体环境布置要以不使双方谈判人员产生烦躁心情为原则。

(三)谈判人员的确定

谈判人员不仅要有较丰富的专业知识，而且要受过一定的谈判技巧训练，有较好的个

第十二章 谈判口才与谈判礼仪

人素质和团队协作精神。谈判人员的确定包括：有哪几方的人参加谈判；各方由什么人、多少人组成；谁是首席谈判代表；各谈判代表应具备什么条件；各有什么义务与权利。尽量掌握对方人员的人员构成、文化背景、礼仪习惯及业务情况，以确保自己在谈判中取得主动权。假如有一宗较大的涉外商务谈判，规定参加人员5人，那么一般的人员配备是：一位与对方主谈人员身份、地位、权力及政策水平相当的主谈手；一位对相关业务熟练的经济师或会计师；一位熟悉相关法律、政策的律师；一位熟悉生产、设备与技术的工程师；一位精通双方语言、熟悉相关专业知识与专业术语的翻译。

(四)谈判座次的确定

传统的、正规的谈判所采取的形式是安排方桌或长条形会议桌，双方谈判人员面对面而坐，这样显得庄重、严肃。如果谈判主题不是很严肃的话，也可以采用圆桌，营造一种和谐一致的气氛。

谈判人员座次的安排，首先是主、客方位的安排。传统的安排是长条形谈判桌面门横着摆放，依据"面门为上"的座次原则，让客方面对门而坐，己方则坐在背靠门的位置(如图12-1所示)。也有因场地的原因，长条形谈判桌竖着面门摆放的，主、客方的安排则依据"以右为上"的原则，让客方坐在谈判桌的右侧。这个"右"的确定，不是按传统的方法"人在室内，面向门来分左右"，而是站在门口，按照进门的方向来分左右(如图12-2所示)。

座次安排的另一个方面是指一方内部的座次位置，通常是主谈手居中，其余人员分左右依次而坐(如图12-3所示)。

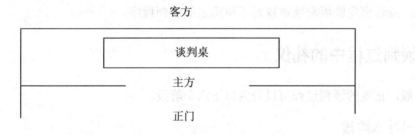

图 12-1 长条形谈判桌横放谈判座次排列

图 12-2 长条形谈判桌竖放谈判座次排列

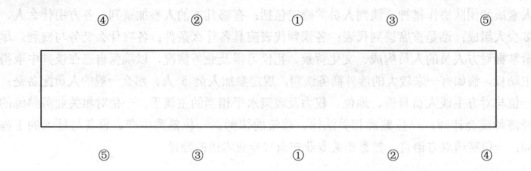

图12-3 谈判方内部的座次位置

注：①首席谈判员；
②副主席(涉外谈判中为翻译位置)；
③三号谈判员；
④四号谈判员；
⑤五号谈判员。

(五)谈判程序的确定

谈判的程序主要包括谈判的议程安排、各议题的讨论次序以及各议题分别占用的时间安排。谈判程序的安排对后期的谈判有很大影响，它可以使一方借助有利的谈判顺序掌握主动权，控制整个谈判局势。所以有经验的谈判者都会积极争取由己方先行草拟谈判程序的方案，或者事先就周密地审议对手所确定的谈判程序。

二、谈判过程中的礼仪

一般，正规的谈判过程可以分为以下六个阶段。

(一)导入阶段

此阶段为营造谈判气氛阶段。双方在谈判开始前有一个问候、介绍的过程。接着，有经验的谈判者会用一个中性的话题，如天气、新闻、本地特产等来消除彼此的生疏感，目的是为下面的谈判进行铺垫。因此在这个阶段，一般由东道主方主动营造气氛，拉近双方的距离。如关心对方的饮食起居、主动介绍当地的名胜特产等。但要注意，为了不冲淡谈判主题，时间不宜拖太长。

(二)概说阶段

此阶段为互相了解阶段。在这一阶段，为了让对方了解己方的目的和态度，双方要进行观点的概述。同时这一阶段也是双方认识对手及其意图的开始阶段。所以在这个阶段应注意语气轻松，有理有节，表述上既不要突出自己，也不要拐弯抹角。

(三)明示阶段

这是谈判的实质性问题磋商洽谈阶段,也是双方有分歧,各自表明自己的态度和立场的阶段。正因为有分歧,气氛容易紧张,所以要特别注意说话的技巧和礼仪。营造友好、平和的气氛,表达要准确,层次要清晰,但不能把自己的底线透露给对方;尊重对方,认真听取对方的阐述,并学会在听的过程中掌握或及时分析对方的动机。

(四)交锋阶段

这是双方从不同的角度、不同的层次来列举事实,论证己方建议的合理性,以谋求对方理解和接受的阶段,也是整个谈判过程中最紧张、最关键、最困难的阶段。此时双方的矛盾焦点已明朗化,展开辩论较量已不可避免,所以在这个阶段既要占据先机,又要把握进程,不使谈判破裂。各谈判手要注意分工协作,有备而战;语言文明,有理有据,以理服人;重点突出,步步为营;当对方服输后,应表示理解、致谢,不可得寸进尺;如果交锋时出现僵局,要学会求同存异,避免谈判破裂。

(五)妥协阶段

这是在权衡双方利益的情况下,在一定范围内或一定条件下做出让步,以示合作的诚意,确保最后达成共识和签约的阶段。谈判的目标通常分为理想目标、一般目标和最终目标。理想目标是最乐意达到的目标,常用来作为与对方讨价还价的筹码,必要时可以放弃;一般目标是希望达到的目标,如果对方需要做出重大的让步和牺牲,甚至可能导致谈判破裂,则这一目标也可放弃;最终目标是一定要达到的目标,在谈判中是必须达到的,否则,宁可破裂,也不可妥协。所以,在这个阶段,可根据不同的目标,采用"步步为营"法则,促使最终协议的达成。

(六)协议阶段

这是稳定谈判结果,最终以文字形式记录下来的阶段,使谈判结果合法化。双方一旦签字,则既受到法律的保护,也受到法律的约束。所以,协议措辞应准确,以免后期争端;要认真阅读、检查协议条款;签字时要注意签字人员的礼仪和签字仪式的礼仪,签字后一定要取得法律公证部门的公证。

案例 12-3

深圳蛇口工业区负责人在国外与某财团合资经营新型浮法玻璃进行的有关谈判中,由于对方自恃技术设备先进,要价很高,使谈判陷入了僵局。正在这时,该财团所在的市商会请他去发表演讲。在演说中,他不无所指地说:"中国是个文明古国,我们的祖先很早以前就将四大发明——指南针、造纸、印刷术和火药的生产技术,无条件地贡献给了人

类。而他们的子孙后代从未埋怨他们不要专利权是愚蠢的,相反,却盛赞祖先为推进世界的科学技术做出了杰出的贡献。现在,中国正在加强与各国的经济合作,并不要求各国无条件地出让专利,只要价格合理,我们一分钱也不少给……"结果,即将破裂的谈判终于成功了。

(资料来源:http://www.ftouding.com)

【点评】

在谈判中运用各种策略,可收到事半功倍的效果。"以迂为直"策略是指直路一时难以走通时,不妨绕个弯子,同样可以达到既定的目标。

案例 12-4

某商场的进货员到一个皮革制品厂去采购皮箱,他提出的单价为 200 元,而对方却开出了 320 元的价格,而且无论如何都不肯做出让步。这时,进货员突然说:"噢!请你卖我一条皮带吧!"对方十分惊奇,问他为什么要一根皮带,他回答说:"以这个价格进货,老板肯定会杀了我,我还是自己上吊吧!"对方听了,不觉笑了起来,终于降低了价钱。

【点评】

诙谐幽默就像是一种美妙的调味品,可以使谈判中的激烈化为轻松的一笑。

商业谈判中的报价技法

商业谈判的主要内容是价格、交货期、付款方式及保证条件这四大项,而价格因素是谈判中的焦点。谈判中,报价是必不可少的中心环节。那么,究竟是哪一方应先报价?先报价好还是后报价好?还有没有别的报价方法?

下面,我们详细谈一下这些问题。

依照惯例,发起谈判者应该先报价,投标者与招标者之间应由投标者先报,卖方与买方之间应由卖方先报。先报价的好处是能先行影响、制约对方,把谈判限定在一定的框架内,在此基础上最终达成协议。比如:你报价一万元,那么,对手很难奢望还价至一千元。我国南方一些地区的服装商贩,就大多采用先报价的方法,而且他们报出的价格,一般要超出顾客拟付价格的一倍乃至几倍。一件衬衣如果卖到 60 元的话,商贩就心满意足了,而他们却报价 160 元。考虑到很少有人好意思还价到 60 元,所以,一天中只需要有一个人愿意在 160 元的基础上讨价还价,商贩就能赢利赚钱。当然,卖方先报价也得有个"度",不能漫天要价,使对方不屑于谈判——假如你到市场上问小贩鸡蛋多少钱一斤,小贩回答道 30 元钱一斤,你还会费口舌与他讨价还价吗?先报价虽有好处,但它也泄露了一些情报,使对方听了以后,可以把心中隐而不报的价格与之比较,然后进行调整:合

第十二章 谈判口才与谈判礼仪

适就拍板成交，不合适就利用各种手段进行杀价。

美国著名发明家爱迪生在某公司当电气技师时，他的一项发明获得了专利。公司经理向他表示愿意购买这项专利权，并问他要多少钱。当时，爱迪生想只要能卖到5000美元就很不错了，但他没有说出来，只是督促经理说："您一定知道我的这项发明专利权对公司的价值了，所以，价钱还是请您自己说一说吧！"经理报价道："40万元，怎么样？"还能怎么样呢？谈判当然是没费周折就顺利结束了。爱迪生因此而获得了意想不到的巨款，为日后的发明创造提供了资金。

先报价和后报价都各有利弊，谈判中决定"先声夺人"还是选择"后发制人"，一定要根据不同的情况灵活处理。

一般来说，如果你准备充分，知己知彼，就要争取先报价；如果你不是行家，而对方是，那你要沉住气，后报价，从对方的报价中获取信息，及时修正自己的想法；如果你的谈判对手是个外行，那么，无论你是"内行"或者"外行"，你都要先报价，力争牵制、诱导对方。自由市场上的老练商贩大都深谙此道。当顾客是一个精明的家庭主妇时，他们就采取先报价的技术，准备着对方来压价；当顾客是个毛手毛脚的小伙子时，他们多半先问对方"给多少"，因为对方有可能报出一个比商贩的期望值还要高的价格。

先报价与后报价属于谋略方面的问题，而一些特殊的报价方法，则涉及语言表达技巧方面的问题。同样是报价，运用不同的表达方式，其效果也是不一样的，下面举例说明。省保险公司为动员液化石油气用户参加保险，宣传说：参加液化气保险，每天只交保险费一元，若遇到事故，则可得到高达一万元的保险赔偿金。这种说法，用的是"除法报价"的方法。它是一种价格分解术，以商品的数量或使用时间等概念为除数，以商品价格为被除数，得出一种数字很小的价格商，使买主对本来不低的价格产生一种便宜、低廉的感觉。如果说每年交保险费365元的话，效果就差得多了。因为人们觉得365是个不小的数字。而用"除法报价法"说成每天交一元，人们听起来在心理上就容易接受了。

由此想开去，既然有"除法报价法"，也会有"加法报价法"。有时，怕报高价会吓跑客户，就把价格分解成若干层次渐进提出，使若干次的报价最后加起来仍等于当初想一次性报出的高价。

比如：文具商向画家推销一套笔墨纸砚，如果他一次报高价，画家可能根本不买。但文具商可以先报笔价，要价很低；成交之后再谈墨价，要价也不高；待笔、墨卖出之后，接着谈纸价，再谈砚价，抬高价格。画家已经买了笔和墨，自然想"配套成龙"，不忍放弃纸和砚，在谈判中便很难使文具商在价格方面做出让步了。

采用"加法报价法"，卖方依持的多半是所出售的商品具有系列组合性和配套性。买方一旦买了组件1，就无法割舍组件2和3了。针对这一情况，作为买方，在谈判前就要考虑商品的系列化特点，谈判中及时发现卖方"加法报价"的企图，挫败这种"诱招"。

一个优秀的推销员，见到顾客时很少直接逼问："你想出什么价？"相反，他会不动声色地说："我知道您是个行家，经验丰富，根本不会出20元的价钱，但你也不可能以15元的价钱买到。"这些话似乎是顺口说来，实际上却是报价，只言片语就把价格限制在15至20元的范围之内。这种报价方法，既报高限，又报低限，"抓两头，议中间"，传达出这样的信息：讨价还价是允许的，但必须在某个范围之内。比如上面这个例子，无形

中就将讨价还价的范围规定在 15 至 20 元之间了。

此外，谈判双方有时出于各自的打算，都不先报价，这时，就有必要采取"激将法"让对方先报价。激将的办法有很多，这里仅仅提供一个怪招——故意说错话，以此来套出对方的消息情报。

假如双方绕来绕去都不肯先报价，这时，你不妨突然说一句："噢！我知道，你一定是想付 30 元！"对方此时可能会争辩："你凭什么这样说？我只愿付 20 元。"他这么一辩解，实际上就先报了价，你尽可以在此基础上讨价还价了。

从以上的叙述中可以看出：商业谈判中的报价与商品的定价是有些雷同的，从某些方面也可以说，谈判中的报价就是一种变相的商品定价，因此在谈判中的报价技法就可以借鉴一下商品定价的方法与策略。

（资料来源：http://www.tianya.cn）

本章知识技能目标鉴定题库

一、案例分析

1. 分析下面案例中的老者使用了何种谈判语言技巧使洽谈获得成功。

一位老者到派出所去办理户口，所内一位民警告诉他，具体负责这项工作的同志外出了，一会儿就回来，请他稍等一下。老者等了 45 分钟，仍不见那位同志回来，他若大声抗议说为什么办公时间没人办事，人家可能会回答说那位同志也是因公外出；他若说他们其他人为什么不可以办，人家可能会回答这是有分工的，不能代办；他若是找其上级机关投诉，要花费比等待更多的时间、精力，而且效果并不一定理想；他若愤而离去，不久，还是要回来，因为办户口只能找派出所。老者考虑了一下，他的目的是要尽快办好手续，商谈语言技巧选择要为这个目的服务。换言之，只有能尽快办好手续的语言技巧才是最佳技巧。于是，他向派出所里另一位同志低声慢语地讲："同志，那位同志一定是有什么公事给耽误了，我已 60 多岁了，实在等不了；再来一次，路远车挤，十分不便。能否破次例，想个办法，帮助我解决一下这个困难？真是太谢谢了。"派出所的这位同志听后说："这样吧，我先替你代办一下，等那位同志回来后我向他说明一下。" 10 分钟后，老者满意地走上了归途。

2. 分析中方在谈判中取得成功的原因及美方处于不利地位的原因

我国某冶金公司要向美国购买一套先进的组合炉，派一高级工程师与美商谈判，为了不负使命，这位高工做了充分的准备工作，他查找了大量有关冶炼组合炉的资料，花了很大的精力对国际市场上组合炉的行情及美国这家公司的历史和现状、经营情况等了解得一清二楚。谈判开始，美商一开口要价 150 万美元。中方工程师列举各国成交价格，使美商目瞪口呆，终于以 80 万美元达成协议。当谈判购买冶炼自动设备时，美商报价 230 万美元，经过讨价还价压到 130 万美元，中方仍然不同意，坚持出价 100 万美元。美商表示不愿继续谈下去了，把合同往中方工程师面前一扔，说："我们已经作了这么大的让步，贵

第十二章 谈判口才与谈判礼仪

公司仍不能合作，看来你们没有诚意，这笔生意就算了，明天我们回国了。"中方工程师闻言轻轻一笑，把手一伸，做了一个优雅的请的动作。美商真的走了，冶金公司的其他人有些着急，甚至埋怨工程师不该抠得这么紧。工程师说："放心吧，他们会回来的。同样的设备，去年他们卖给法国只有 95 万美元，国际市场上这种设备的价格 100 万美元是正常的。"果然不出所料，一个星期后美方又回来继续谈判了。工程师向美商点明了他们与法国的成交价格，美商又愣住了，没有想到眼前这位中国商人如此精明，于是不敢再报虚价，只得说："现在物价上涨的利害，比不了去年。"工程师说："每年物价上涨指数没有超过 6%。余年时间，你们算算，该涨多少？"美商被问得哑口无言，在事实面前，不得不让步，最终以 101 万美元达成了这笔交易。

3. 下面是一个电话谈判过程，请对价格的谈判中的技巧和策略做简要分析。

A：是××公司吗？我找一下 B 先生。

B：哦——你好！请问您……

A：我想咨询一下你们软件的报价，我们想要一套检验软件。

B：我们的报价是 98 800 元。

A：这么贵？有没有搞错？我们是防疫站，可不是有名的企业。(请注意非常高傲)

B：我们的报价是基于以下几种情况。从我们的产品质量上考虑，我们历时 5 年开发了这套软件，我们与全国多家用户单位合作，对全国的意见和建议进行整理，并融入我们的软件中。所以我们软件的通用性、实用性、稳定性都有保障。另外，我们的检验软件能出检验记录，这在全国同行中是首例，这也是我们引以为豪的，请您考察。

A：这也太贵了！你看人家成都的才卖 5 万元。如果有诚意成交，应该便宜一点。

B：A 科长，你说到成都的软件，我给你列举一下我们与成都的软件的优缺点。咱们先说成都的，他们软件的功能模块很全，有检验、体检、管理、收费、领导查询等，但他们做软件的宗旨是将软件做全而不深；而我们的宗旨是将软件做到既广又深。就检验这一块来说，他们的软件要求录入大量的数据和需要人工计算，实现的功能只是打印；而再来看我们的，我们只需要输入少量的原始数据即可，计算和出检验记录全部由计算机完成，这样既方便又快捷。另外，我们的软件也有领导查询和管理功能。在仪器和文档方面我们软件也在改进，还能进行进一步的升级。

A：不行，太贵。(态度依然强硬)

B：你看 A 科长是这样的，咱们买软件不仅买的是软件的功能，更主要的是软件的售后服务。作为工程类软件，它有许多与通用性软件不同的地方，所以它的售后服务很重要。我们向您承诺，在合同期间我们对软件免费升级、免费培训、免费安装、免费调试等，您知道，我们做的是全国的市场，在期间来往的费用是很高的，这我们对您也是免费的。另外，A 科长，在我们用户中也有像您这样的客户说我们的软件比较贵，但自从他们采用我们的软件以后就不再抱怨了，因为满足了他们的要求，甚至超过了他们的期望。为什么？因为我们的目标是利用优质的产品和高质量的售后服务来平衡顾客价值与产品价格之间的差距，尽量使我们的客户产生一种用我们的产品产生的价值与为得到这种产品而付出的价格相比值的感觉。据我们的客户反映，应用我们的软件对他们通过实验室认可有很大的帮助。

A：是这样啊！你们能不能再便宜一点啊？(注意：态度已经有一点缓和)

B：有限，A 科长。你看，一来我们的软件质量在这儿摆着，二来我们的软件确实不错(我不是在吹牛)。10 月 21 号我们参加了在上海举办的《上海首届卫生博览会》，在会上有很多同行、专家、学者。其中一位检验专家，他对检验、计算机、软件都很在行，他自己历时 6 年开发了一套软件，并考察了全国的市场，当看到我们的软件介绍和演示以后当场说："你们的和深圳的软件在同行中是领先的。"这是行业专家对我们软件的真实评价。我们在各种展示中也获过很多的奖项，如检验质量金奖、检验 OA 管理银奖等。

A：哦是这样啊！看来你们的软件真有一定的优点。那你过来一个工程师看一下我们这的情况，我们准备采用你们的系统。(注意：他已经妥协了！)

(资料来源：http://www.yuanhu.net/simple/index.php?t65449.html)

【分析提示】

(1) 在谈判过程中尽量列举一些产品的核心优点，并说一些与同行相比略高的特点，尽量避免说一些大众化的功能。

(2) 在适当的时候可以与比自己的报价低的产品相比较，可以从以下几方面考虑。

① 客户的使用情况(当然你必须对你的和你对手的客户使用情况非常了解)。

② 列举一些自己和竞争对手在为取得同一个项目工程，并同时展示产品和价格时，客户的反应情况(当然，这些情况全都是对我们有利的)。

二、实践题

1. 你有一部已开了几年的汽车，想卖掉它。经过访查，你想若能卖到 7 万元就满意了，就在你去刊登出售广告的当天下午，就有人想用 8 万元买你这部车。此时，你最明智的举措是什么？

2. 有一家百货公司，计划在市郊建立一个购物中心，而选中的土地使用权归张桥村所有。百货公司愿出价 100 万元买下使用权，而张桥村却坚持要 200 万元。经过几轮谈判，百货公司的出价上升到了 120 万元，张桥村则下降到 180 万元，双方再也不肯让步，谈判陷入僵局。看起来，张桥村坚持的是维护村民的利益的立场，因为农民以土地为本，失去了这片耕地的使用权，他们就没有很多选择，只是想多要一些钱来办一家机械厂，另谋出路；而百货公司站在维护国家利益的立场上，因为百货公司是国有企业，让步到 120 万元已经是多次请示上级后才定下的，他们想在购买土地使用权上省下一笔钱，用于扩大商场规模。

请问，如果你是百货公司的谈判代表，你将如何突破这个僵局？分析并实践。

说明：此题可在讲授"谈判口才"时边实践边总结。操作中可以让班级推选一名打字速度较快的学生记录谈判内容，然后师生总体点评；也可以学生边谈判师生边点评。

第十三章 求职口才与求职礼仪

每年的春季、夏季,在各大城市都会出现各种各样的人才招聘会,而这个时候,也是各大院校毕业生最为忙碌的时候。媒体也会在这个时节,找一些专家指点毕业生怎样撰写、编制简历。在求职中,除了有一份好简历能顺利帮你进入复试以外,复试(面试)中的表现更是至关重要。与笔试相比,面试具有更大的灵活性和综合性,它不仅能考察一个人的业务水平,也可以面对面观察面试者的口才水平和礼仪修养。因此,掌握一些求职中必要的口语表达技巧及相关的礼仪,就显得尤为重要。

第一节 求 职 口 才

有一位学历并不高的女青年到一家大公司应聘管理人员的时候,一位考官突然提问:"请问,一加一是多少?"女青年先是一愣,略一思索后,便出其不意地反问考官:"请问,你是说的哪种场合下的一加一?如果是团队精神,那么一加一大于二;如果是单枪匹马,那么一加一小于二。所以,'一加一是多少?'这就要看你想要多少了。"由于女青年采取了非常规性应对方式,在众多应试者中,她便脱颖而出了。

(资料来源:http://www.ghiggg.cn)

思考:面试中良好的口语表达才能及相应的应变能力,有助于面试者在面试中脱颖而出。那么我们在面试中该怎样运用我们的语言成功地推销自己呢?我们应该注意什么?

求职口才是指应试者在应聘过程中进行语言表达时所传递出来的一种才能。它具有以下几个特点。

1. 目的性

求职面试中,求职者的每一句话都必须为应聘服务,让面试官了解自己,显示自己的实力和自我价值。但应注意不要急功近利,更不要一味地讨好面试官而反招讨厌,导致失败。

2. 自荐性

求职面试中,求职者要先对自己有个正确的评价,恰如其分地推荐,避免过度谦虚。

3. 艺术性

面试过程中,应聘者要能够正确得体地运用语言,表达灵活巧妙,说话时不顾此失彼,以适度、恰当为准则。这既为面试官了解自己创造有利条件,又不卑不亢,有分有

寸。面对挑剔的面试官和难以回答的问题，灵活巧妙地应对，可显示自己的说话技巧和交际能力，从而引起招聘单位的注意，收到令人满意的效果。

求职口才贯穿在整个面试过程中，主要包括两个阶段：自我介绍和问题对答。

一、自我介绍

面试时，我们首先会被要求作自我介绍。恰到好处的自我介绍，可以大大提高面试官对自己的好感。因此，求职面试中自我介绍技巧就显得尤为重要。

(一)自我介绍的原则

一般情况下，自我介绍应遵循如下四个原则。

1. 目的性原则

自我介绍即自我推销。自我介绍的目的是让招聘单位更好地认识自己、了解自己，因此应聘者在自我介绍时应目的明确，着重突出自己的闪光点，这样可以大大提高面试的成功率。

2. 诚实性原则

诚信是为人的根本，因此在面试过程中涉及一些自己的学业情况、工作经历、获奖类别时，不能弄虚作假，否则会得不偿失。

3. 准确性原则

面试中语言表述应做到精练、准确，特别是涉及某些具体的数据材料时，更应做到简明清晰。语言表述的精练、准确也是一个人思维素质的反映。

4. 礼貌性原则

面试中应充分体现自身的素质、修养，用语要礼貌规范。作介绍前，先向面试官打个招呼，道声谢，如"××经理，您好。谢谢您给我这么好的机会。现在，我向您作个简单的自我介绍。"面试中，招聘方因某种原因打断自我介绍时，需要先解决面试官的问题，再进一步完成自我介绍。介绍完毕，要向面试官和在场人员表示感谢。

(二)自我介绍的技巧

自我介绍时，声音亮度要恰如其分，吐字清楚，语速适中，态度要保持自然、友善、亲切、随和，整体上讲求落落大方、笑容可掬，语气自然，语速正常，语音清晰。生硬冷漠的语气、过快过慢的语速，或者含糊不清的语音，都会严重影响自我介绍者的形象。注意在自我介绍时不要废话太多或口不从心、主次不分。因此，在自我介绍时要做到以下几点。

1. 围绕中心

此中心即为应聘求职的岗位。自我介绍既是推销，也是说服，你不仅仅要告诉考官们你是多么优秀的人，更要告诉考官，你如何适合这个工作岗位。因此面试中的自我介绍必须针对所求岗位，而与面试无关的内容，即使是你引以为荣的优点和长处，也要忍痛舍弃，以突出重点。自我介绍一般包括姓名、年龄、籍贯、学历、学业情况、爱好、工作能力、性格、工作经验等。在组织时根据具体情况(求职岗位的要求)可有所选择，忌漫无目的。

2. 投其所好

自我介绍的最终目的是让求职的公司能接纳你，因此，在介绍时不妨投其所好，重点突出"我的价值所在"，并使自己的"价值"与岗位要求紧密挂钩，突出自己的优点、技能、已有成就、专业知识、学术背景等。话题所到之处，尽量突出自己能为公司做出的贡献。

3. 铺排次序

自我介绍时，介绍内容的次序安排也极重要。一般来说，在介绍完毕自己的基本情况后，排在首位的，应是你最希望考官记取的内容，同时可呈上一些有关的作品或纪录以增加印象分。介绍时应保证叙述的清晰，尽量避免颠三倒四，可以多用短句子以便于口语表述，并且在段与段之间使用过渡句子。一个结构混乱、内容过长的自我介绍，会给考官们留下杂乱无章、个性不清晰的印象，并且让考官倦怠，削弱对继续进行的面试的兴趣和注意力。

4. 善用事例

在自我推荐时，尽量避免对自己作过分的夸张，一般不宜使用"很"、"第一"、"最"等表示极端的词来赞美自己。应试者在谈到自己的优点时，应保持低调。也就是轻描淡写、语气平静，只谈事实，别用自己的主观评论。同时也要注意适可而止，找重要的、关键的谈，与面试无关的特长最好别谈。最好用朴素诚实的语言来介绍自己，用真实的事例来显示你的才华，以一两个例子来形象地、明晰地说明自己的经验与能力，如在学校担任学生干部时成功组织的活动；或者如何投入到社会实践中，利用自己的专长为社会公众服务；或者自己在专业上取得的重要成绩以及出色的学术成就，为自己树立一个诚实朴素的形象。

5. 充分自信

面试中应试者的自我介绍，可以让考官观察到简历等书面材料以外的内容，如你对自己的描述与概括能力、你对自己的综合评价以及你的精神风貌等。自信、为人等是其中重要的潜台词。要想让考官们欣赏你，就必须明确地告诉考官们你具有应考职位必需的能力与素质，而只有你对此有信心并表现出这种信心后，才证明了你自己。但一定要注意自信不等于自负，特别指出的是，不要夸大自己。一方面，从应试者的综合素养表现，考官能够大体估计应试者的能力；另一方面，如果考官进一步追问有关问题，将会使自己陷于尴尬的境地。

因此，进行自我介绍时所表述的各项内容，一定要实事求是、真实可信。过分谦虚，一味贬低自己去讨好别人，或者自吹自擂，夸大其词，都是不足取的。

(三)自我介绍注意事项

在进行自我介绍时，求职者应注意以下几方面。

1. 充分展现自我

面试既是一次与考官的交流过程，也是一次推销自我的过程，因此在面试中应充分地展现自我。除了面带微笑、目光交流、坐姿端正等表情、身体语言外，应试者还应以沉稳平静的声音、中等稳健的语速、清晰响亮的发音，给考官以愉悦的听觉享受。声音小而模糊、吞吞吐吐的人，一定是胆怯、紧张、不自信和缺乏活力与感染力的。

2. 严格控制情绪

心理学研究表明，一个人的成功等于 20%的智商加 80%的情商，而"妥善地管理情绪"是一个人情商的重要组成部分。作为个人素养的重要组成部分，如果在自我介绍中情绪起伏波动强烈，就会产生负面影响。例如，在介绍自己的基本情况时面无表情、语调生硬；在谈及自己的优点时眉飞色舞、兴奋不已；而在谈论自己的缺点时又无精打采、萎靡不振等；甚至有的应试者在谈及自己的兴趣爱好时，说喜欢唱歌，便自作主张地一展歌喉，均是无法很好地控制情绪和行为的表现，会给考官留下不佳的印象。

3. 杜绝话无分寸

面试时，应试者应做到言辞有度，内容不可夸大或偷换，也不可做一些不妥的暗示。例如，有的应试者描述自己的爱好、特长时，文学、音乐、旅游、摄影等一大堆，由此考官进一步询问其具体的深入程度时，发现所谓"爱好音乐"只是喜欢听流行乐曲，所谓"爱好摄影"只是喜欢别人给她拍照而已，结果只能是博人一笑。有的应试者在介绍家庭关系时，似乎"漫不经心"地告诉考官，自己的某位远房亲戚是应考单位的上级单位的某领导，而这只会增加考官的反感。因此在自我介绍时一定要注意语言表述的分寸。

二、面试对答技巧

在面试过程中，最能考验人的是对答这一阶段。自我介绍是初步印象，而对答则是全面考察求职者的应变能力、适应能力、专业水平、工作能力、性格爱好、处事方式、处世态度等。在面试过程中，一般会问及求职者的专业水平、学历、知识结构、性格爱好、特长、优缺点、社会工作经验等，有一般的题目，也有难题、怪题等。它是对一个人的学识、反应、语言表达能力等的综合考察。因此，求职者在平时必须积累有关的答题技巧。

(一)普通问题对答技巧

所谓普通问题，就是指在面试时问得较多的问题。如"大学时，你学的是什么专业？"、"你在大学时有没有进行过勤工俭学？"、"除了我们公司之外，你还应征了其他哪些公司呢？"等。

这些看似普通的问题，若回答时讲究技巧，就能给人留下深刻的印象。

1. 直言相告法

直言相告法即直截了当，把自己与问题有关的事实坦率而明确地告诉主考官。有的时候甚至不妨坦率地向对方表现自己的个性特点，或者直接表述如"我很紧张"、"说实话，我对这份工作真的很在乎"等，反而会博得他人的信任与好感。一般在专业方面、家庭背景、学历、业余爱好等方面可作如此回答。

例如，主考官说："请你谈谈你的家庭情况。"回答这类问题时，除简单地罗列家庭人口外，还应强调温馨和睦的家庭氛围、父母对自己教育的重视、各位家庭成员的良好状况、家庭成员对自己工作的支持以及自己对家庭的责任感。

2. 事例证明法

面试问题对答中，有些相对虚的问题，可以用具体的事例来证明。比如："你认为你对我们有什么价值？"此类问题在回答时就可用具体的事例来证明自己的实力和能力，同时也就回答清楚了"我的价值"。

(二)难题回答技巧

面试中除了一些常见问题的对答以外，有时考官为了能更全面地考察一个人的综合素质，往往会问一些相对刁钻、古怪的问题。此时，应聘者除了要做到沉着冷静以外，不妨采用以下一些技巧。

1. 化弊为利

面试中有些问题如实直说，可能会对自己求职不利，但又不能不答，这时便可换个角度，巧换话题或答案。例如，主考官问："你最大的缺点是什么？"考官出这样的题目，本意不是看求职者是否诚实，而是看其应变能力如何。所以，你不用坦诚地揭露自己的缺点、失败，只要简单诉说即可。高明的人则会化缺点为优点，如有人这样回答："我宿舍的同学老抱怨我工作太晚才回宿舍。"从另一角度看，这也表现了一种优点。

2. 曲线救国

应试场上，考官时常会设置一些无论你作肯定的回答还是作否定的回答都不讨好的问题。这时候，应试者可以采用迂回战术，不作正面回答，先肯定对方的想法或意见，再陈述己方理由，从而达到曲线救国的目的。

案例分析

案例 13-1

"依你现在的水平,恐怕能找到比我们公司更好的单位吧?"

回答:"或许我能找到比贵公司更好一点的企业,但别的企业在对人才培养方面或许不如贵公司重视,机会或许也不如贵公司多。我想,珍惜已有的是最为现实的。"

【点评】

如果你的回答是肯定的,则说明你这个人心高气傲,或者"身在曹营心在汉";如果你的回答是否定的,不是说明你的能力有问题,就是自信心不足;如果你回答"我不知道"或"我不清楚",则又有拒绝回答之嫌。这样回答,不仅能让自己置于一个有利的位置,而且会让考官领略到你的高明和"厉害"。

3. 针锋相对

应试场上,若遇考官"刁难",善于"较量"也是一个"撒手锏"。

案例分析

案例 13-2

一位华裔女生前往牛津大学面试,为了一个实验课题,她与主持人发生了争执。主持人有些愠怒道:"你以为这就能说服我吗?不,不!"应试的华裔女生平静地说:"当然不一定,因为我还没出生时,你就是心理大夫了。不过,如果没有人来做这个实验,那就永远不会有人知道我和你谁对谁错。"主持人仍然不依不饶:"就凭你那个实验方案?它有十处以上的错误!"华裔女生道:"那只能表明它还不成熟;正因为这样,我才向您拜师来了啊。"主持人愣了一下,又说:"你以为我会指导一个反对我的人吗?"华裔女生笑了:"我选择这个课题,是因为你在自己的专著里提出了这样一个问题,'行为治疗的目的,是为了给饱受痛苦折磨的人一个正常人生活的权利'。老实说,您书中的其他话我不一定赞同,可这句话却成为我前来求学的动力。"

【点评】

在这番"针锋相对"的"较量"中,充分显示了这位华裔女生的胆识与个性。当然,应试者在"较量"中巧妙地引用了主持人的专著,也是她最后被成功录取的重要原因。

4. 放飞想象

在面试中,偶尔也会出现一些近乎怪异的假想题,这类题目一般都具有不确定性和随意性,这也使应试者在回答时有了发挥想象的空间和进行创造性思维的领域。你只要充分利用自己积累的知识,大胆地以"假设"对"假设",就能够争得主动,稳操胜券了。

第十三章 求职口才与求职礼仪

案例 13-3

一位华裔小姐到一家美国公司应试,在"微软"众多稀奇古怪的问题中,她遇到了这样一道怪题:"在没有天平的情况下,你该如何称出一架飞机的重量?"这是一个假设性的问题,这位华裔小姐也用假设法作了应答:"这要看你用中国式还是美国式的方法了。假如是中国人,他会从古老的'曹冲称象'中得到启迪;假若是美国人,他或者现实一些,拆下零件来分别过磅就是,也可以浪漫一些,发明一种特大型吊秤也并非不可能。"

【点评】

毫无疑问,这种颇有想象力且极富创意的应答,不得不令人为之惊叹,这位华裔小姐顺理成章通过了面试关也就不足为怪了。

(三)面试对答的注意事项

1. 目标明确

既然是求职,就应该明确自己的岗位目标,求职前要对自己所应聘的岗位有所了解,对自己的求职目标要做到心中有数,并在面试对答中得到完整的体现。

案例 13-4

有一个文秘专业的学生,通过上届的学姐介绍,去一个公司应聘岗位。公司负责人接待了她,但告诉她必须要有三个月的实习期,才能考虑转为正式职工,并定岗位。然后负责人问她想实习哪些工作,女生的回答很干脆:"啥都可以。"公司领导就问:"那扫厕所行不行?"女生满脸通红,不知该如何回答。

【点评】

此案例中,作为求职的学生,应该明确自己所学专业和岗位目标。但她的回答显然让人失望,一个对自己的岗位目标没有任何计划的人,怎么能很好地做好工作呢?所以,切忌在应该明确的时候模棱两可,使自己的求职失去机会,也会置自己于尴尬的境地。

2. 预留余地

在面试当中,对那些需要从几个方面来加以阐述,或者"圈套"式的问题,应试者要注意运用灵活的语言表达技巧,不要一开始就把话讲死,否则很容易将自己置于尴尬境地或陷入"圈套"之中。例如,当考官提出"……,你认为应抓住几个要点"之类的问题时,你的应答最好这样开头:"我认为这个问题应抓住以下'几个'要点。"在此用"几个"而不用具体的数字"三个"、"四个"或"五个"来回答,给自己预留了灵活发挥的空间，可以边回答边思考边丰富。

3. 沉着理智

有时面试时，考官会冷不防地提出一个应试者意想不到的问题，目的是想试试应试者的应变能力和处事能力。这时，你需要的是稳定情绪，千万不可乱了方寸。

案例 13-5

有一家外贸进出口公司在一次人才交流会上招聘秘书，某小姐过关斩将，各方面的条件都符合招聘单位的要求，正当招聘单位欲拍板录用她时，一名考官灵机一动，又提了一个问题："小姐，如果在将来的工作中，你接待的客人要你陪他跳舞，你不想跳，但不跳又不行，你会怎么办？"

没想到考官的话音刚落，那小姐当即涨红了脸，对着招聘人员愤怒地说："你们是什么鬼单位，在这里摆摊招舞女！"说完，连求职材料也未取回就气呼呼地扬长而去。

【点评】

这位学生之所以会有如此强烈的反应，首先说明她对自己应聘的单位不够了解，同时也说明她不够冷静沉着。如果这样回答"我们这个公司是一个正规企业，我想不会碰上不三不四的人，正常情况下跳跳舞也不是什么坏事"，是否会更好呢？

哈佛校长的择业三类法则

心态法则

小毛驴的犹豫——许多人在选择职业、成就事业时，都会存在"小毛驴的犹豫"：——一头小毛驴，在干枯的草原上好不容易找到了两堆草，但是一再迟疑，不知道哪一堆更加好，结果活活饿死了。这就告诉我们，人的期望值不可太高，绝不可以左顾右盼而坐失良机。

做梦娶美人——志大才疏、眼高手低，大事做不来，小事不肯做。这种人想干好工作、成就事业，只能是做梦娶美人——尽想好事。

总想捡个大西瓜——求职者在择业前，应把自己的专业特长与用人单位的需求实际结合起来，对照、衡量后再去择业。

观念法则

看中工作前景胜于薪水——随着竞争的加剧和收入的普遍提高，个人的发展和前途已成为择业者关注的焦点。选择工作时，薪水不再是员工择业的首要考虑因素，取而代之的是个人的发展和企业的前景。

第十三章　求职口才与求职礼仪

先就业后择业——尽管就业形式各国有所不同，对于求职者择业而言，受工作经验等多种因素的制约，要想找到一份理想的工作，还有一定的难度。

自己当老板——替别人打工，只能听老板的，有许多创意和抱负只能在心里憋着。网络为大家提供了许多便捷条件，不少人自立门户开起了公司。

在工作中学习——职业发展中需要的东西，大多是你在工作中获得的。因而那些体制完备，发展成熟，能够提供系统化、职业化、规范化学习机会的企业，成为择业者的首选。

行为法则

大格局思考——再大的目标总有切实可行的办法达到。大格局思考的定义是，运用你最强的欲望、可靠的精力，改变你人生的方向。

你一定要有自己创业的心理准备——如果你没办法找到理想的职业，那么你就问自己是否愿意创业。这有一个好处，能搞清楚自己想干什么。

对自己许下坚定的承诺——《自辟蹊径》一书的作者洛尔说："仅仅想要，甚至极想要，什么结果都不会有。除非你矢志要完成某事，并且做到实现它的必要步骤，你的志向才可能不致落空。"

注意保持平静、准备逆来顺受——你照常上班，沉着应对你的同事，并且尽量服务于他们，即使一时无法跳槽，你也可以将压力减至最低程度，并保持充沛的精力。

丢弃"我家是蓝领阶层"的悲情——你没上过哈佛，照样可以上图书馆、上互联网、使用电话，建立跟读过哈佛的人一样完整的知识结构和人际关系。

第二节　求职礼仪

日前看到一份材料，说的是有这么一位先生，在报纸上登了一则广告，要雇一名勤杂工到他的办公室做事。报名者争先恐后，多达50人前来应聘，这位先生却出人意料地选中了一名男孩。有一位朋友有些纳闷，便问这位先生："你为何喜欢那个男孩？他既没有带一封介绍信，也没有任何人推荐。"这位先生答道："你错了，他带了很多介绍信。他在门口蹭掉了脚上带的土，进门后随手关上了门，这说明他做事小心仔细；当他看到那位残疾老人时，立即起身让座，表明他心地善良、体贴他人；进了办公室他先脱去帽子，回答问题时干脆果断，证明他礼貌周全，很有教养。其他人都从我故意放在地上的那本书上迈过去，而这个男孩却俯身拣起那本书，并放回桌子上。当我和他交谈时，他衣着整洁，头发梳得整整齐齐，指甲修得干干净净。难道这些不就是极好的介绍信吗？我认为这比介绍信更重要。"

(资料来源：赵化南，《生活时报》，2001年03月02日)

思考：认真细心地做好每一件小事，是成就任何事业都必须具备的素质和作风。这不

是一个求职的技巧或谋略问题,而是一个品质和作风问题,是一个如何做人的问题。那么在求职中我们可以通过哪些环节来展示自身良好的素质和修养呢?

面对当前人才的流动越来越频繁、求职竞争越来越大的现实,怎样找到一份称心如意的工作,成为困扰求职者的问题。毫无疑问的是,用人单位除了看你是否具备相当专业知识和潜力外,还要看你在别人面前的言行举止如何,也就是你是否有修养和魅力。

一、面试仪表礼仪

仪表指人的外表,包括人的容貌、姿态、服饰和个人卫生等方面,是人精神面貌的外观。仪表在人际交往的最初阶段,往往是最能引起对方注意的,人们常说的"第一印象"多半就是来自一个人的仪表。在面试之前,除了要做好面试所需要的各项准备,还应该用5分钟的时间对仪表进行检查。保持良好的仪表,可使自己的心情轻松、充满信心,也可使其他人感到舒畅。

(一)男生仪表要求

在仪表方面,对于男性求职者的要求如下。
(1) 短发,清洁、整齐,不要太新潮。
(2) 精神饱满,面带微笑。
(3) 每天刮胡须,饭后洁牙。
(4) 短指甲,保持清洁,定期修剪。
(5) 领带紧贴领口,系得美观大方。
(6) 西装平整、清洁;西裤平整,有裤线。
(7) 西装口袋不放物品。
(8) 白色或单色衬衫,领口、袖口无污迹。
(9) 皮鞋光亮,深色袜子。
(10) 全身三种颜色以内。

(二)女生仪表要求

在仪表方面,对于女性求职者的要求如下。
(1) 发型文雅、庄重,梳理整齐,长发不应披散,用发夹夹好或束辫,不染鲜艳的颜色。
(2) 化淡妆,面带微笑,如果抹香水,应用香型清新、淡雅的。
(3) 口腔清洁、无食品残留物。
(4) 指甲不宜过长,并保持清洁,若涂指甲油,须自然色。
(5) 穿正规套装,大方、得体;若穿裙子,长度及膝为宜。
(6) 肤色丝袜,无破洞。

(7) 鞋子光亮、清洁。
(8) 全身三种颜色以内。

二、服饰礼仪

应聘者的外在形象，是给主考官的第一印象，外在形象的好坏在一定程度上会影响到能否被录用。面试时，一定要注意，恰当的着装能够弥补自身条件的某些不足，树立起自己的独特气质，使你脱颖而出。

(一)男生

在服饰方面，对于男性求职者的要求如下。

(1) 春、秋、冬季，男士面试最好穿正式的西装。夏天一般穿长袖衬衫，系领带，不要穿休闲衬衫。
(2) 西装的色调选择给人稳重感觉的藏青色、蓝色、黑色或深灰色等为宜。
(3) 配套的衬衫最不易出错的为白色。
(4) 领带应选用丝质的，领带上的图案可以根据自己的爱好选择，最好是单色的，它能够和各种西装、衬衫相配。领带在胸前的长度以达到皮带扣为好。如用领带夹，应夹在衬衫第三和第四个扣子中间的位置。
(5) 深色的袜子、黑色的皮鞋。皮带要和西装相配，一般选用黑色。皮鞋、皮带、皮包颜色一致，一般为黑色。
(6) 眼镜镜片擦拭干净。不戴墨镜。
(7) 西装上衣口袋不装物品。

(二)女生

在服饰方面，对于女性求职者的要求如下。

(1) 面试时的着装，要简洁、大方、合体。职业套装是最简单，也是最合适的选择。
(2) 裙子不宜太长，这样显得不利落，但是也不宜穿得太短。
(3) 低胸、紧身的服装，过分时髦和暴露的服装都不适合面试时穿。
(4) 春秋的套装可用花呢等较厚实的面料，夏季用真丝等轻薄的面料。衣服的质地不要太薄、太透，薄和透会给人不踏实和不庄重的感觉。
(5) 色彩要表现出青春、典雅的格调。用颜色表现你的品位和气质。不宜穿抢眼的颜色。
(6) 丝袜一定要穿，以透明近似肤色的颜色最好。要随时检查是否有脱线和破损情况。
(7) 穿式样简单、没有过多装饰的皮鞋，后跟不宜太高，颜色和套装的颜色一致。如果你不知道如何配色，最简单的办法就是穿黑色的皮鞋。在面试时不宜穿凉鞋。
(8) 如果习惯随身携带包，那么包不要太大，款式可多样，颜色要和服装的颜色相搭配。

(9) 佩戴饰物应注意和服装整体的搭配，最好以简单朴素为主。

(三)禁忌

男女生都不宜在面试时穿T恤、牛仔裤、运动鞋。女生不能过于花枝招展、性感暴露。

三、面试过程礼仪

求职者在面试过程中也要把握礼仪上的分寸，做到善始善终。

1. 提前到达

求职者应提前 5~10 分钟到达面试地点，以表示自己的诚意，给对方以信任感；同时也可调整自己的心态，做一些简单的仪表准备，以免仓促上阵，手忙脚乱。

2. 耐心等候

面试公司如果没有总机人员的设置时，求职者到达面试公司后，可对接待人员作简单的自我介绍，然后直接前往面试会场等候，切忌到处东张西望。

3. 从容进入

进入正式面试的房间时不要紧张。不论门是开是关，都应先轻轻敲门，得到允许后才能进入，切忌冒失入内。入室时应整个身体一同进去，入室后，背对招聘者将门关上，然后缓慢转身面对招聘者，以从容、自然为好。

4. 自我介绍

当主考官要求你作自我介绍时，不要像背书似的把简历上的内容再说一遍，那样只会令主考官觉得乏味。要简洁、清晰，充满自信，态度要自然、亲切、随和，语速要不快不慢，目光正视对方，只将简历中的重点内容稍加说明即可，如姓名、毕业学校、专业、特长等。

5. 从容对答

对方向你介绍情况时，要认真聆听。为了表示你已听懂并感兴趣，可以在适当的时候点头或适当提问、答话。

6. 学会倾听

在面试过程中，主动的交谈传递出主考官需要的信息，展示出你的能力和风采。而"聆听"也是一种很重要的礼节。不会听，也就无法回答好主考官的问题，好的交谈是建立在"聆听"基础上的。

7. 身体语言

身体语言包括：保持微笑；目光接触，从眼睛中捕捉信息，集中注意力；懂得握手礼仪；正确的站姿、坐姿、蹲姿、走姿；举止大方，避免小动作。

8. 有始有终

面试结束时，不论是否如你所料被顺利录取，得到梦寐已久的工作机会，或者只是得到一个模棱两可的答复，都要表示感谢。

9. 善后工作

许多求职者只留意应聘面试时的礼仪，而忽略了应聘后的善后工作，而这些步骤也能加深别人对你的印象。善后工作主要包括通过电话或者邮件向面试官表示感谢；不要过早打听面试结果；收拾心情，做好再次冲刺的思想准备。

本章知识技能目标鉴定题库

一、案例分析

1. 以下是三位汽车营销专业同学的自我介绍，请点评优劣。

例一

尊敬的公司领导：

你们好！首先感谢贵公司给我一个面试的机会。

(附上简历)我想你们会从我的面试材料上，了解一个大概的我。

今天，我满怀着信心和希望来面对这次机会。我也知道，作为一个长期占据杭城汽车销售排行榜前 10 名的公司，对于人才的素质要求是十分高的。这次，我递上自己的简历，不仅是因为我希望能给自己一个锻炼的机会，更因为我对贵公司代理的尼桑轿车的喜爱。你们可以在我附上的简历上发现有一张彩页，那是我对尼桑轿车发展史的整理和对尼桑各款轿车的详细介绍。

我长在农村，知道烈日下汗水的味道；做过小贩，知道同行间的尔虞我诈；当过小工，知道劳动的辛酸。虽然，作为一名正式工，我的经历还不够，但，我青春，我有活力，我有一颗肯干的心。希望贵公司能给我一个展示自己的机会，我会好好把握的。

谢谢！

例二

各位考官上午好！

我叫王灵俊，是××职业技术学院的 06 届毕业生。就我的现状而言，就好比是一辆刚下生产线等待市场考验的小轿车。我觉得一个优秀的营销者就好比是一辆一流的轿车，总能让人们喜欢它，进而信赖它，最后愿意为它买单。人如其名，从我的名字不难看出我是一辆具有相当大的市场前景的新款轿车。

"王"象征着"王牌"的品质，无论是什么要想在市场上站稳脚跟，品质永远是关键。经过大学的三年学习，我已经熟练地掌握了有关汽车的各方面专业知识。这就好比一辆车拥有一台品质卓越的发动机，无论面对怎样的路况、何种环境，它总能源源不断地输

出最大动力。

"灵"在汽车上一则可指车内装潢设计十分人性化,便于驾驶者自如操作,灵活掌握;二则指汽车在行驶中无论调头还是转弯,抑或是其他动作,对它而言都是那样的轻松、灵活。我是一个有很强团队合作意识的人,能够很好地处理好与同事的关系,故而便于领导指挥管理。除此之外,交际能力较强,面对复杂的人际关系,我能很自如地做好"转弯"抑或是"调头"工作。

"俊"则是指汽车拥有非凡的外观,所到之处总能赢得人们的喜爱。我虽然没有非凡的外表,但我是一个具有较强亲和力的人,容易让人接受,进而得到他们的信赖和喜爱。

虽然,我具备了成一辆一流汽车的潜力,但是我的行驶经验远远不足,需要一名优秀的驾驶员不断地训练我、改进我。而贵公司是一位难得的优秀驾驶员,如果贵公司能给我一次为您效劳的机会,相信我将会成为一辆名副其实的"王"、"灵"、"俊"式轿车,为贵公司开拓更广阔的市场。

例三

大家好,我叫××,是毕业于××职业技术学院的,学的专业即为汽车营销。应该说本专业不管在自己学校还是省里都是属于重点专业的,所以关注得更多,因此我们所学都是具有更多的针对性的,这使我的所学对于汽车营销来说更博更精,故相对于其他学校的专业生来说,我相信我是具有更大的优势。而平时我对汽车也比较有兴趣,经常对一些杂志和车展有较大的投入时间,所以对汽车的最新动态、型号之类的是比较了解的,当顾客上门时,我相信能给他相当详细的介绍,使他产生较浓厚的兴趣并有意购买。介绍先到此,请大家给我一个机会,谢谢。

2. 分析下面案例中这位女大学生求职成功的语言技巧。

在一次求职面试中,一家企业的招聘者问一位女大学生:"国外一家企业的代理人携巨款来我市寻找适宜的投资对象,你作为我市某中型企业的法人代表,请问你将采用什么步骤赢得这笔投资?"这位女大学生略作思考,然后答道:"首先,我需要了解对方详细的背景材料,例如,该公司的经营方针、项目、实力、已有业绩,当然也包括这位代理人的个人材料,最重要的是此次来中国的计划;其次,代理人来后,我应当与对方预约见面的时间和地点,比如说可以通过电话,或是有关机构及个人联系;再次,与代理人商谈时我应当使用他的母语,以增加熟识感和亲切感;最后,这次行动不一定会成功,但是我要尽我的所能给对方留下深刻而良好的形象,以期为下次合作打下基础。"虽然这位女大学生的回答不尽圆满,但招聘单位录取了她。

3. 请分析以下求职者求职成功的原因。

小刘是市场营销专业大四学生。新年伊始,已进入大学最后实习阶段的他,和众多学友一样开始寻找工作。在2月3日举行的市人才市场新春大型招聘会上,他选择了市内某大型商场品牌家电的销售岗位。为了应聘成功,他利用招聘会前的一周时间,对该品牌的家电产品作了细致的市场调查,从市场份额、产品性能到竞争对手等各方面的情况都做了详细了解,并拿出了一份翔实的市场调研报告。最后,他击败了众多高学历的竞聘者,被录用。

第十三章 求职口才与求职礼仪

4. 请分析小东先后失败与成功的原因。

小东非常想去一家大型文化公司上班，她进行了诸多打探，大家对这家公司赞不绝口的就是这里工作氛围非常好，工作时间安排得非常科学，公司也从来没有加班的情况发生，而且文化公司的特点是接触人员素质比较高，没有一些复杂的斗争。

小东甚至对自己说："只要能够进这家公司，哪怕让我在里面做个打杂的我也愿意。"

每当有那家公司的招聘信息，小东总是特别留意。一旦有适合自己的职位空缺出现，甚至是自己与职位要求有偏差，她都会精心准备，然后混进浩浩荡荡的求职大军。

遗憾的是小东总不能如愿，总会由于一些原因被那家公司拒之"门"外。

尤其是第一次被拒绝的时候，她还大哭了一场，那一次，她精心准备的问题没有一个派得上用场，因为她没工作经验，主考官简短的几句结束语就让小东无言以对，他说："公司目前的发展阶段是扩张，因此更多的情况是使用现成的人才，你没有经验，我们可能没有时间等待你成为一个成手。"

还有人甚至直截了当地说："小姑娘，说实话，想进大公司可不是那么容易的，我们这个行业没有必要的知识积累，面试一百次也没用。"

可是痛定思痛，小东心想，问题不单单出现在经验不足，还出现在自己的知识储备上，正因为知识储备的匮乏，才缺乏迅速成长的可能性。

小东依旧不死心、不绝望，在待业的日子里也没闲着，不断充电提升自己，以期在未来的面试中获得先机。过了一段时间，小东第十一次去那家公司面试，不过结局和前十次不一样，她被录用了。

（资料来源：www.dxs518.cn）

5. 请分析以下两则对话中求职者失败的原因。

例一

招聘者："从你的简历得知，你的英语已达到国家六级水平，真是不简单呀。"

求职者："您过奖了，其实我周围很多同学都达到了这个水平，我也是一般而已。况且，我还有很多不足，譬如，我的电脑水平老是跟不上，很多同学都过了二级，我还是停留在初级水平上；还有一些专业课也学得很不好，让我头痛得很。有时，我也觉得自己很没用。"

招聘者："原来你对自己很没有信心。"

例二

招聘者："据我了解，你干推销似乎挺会赚钱的，对吗？"

求职者："是的，我干推销有一些赚钱的新招。因为我读的是××名牌大学营销专业，又曾在××企业的推销部门兼职，所以，对于赚钱，我还是挺有把握的。"

招聘者：噢，原来你是××名牌大学的高才生，不过我们单位较小，层次较低，目前暂时不要名牌大学的毕业生，很抱歉。"

（资料来源：www.cdvtc.com/jpkc/sykc/3xzh/jxtk.htm122k 2007-4-11，www.dxs518.cn/)

二、实践题：面试问题模拟回答

1. 你的优点是什么，缺点是什么？
2. 你如何来发扬你的优点，改正你的缺点？
3. 你为什么要选择你现在所学的专业？
4. 你有什么能力？你的事业目标是什么？
5. 你的兴趣是什么？在什么动机下展开的？
6. 你取得了哪些成绩？你对自己的成绩有何感想？
7. 你认为你在学生时代学到了什么？
8. 你现在对自己最满意的是什么？
9. 你有勤工俭学的经历吗？对于勤工俭学，你有何看法？
10. 你比我面试的其他应征者强在什么地方？
11. 请你介绍一下自己的基本情况好吗？
12. 请问你为什么要来我公司求职？
13. 你认为你在大学里学到了什么？
14. 你认为凭你所学的知识，你最适合在我公司哪个部门工作？
15. 你找工作首先考虑的是什么？
16. 你现在对自己最满意的是什么？
17. 你最大的弱点是什么？你打算怎么克服？
18. 如果本公司与另外一家公司同时录用你，你将如何选择？
19. 如果本公司录用你，你对薪水怎么看？
20. 如果本公司不录用你，你怎么办？

本篇知识技能目标综合鉴定题库

一、案例分析题

1. 阅读下面的案例,并分析 A 店成功的原因是什么。这则案例给我们什么启示?

两家卖粥的小店,产品、装修、服务没什么两样,但 A 店总是比 B 店多卖一倍的鸡蛋,原因在哪? B 店客人进门,服务员会问一句:"要不要鸡蛋?"有一半要一半不要。而 A 店客人进门,听到的是:"要一个鸡蛋还是两个。"客人有的要一个,有的要两个,不要的很少。这样,A 店的鸡蛋就总是卖得多一点。

2. 阅读下面的案例,并分析第四个推销员成功的原因是什么。

有四个人去寺院推销梳子。第一个人空手而归,说和尚无头发,不需要梳子,所以一把也没卖掉。第二个人销了十几把,他告诉和尚,头皮也要常梳,既止痒又活络血脉,有益健康。第三个人销了 100 多把,他对和尚说香客磕了头起来后头发就乱了,庙堂前放一些梳子,香客磕头烧香后梳梳头,会感到此庙关心香客,下次还会再来。第四个人销了几千把,而且还有订货。他对老和尚说,庙里接受捐赠,得有回报给人家。买梳子是最便宜的礼品,可以在梳子上写上庙的名称,再写上"积善成梳"四个字,并告诉香客可以保佑他们。梳子作为礼品储备,来人就送,保证庙里香火更旺。

3. 运用接待礼仪的原则,分析下面这段话。

某公司要召开一个信息交流会,让小黄负责接待。小黄到火车站举个牌子,半天也没接到人,他沮丧地回到公司。刚刚坐下,电话就响了,是几位刚下火车的代表,因为火车晚点 20 分钟。小黄没好气儿地说:"我已经等你们半天了,你们自己打的来吧!"说完就挂了电话。

4. 阅读下面的案例,并分析为什么营销人员滔滔不绝的介绍反而扑灭了顾客的购买欲望。

一天,老王走进一家电器商店,一台音色清纯透亮、低音浑厚极富震撼力的音响引起了他的注意。一位男售货员热情地迎上来,满脸职业微笑,主动介绍这种新产品。他的介绍很在行、很流畅,从性能优势到结构特点,从价格比到售后服务,一一道来,还进行演示。起初老王被他那热情而熟练的介绍所感动,对产品产生了几分好感,本想问点什么,可是营销员连珠炮似地讲着,老王总也插不上嘴。接着营销员又特别褒扬自己的品牌而贬低其他产品,老王在营销员介绍时,出于礼貌不好意思走开,幸好这时又来了一位顾客,他乘机"逃"出了商店。

二、实践题

1. 在一次招聘管理人员的面试中,一位应试者较好地回答了所有问题。这时,主考官提出了这样一个问题：按照你的面试情况，好像也够管理人员的条件。不过，我们招聘的管理人员名额有限，很可能委屈你当一般的工作人员，不知你意下如何？

这时你会怎么回答？

2. 模拟招聘。以小组为单位(4～6 人)，根据自己的专业讨论成立一家公司，拟订应聘的岗位，并设计相应的招聘提问。小组间互聘。

要求：求职者能有针对性地回答问题，口齿清晰，行为、态势符合求职礼仪。

3. 一个其他公司的客户代表来到你的公司部门办公室找部门经理，部门负责人都不在，请你接待他 5 分钟。

4. 假设你是一个保险推销员，你今天要出访一位 50 多岁的照相馆老板，你将如何与其交谈？

5. 假设你是一个二手房的房屋中介顾问，现在请你接待一位前来询问的顾客。

6. 你是一个在超市里推销 MP3 的工作人员，一位中年男子在 MP3 柜台前看来看去，好像有一些拿不定主意。请你设想这位顾客可能出现的情况，并进行接待。

7. 请同学们 4 个人一组，分为买房方和售房方两方，为购买一套面积为 50 平方米的商品房进行谈判，该套房屋的价格为 80 万元，请双方各自设立自身认为的价格底线后再进行谈判。

8. 请同学们 8 个人一组，分为采购方和销售方两方，撰写好谈判方案，模拟一场关于采购总价为 50 万元的计算机的谈判。

参 考 文 献

[1] 朱蓓. 实用口才训练教程[M]. 广州:广东高等教育出版社,2002.
[2] 李元授,白丁. 口才训练[M]. 武汉:华中理工大学出版社,1999.
[3] 邵守义. 演讲学教程[M]. 北京:高等教育出版社,2006.
[4] 赵菊春. 口才艺术[M]. 北京:兵器工业出版社,1999.
[5] 戴尔·卡耐基. 卡耐基口才训练教程[M]. 王欣,译. 北京:中国华侨出版社,2004.
[6] 孙海燕,刘伯奎. 口才训练十五讲[M]. 北京:北京大学出版社,2005.
[7] 张掌然,张大松. 思维训练[M]. 武昌:华中科技大学出版社,2000.
[8] 叶晗. 大学口才教程[M]. 杭州:浙江大学出版社,2003.
[9] 魏江. 管理沟通——理念与技能[M]. 北京:科技出版社,2001.
[10] 何欣,姜健. 口语表达学[M]. 长春:吉林人民出版社,2002.
[11] 刘伯奎. 口才与演讲——技能训练[M]. 北京:中国人民大学出版社,2008.
[12] 众行管理资讯研发中心. 职业化技能训练——技能篇[M]. 广州:广东经济出版社,2002.
[13] 刘焕辉. 言语交际学[M]. 南昌:江西教育出版社,2001.
[14] 檀明山. 怎样学会辩论与演讲[M]. 西安:陕西旅游出版社,2001.
[15] 余培侠. 世纪之辩——99国际大专辩论会纪实与评析[M]. 北京:中国世界语出版社,1999.
[16] 余培侠. 创世纪舌战——2001国际大专辩论会纪实与评析[M]. 北京:西苑出版社,2001.
[17] 谢伦浩. 即兴说话素材大全[M]. 北京:石油工业出版社,2002.
[18] 王黎云. 演讲与口才[M]. 杭州:浙江大学出版社,2004.
[19] 崔春. 语言与交际[M]. 杭州:浙江大学出版社,2006.
[20] 彭红. 社交礼仪与口才[M]. 上海:华东师范大学出版社,2006.
[21] 金正昆. 服务礼仪教程[M]. 北京:中国人民大学出版社,1999.
[22] 金正昆. 商务礼仪教程[M]. 北京:中国人民大学出版社,1999.
[23] 金正昆. 社交礼仪教程[M]. 北京:中国人民大学出版社,1999.
[24] 金正昆. 商务礼仪——交际礼仪与交往艺术[M]. 北京:北京大学出版社,2003.
[25] 周朝霞. 人际关系与公共礼仪[M]. 杭州:浙江大学出版社,2004.
[26] 朱燕. 现代礼仪学概论[M]. 北京:清华大学出版社,2006.
[27] 韦克俭. 现代礼仪教程[M]. 北京:清华大学出版社,2006.
[28] 韩林. 现代生活礼仪[M]. 延吉:延边人民出版社,2006.
[29] 李志敏. 跟卡耐基学商务礼仪[M]. 北京:中国商业出版社,2005.